Julio Calvo Pérez

La fundación de la Semántica: los espines léxicos como un universal del lenguaje

LINGÜÍSTICA IBEROAMERICANA
Vol. 44

Julio Calvo Pérez

La fundación de la Semántica: los espines léxicos como un universal del lenguaje

Iberoamericana · Vervuert · 2011

Amor de Dios, 1 – E-28014 Madrid
Tel.: +34 91 429 35 22
Fax: +34 91 429 53 97
info@iberoamericanalibros.com
www.ibero-americana.net

Elisabethenstr. 3-9 – D-60594 Frankfurt am Main
Tel.: +49 69 597 46 17
Fax: +49 69 597 87 43
info@iberoamericanalibros.com
www.ibero-americana.net

ISBN 978-84-8489-582-4 (Iberoamericana)
ISBN 978-3-86527-628-5 (Vervuert)

Depósito Legal: SE-4125-2011
Printed by Publidisa

Diseño de la cubierta: Carlos Zamora
Impreso en España
Este libro está impreso integramente en papel ecológico blanqueado sin cloro

ÍNDICE

Para Aristóteles sinonimia y homonimia van juntas, pues como glosa Lewis “Un hombre y su foto son homónimos: su ser ‘animal’ difiere en cada caso. Un hombre y un elefante son sinónimos, por ser ambos ‘animal’”. Lo que se explica así: “Por lo demás, de entre los nombres, los homónimos son útiles para el sofista (pues en ellos basa sus fraudes) y los sinónimos, para el poeta” (*Retórica*, III, 1404b, 39 y ss.).[1]

[1] Cf. <http://tinyurl.com/6yjtmgr> (última consulta: 15-09-2010).

INTRODUCCIÓN

Los objetivos que se marcan en de la dilatada elaboración de este libro deben quedar claros desde el inicio. Se trata, en primer lugar, de analizar críticamente los fenómenos semánticos conocidos por la Retórica desde la Antigüedad, los cuales han sido la base firme del análisis del significado durante siglos: sirvan de ejemplo las discusiones sobre la sinonimia de lexicógrafos del siglo XVII y XVIII como Covarrubias (1611), entre otros teóricos de la Semántica (Lázaro Carreter 1949), y las especulaciones desde la Antigüedad sobre la metáfora y demás tropos (Herrero 2006), que han cimentado la base conceptual con la que se trabajaba en Semántica, y que todavía hoy son parte muy importante del edificio, ya que tanto estructuralistas como funcionalistas y cognitivistas discuten ampliamente sobre el asunto. Esos cimientos son irrenunciables, además, cuando la Semántica se aborda desde la Lexicología y Lexicografía. Se especula, en segundo lugar, sobre cómo buscar convergencia (Calvo Pérez 1985, 1986), cuando no unificación (Calvo Pérez 2009a), en el tratamiento de tales fenómenos, pues la antonimia no está muy lejos de la sinonimia, ni la polisemia de ambas, siendo esta una especie de puente que las une en teoría tal y como propugna la Pragmática Topológico-Natural (PTN), ideada por Calvo Pérez (1986). Se propone, por último, constituir las bases de una nueva teoría semántica a partir del germen que da consistencia a los fenómenos antedichos y a otros que serán estudiados en su momento: se trata del fenómeno germinal conocido como **espín** (proceso analítico-sintético desde la perspectiva inductiva primero y deductiva después; Calvo Pérez 2007a).

Los dos primeros objetivos se cumplirán respectivamente en la primera parte del libro, que no dista mucho de cualquier tratamiento clásico salvo en unos cuantos aspectos fundamentales: la mirada crítica sobre la semántica y la expansión de la misma al tratamiento lexicográfico, y en la segunda parte, que sirve de vínculo con la tercera, en que se ensaya la necesidad de un nuevo enfoque y la presentación sucinta del espín como revulsivo para la unificación semántica. El tercer y principal objetivo tendrá un amplio desarrollo en la tercera parte de la obra,[1] en la que se recorrerá el camino epistemológico inverso. Si en la 1.ª se ha

[1] Estas especulaciones se propusieron públicamente en la 2.ª parte de la Habilitación Nacional para Catedráticos de Universidad a finales del mes de abril de 2006, mediante la cual el autor obtuvo la venia para el citado puesto universitario.

ido de la dispersión de los fenómenos y de su tratamiento más o menos difuso y en la 2.ª hacia su unificación en un modelo que culmina en el espín a través de un corpus recogido por acumulación en su no muy larga historia,[2] en la 3.ª se irá directamente del espín, sustentado teóricamente, a cada una de las exteriorzaciones semánticas en que tal fenómeno se observa. Será mediante un proceso hipotético-deductivo en que se pone en valor un nuevo despliegue analítico con el que iluminar cada aspecto semántico desde la unificación semántica propuesta y apoyado en un corpus recogido con toda la novedad para ello.[3]

---

[2] Se habló por primera vez de este fenómeno físico aplicado a la Semántica en Calvo Pérez (1991).

[3] Se tendrán en cuenta dos lenguas para el análisis: el castellano y el quechua. La razón no es sino la de evidenciar que el concepto de espín semántico comenzó a ser utilizado por el autor alrededor de 1988, a partir de los estudios emprendidos en la lengua de los incas, en que este revisaba fenómenos morfológicos antagónicos que se manifestaban de modo prístino en tal lengua. Fue así como el autor se percató de que esos procesos existen en todas las lenguas del mundo de forma más o menos larvada. Ni que decir tiene que el lector puede prescindir de los ejemplos en la lengua andina sin menoscabo alguno para la continuidad argumental de la propuesta.

I. DE LA SEMÁNTICA CLÁSICA AL ESPÍN SEMÁNTICO

1. De Semántica Léxica

La Semántica es la ciencia del significado. Como tal, empezó a cuajar a finales del siglo XIX (Bréal 1921 [1897]), si bien hay antecedentes importantes a lo largo de todo ese siglo y, para lo que nos afecta, desde que los griegos comenzaron a plantearse la cuestión del uso y del significado. Estos son un enigma que todavía hoy nos perturba y para el que la ciencia informática, por ejemplo, aún no ha hallado una aceptable teoría operativa. En un principio, esta ciencia tenía carácter diacrónico, como proyección de la preocupación lingüística introducida por la teoría de los neogramáticos (Osthoff y Brugmann, sobre todo) y anteriormente por los comparatistas (Bopp y Grimm, entre otros) respecto a las leyes evolutivas del lenguaje. Pero el núcleo de su preocupación era todavía la teoría fonética. El lenguaje, además, vino a ser considerado como un ser vivo, cuyas características estaban en función de influjos evolutivos y vitales referentes al nacimiento y muerte de las lenguas, a sus parentescos y filiaciones, etc. Y a ese campo se arrastró la Semántica a finales del siglo XIX, como un mero apéndice (casi) inextenso de los tratamientos fonéticos y morfológicos.

Pese a todo, las épocas pretéritas se centraron, por ejemplo, en la discusión sobre las posibilidades de la sinonimia, antonimia y otros fenómenos sémicos, todo ello en consonancia con la siguiente dicotomía: la aceptación o no de que el significado opera por mera convención *(thesis)* y no meramente a impulsos de la naturaleza y del parecido entre la palabra y la cosa *(physis)*. Ya el tema de discusión al respecto era serio cuando Platón se propuso plantearlo dialécticamente en uno de sus diálogos: el *Cratilo* (ca. 360 a. C.). Moderados por Sócrates, Cratilo se centra en la teoría naturalista de los nombres, a tenor de que las palabras tienen siempre sentido cierto e invariable; en cambio, Hermógenes se fija sobre todo en el aspecto social de la lengua y el establecimiento del sentido por convención humana. Pese a estos antecedentes, los griegos se centraron en el arte de la palabra y pensaron que muchos de los recursos semánticos que se utilizaban al hablar nos sitúan en el terreno de la estética. De hecho, ¿qué otra cosa, si no, es la Literatura? Así nació la ciencia que se ocupa de advertir sobre el uso adecuado de las palabras, una especie de metalingüística o arte reflexivo como reconoce Aristóteles en su *Retórica* y expresa también en la *Poética*.

Por otro lado, los romanos también se preocuparon por este problema. Así, Quintiliano define la Retórica como *scientia bene dicendi*, o ciencia práctica derivada del arte directo y espontáneo, vinculándola al mundo de la elocuencia y de la precisión para expresar el pensamiento, quedando el término *ars*, aparentemente menos práctico, para la influencia más específicamente griega. El principal antecedente, Cicerón, debatía la cuestión señalando que la lengua latina era más precisa que la griega, por expresar los conceptos con mayor justeza y corrección, y para eso se valió del recurso de la dialéctica entre antonimia y sinonimia y también de la etimología, que aporta precisión al significado.[1]

Hay una paradoja que conviene afrontar en este punto. Una cosa es el Órganon aristotélico de la verdad, la Lógica que carece de semantismo o lo empequeñece hasta diluirlo, y otra el Órganon de la deliberación o Retórica, centrado precisamente en las licencias semánticas aliadas con la belleza del lenguaje. Mas, ¿cómo resolver el asunto si las palabras se adscriben luego a conjuntos y a la relación de inclusión o intersección entre ellas? Parecería oportuno sopesar entonces si la Lógica se pone al servicio de la Retórica o viceversa; y parece natural que se prefiera lo primero a lo segundo. Es porque es de Semántica de lo que trata este ensayo y el objeto condiciona al método; y, por tanto, se prefiere una lógica lingüística que no se pliega con facilidad a los argumentos a base de premisas y conclusiones estrictamente reglados (Ducrot 1997). Además, la Lógica pretende reducir nuestro mundo a juicios universales expresados presuntamente de modo radical y monosémico; en cambio, la Retórica nos aboca a nuestra propia complejidad, a la inestabilidad del signo lingüístico, a la búsqueda de nuevas maneras de expresión en el ámbito de la creatividad que rebasen la cotidianeidad del sentido común semántico y, después de todo, a la antonimia, la sinonimia y demás fenómenos semánticos concebidos como entidades irreductibles y únicas. Con todo lo dicho, se venía planteando la posibilidad de considerar la Semántica como una ciencia, no como una práctica, y hasta el siglo XIX no se empezó a especular sobre la posibilidad de un reconocimiento diacrónico del significado en que se juega más bien con el *érgon* o producto significativo que con la *energeia* o proceso activo de la manifestación de lo sémico.

Fue a partir de 1930 cuando la Semántica alemana (Trier 1932, Porzig 1934) derivó los estudios del significado al nuevo campo en que se movía la Fonología, el de la estructura orgánica de los sonidos abstractos de las lenguas –los fonemas– y de sus articulaciones y funciones, para la discriminación del funciona-

---

[1] Por ejemplo, en *De natura deorum* 2. 71 s. explica con ayuda de la etimología la diferencia de significado que hay entre *superstitiosi* y *religiosi*, que muchos consideraban sinónimos, y señala que el primero de ellos tiene valor negativo y el segundo positivo, con lo que en realidad los había convertido, para el momento, en antónimos (Sánchez Martínez 2000: 152).

miento sémico de las palabras entre sí –teoría de los campos semánticos– y las oraciones en el engranaje de los textos. Eran tiempos del Estructuralismo de corte saussureano (Bally 1932, 1940), en que hay una asociación fija e inamovible entre el significado y el significante, de carácter biplánico. Con otro criterio, el funcionalismo praguense organiza el significado en función de las estructuras de lexemas afines en base a un sistema asimétrico trimodal del signo y el dinamismo comunicativo (Mathesius y otros), en que brilla la aportación más concreta a la Semántica de Daneš (1970). Estas son las dos vertientes escolares predominantes, dependiendo de la finalidad perseguida.

Mientras tanto, otras teorías de la Semántica como el Distribucionalismo bloomfieldiano (cf. Apresian 1978 [1962]) o la teoría lógica iniciada por Frege a finales del siglo XIX sobre la oposición entre uso y significado, dialéctica que pasa por Husserl para desembocar en la pragmática de Wittgenstein (1953), se iban proyectando también en estos primeros escarceos por convertir a la Semántica en ciencia independiente del lenguaje. Al predominio del enfoque fonológico, al que se suma Coseriu (1977, 1978), seguirá el del que se centra principalmente en la Sintaxis y en las dependencias del significado a las estructuras ahormantes del lenguaje: fue el Generativismo, en todas sus vertientes, el encargado de ir analizando aspectos que están orientados directamente a esta cuestión vinculativa y al tiempo ancilar del significado a otros niveles lingüísticos como la Semántica Interpretativa (Katz/Fodor 1963), nivelada en parte por la Semántica Generativa (Lakoff 1971, 1976; y McCawley 1976) y, sobre todo por la Teoría de los Casos Profundos (Fillmore 1968). No obstante, la renuencia de los generativistas ortodoxos a valorar el nivel semántico en sí mismo relega esta escuela y la desplaza, en el tema que nos ocupa, a otras visiones más esclarecedoras como es la Teoría de las Valencias y la clasificación de los significados a través de ellas –la *Valenztheorie* que cuenta en España con las especulaciones léxicas extensivas o lexicológicas de Báez San José (2002).

Con el tiempo, la exigencia del entendimiento debido entre los hablantes lleva a admitir que el lenguaje no puede comprenderse sin la alianza debida entre la Semántica y la Sintaxis, las dos nuevas caras del signo, asimétricas ambas (Calvo Pérez 1987), de modo que las estructuras de la gramática se pliegan teóricamente a estas nuevas exigencias. Lleva razón, por tanto, Wierzbicka cuando afirma:

> Just as attempts to separate syntax from meaning, and to absolutize syntax, have failed as a path to understanding how natural language works, how it is used, and how it is acquired, so too any attempts to separate meaning from syntax and to absolutize the lexicon would lead nowhere, for syntax and meaning are inextricably bound (Wierzbicka 1996: 22).

Más adelante, y ya desde la década de los ochenta del siglo pasado, salvo las teorías obsoletas todavía obcecadas en la Sintaxis omnímoda, en la lógica clásica o booleana, los algoritmos generativos y otros planteamientos rígidos, se empieza a comprender que sin la complicidad del contexto y sin tener en cuenta las perspectivas mutuamente compartidas por los interlocutores no es posible entender con exactitud la relación previamente comentada, en que sin la debida flexibilidad teórica no es posible emprender una nueva metodología semántica. Es preciso incorporar la Pragmática Lingüística, el uso al lado del significado, como nuevo nivel de análisis para poder penetrar en los entresijos significativos del lenguaje (Calvo Pérez 1994a). En algunos casos muy concretos, como es el de los verbos performativos y su estructura, esta es la única vía segura de acceso, como ya había mostrado Ross (1970). De ahí deriva la "flaqueza" estructurante de la semántica de campos para estos menesteres, al no apreciarse en lo que valen estos nuevos fundamentos del sentido semántico: los rasgos extensivos propiciados por la relación Emisor/Receptor. Se puede ver tal carencia en los magros logros semánticos de autores como Verschueren (1980).

Al mismo tiempo y con el avance espectacular de ciencias como la Psicolingüística, que da lugar a teorías lingüísticas muy interesantes (Lingüística Perceptiva, Cognitivismo, etc.), y la Sociolingüística, que no queda atrás en el intento con sus aportaciones sobre los distintos registros de uso (Romaine 1984), el léxico viene a convertirse en un baluarte importantísimo de cualquier estudio semántico que se precie. De hecho, la tipología lingüística ya ha empezado a incidir en este dificilísimo campo teórico (Wierzbicka 1996, Luque Durán 2001).

Por otra parte, es de todos conocido que para algunos comentaristas o tratadistas lingüísticos la principal revolución de los tiempos actuales, con su pujante aporte, es la Lingüística Aplicada en todos los órdenes (Gutiérrez Ordóñez 2002).[2] Como la teoría del diccionario no podía quedarse atrás en esa supuesta revolución, es obvio que la Lexicología teórica, en el sentido del estudio amplio de la Lexemática (Coseriu 1977, 1978), y la Lexicografía teórica y práctica, la elaboración de diccionarios, con cualquier enfoque (Rey-Debove 1971, Mel'Čuk 1992, Calvo Pérez 2009b), vienen ahora a incidir con fuerza en la descripción de la Semántica (teoría de los esquemas semántico-sintácticos de Báez San José 2002) y anteriormente en la llamada Pragmática Léxica (Calvo Pérez 1986). De hecho, esta aplicación del lenguaje a la vida real es muy antigua y la Retórica

---

[2] La apreciación es imprecisa (o tal vez incompleta): la Lingüística y la Retórica clásicas ya son en sí mismas dos modos heterónimos de hacer lingüística, y en lo que aquí nos afecta, semántica. Uno, el lingüístico, es más bien teórico; el otro, el retórico, aplicado a la argumentación, la persuasión, la literatura, etc., es aplicado. Su pujanza fue notable en ambos casos, pero sobre todo en el segundo.

clásica no era sino una supuesta aplicación de los estudios teóricos sobre la relación texto/contexto y las estructuras gramaticales. Sin embargo, esta pronta y espectacular evolución de los estudios semánticos tiene todavía lagunas, o mejor dicho islas, en que la Semántica sigue los avatares erráticos de los estudios semánticos grecolatinos: Retórica y figuras del lenguaje, sobre todo. Cuando se pretende incidir en las relaciones binarias de carácter antonímico y sinonímico, cuando se profundiza en la polisemia y la homonimia, hay pocos implementos que se puedan tildar de novedosos (Lyons 1980). No obstante, el amplio corpus acumulado y el rigor en las definiciones y en los cotejos de variantes e invariantes del signo (Casas Gómez 1999), permiten disponer de un bagaje nada desdeñable a la hora de las futuras pesquisas sobre la renovación de los fundamentos de la Semántica con vistas a integrar todos estos conceptos en una teoría única. Claro que para eso va a ser necesario renunciar a algunos de los corsés del estructuralismo clásico, sustituyéndolos por principios más dinámicos: ramificación difusa del significado, significación cuántica, sentido por azar (Principio de Incertidumbre semántico, inspirado en Heisenberg 1927), modelos de prototipicidad variable, etc.

En efecto, desde instancias exteriores a la Lingüística se vienen diseñando en el último siglo teorías matemáticas o físicas de las que podemos servirnos en la distinta categorización de los niveles (teoría de los fractales), en la continuidad o ruptura de los fenómenos sometidos a análisis (teoría de las catástrofes), en la variabilidad de su ubicación espacial o temporal (topología) o en la conducta incierta de aquellos anteriormente percibidos como "fuertes", y sujetos a reglas absolutas (teoría mecánico-cuántica). Estas teorías se relacionan naturalmente con el hecho de que los estudios gramaticales van, si no abandonando, sí relativizando las unidades y categorías supuestamente apriorísticas de "la lengua" para pasar a las incertidumbres del uso, en territorio de lo que se ha venido acreditando, muchas veces, como un espacio inabordable, "el habla". Hoy se analizan problemas que tienen que ver con la inestabilidad del que aprende una segunda lengua, con los déficits lingüísticos que se producen en el ámbito de la lingüística clínica y la actuación logopédica, con la continuidad categorial que exige una nueva modelización de la tipología lingüística, con desarrollos genéticos del lenguaje más interactivos de lo que se creía, con nuevas estructuras al servicio de la investigación psicológica, con gramáticas de formalización flexible que llevan a estimaciones más útiles para la computación del lenguaje o con novedosas orientaciones en las que se ha venido a poner un énfasis mayor del acostumbrado en fenómenos metonímicos, metafóricos y meronímicos para la exploración semántica.

De hecho, esta asunción de nuevos objetos de estudio o de estudios con nuevas inquietudes nos están llevando a la frontera de las irregularidades. Por ejemplo, una ciencia lingüística que se resistía por tal condición a las teorías gramaticales, como es la Morfología, está siendo rastreada con nuevos métodos de indagación lexicográfica (Calvo Pérez en prensa a). Algo similar ocurre con los demás niveles del lenguaje, que vienen exigiendo nuevas herramientas para afrontar la complicación lingüística. Uno de esos instrumentos, casi recopilatorio, es el del glosario, utilizado antiguamente para precisar conceptos en la comprensión de las obras escritas, y hoy muy sofisticado (Calvo Pérez 2009b),[3] desde donde es posible pensar, con la aplicación de nuevas técnicas, en unidades descriptivas menores de rangos diversos a partir de unidades mínimas, privativas (Primitivos Semánticos: Wierzbicka 1996, Calvo Pérez 2009b), y de otras más amplias, clasémicas, que parcializan de modo correlativo las estructuras semánticas (Universales Semánticos: Pottier 1963, Calvo Pérez 2009b). Al mismo tiempo, estructuras superiores a la palabra, de especialmente difícil sistematización, están siendo abordadas enérgicamente y sistematizadas en lo que cabe. No me refiero únicamente a la teoría del texto y a la estructura del discurso, ni tampoco a sus unidades mínimas como conectores, interjecciones, apostillas fáticas u otras, a mitad de camino entre las palabras y las subpalabras o entre aquellas y las frases (colocaciones), sino a las locuciones mismas vistas ya como estructuras idiomáticas complejas (fraseología) o muy complejas (paremias), que hasta ahora se habían resistido a cualquier sistematización.[4]

El estudio semántico de todo este conjunto de categorías ha sido acometido globalmente por la Pragmática Léxica (Calvo Pérez 1994a). Esta disciplina es una ampliación de la Semántica Léxica, apoyada en la consideración dinámica del léxico de las lenguas (lexicogénesis), en la asunción de que el diccionario no es sino una enmarañada red de estructuras que tiene una proyección homóloga en nuestra mente y que permite aproximar semánticas diferenciales, reductivas o incompletas en el marco de la cognición humana y la interacción en contexto y, sobre todo, en la idea subyacente de que todos los fenómenos semánticos se aproximan a uno solo, abarcador de sus diferencias, desde el que se produce un despliegue a las construcciones más diversas (Calvo Pérez 2009b).

El fenómeno semántico que se estudia en Pragmática Léxica tiene un efecto sinónimo en cuanto a que sienta las bases para unificar lo diferente e igualarlo con criterios clasificatorios: el ser humano armoniza la realidad buscando ele-

---

[3] El glosario, en tal caso, viene a ser un campo semántico abierto, en cuyo seno se pueden dar también oposiciones y contrastes semánticos menores, abordables por la teoría semántica tradicional.

[4] El glosario sirve tanto para asociar palabras mayores o menores entre sí, como con lexías complejas o unidades de un nivel respecto a otro, como locuciones frente a sufijos léxicos, etc. (Calvo Pérez 2006a).

mentos que compartan aspectos, notas o cualidades. Pero el tema es más complejo; un niño, por ejemplo, separará en grupos las fichas gruesas, las redondas o simplemente las de un solo color jugando siempre con las similitudes entre ellas; pero lo previsto, antes de eso, es que adquiera en su mente una capacidad de percepción antónima, diferenciadora, ya que todo lo aparentemente similar se ofrece *a priori* como un todo uniforme que hace de fondo sobre el que se generan las máximas diferencias conforme a lo cual separará las fichas gruesas de las delgadas, las redondas de las cuadradas, etc., en dos o más conjuntos. Así es como se mira a dos gemelos idénticos para intentar distinguirlos por algún rasgo positivo que uno posea mientras que el otro carezca de él o lo haya perdido (**discriminación negativa**: un lunar/nada; el cojo, ciego, manco, sordo/el normal) o bien que uno lo tenga en un grado, o de cierto modo, y el otro no, en cuanto a que posee el rasgo opuesto al de su semejante (**discriminación positiva**: el alto/el bajo, el rubio/el moreno, el simpático/el antipático). Obsérvese que hay palabras y grupos de palabras para las dos realidades.

Todo lo anterior no es sino un recorrido sucinto por la Semántica, vista desde los distintos enfoques habidos. Lo que sigue no pretende ser un sistema que rechace unos y acepte otros, sino un despliegue en que se examinan en positivo los aportes previos, sin que la teoría derivada, la de los espines, se oponga abiertamente a ellos, sino que los asuma parcialmente y los incorpore paulatinamente en la dinámica del proceso lexicogenético, base en que se apoya esta teoría.

2. Revisión de los conceptos clásicos sobre Semántica Léxica

Antes de tratar de manera integrada en la segunda y tercera parte del proceder bífido del léxico que he enmarcado en el penúltimo párrafo, conviene rememorar los principales fenómenos léxicos de la semántica clásica y las interpretaciones que estos han recibido a lo largo de la historia, con el fin de sistematizarlos. Por ejemplo, desde la Antigüedad se discute si existe sinonimia o no.[5] O sea, si hay palabras tan idénticas que pueden alternarse y sustituirse entre ellas en los textos, y cuándo pueden hacerlo, o si pueden obrar juntas en forma de difrasismo; incluso si, pese a todo, existen diferencias entre ellas, aunque mínimas, de modo que

---

[5] El planteamiento del problema nace tradicionalmente con el filósofo griego Pródico, cuya doctrina, por lo que atañe a la Gramática, se resume en que puso su empeño en "establecer diferencias entre palabras consideradas como sinónimas" <http://tinyurl.com/6z7j9n2> (última consulta: 16-09-2010). Para los retóricos, en cambio, la sinonimia es la figura que tiene la virtud de utilizar palabras semejantes para reforzar la expresión de un concepto; como si yo digo, por ejemplo: "*Eres luz / relámpago / fulgor*".

las palabras no son por necesidad idénticas en el significado, produciéndose un dinamismo conceptual en el uso.[6] Así, en algunos casos uno de los sinónimos hace de glosa del otro *(interpretatio)* constituyendo una improvisada entrada de diccionario en que el primer término es más culto o anticuado, menos usual que el que le sigue *(deprecación y ruego, súbita y repentinamente).*

Ejemplos de difrasismo se daban en un artículo de periódico firmado por Joaquín Calomarde (*El País*, 02-10-2007):

> Arrecia el discurso, por llamarlo de modo piadoso, según el cual todo cuanto haga el Gobierno legítimo de España de aquí a las próximas elecciones generales es mero electoralismo, mercadeo persa, chalaneo, venta de España en interés propio.

Y en el mismo lugar, inmediatamente más abajo:

> Emerge así el último mal de la patria: resulta que, a seis meses de unas elecciones generales, un Gobierno lo mejor que puede hacer es irse, disolverse, no actuar, no hacer nada; en definitiva, no gobernar. Semejante estupidez no se ha dicho tan claramente, pero se ha entredicho, sugerido, dejado entender y, lo que es peor, pensado por sectores representativos del Partido [...], los que dan por concluida la legislatura desde hace ya, al menos, un año.

Los enumerativos “mero electoralismo”, “mercadeo persa”, “chalaneo”, “venta de España en interés propio”, y, en seguida, “irse”, “disolverse”, “no actuar”, “no hacer nada”, “no gobernar”, parecen utilizados con ese propósito acumulativo de fichas de igual color. Pero las diferencias se hacen palpables al

---

[6] Este recurso, muy propio del estilo ciceroniano de la Antigüedad y del Renacimiento, recibe también el nombre de ditología sinonímica o geminación, y es uno más de los fenómenos de la *amplificatio verborum*. Incluso en las lenguas indígenas amerindias se encuentra utilizado este recurso, a imitación del lenguaje religioso español, desde los tiempos de la conquista (Elena Erickson de Hollenbach: “Difrasismos mixtecos: del siglo XVI al XXI”, *UniverSOS* 4, 157-173). La geminación, por su parte, se distribuye en sinonímica (en que lo expuesto implica precisión conceptual, pero también pleonasmo: “Desde que Dios creó el mundo, ninguno formó más astuto y sagaz”, dice el Lazarillo), antonímica (en que lo expuesto implica amplificación cualitativa, no pleonástica, sino antitética, conocida como oxímoron: “Aquel dulce y amargo jarro [...]”, también del Lazarillo de Tormes) y explicativa (en que lo expuesto implica amplificación cualitativa: no pleonástica, no antitética: “Si con mi sotileza y buenas mañas no me supiera remediar”, en la misma obra); cf. Romera 2006. La geminación, así concebida, abarca todas las posibilidades semánticas imaginables, desde la oposición más rotunda y amplio reconocimiento de la diferencia a la sutilidad semántica más indiferenciable, pasando por diferencias relativas en que ambos conceptos, sinonimia y antonimia, se hallan en intersección.

pronto, porque existen de hecho fichas de dos formas o colores: no es lo mismo irse que disolverse, no actuar que no gobernar, etc.

Las pautas evaluativas que se siguen, siendo dinámicas, nos llevan a resultados distintos. Es posible auscultar las palabras para encontrar sus latidos convergentes como en el caso anterior o bien hacerlo en busca de lo divergente o distinto. Esto sucede cuando se afirma que la sinonimia no existe, porque las propias palabras exigen precisar la diferencia de significados entre ellas; de ese modo, no es lo mismo *ver* que *mirar*; ni tampoco se identifican del todo *erudito* y *sabio* o *entender* y *comprender*. Se dice *Mira y lo verás*, pero no ?*Empiézalo y lo habrás comenzado*; se dice mejor *Yo no soy estudioso ni sabio* que *Yo no soy erudito ni sabio*; y, por otro lado, se dice *Trata de entender y lo comprenderás*, pero casi no ??*Trata de comprender y lo entenderás*, de modo que hay sutilidades que unifican y otras que diversifican las palabras con las que "jugamos" en nuestras expresiones lingüísticas. La costumbre puede influir bastante en ello: expresiones como *Está hecho a imagen y semejanza de Dios* o *Dios es el origen y principio de todas las cosas* son fórmulas anquilosadas de ese juego en que el ser humano se embarca en cuanto habla.

Tratamos hasta ahora de detalles propios de los programas de estudios de secundaria, o quizá de primaria. La historia nos revela, sin embargo, que desde tiempos inmemoriales se ha venido discutiendo esta cuestión y que no es nada fácil tomar partido en ella. Una última reyerta –no llegó a tanto, polémica– se dio no hace mucho, pero a veinte años de distancia, entre Gregorio Salvador (1983) y Ramón Cerdà (2004),[7] siendo el primero partidario de aceptar la sinonimia en ciertos casos y no siéndolo el segundo de ellos en ninguno en particular. No es el momento de insistir todavía en esta cuestión, pero conforme pasa el tiempo y avanzan las investigaciones los partidarios de la desemejanza de los sinónimos, los "diferentistas", han ido ganando terreno en detrimento de los "igualitaristas". ¿No será que aquellos son digitales y se mueven en la búsqueda de lo diferencial en el terreno de lo idéntico y estos últimos son analógicos y prefieren ver como idéntico o semejante aquello a lo que no saben cómo trazarle fronteras? Por supuesto: unos tienen que poner la frontera y los otros la tienen ya puesta, lo que no obsta para que sus pesquisas se interpreten desde afuera como las dos caras del mismo objeto.

Lo que antecede no es sino un mero ejemplo con que captar la atención del que se aventure con los espines; como ese bocadito inicial con que excitar las

---

[7] Se dirá que pasaron muchos años de uno a otro autor, porque la respuesta, que no parecería tan clara, necesitó demorarse. Pero las razones de ese "retraso" en la réplica fueron otras diferentes, como pudo ser el menor interés del segundo autor por estos temas, para él ya superados. En todo caso, los argumentos en contra del autor más antiguo son contundentes.

glándulas salivales antes de una copiosa comida. En lo que sigue, voy a ir tratando de explicar los diferentes conceptos semánticos, la manera de abordarlos y su evolución teórica, y buscaré el modo de unificar criterios de enfoque para su mejor intelección futura.

2.1. LA POLISEMIA

Uno de los fenómenos semánticos más usuales es sin duda el de la **polisemia**.[8] La **homonimia**, en cambio, su límite extremo, es solo un fenómeno semántico en apariencia. Mientras que el primero supone una extensión del significado con tal flexibilidad, que puede encasillarse en haces y subhaces sémicos en los diccionarios, el segundo se expresa con índices distintos en los que ha obrado generalmente una casual coincidencia de significantes. Dicho en otras palabras: la polisemia debe enmarcarse en el núcleo de la Semántica y la homonimia, no. Así, si se toma la entrada *nacer* en el *Nuevo diccionario bilingüe español-quechua, quechua-español* (*ND*: Calvo Pérez 2009b), tendremos:

(1) **NACER**

1. {[±hum.] [±efect.]} <un animal o persona> salir {del vientre}.
2. [anim.] <un animal> salir {de un huevo}.
   [part.] <los dientes>, brotar.
3. [veg.] <una planta> brotar {del suelo}, crecer.
4. {[mat.] [loc.]} <un edificio, etc.> elevarse {de un lugar}.
   [astr.]} <un astro>, aparecer.
5. [líq.] <una sustancia líquida>, manar.
6. {[conf.] [lín.]} [efect.] <una costura, hecha muy al borde>, abrirse.
   [afect.] «fig., fam.» <una prenda>, dejarse {ver}.
7. {[±mat.] [hum.]} <dicho históricamente de alguien>, descender {de un linaje}.
   {[gen.] [+efect.]} «fig.» <dicho históricamente de algo>, originarse.
8. [-mov.], resultar.
   [+mov.] <el día>, alborear.
9. [t.] <un suceso, acontecimiento, etc.>, suceder {de pronto}.
10. [-mat.] <una entidad no material>, inferirse.
   {[indiv.] [afect.]} <una entidad modificada en algo>, iniciarse.

---

[8] El concepto viene de los griegos: según el gramático Proclo fue utilizado ya por Demócrito. Casi como si fuera tan cierto que nadie puede bañarse dos veces en el mismo río sucede que nadie puede utilizar dos veces la misma palabra sin incurrir al menos en levísimas variaciones de significado. Luego, en los prolegómenos de la semántica científica, en el siglo XIX con Bréal (1921 [1897]), el concepto comienza a ganar en profundidad y matices.

11. {[soc.] [±fut.]} <una entidad social> estar {destinado, para algo}.
12. {[psíq.] [efect.]} <una entidad psíquica: ilusión, etc.>, formarse.
13. [abstr.] <una entidad abstracta: una idea, etc.>, surgir.

Este es por principio el comportamiento natural de cualquier signo: el de extender sus raíces semánticas. Por tanto, sería irresponsable que se considere que no es un fenómeno propio de la "lengua". Volviendo al ejemplo, *nacer* se aplica objetivamente y de modo denotativo a 'venir al mundo'. Como el hombre y la mujer son el centro del lenguaje, se aplica directamente al ser humano (acep. 1); de ahí se pasa al nacimiento de los animales mamíferos, sin esfuerzo interpretativo especial, para llegar a la aparición procedente de un huevo (acep. 2). Igualmente nacen las plantas (acep. 3). Acabado el haz de los seres vivos, cualquier nacimiento con el clasema /Material/ es ya connotativo en algún grado: es cuando nace un astro, casi un ser vivo por el rasgo de movimiento (acep. 4), o el líquido de una roca (acep. 5). Y poco a poco se llega a la pura metáfora en que se aplica el surgimiento a entidades no materiales, psíquicas y abstractas, en que predomina a la fuerza el rasgo efectuado: carecían de realidad antes del acto. Por un momento de inflexión semántica o desajuste sintáctico opera en el modo de intelección algo material, preexistente, que se ve afectado (*Nacieron para jugar al fútbol* <propensión>; *España nació a la democracia hace medio siglo* <iniciación en algo>), pero pronto en realidad el mundo inmaterial se inicia o surge, se infiere o forma, resulta efectuado *(Nace una ilusión; Los problemas de los alumnos no nacen en las aulas)*, a la manera en que lo hace, también metafóricamente, el mundo material *(Aquí nace la costura*; *Nacen colores hasta en las heridas de los espejos rotos)*.

Estos fenómenos polisémicos se repiten en cada entrada del diccionario con mayor o menor amplitud o éxito, excepto en términos o palabras científicas en que los sabios procuran ajustarse fielmente a una noción previa que obliga a mantenerse en la **monosemia**. La monosemia o significado único (la *palabra unívoca* frente a la *palabra equívoca* de los clásicos) es una situación de excepcionalidad, de singularidad semántica, en que el concepto existe primero y es denominado después, a diferencia de la polisemia en que la palabra patrimonial está directamente adherida al concepto y al significado sin que quepa pensamiento fuera de ella, ni sentido determinado al margen del contexto. Dicho de otra manera, cada palabra que nace, lo hace como término o palabra terminológica, para denominar algo puntual y concreto, pero cada palabra que se desarrolla polisémicamente lo hace rompiendo con la artificialidad científica de la procreación léxica. Así *necrosis* (Calvo Pérez 2009b) es una palabra técnica de la medicina con un significado único de 'gangrena':

(2) NECROSIS
1. [anim.] <referido a personas y animales domésticos>, degeneración {de un tejido por muerte de sus células} (*DRAE*).

Luego, sin perturbación semántica añadida, *necrosis* se mantiene en la monosemia, en el estanque de la ciencia, mientras que *gangrena* (Calvo Pérez 2009b), pese a su idéntico formato, hace tiempo que pertenece al río general de las palabras; de ahí la entrada siguiente:

(3) GANGRENA
1. [anim.] <referido a la carne>, degeneración {de un tejido por muerte de sus células}.
2. [veg.] <referido a los árboles> enfermedad {que corroe los tejidos}.
3. [soc.] «fig.» <referido a las relaciones sociales>, mal {persistente y de gran alcance}, descomposición {de las relaciones humanas}.

Los ejemplos siguientes, se adscriben a la acepción 3: *El terrorismo: ¿Qué hacer, ante esa gangrena de alcance planetario?; La chusma se repartirá por toda la ciudad, perdón, "la gangrena social"; El enorme incremento de los parados en nuestro país da idea por sí mismo de la gangrena que ha extendido la crisis entre los más desfavorecidos.*

En todo caso, persiste la dificultad intrínseca de separar totalmente términos de palabras. En conjunto, sirve la valoración hecha en Calvo Pérez:

> La ciencia, podemos decir, tiende a ser monosémica y sus palabras son sucesiones léxicamente no estructuradas (las nomenclaturas) de carácter unívoco en el significado. Pero esto es una ilusión, ya que el uso frecuente de una palabra, aunque sea monosémica, se presta a la plantilla general de la lengua, en que predomina la polisemia; así *narcosis* 'modorra, sopor', ha adquirido también el significado añadido de 'embotamiento'. En Física y Ciencias de la Naturaleza la monosemia es más frecuente; en cambio, en las Ciencias Sociales es más un deseo que una realidad efectiva: *morfema* 'unidad mínima de la palabra con significado propio' se confunde con la palabra de la Lingüística Estructural europea *monema*, dándose sinonimia, que es otro factor rechazado por las nomenclaturas. La monosemia no tiene especial interés semántico, salvo en la definición científica y la manera de realizarla (2005: 228-229, apartado 6.2.3).

La cuestión, hasta ahora, es que en este ensayo se procura trabajar con el principio de discreción de las formas lingüísticas, las cuales pueden contraer determinado tipo de afinidad a partir de su individualidad asumida. Otra cosa es que en el inmediato futuro quepa tomar como prioritario el *continuum* en muchos de los aspectos semánticos en juego.[9] A este respecto, quienes se encuentran en mayor grado limitados son los investigadores partidarios del inflexible signo saussureano, aunque no solo ellos: ya Lorenzo Valla partía de la premisa de que cada palabra tiene un único significado, con lo cual la polisemia no existe. Bien es verdad que si se lograra una definición lo suficientemente amplia de una palabra, una descripción sintética tal que abarcara todos los usos posibles de ella –lo cual es imposible como demostró Ramón Trujillo al negar el "núcleo semántico irreductible" que inicialmente había mantenido (1976), y aun aceptando su posterior teoría de la "extensión del significante" (1988)–, estaríamos ante un espejismo y la polisemia habría de desterrarse de los estudios semánticos; en todo caso, habría que prever que el mecanismo de la *translatio* o asignación de un nombre a la entidad que ya posee el suyo propio, como la concibió Boecio (Muñoz Núñez 1999: 21), se puede deber a meras situaciones contextuales en que es imposible aislar nuevas invariantes de significado. Lo mismo sucedería al juzgar que las diferencias de significado en un solo significante devienen directamente en homonimia y no en la mera polivalencia de la entidad aludida (ejemplo: que cada entidad]vaso[debiera nombrarse de un modo concreto en virtud de su altura, el material de que está hecho, etc.), lo cual se consideraría, a su vez, como un accidente debido al puro azar de la construcción fónica de las palabras. Sin embargo, estas dos ideas cuestan de creer y en la práctica, además, abocarían a un lexicón simple, pero imposible, en forma de vocabulario con meras asignaciones monódicas en correspondencia de uno a uno.

A la vista, entonces, de los problemas especulativos y prácticos que presenta el tema de la polisemia/monosemia, es preciso analizar cuál es la situación teórica de estos conceptos en el momento actual, antes de decantarse por una opción holística, en que se tengan en cuenta, además, los fenómenos relacionados de un modo sistémico. Sí que parece lógico pensar que a una propiedad tan natural del lenguaje como es la polisemia no se la puede restringir simplemente al habla, sino que se ha de buscar una teoría lingüística, una concepción del signo lingüístico tal, que le dé cabida teórica. Eso se puede lograr en parte con el signo trimembre de los praguenses (tomado de Sexto Empírico) o probablemente en su totalidad en base al signo continuo tetramembre ideado por Calvo Pérez (1987) en que los objetos del mundo no quedan excluidos, ya como origen, ya como término, ni de las elaboraciones mentales ni de la proyección fónica de los hablantes.

---

[9] Así ha sido captado además, por los que llegan a estos conceptos a través de la Lexicografía. Cf. Vivanco Cervero (2003: 97) quien afirma: "La variación semántica es un rasgo inherente a las palabras, cualquiera que sea su función gramatical, y se forma por medio de continuos semánticos".

Pragmáticamente hablando, no existe, sino en el extremo de la artificialidad, la monosemia. Tampoco en el mensaje. Los argumentos que presenta Pottier Navarro (1991), por ejemplo, no son convincentes en este sentido: aun sin quererlo todo mensaje es polisémico, aunque tienda a ser monosémico al límite de la expresión y de la recepción. Quiero decir que aunque Emisor y Receptor sean voluntariosos en entenderse siempre quedarán flecos de malentendido en sus mensajes, desde el momento en que las palabras que utilizan para vehicularlos son igualmente renuentes a sustanciarse de modo inequívoco. La apertura en doble abanico del mensaje que se codifica y se descodifica puede limitarse, pero no eliminarse del todo (Bühler 1950 [1934]). Ahí falla, por ejemplo, también el trapecio de Heger (1974) y su propuesta *ad hoc* para afrontar el problema, tal y como muestra Lara (2008). Para la semántica tradicional, la palabra se actualiza en el contexto y, por tanto, reduce su polisemia teórica a la hora de la codificación y la contextualización de lo codificado. Eso es cierto; no obstante, ni la reducción se repliega a la unidad, ni la polisemia es estática: rebasado el campo de la unidad (palabra, etc.), el discurso resultante cobra por sí mismo un significado polisémico que solo podría resolverse en un nivel superior, es decir, enriqueciendo el contexto y creando un nuevo texto, y así indefinidamente. En opinión de Ullmann (1965), con el cambio de aplicación a nuevos contextos, las palabras ganan nuevas acepciones o registros que, con el paso del tiempo, llegan a consolidarse. Tomemos el ejemplo de una palabra como *suave*, cuyo registro léxico (Calvo Pérez 2009b) es el siguiente:

(4) SUAVE (adj.)

1. {[sens.] [sup.]} [pos.] <referido al tacto>, liso.
2. {[part.] [±ríg.]} <referido a la piel> terso; «fig.», lustroso; [líq.] <a un líquido>, fino; [gas.] <a un gas>, ligero;
   [+vol.] <referido a algo material>, blando {al oprimir};
   [-ríg.], flexible.
3. [vis.] <referido a la vista>, expresivo, dulce {de gesto}; delicado {de color}.
4. [gust.] <referido al gusto>, delicado {al paladar}; delicioso; «fig.», agradable. [part.], dulce.
5. [aud.] <referido al oído>, agradable, flojo {al sonar}; [gas], fino.
6. [psíq.] «fig.» <referido al estado de ánimo>, tranquilo.
7. [abstr.] «fig.» <referido a una obligación>, llevadero.

Esta palabra parece deber sus posibles cambios semánticos a una alteración del contexto, como sucede en tantos otros casos. En el momento en que se rebasa la denotación pura de lo sensorial táctil (de superficie [sup.] o volumen [vol.]) se pasa a una primera connotación sensorial en que lo suave se aplica a lo gustativo *(un paté muy suave)*, a lo auditivo *(una melodía nada suave)* y a lo visual *(Este año se lleva el azul claro, el pastel y otros colores suaves)*. Por último, dicho del carácter de una persona, connota tranquilidad y, aplicado a una carga u obligación, se estima que es llevadera, en una segunda connotación mucho más ajena a la sinestesia como capacidad global para el sensorio. Los contextos han propiciado una diversidad de acepciones y una rica polisemia. Pero ellos no resuelven tampoco unilateralmente el caso de las fronteras léxicas; así, *defunción* se aplica a personas, pero no a animales, plantas o simples cosas *(?la defunción de la planta; ??la defunción de la mina de carbón)*; en cambio, *muerte* sí se aplica a plantas *(La temperatura del aire desciende hasta un punto en el que provoca daños o la muerte de las plantas)*, intuyendo que el corte semántico se produce en otro clasema, formando un nuevo haz semántico. Del mismo modo, la especialización del medio social no es igual de extensa en todos los casos: *operación* se predica de la actividad matemática, empresarial, policial o quirúrgica, pero *consagración* solo de la 'ofrenda {de pan y vino}' en la misa (o en el ritual de la primavera en Stravinsky), y luego de la dedicación continua a una actividad como 'entrega {total a algo}'. Diríase que cada caso tiene sus propias proyecciones e impone sus propios límites, pese al supuesto encasillado único de la semántica.

Otras fuentes tradicionales de la polisemia, según el resumen de García Platero (2006) son: (a), la semejanza y contigüidad de significados: *cocina* 'habitación para cocinar', 'fogón para cocinar' que se halla en la habitación citada, además de 'actividad del cocinero', 'hábitos de alimentación' de un pueblo y otros, lo que sitúa a la metonimia como fuente de la polisemia; (b), la influencia de otros paradigmas: hoy se dice *violencia de género* (< ingl. GENDER) a lo que debería ser simplemente violencia ligada al "sexo" de la persona, debiéndose dejar la palabra *género* para las distinciones gramaticales y no las pragmáticas. Más íntima que ellas, sin embargo, que encierran en el fondo una misma idea metonímica, es la sinécdoque en que la sustancia del contenido es una parte incluida o un todo incluyente respecto de la contraparte (Calvo Pérez 2007b: apartados 1.1 y 1.2).

Conviene retener, por lo dicho, una idea que se discutirá después: la polisemia presenta recursos sémicos semejantes en las distintas acepciones de las palabras, pero en algún lugar de la secuencia sémica (o semema) –un bloque de significado fijo *(CON)*, plasma un conjunto que le da unicidad semántica– la acepción ofrece algo que se define respecto a la ausencia de eso mismo –otra acepción *(SIN)*– o bien se encarna de modo opuesto a ella –en este caso *(CONTRA)*–: se tratará de **microespines**, puntos delicados de ruptura en que se quiebra la continuidad semántica de la definición general, ya por falta de un rasgo, ya por un rasgo justamente opuesto a otro dado. Ello va creando todo un cúmulo de microoposiciones que se concretan en lo que es el espín y que generalmente abren todo un abanico de posibilidades en el recoveco de las palabras. Y es que los grados de polisemia varían en el interior de cada artículo léxico, ya que pueden oscilar desde la diferencia mínima entre dos semas (por tanto, un espín del menor grado posible) como la que se observa entre la acepción 1.ª y 2.ª de *ganar* en el *DRAE*: "1. tr. Adquirir caudal o aumentarlo con cualquier género de comercio, industria o trabajo. 2. tr. Obtener un jornal o sueldo en un empleo o trabajo", en que hay adquisición, siempre de dinero, que solo varía en el procedimiento, hasta diferencias paulatinamente mayores como la que se da entre las acepciones anteriores y la 3.ª: "3. tr. Obtener lo que se disputa en un juego, batalla, oposición, pleito, etc. U. t. c. intr. *Ganar al ajedrez*", en que la adquisición se materializa solo en una sensación de dominio sobre el otro y no tanto en el aumento crematístico, por más que el *DRAE* insista en ofrecernos aquella misma cara economicista del signo. Luego, otras acepciones nos alejan aún más de los objetivos de la 1.ª y la 2.ª: "5. tr. Llegar al sitio o lugar que se pretende. *Ganar la orilla, la cumbre*. 6. tr. Captar la voluntad de alguien. U. t. c. prnl. 7. tr. Lograr o adquirir algo. U. t. c. prnl. *Ganar la honra, el favor, la inclinación, la gracia*", en que se produce un alejamiento progresivo a mundos abstractos, un "más que" (>) que ya no implica dinero u otros objetos crematísticos, sino "dominio o sometimiento" en que ni siquiera hay un "menos que" (<) en réplica para compensación entre partes. Ir observando en todos y cada uno de estos casos la generación del espín entraña un acto lógico de oposición sémica o clasémica /Material/ *vs.* /-Material/, /- Material/ *vs.* /Abstracto/, etc., siempre bajo el dominio del signo [+] (para *perder* sería el [-]) unido a un rasgo complejo, por ahora, que podemos denominar como [poses.], de posesión o pertenencia. Además ahí se ve, practicando esta metodología, que la acepción 7.ª del *DRAE* es errónea, ya que "adquirir algo" puede conllevar en igualdad de condiciones "dar algo a cambio", sin que ello suponga la idea de "beneficio" que está implícita, como balance, en el [>] de *ganar*. Véase entonces que hablar de acepciones de una palabra no es lo mismo que numerar los escalones de una escalera o las dependencias de un inmueble: hay que rescatar los vínculos cognitivos o perceptuales que estructuran el significado léxico, un edificio cuya primera piedra es el espín. Se trata, por tanto, de una cuestión de grado, de jerarquía que, como venimos diciendo, nos va "ganando" en cada explicitud sémica, una explicitud con la que se esclarece, por ejemplo, sin esfuerzo el desarrollo del lenguaje en el niño (o su pérdida en la vejez) en que cada concepto se enriquece o envilece con distintos matices espínicos a lo largo de la vida. Algo, en definitiva, también expuesto al uso, en que cada una de las variaciones sémicas de *ganar* está en función de las necesidades del momento y de los objetos referidos en él.

2.2. La homonimia

El concepto de homonimia no es tan diferenciado del de polisemia como para que los autores lo separen de él; otra cosa son las consecuencias. De hecho, entre estructuralistas y funcionalistas, o sus antecesores inmediatos, no hay acuerdo en cómo trazar una nítida frontera entre ellos, no ya de a qué lado adscribir un determinado ejemplo, lo que sería lógico por otra parte, dada su contigüidad. Eso se aprecia de inmediato repasando las discusiones habidas sobre el tema. Por ejemplo, Martín Fernández (1990), Cifuentes Honrubia (2006) o García Platero (2006), que no aportan de por sí ninguna razón original pese a enfatizar que existe un problema de distinción conceptual de los dos fenómenos en las obras lexicográficas, se limitan a recoger aspectos de unos u otros autores, los que se enumeran seguidamente. Adelantemos que algunos autores creen que hay que situarse ante un solo significante con más de un significado (Ullmann 1965); otros que, tras los cambios oportunos, la polisemia puede llegar a ser homonimia sincrónicamente hablando (Baldinger 1970) y, por último, están los que sugieren que la medida de las diferencias entre los dos fenómenos no es precisa (Bloomfield 1933). En todo caso, hay infinidad de tests con los que establecer criterios para distinguir polisemia de homonimia: si pertenecen a familias distintas (*valer-valeroso* / *valer-valioso*; R. Godel) o a campos semánticos diferentes (*malo-perverso* / *malo-enfermo*; W. Porzig), si se relacionan con sinónimos o hiperónimos diferentes (*agudo-afilado* / *agudo-inteligente*; *gato-felino* / *gato-herramienta*; S. Gutiérrez Ordóñez), si entran en construcciones sintácticas (*Fundaremos un banco y haremos préstamo;* / *?y lo sacaremos al jardín*; H. Frei, R. Trujillo) o morfológicas cambiantes (*cántara-cantará, esposa-esposas* / *Ø-esposas*; J. Lyons), si aparecen en distribuciones distintas (*ve* del verbo *ver* y *ve* del verbo *ir*; É. Benveniste), si la ortografía, en fin, difiere (*onda-ola* / *honda-profunda*). Los resultados son diversos, pues puede suceder que haya ligazón semántica como entre $malo_a$ y $malo_b$ (más arriba) o no la haya pese a las semejanzas: $llama_1$ <del fuego>, $llama_2$ <de los Andes> (*la llama-las llamas*, en ambos casos). Además, tampoco sirve la opción de B. Pottier (1968) de que si no hay semas en común se trata de homonimia, porque en *¿Has visto la llama?*, a pesar de su clara homonimia (procedencia de dos lenguas diferentes, latín y quechua, sin que haya cruce o confluencia entre ellas), hay algo en común que permite la ambigüedad en ciertos contextos: el clasema /Físico/, abarcador del subclasema /Visual/, aunque uno de los dos sememas, "$llama_1$", carezca del clasema /Material/ que caracteriza al otro.[10]

Cabe hacerse de nuevo las preguntas que muchas veces nos hemos hecho en estos últimos años. ¿Puede haber un único signo con varios significados (polisemismo)? ¿Puede haber varios signos a partir de un solo significante (monosemis-

---

10 Este aspecto ha sido tratado a fondo en Calvo Pérez (1985 y 1986), en su desarrollo del par hipersema-hiposema.

mo)? Depende de qué premisas parta. Si el signo es biplánico y simétrico, parece que ninguna de las dos opciones es posible en lengua; en cambio, si el signo es asimétrico con una (triplánico) o con dos asimetrías (tetraplánico), las dos lo son. En este último supuesto, la polisemia predomina poco o mucho, aunque no anula a la homonimia. En el supuesto clásico, la homonimia predomina y ahoga a la polisemia, que resulta relegada a fenómeno de "habla". Es la posición, creo que poco sostenible fuera de este enfoque, el del rigor inmanentista de aceptar como axioma la idea estructural saussureana de biunivocidad estricta, de autores como Trujillo (1976, 1988), Casas Gómez (1999) o Gutiérrez Ordóñez (1981). Su postura quiebra una relación semántica fundamental: la imposibilidad de separar Lenguaje y Mundo, de mantenerse a ultranza al margen de la realidad extralingüística.[11] Quede bien claro, no obstante, que esa relación no orienta ni a una mera esclavización al referente, ni tampoco a una renuncia a él, aunque se mantenga la polisemia como algo consustancial al significado. Hernández Sacristán lo resume así:

> El carácter polisémico de un término resulta algo consustancial a la estructura del significado que se le asocia cuando dicho término desempeña una función simbólica. Los signos propios de una lengua no son puras señales asociadas de manera rígida a determinados tipos de referente, sino que pudiendo cumplir también esa función de señal, son habilitados para un uso [...] simbolizador. Ese uso consiste en aplicar un término que designa un tipo particular de referente a otro tipo de referente relacionado, lógica o perceptivamente, con el anterior a cuya relación se propone justamente por el acto mismo de designación común (2006a: 210).

Por mi parte, voy a profundizar un poco más sobre el concepto de homonimia, antes de decantarme por su aceptación o rechazo, puesto que la homonimia constituye el "otro lado" de la realidad, la imposición del mundo sobre las estructuras (generalmente pero no solo fónicas) del lenguaje. Cuando se analizan las palabras desde la perspectiva del significante puede ocurrir, en efecto, que la proximidad de los significados u otras causas que se analizan después nos lleven a la polisemia, pero puede ocurrir también que nos sintamos tan alejados de los significados, que no se encuentre punto de conexión o entronque entre ellos y

---

[11] Puede haber variantes en la teoría estructural que, en el rechazo del habla y la asunción de la lengua, acepten la sinonimia total (Salvador 1983) o que asuman también la polisemia (Coseriu 1977), pero estos aspectos no serán discutidos en profundidad en esta introducción, pues todo depende de donde se ponga el listón de lo que se considera una variante o una invariante lingüística. Coseriu debió flexibilizar el modelo para no comprometerse con el sinsentido de eliminar de la lengua factores ineludibles de la misma, lo mismo que Salvador para no rechazar lo inadmisible de los que ven en la sinonimia un fenómeno simplemente relativo.

entonces haya que asumir que se trata de una mera coincidencia fónica ante el hecho de que falta motivación semántica para su adscripción a un único lexema. Esta es la base cognitiva en que se apoya Calvo Pérez para caracterizar sintéticamente el fenómeno del modo siguiente:

> La homonimia es un hecho casual que puede darse tanto intralingüísticamente (*tanka*$_1$ 'moscardón', *tanka*$_2$ 'horquilla', en quechua; *saca*$_1$ 'saco ancho', *saca*$_2$ 'acción de sacar'; *reo*$_1$ 'trucha', *reo*$_2$ 'vez', *reo*$_3$ 'acusado' en español) como interlingüísticamente (*arma* en español coincide casualmente con *arma* 'baño' en quechua) o por contacto de lenguas (*nana*$_1$ 'canción de cuna', *nana*$_2$ 'dolor', del quechua, de *nanay* 'doler'). Para que se produzca homonimia es preciso que no haya afinidad de significado (u origen común, que podría garantizar diacrónicamente esta) y total coincidencia de significante. Puede haber, sin embargo, disfunción categorial (*leo* presente de verbo leer y *leo*, sustantivo, como signo zodiacal). Si nos atenemos al paradigma completo puede suceder que se presente una homonimia parcial (*podamos* del verbo *poder* y *podamos* del verbo *podar*, que difieren en otras formas como *puedo*/*podo*; *echo < echar / hecho < hacer* que coinciden parcialmente, pero al no ser homógrafas, para algunos dejan sencillamente de pertenecer a la homonimia); la homonimia parcial es interna y asimilable totalmente a la polisemia en caso de coincidencia en un mismo paradigma: *amaba* (1.ª y 3.ª personas), *cantamos* (presente y pretérito de *cantar*), la cual a su vez es heterocategorial cuando la coincidencia recae en diferentes categorías gramaticales (*paso*$_m$, sustantivo, y *paso*$_n$, 1.ª persona del indicativo de *pasar*). Se habla también de homonimia en casos de calambour: *se eleva / se le va* (con cambio acentual); *Este ban[co está ocupado...] / Esteban.*
>
> Mención interesante se merecen los significados divergentes de una lengua cuando se forman en dialectos muy distantes entre ellos: es lo que termina por constituir los falsos amigos [...]. Así *papa*$_1$ 'gachas' y *papa*$_2$ 'patata' (del quechua) se deben a la coincidencia entre lenguas distintas; *pericote*$_1$ 'baile asturiano' y *pericote*$_2$ 'ratón de campo' (América) se deben a desviaciones de significado en una misma lengua; *mero*$_1$ 'pescado' y *mero*$_2$ 'cuervo' (Chile) se producen por lenguas distintas y en países distintos; *panca*$_1$ "cierta embarcación" (de Filipinas) y *panca*$_2$ 'hoja del maíz' (del quechua) han confluido, de lenguas ajenas como préstamos en español (2005: 230-231, apartado 6.2.4.1).

Todo lo anterior muestra que nos hallamos ante significantes coincidentes, algo perfectamente posible sin que haya que aceptar irregularidades semánticas por medio. ¿Quién nos dice, por ejemplo, que la palabra *mana* (< MANAR) no exista en otras lenguas diferentes del español con cualquier significado? De hecho existe en quechua con el significado de 'no'. En otras palabras, que la homonimia es una mera coincidencia en que no cabe hablar de Semántica propiamente dicha, si no es para cotejar analogías y diferencias fuera de su utilidad práctica. Ello no quiere decir que la homonimia no se busque intencionadamente, como sucede con los cruces intralingüísticos (llamar *ambrosio/hambrosio* al hecho de tener 'hambre' en castellano peruano) o interlingüísticos (*malón* < mapuche MALON en cruce con esp. *malo*, para 'ataque de indios contra poblaciones de españoles u otros indios, que se produce inesperadamente').

Véase el asunto con más detalle. Sea, por ejemplo, la secuencia siguiente, referida al sustantivo y al adjetivo *pito* (Calvo Pérez 2009b):

(5a) **PITO**[1] (< *pitar* < *pit*, voz onomat.). sust. m. Instrumento {elemental, de un solo agujero, con el que se emite un sonido agudo}. [Y otros significados relacionados por el sonido]: 2. Castañeta {con los dedos}. [Y otros por la forma que adopta]: 3. Cigarrillo {de papel}. 4. Taba {para jugar}. [Y otros por tener un único agujero]: 5. Pene. 6. As {del dominó}. [E incluso otros por su poco valor como *pepino, pimiento, bledo, higo, mierda*: en *Eso no vale un/una* —-]: 8. Cosa {insignificante}.

(5b) **PITO**[2] (< aim. *pitu* 'anaranjado, amarillo'). m. Garrapata {casi circular, amarilla con manchas rojas} [nombre que no tiene que ver con *pito*[1], y sí con otros nombres también genuinos de América del *Ixodes sp.* como *broquelona, caparra, coloradilla, chibacoa, chinche, chirimacha, chirimaya, chupasangre, garrapatilla, patacón, pinolillo, vinchuca*].[12]

(5c) **PITO**[3] (< q. *pitu* < *pituy* 'desleír, disolver en líquido'). m. Coc. Pastel {de harina, azúcar, huevo, leche}. 2. Cancha {de maíz molido}. 3. Harina {de maíz o garbanzo}.

(5d) **PITO**[4] (< *pico* < lat. *picus*). m. Carpintero {de la puna}. [¿Y si es el ave llamada así por los sonidos que emite? como en *pito*[1]?]

(5e) **PITO**[5], **ta** (< *pitar*). adj. «coloq., fig. » <Dicho generalmente de personas mayores o convalecientes de enfermedad [sobre todo varones, que si "pitan" es que aún marchan, como los trenes]>. Robusto, firme {pese a su edad}.

Al no haber razones históricas conocidas para la aproximación de estos lemas –o al haberlas justamente para la separación–, al cambiar el lugar de aplicación de la palabra, al abocarnos a una lengua diferente (como el quechua *pitu* o el coincidente aimara *pitu*), al tratar de una categoría gramatical distinta, etc., se puede hablar escrupulosamente, salvo alguna duda, de homonimia. Ya se señaló antes. Lo que no parece razonable, en este y en los demás casos, es diferenciar el fenómeno solo y sistemáticamente por la categoría, ya que no tratamos aquí de

[12] Tomado de <http://tinyurl.com/5umtqcs> (última consulta: 09-10-2007).

un problema morfosintáctico, sino semántico y pragmático. En este punto, *deber* sustantivo (como en *Hacer los deberes*) tendría un índice diferente al de *deber* verbo *(Para deber dinero, primero hay que haberlo recibido prestado)*, mientras que el quechuismo *pito*$_3$ y el aimarismo *pito*$_2$ podrían ir, absurdamente, en la misma entrada léxica por ser homocategoriales. Sirva ello como crítica a la práctica lexicográfica consagrada en el *DRAE* o a la opinión de Gutiérrez Ordóñez (1981, 1989) y otros autores partidarios de esta duplicidad/multiplicidad léxica. Piénsese que hay enorme cantidad de palabras que pueden sustantivarse, siendo verbos; adjetivarse, siendo sustantivos; adverbializarse, siendo adjetivos: ello haría del diccionario una réplica constante de sí mismo sin sentido claro de sus aportes semánticos. Dicho esto, habría que discutir hasta qué punto el adjetivo *pito*$_5$, por ancestro de étimo, debería desaparecer como entrada independiente y ser tenido como parte de *pito*$_1$. Las acepciones de *pito*$_1$ relacionadas en el artículo se mantienen en él por motivaciones cognitivas de forma, parcial o total, de sonido e incluso de valor, en deriva metonímica o metafórica por la insignificancia del instrumento sonoro. Por el contrario, *pito*$_5$, si bien proviene de algo que suena, un silbato de tren, mantiene una metáfora distinta y procede por meronimia, "el tren tiene silbato", y no por las particularidades del sonido mismo, de modo que este "alejamiento" cognitivo motiva una nueva entrada. Al decir "x es un silbato", "x vale lo que un silbato" o "x se parece a un silbato", la asociación es más fuerte y motiva adecuadamente al hablante; obsérvese que si se elimina el sema "elemental" de la definición primera de *pito*$_1$, alguna de las acepciones que le siguen también deberían ser disgregadas.

La homonimia puede generarse por alejamiento cognitivo, por pérdida de motivación, como en el último supuesto discutido *(pito*$_5$*)*, pero también por igualdad/convergencia fonética, de modo que como el número de significantes de las lenguas, aunque inmenso, es finito, puede llegar a suceder que dos palabras confluyan en la pronunciación sin que tengan en común aspecto semántico pertinente que las enlace, como se acaba de ver. En otros casos, la confluencia no es tal y se producen paronomasias (coincidencias parciales) sin parecido semántico: *barra, birra, borra, burra*; *barro, berro, borro, burro*... Intencionadamente, se originan también las paronomasias que permiten tanto el juego de palabras como la rima: *Donde dije "digo", digo "Diego"* o *En abril, aguas mil.*

En ocasiones, la diferente historia de las palabras se presenta con nitidez, dado que la ortografía es incluso distinta (caso de homofonía, pero no de homografía): *asta* 'cuerno' / *hasta* 'a <término de un lugar>', en que la primera es sustantivo y la segunda preposición para mayor diferencia. En una situación intermedia, la pronunciación puede incluso diferir de unos dialectos a otros de la misma lengua: es el caso del yeísmo, que iguala *poyo* y *pollo* (no en todos lugares, aunque cada vez con menores áreas distributivas), o del seseo, que iguala *rosa* y *roza* en casi todo el ámbito del español, excepción hecha de algunos lugares de la Península Ibérica (las dos Castillas, etc.).

Desde el punto de vista evolutivo, puede suceder –lo mismo que a la inversa– que palabras no emparentadas semánticamente terminen por parecerse en el significado como consecuencia de significantes próximos, llegando a ser consideradas, en casos extremos, iguales. Ocurre con $pago_1$ y $pago_2$ (< PAGAR), respecto a $pago_3$ en el ejemplo siguiente (Calvo Pérez 2009b):

(6a) **PAGO$_1$** (< *pagar*). Agr. Distrito {de tierras y heredades}. 2. «fam.». Lugar, pueblo {de procedencia}.

(6b) **PAGO$_2$** (< *pagar*). Rel. Despacho, agradecimiento {a la tierra, hecho por el sacerdote},

pero:

(6c) **PAGO$_3$** (es preferible *paco*) (< q. *paqu* < *paquy* 'invocar los espíritus'). Mag. Jefe {espiritual de las comunidades indígenas, con fama de sabio, que cura y adivina}.

Si no fuera por las precauciones habidas, $pago_2$ y $pago_3$ serían acepciones de una misma entrada: el objeto que se realiza y el agente productor en el ámbito de la religión o la magia. Pero no: ha sido una etimología popular, unida a la facilidad de sonorización de las oclusivas intervocálicas en español, la que ha provocado la conjunción actual. No obstante, ¿quién nos dice que no se unirán definitivamente en el futuro esas dos entradas mientras se disgregan más $pago_1$ y $pago_2$, que en un momento dado pudieron nacer juntas? Muchos autores discutirían esto y de hecho no hay consenso en la distribución recién propuesta, lo que se comprueba con solo poner, uno al lado de otro, a un investigador latinoamericano y a un español. Homonimia y polisemia funcionan como un todo continuo, aunque en los extremos uno de los fenómenos pertenece a la lengua y el otro al mundo, sin que exista conexión. Porque el Mundo se debe tener en cuenta en el signo asimétrico tetramembre, es cierto, pero como proyección en el lenguaje, no como entidad estanca, aislada de él. En otras palabras: la homonimia es un fenómeno lingüístico, no semántico, que interesa, sin embargo, a la semántica en tanto en cuanto que de su seno provienen derivaciones que pueden ser tenidas como polisemias, nutriendo, así, los semas de una lengua y permitiendo los primitivos semánticos, es decir, proyectando el Mundo sobre el Lenguaje. Luego, en qué lugar del continuo se engendre la frontera de las dos depende de los gustos de los analistas e incluso de los casos que estos analicen.

Se da en los ejemplos descritos más arriba un fenómeno inverso del de los dobletes fónicos como *radio* y *rayo*, que procediendo de la misma palabra latina (< RADĬUS) se diversifican en dos palabras con significado todavía próximo: 'línea, generalmente recta, que parte de un núcleo o foco'; o los conocidos casos de aspiración o glotalización de obstruyentes del quechua para formar palabras con significado próximo como *kiru* 'diente', pero *k'iru* 'cuña', *paka* 'oculto, escondido, velado' (< PAKAY 'esconder'), pero *phaka* 'entrepierna', etc. (Calvo Pérez 1998). Obsérvese que de no existir el doblete, ya por herencia léxica, ya por formación motivada, habría natural polisemia bajo un solo lema. Con ello, el léxico de enriquece con nuevas palabras, en una situación en que es la Lengua la que se proyecta sobre el Mundo, en sonidos semejantes a las demandas del significado.

Sin embargo, esto encierra *in extremis* también otras dificultades que se tratarán después, ya que la existencia de sinónimos no implica que tenga que haber alguna relación fónica entre ellos. Pero, volviendo a la cuestión homonímica, hay que ver que desde el punto de vista evolutivo puede suceder también el fenómeno contrario, ahora no fónico (separación en dos o más palabras), sino meramente semántico, de que aquello que motivó un fenómeno de polisemia haya hecho divorciarse tanto a las acepciones, producir tanta divergencia, que ya no se sienten como emparentadas. Sería el recorrido inverso, aquel en que algo propio del significado abandona el ámbito lingüístico, también en forma de *continuum*, para penetrar en el mundo de los objetos y sus referencias. Es el caso de *banco*$_1$ 'asiento' y *banco*$_2$ 'establecimiento donde se comercia con dinero', en que inicialmente la transacción monetaria se hacía sentándose la gente en un lugar determinado; o el de *muñeca* que con el sema común de [abultamiento] ha devenido en sememas tan dispares como 'juguete', 'mojón' o 'punto saliente donde se articula la mano con el antebrazo'. La Lengua en su evolución ha venido condicionada por el Mundo a través de las enormes diferencias de aplicación del significado metafórico.

Entre los modelos de mayor diferenciación, no cuestionados por casi nadie –por ejemplo, el que se da entre dos lenguas distintas como que en quechua *uña* sea 'cría de animal' y en español 'placa dura, curva, que empieza y termina en la punta los dedos'– y aquellos otros cuestionados por casi todo el mundo –*nuevo* (adj.) y *nuevo* (sust.) en *coche nuevo* y *El nuevo vale más caro* o *nuevo*$_p$ (adj.) 'otro' y *nuevo*$_q$ (adj.) 'recién hecho o fabricado; poco usado' en *Mi nuevo coche nuevo*–, hay todo un continuo que exige la puesta en marcha de mecanismos objetivos de diferenciación, como se ha comentado. Para Lyons (1980), por ejemplo, solo habría que atender la diferenciación categorial (homonimia total = polisemia), suprimiendo de un plumazo el problema al tiempo que se evita su resolución. Entonces el diccionario tendría por un lado menos entradas, pero con mayor diversificación semántica y por otro más entradas por desajuste categorial (*Se salva*$_1$ y *Una salva*$_2$ *de aplausos*). Para otros autores, en cambio, se debería echar mano de multitud de recursos, algunos tautológicos, que no se enumeran aquí por no ser repetitivos (Gutiérrez Ordóñez 1989).

Pero hay que insistir de nuevo en algo evidente: las pautas diferenciadoras anteriores nos alejan de un principio de afinidad semántica que aquí se invierte y que, por lo general, ha de ser asumido, aunque con las salvedades oportunas. De hecho, Ullmann (1965) lo negaba por vago, además de que su aplicación es reiteradamente criticable. Por ejemplo, señalar que un lexema consta de una serie de derivados, todos los cuales están cargados de motivación semántica, puede resultar correcto a veces, como en *decir*: *bendecir, contradecir, desdecir, interdecir, maldecir, predecir*. En cambio, entre los derivados de *fluir*: *afluir, confluir, difluir, efluir, influir, refluir,* uno de ellos, *influir*, ya la ha perdido para los hablantes comunes, aunque los lingüistas todavía la sustenten en sus trabajos. Lo mismo pasa en los derivados de *mover*, de los cuales *conmover* y *promover* han perdido buena parte de su motivación; no así *remover*. Pese a todo, un diccionario que aceptara este proceder diferenciador de la motivación en su tiempo permitiría conocer mejor los procesos evolutivos y los cambios semánticos producidos en el desarrollo semántico a lo largo de la historia de la lengua. Es lo que se pretende en el *ND* (Calvo Pérez 2009b) y su búsqueda de estímulos para separar polisemia de homonimia. De hecho, solo mientras están vigentes las acepciones en que se implique sémicamente la palabra con su primitivo, esta deberá definirse en su seno, para lo cual habrá que acudir a la fragmentación del significado en unidades sémicas para comprobar que la conexión es fehaciente.

Véase un ejemplo, a partir de *mover* (Calvo Pérez 2009b). *Mover* es una palabra existente en español actual que es base de *conmover, promover, remover*, pero que pierde motivación semántica en *conmover* y *promover* (ibíd.). En efecto, así es, como lo confirman los datos léxicos (donde se prescinde de la equivalencia quechua de la mencionada obra):

(7) **CONMOVER** (< *con-* + *mover*). tr. Inquietar, perturbar. 2. Hacer {llorar}. 3. Impresionar. 4. Producir {compasión}. V. *mover*.

(8) **PROMOVER** (< *pro-* + *mover*). tr. Impulsar. 2. Suscitar. 3. «fig.». Iniciar {algo con el fin de que llegue a buen fin}. 4. Ascender {en el empleo a alguien}. 5. Tomar {la iniciativa}. 6. Causar. V. *mover*.

En ambos casos falta una acepción que lleve directamente a la motivación de *mover*: algo así como 'mover algo en compañía de otros, desplazar' (como en lat. *commovēre*), y 'mover algo hacia adelante, empujar' (como en lat. *promovēre*). Por eso, estos verbos se sacan de un macroartículo encabezado por *mover*. No así *remover*, que forma parte de él, ya que las acepciones mostradas, al menos, las dos primeras, así lo certifican:

(9) MOVER. tr. Cambiar {algo de lugar}[...] || REMOVER (< *re-* + *mover*). tr. Mover {del lugar fijo donde algo está}. 2. Mover {alejando}, retirar {un poco} [...].

Lo mismo que hay divergencia entre palabras morfológicamente emparentadas, puede darse en otros casos convergencia y suceder que palabras homónimas, o incluso parónimas, formen polisemia natural, frecuentemente por etimología popular, que asocia lo ajeno como propio: así se han emparentado *cerrar* y *cerrojo*, aunque esta última proviene de un diminutivo del latín *ferrum* y no del verbo *serāre*. Obsérvese este ejemplo (Calvo Pérez 2009b) en que se han evitado las equivalencias quechuas:

(10) **NIÑATO, TA** (< *niño* + suf. *-ato*). [hum.] «desp.». Persona {joven, petulante}. 2. Inexperto. 3. (< *non natus*, en cruce con *niño*) [anim.] Becerro {no nacido, de la vaca muerta}. V. *nato*.

¿Qué sucede? Que se podrían postular preferentemente dos palabras: *niñato* (aceps. 1 y 2) y *nonato* (acep. 3), una en el campo de *niño* y otra en el de *nato* (< NACER), pero ha surgido una motivación entre ellas, arrastrando *nonato* (< NO + NATO) al lexema de *niño*: *nonato* > *niñato*. De ahí la remisión a *nato* (y a *nonato*, que se contiene en ella) al final del artículo léxico, para que el consultor del diccionario pueda, eventualmente, relacionarlos. Una paronomasia se ha constituido en momentánea homonimia ($niñato_1$ y $niñato_2$) hasta incorporar parcialmente, por significado semántico y registro despectivo, una forma en otra, en rotunda polisemia.

Por causas etimológicas y evolutivas, por tanto, el método de análisis histórico lleva a un relativo impedimento, el de trazar fronteras fiables. Otaola Olano (2004) señala: (a), que es difícil conocer en ocasiones la etimología de una palabra; (b), que la etimología no siempre garantiza un resultado sincrónico afín; y (c), que se produce desajuste entre lingüistas y usuarios. Esto es cierto, aunque la etimología es frecuentemente el recurso más esclarecedor, como se ha comprobado más arriba.

Cualesquiera que sean las palabras o locuciones analizadas, las unidades sémicas llevan a la intersección. Si esta no existe, se puede hablar de homonimia y si existe, hay polisemia, independientemente del camino recorrido. Algunos autores también enjuician los hechos con este mismo punto de vista como Gutiérrez Ordóñez, ya que "siempre existirá en los niveles altos de abstracción un rasgo común a los contenidos asociados a una expresión homonímica" (1989:

126). Es cierto: la diferenciación entre el *El gato*$_1$ *maulla* y *Saca el gato*$_2$ *del maletero que se ha pinchado una rueda* no puede mantenerse en *¿Sabes donde está el gato*$_{1/2}$*, que no lo veo?* No obstante, una cosa es la ambigüedad propia de las palabras o términos adscritos al extenso clasema /Material/ (y la captación de lo material con la vista, el tacto, etc.) y otra muy distinta la necesidad de que una definición léxica sea hecha con ese criterio hipersemántico, basado en una conjunción interna: la macrounidad formada está a mitad de camino entre tener una homonimia, como así sucede, o producir una especie de polisemia no integrada (diferente haz sémico en el artículo léxico). En resumen, que esta no es una objeción que deba sentirse como natural en semántica: los semas y clasemas operan a distintos niveles y aun estos y aquellos entre sí según principio de la teoría lexicológica. En este sentido, no deja de ser cierta la declaración consiguiente de que "la mayor o menor proximidad entre dos significados es un hecho de grado, no de naturaleza" (ibíd.), lo que no es óbice para la existencia de la intersección. No obstante, esta afirmación produce extrañeza cuando el punto de vista adoptado es estático, pese a las declaraciones en contrario del autor citado. Desde una perspectiva dinámica, salvo en casos de neutralización de clasemas en los haces semánticos, en que la oposición homonimia/polisemia se neutraliza también pasando a estar la frontera en distinta ubicación semántica, la oposición antedicha juega un papel importante para distinguir cognitivamente los dos fenómenos por separado. Una cosa es el "grado" de separación observado o atribuido y otra la confusión conceptual entre los dos extremos de una escala.

Una idea que también cabe explorar es la de si la homonimia y la polisemia se originan en "lugares" léxicos diferentes. La primera se descubre en la macroestructura del diccionario y se vincula con la onomasiología, con el nombrar; la segunda en la microestructura, al interior del artículo lexicográfico, y por tanto con la semasiología, con lo nombrado. Werner (1982: 312-313) cree que esto es solo un asunto propio de la lexicografía práctica, pero sin validez teórica. No obstante, un diccionario no puede verse como un conjunto disjunto: macro y microestructura se entrecruzan, lo mismo que sintagma y paradigma, de manera que hay microestructura en el conjunto macroestructural, al igual que sucede a la inversa (Calvo Pérez 2009b: "Introducción"). Así pues, cada elemento sometido a medida sémica (palabra u otra unidad) tiene en principio dos anclajes a los que no le es dado renunciar.

A la vista de todos estos contratiempos para la caracterización, límites y relación entre homonimia y polisemia, no cabría sino llegar a la unificación teórica de los dos conceptos semánticos antedichos. Sin embargo, las dificultades son enormes en este campo (Calvo Pérez 2009a), pese a lo que piensa Lyons (1980: 491-509) de que la homonimia (absoluta, con identidad morfológica y equivalencia sintáctica) es una subclase de polisemia, lo que a veces es cierto en puntos concretos de la escala, como se vio. En todo caso, si se niega la polisemia no habrá inconveniente en asumir la homonimia, como sucede con los estructuralistas, que eliminan uno de los dos extremos de la escala. O lo contrario: habrá que considerar que la homonimia es una circunstancia en que confluyen dos palabras (como pueden hacerlo dos turistas de veraneo en la misma calle de una misma ciudad), hecho que es ajeno a la lengua, carente de sistematización y producto del azar, como reconocen las teorías pragmáticas más usuales.[13] Desde una perspectiva componencial, habría que analizar la conjunción y disyunción de semas y su distancia, y medir así el grado de aproximación entre homonimia y polisemia, que es relativo y variable en cada caso.

Desde una perspectiva cognitiva y con otro criterio, la metáfora invita a la unificación de polisemia y homonimia como mediadora de su separación conceptual, al buscar un hilo conector que las aproxime a un prototipo. De la misma manera, pero con distinta medida sémica, se puede asegurar que la unificación pre-existe (polisemia: *nacer*$_p$, *nacer*$_q$, etc.) o bien se produce (homonimia: *muñeca*$_1$ y *muñeca*$_2$), abogando igualmente por el prototipo: lo igual se distiende en desigualdades periféricas, pero al mismo tiempo la periferia logra conectar con el prototipo; y lo hace si no directamente, sí al menos mediante otros subconjuntos intermedios, salvaguardándose al final el "aire de familia", que es el denominador común que, con toda seguridad, nos permite hablar de la conexión de estos dos fenómenos. De hecho, los planteamientos estruturalistas y funcionalistas del significado apoyan por lo general esta idea, al convertir cada manifestación léxica en invariante (todo es homonimia: Martín Fernández 1990: 205) y predicar una suerte de medida variable –pero, eso sí, biunívoca– para el signo lingüístico.

El problema es si por el hecho de tener el mismo significante habrá siempre una relación prototípica entre los lexemas; al límite es posible que no, porque la asimetría del signo, al que ya hacía referencia la Escuela de Praga, permite la escisión: si tenemos **a / x + y** y **b / y + z** y si tenemos **c / z + w**, siendo **a**, **b** y **c** significantes, entre **a** y **b** o entre **b** y **c** podrá haber una relación que justifique el desajuste entre significante y significado, pero no la habrá entre **a** y **c** por más que se haya establecido una continuidad del signo en otros casos. Lo mismo cabe decir si partimos de **a + b / x**, **b + c / y** y **d + e / z**, pues si llevamos la noción de prototipo demasiado lejos, lastramos paradójicamente su esencia. Lo natural sería ver que existen proyecciones asimétricas tanto desde el significante como desde el significado, y que cuando se habla del primero, la semántica queda ori-

[13] Ello lleva a considerar que la homonimia consiste en juegos de palabras, chistes, ambigüedades, malentendidos, etc., precisamente por la circunstancia señalada. Justo lo contrario de autores como Trujillo que creen que la polisemia es una entelequia teórica que solo cabe en los repertorios léxicos, como una manifestación incontrolada propia del "habla".

llada (homonimia), mientras que cuando se hace desde el segundo queda centralizada (polisemia), por más que el fenómeno, dadas las dos continuidades, unifique en uno los dos componentes previamente supuestos, en el sentido de que la unidad de medida no es fija (Gutiérrez Ordóñez 1989). Otro modo de ver las cosas es que se deba hablar, en sustitución de ese enfoque, de **hipersemia** o **hiposemia** (Calvo Pérez 1985), según el dominio o nivel de la unidad de significado, que identifica en cierto estrato las variables concernidas. Esta última asunción acabaría con el estructuralismo, ortodoxo o no, que se ve imposibilitado de reconocer fenómenos que atenten contra el signo biplánico saussureano; así se vio que Trujillo (1976) negaba la existencia de la polisemia al separar conscientemente significante de expresión, en un punto antípoda a lo que ya ha mostrado el cognitivismo, en que a la misma forma corresponde idéntica concepción, centralizando el fenómeno justamente en la polisemia. Esa separación estructural se salva, según el autor de La Laguna, partiendo de la idea de "significante complejo", según la cual el significante no es una mera secuencia de fonemas, sino una serie de discordancias morfológicas, semánticas y sintácticas que permiten individualizar aparentes significantes uniformes. Pero ¿dónde está el límite? Vuelvo a repetir un tipo de ejemplo clave: *dulce*$_p$ y *dulce*$_q$ se diferencian por el hecho de que el primero permite el sustantivo derivado *dulzor* (es físico: *Este chocolate es dulce / el dulzor del chocolate*), mientras que el segundo permite *dulzura* (es psíquico: *María es dulce / la dulzura de María*); así se salva el principio de "consustancialidad cuantitativa" en base al signo biplánico de Saussure. ¿Pero hasta dónde se extendería *dulce (música dulce, clima dulce, comida dulce, el dulce aroma de la flor del almendro...)*? Habrá que determinar qué es una variante y qué una invariante del contenido, según la unidad de medida, puesto que este es el modo de proceder de la Semántica y sería preciso separar los significantes que haga falta, distribucionalmente individualizados dentro de la misma palabra *(dulz-or/dulz-ura)* o en palabras diferentemente ubicadas *(Mira cómo como)*, en significados diferentes (*Ir con su madre* <compañía> *al cine*, pero *Ir con su bastón* <instrumento> *a la calle*) y en contextos diferentes *(He cogido este pájaro al vuelo / Más vale pájaro en mano que ciento volando)*, según hicimos notar más arriba. Así llegaríamos a la mera atomización del léxico de las lenguas, a una especie de mónadas flotando de modo absurdo en el campo del significado.

También contaría, sin duda, la situación pragmática para determinar la ambivalencia o no de usos morfológicos o sintácticos (*El pájaro del profesor* se pluraliza en *Los pájaros del profesor*, pero no en casos de calificación metafórica, en que ya no se habla de]animales[y donde no es posible sustentar ?*Los pájaros del profesor*), etc. Especialmente con este último ejemplo de Gutiérrez Ordóñez se ve con meridiana claridad que la delimitación se ha de hacer también desde el contenido en situaciones en que la Pragmática es irremplazable a la hora de cumplirse una función comunicativa (Muñoz Núñez 1999), globalizadora de los otros dos aspectos del signo en dialéctica, solución de la que difiere el autor astur-leonés. Sépase que dos significantes idénticos, con significados diferentes, no pueden encontrarse en contextos e intenciones idénticos, pues entonces la comunicación se vería afectada y se llegaría al malentendido, al absurdo, etc.; de modo que los paradigmas deben quedar separados al límite para poder interpretar los sintagmas creados. Esto es así en esencia.

En definitiva, que unos salvaguardando el signo saussureano, y otros condenándolo de antemano, coinciden en que homonimia y polisemia son un mismo fenómeno visto tanto desde la perspectiva paradigmática como sintagmática (Trujillo 1976). Y así se le ha dado al fenómeno conjunto, entre otros nombres, el de polivalencia. Se trata de una solución que desde otros planteamientos teóricos se viene proponiendo como una cuestión de "grado" (Calvo Pérez 1986: 48 y 56-59). En efecto, desde un cierto trazado hiposémico dos significantes pueden estar en homonimia ($gato_1$ 'animal' o $gato_2$ 'herramienta'), pero desde otro más amplio, conectados por hipersemas o clasemas, pueden caer en la misma órbita polisémica y ser tenidos por variantes de un mismo signo lingüístico ($gato_a$ 'entidad material: animal' o $gato_b$ 'entidad material: inanimado, herramienta').

En lo que no se ponen de acuerdo los autores es en cómo delimitar cada concepto en sí. Desde la semántica pura, sin embargo, la homonimia no es sino un problema periférico, no semántico, imprescindible al límite para entender el fenómeno semántico irrenunciable: la polisemia, que forma parte de la sustancia misma del lenguaje, de la lengua y de su proyección en el habla, pero que tiene también un punto límite extremo, la monosemia, ajena parcialmente de la semántica como periférica, pero que puede conseguir metafórica o metonímicamente significados polisémicos que la alejen de su solipsismo, como no ha dejado de señalarse desde enfoques cognitivistas (Cuenca/Hilferty 1999: 125-149); ello en contra de las opiniones de otros autores señaladas más arriba.[14]

---

[14] No podemos aceptar tampoco la tesis de Casas Gómez (2004: 12) de que ni uno ni otro de los dos son fenómenos semánticos, a diferencia de la sinonimia o la antonimia, ya que su diferenciación estriba en considerar si se está ante dos significantes (como en los semánticos propios) o ante uno solo y por eso hay que incluirlos. Además, si un signo es siempre completo, si es un complejo Ste./Sdo. (significante/significado), ¿cómo justificar que la semántica esté unas veces ausente y otras presente en el planteamiento lingüístico? En ocasiones los árboles podrían impedirnos ver el bosque.

2.2.1. *La hipersemia y la hiposemia*

Para la medida de los componentes semánticos de una entidad léxica incluida con otros miembros en un campo semántico determinado, ideé (Calvo Pérez 1985) un sistema dinámico de afrontar el significado componencial de los mismos. En vez de considerar que hay semas que miden diferencias específicas (los “distinguidores” de Katz/Fodor 1963, etc.) y clasemas que miden géneros (los “marcadores semánticos” de los autores citados), supuse que hay unidades que tienden a ser mayores que un sema (entiéndase un **sema en grado cero**, como unidad de un **campo semántico base**), conforme se construyen los hiperónimos del campo. Son estos los **hipersemas**, abarcadores sucesivos del conjunto previo hasta llegar a las unidades primitivas en que no es posible extender más el campo (*casa* > *edificio* > *construcción* > *obra* > ... *entidad material...* > *cosa* > *ello*). Existen otras unidades, de extensión también relativa, que tienden a ser menores que un sema en grado cero, conforme se constituyen los hipónimos del campo, los **hiposemas** capaces de producir o bien medir las diferencias de significado cada vez menores en el campo semántico de turno hasta llegar a un límite práctico en que resulta ya muy difícil encontrar diferencias (*casa* < *vivienda* < *cortijo, masía, pazo, alquería, cabaña, choza, apartamento, chalé, quinta, piso*...). Es como esas pantallas táctiles que agrandan o reducen la imagen hasta cierto límite, a partir de la imagen tomada como estándar.

Estas medidas dinámicas permiten comprender por qué fenómenos como los de homonimia/polisemia caben en un mismo conjunto sin que por ello se identifiquen. La necesidad de precisión o de flexibilización léxica determinará en cada caso cuál es la amplitud de la unidad de medida según el sema que se establezca como base; por ejemplo, hay hiposemas mínimos, casi inidentificables, llegando al límite de una difícil discriminación de los sinónimos: *borrachera, melopea, chispa, cogorza, mierda, pedo, turca, merluza, pítima, tajada*...

Este artilugio teórico permite tratar a la vez polisemia y homonimia, pero eso no quiere decir que por ello quede resuelto el problema de su unificación semántica. Es evidente que dos campos semánticos A y B (o más) pueden terminar por confluir en uno solo Z que los albergue como subconjuntos, pero antes de esa unión, existirá por lo general una intersección vacía entre ellos: $A \cap B = \emptyset$.

2.3. La sinonimia

En los apartados 2.1 y 2.2 se han discutido dos fenómenos complementarios y al mismo tiempo antagónicos: la polisemia y la homonimia. En ellos se debatía si con uno solo o con dos o más significantes se tenía uno solo o distintos significados. Y el resultado, provisional todavía, ha sido que los fenómenos semánticos en liza dependen de una gradación en cuyos extremos, como se dijo arriba (apartado 2.2), están la monosemia y la homonimia propiamente dicha, que se cierran en bucle, no pudiendo decir donde acaba una y donde comienza la otra en el resto del recorrido conceptual, pese a los muchos tests previstos.

La cuestión ahora, en los apartados 2.3 y 2.4, va a seguir llevando planteamientos paralelos: si la sinonimia y la antonimia son dos fenómenos opuestos, como los distintos autores señalan casi con unanimidad, o si en el fondo se trata de un único fenómeno también gradable, en cuyos extremos se advierten cognitivamente otros realmente contrarios u opuestos. ¿Podrá la diferencia mínima, si es que esta recibe carta de naturaleza entre sinónimos, ser equiparable u homogénea a la diferencia máxima existente entre los antónimos o no? En este caso se trata de ver si hay uno o dos significantes distintos en cada caso, lo que al parecer nadie discute, pero que tiene su miga, y si existe un solo significado, aspecto también discutido, aunque para la mayoría se trate simplemente de dos significados independientes en pares enfrentados. De ahí se colige que se vaya abriendo paso cada vez con mayor autoridad el concepto de **cuasisinonimia** (Rodríguez-Piñero 2003, 2007), en sustitución del de sinonimia perfecta. Pero, ¿la antonimia necesita ser también perfecta para ser admitida como tal o las oposiciones son igualmente de extensión y cualidad relativas?

Comenzaré por la sinonimia. Se dice que dos palabras son sinónimas cuando tienen el mismo significado. Así, *aún* y *todavía*, *listo* e *inteligente, perro* y *can, empezar* y *comenzar, muerte* y *defunción* son sinónimos. Y así: *No ha venido aún* / *No ha venido todavía*, *Era muy inteligente de pequeño* / *Era muy listo de pequeño*, *Aquí defecan canes* / *Aquí defecan perros*, *El ballet comenzará a las ocho* / *El ballet empezará a las ocho*, *Tras la muerte del dueño, el balneario cerró sus puertas* / *Tras la defunción del dueño, el balneario cerró sus puertas*... parecen significar lo mismo por pares. No obstante, esas apariencias engañan: *Ha sido una decisión muy inteligente* no puede reescribirse como ?*Ha sido una decisión muy lista*, ni *Preparados, listos, ya* se transforma libremente en ?*Preparados, inteligentes, ya*; por algo será. Además, *comenzar* y *empezar* presentan diferencias aspectuales de matiz que no permiten hacerlos del todo asimilables, como ha mostrado L. Fosgaard en un trabajo experimental sobre perífrasis verbales de fase (2001, y comunicación personal). Lo mismo sucede con *aún* y *todavía* en que la inminencia del cambio, pese a ser un continuativo también, es mayor con *aún* que con *todavía*: *Aún no llegan* está más cerca de "producir o presentir llegada" en el espacio o en el tiempo, aproximándose a *Ya llegan*, al menos cognitivamente, antes que *Todavía no llegan*, que da un margen mayor. Eso se podría ver en !*Aún no llegan, pero no te vayas de aquí* y en !*Todavía no llegan, puedes darte una vueltecita*, mucho más naturales que ?*Aún no llegan, puedes darte una vueltecita* y que ?*Todavía no lle-*

gan, pero no te vayas de aquí. De hecho *aún*, que marca la proximidad a la zona de ruptura, al <Ya no> antes que al <Ya>, se coloca en equidistancia a *comenzar a*; mientras que *todavía*, que presupone antes <Ya> que <Ya no>, se alinea mejor con *empezar a*. Respecto a *perro* y *can*, además de diferencias de registro en que solo el segundo es culto o propio del lenguaje científico, hay también diferencias significativas, por lo menos en los virtuemas. *Perro* es más próximo y señala mejor la fidelidad del animal respecto al dueño que *can*, más ajeno, desunido afectivamente del cuidador: *Aquellos canes que se encuentren sueltos en la vía pública serán enjaulados por personal especializado*, pero *Los perros del camino son todos aquellos perros que han sido abandonados por la traición de sus amos*. Eso no quita para que *perro* y *can* tengan referentes lógicos idénticos, pero en ningún caso se puede confundir referencia con significado, como está probado.

Dicho lo anterior, se debe insistir en que hay que poner en tela de juicio, en conjunto y por separado, que si dos palabras son sinónimas tienen el mismo significado y si son antónimas, lo tienen contrario. Estos conceptos requieren precisión: la sinonimia perfecta no existe, salvo en contadas excepciones en el límite extremo de la línea hiposémica comentada: *aguzanieves, aguanieves, apuranieves* o *lavandera*, etc. son nombres electivos para la misma ave (*pajarita de las nieves*, de nombre científico *Motacilla alba L.*), sin que se aprecien como con *can* y *perro* diferencias esenciales, salvo geográficas, en los usos; cuando alguien profiere insultos del tipo *cojudez, huevada* en Perú o *gilipollez* en España, lo único que parece viable a la mente es la posibilidad de elegir, como si de un juego de azar, puramente estocástico se tratara; que no la de diferenciar. Yo recuerdo haber oído a una informante quechuahablante decir muchas veces *nuqa* y otras muchas *ñuqa* ('yo'), sin que pudiera saberse la razón de uno u otro uso. La elección entre los pretéritos de subjuntivo entre *-ra*/*-se*, salvo alguna contadísima situación, hace que estos se puedan igualar en el uso, aunque con diferencias muy sutiles (Calvo Pérez 1996). Son situaciones límite en que el lujo de la sinonimia puede quebrarse en cualquier momento: otro espacio, otra preferencia, nuevo ritmo, etc. En todo caso, debe observarse también el comportamiento pragmático de las palabras, lo que produciría la desambiguación definitiva: *oui-si* en francés afirman enfáticamente pero el contexto de pregunta negativa se da solo en el segundo.

Obsérvese que en todos estos casos o se trata de variantes fónicas –no de sinónimos, lo que muchos autores confunden–, o bien de mundos léxicos distintos. No por estar ante la misma lengua alguien se puede sustraer a los falsos amigos (cuestión de polisemia: *cerro-montaña*)[15] o a los sinónimos indiferenciables

[15] *Cerro* en Perú es lo que *montaña* en España, una elevación grande del terreno. No obstante, cuando el terreno tiene simplemente vegetación espesa, aunque su elevación no sea muy

(cuestión de variación por dialectos, sociolectos o registros: *tagua-bombonaje, zafarse-dislocarse, orina-pipí*, como defendió, con buen criterio, Coseriu 1977), pero antes ha de someterlos a duras pruebas.

Por lo dicho, cuando uno hace un diccionario no debe fiarse nunca del hallazgo de supuestos sinónimos. Así, los diccionarios quechuas no distinguían bien (hasta Calvo Pérez 2009b) las diferencias entre los verbos *mañay* y *manuy*, que si bien parecen, a primera vista, palabras idénticas en el significado, no lo son. Después de muchos ensayos, propuestas y situaciones, el autor pudo descubrir que *mañay* es 'pedir prestado o prestar la misma cosa que se toma o devuelve', como, por ejemplo, un automóvil, mientras que *manuy* es 'pedir prestado o prestar cosa posiblemente diferente de lo que se toma o devuelve', como el dinero que puede entregarse, naturalmente, en billetes distintos o con intereses (cf. apartado 3.2.2.2). En español sucederá lo mismo: el par *contestar-responder* no consta de dos palabras sinónimas totales, ya que a un insulto se le puede 'contestar' con otro insulto, pero no con una patada (que exige *responder* 'devolver una acción, sea de palabra u obra').

Un caso no bien resuelto es aquel que resulta de comparar componentes de pares en que los usos se toman como alternantes sin que medien efectos contrarios de significado. Es el caso de *acaramelar* y *caramelizar* con el significado que se les da en cocina de 'cubrir con caramelo (baño de azúcar en punto de caramelo) un alimento o la superficie de un recipiente'. Si se recopilan de Internet los usos en contexto como *acaramelar un molde* y *caramelizar un molde*, veremos incluso que el número de oposiciones varía mucho, ya que la segunda opción es mucho más usual que la primera, pero con un amplio despliegue de ambas que las hace intercambiables. Esto es sinonimia en la práctica. Ahora bien, en la teoría las cosas pueden ser diferentes y hallarnos ante una excepción más. Sí, es posible encontrar el resquicio de las diferencias. ¿Es igual de extrínseca la relación cuando se une a un radical el sufijo causativo *-izar*, que cuando lo hace el circunfijo *a-...-ar*? ¿Sería igual un supuesto *acarbonar* que *carbonizar*, por ejemplo? ¿Cuál vale más o sirve mejor, para la transformación intrínseca, de los dos mecanismos morfológicos? Hay que estudiar si la transformación extrínseca, de carácter ***affectum*** ('cubrir de...', etc.), se realiza de manera distinta que la intrínseca, de carácter ***effectum*** ('transformar en...', 'formar X', etc.). Aparte de casos asimétricos tales como *enraizar* 'echar raíces' *(effectum)*, pero *desenraizar* 'arrancar de raíz' *(affectum)*, que indican el grado de polisemia de los prefijos y sufijos de la lengua, parece que 'transformar en...' se llevaría más

---

grande (como derivada de *monte*, que supone igual criterio que en España), ya puede llamarse también *montaña* en Perú. He aquí uno de los miles de casos de falsos amigos entre dos dialectos de una misma lengua.

con la forma sufijal *-izar* que con la envolvente *a-...-ar*. Así 'transformar en caramelo algo que no lo es', 'hacer que algo sea caramelo', podrá decirse seguramente mejor con *caramelizar* que con *acaramelar*. En los términos concretos, la paráfrasis es casi siempre "hacer ADJ." *–agilizar, potabilizar, visibilizar–* o "convertir en SUST." *–barbarizar, fosilizar, victimizar–*. En los términos abstractos, más propicios a la transformación interna, se prefiere con ventaja esta segunda forma: *laicizar, rentabilizar, ideologizar, escandalizar...* ('hacer laico', 'convertir en rentable', 'imbuir una ideología', 'causar escándalo').[16] Y en otros pares, la elección no deja lugar a dudas: así, por ejemplo, *acristalar* es 'cubrir con cristales' o 'poner cristales', mientras que *cristalizar* es 'tomar o hacer tomar forma de cristal'. Además, cuando a una forma se añade la otra, el cambio va también en la dirección indicada: *abanderar* ('registrar bajo la bandera de un Estado' o 'entregar la bandera a un batallón o regimiento') es menos intrínseco que *abanderizar* ('dividir en banderías').[17] En resumen: en el paradigma de *-izar*, *caramelizar* implica un cambio interno más fuerte y seguro que en el paradigma de *a-...-ar*, *acaramelar*, por encima de su supuesta igualdad.

Ahora bien, a cambio de esa imposibilidad, casi es un hecho consumado que los hablantes de una lengua usan a cada instante, sin salir de su idiolecto, palabras o expresiones sinónimas. He aquí la paradoja, que no es otra que la de la virtualidad de los signos frente a la realidad que se evoca en cada caso. En el campo de los números nos encontramos con aproximaciones similares: comer-

---

[16] Casos como *puntualizar* podrían inducir a error. Puntualizar algo es 'añadir precisiones a algo <preexistente>', aunque la idea inicial parte de 'poner puntos a algo <antes inexistentes>', con lo que la idea de *effectum* no se malogra. Lo mismo sucedería con *novelizar* 'escribir en forma de novela <antes inexistente>'. Otros casos como *alcoholizar* 'añadir alcohol' o 'estar bajo los efectos del alcohol' no se oponen a una forma envolvente, más periférica y, por tanto, más propia del *affectum*, sino a otra más sintética y, por consiguiente, más afín al *effectum*: *alcoholar* ('obtener alcohol').

[17] García-Medall, que publicó trabajos relevantes sobre el tema (1994, 2002), me informa personalmente de que los verbos en *-izar* llamados factitivos "suponen una transformación relevante" o con "objeto afectado íntimamente", mientras que "en la parasíntesis caben diversas interpretaciones semánticas de la afectación del objeto". Eso hace que las formas en *a-...-ar* sean menos marcadas, pero que por lo general afecten al objeto de manera más parcial o incompleta que las formas factitivas completas. Así, *acaramelar* sería 'poner caramelo en parte de la superficie de algo', pero *caramelizar* sería 'poner caramelo en toda la superficie o en la totalidad de algo'. Esta precisión es muy importante y no contradice, sino que al contrario refuerza, la explicación dada anteriormente sobre la oposición *affectum/effectum*. Ello no impide que la que podríamos llamar **relatividad de uso léxico**, que funciona como regla de la imprecisión del habla, de incompetencia o competencia no-ideal de los hablantes, fuerce a que en ocasiones se subvierta la relación teórica y las cosas funcionen al revés, en forma espínica derivada. (Véase la teoría del espín en la segunda y tercera parte de esta obra.)

ciantes, economistas, contables... se encuentran con números naturales, enteros o decimales finitos (se dice 2,25, 0,6 o 18%), pero estos existen en número infinitamente menor que el de los números irracionales (como el n.º π, el ε o el φ), donde la igualdad de uno respecto al contiguo, a la hora de tomar medidas reales, es pura entelequia. Es decir que, en el uso de cada momento, optar por *le dio / le pegó / le cascó / le soltó / le atizó / le endiñó un tortazo* viene a ser una igualación sinónima, si bien en la "irrealidad" teórica esto no sucede: números como π no se sabe en realidad cuándo acaban, cuántas cifras tienen o qué posibilidad hay de que se encuentre una secuencia de siete sietes seguidos ...7777777... en el desarrollo de sus guarismos decimales, mientras que un IVA del 18% es algo que tiene límites precisos, aunque actuamos, solo cuando hace falta, por aproximación práctica. Como aseguraba Wittgenstein –en su segunda época (1953)–, la sinonimia no existe sino en el uso y siempre debida una correspondencia gradual; nunca de identidad. Como se deduce en cualquier traducción, los elementos de que consta un texto seguramente no son identificables uno a uno entre las dos lenguas, pero existen diccionarios que los homologan en la práctica y en sus posibles traducciones, resolviéndose en estos dos modos de ver la realidad la paradoja del estructuralismo ortodoxo. Lo no equiparable se hace equiparable en determinados momentos como consecuencia de la "capilaridad" (Calvo Pérez en prensa b), que "osmotiza" el significado de una lengua a otra para hacer posible la traducción. Y es que, al infinito, la sinonimia es posible como límite, de lo que se aprovecha el uso, aunque en teoría no pueda serlo, como se viene observando. Es lógico por otra parte: si no emitimos dos aes iguales, si con cambios de contexto cualquier palabra es polisémica, ¿cómo no diferirá el significado entre dos de ellas por muy sinónimas que sean? La cuestión es como poder medir la diferencia, porque números como π los hay en número infinito entre el 3 y el 4.

Por eso tiene vigencia como dije en otro lugar lo que sigue, tanto en sentido teórico como práctico:

> Relacionado con este tópico, se tiene la idea de que la sinonimia es un fenómeno de pesadez semántica de las lenguas, que de modo lógico habría de combatirse severamente; pero no es así. Los sinónimos perfectos tienden a desaparecer, si no se especializan pronto, pero la especialización de los sinónimos promueve la libertad del hablante para elegir una palabra u otra (o una frase u otra que sean equivalentes en un momento dado) o para matizar el contenido de su mensaje; sirven para encontrar más fácilmente el modo de salir de un "atasco" mental; promueven el constante crecimiento de la lengua que busca la expresión sinónima para evitar los términos ya muy gastados, etc. [...]. Yo mismo acabo de utilizar *atasco* con un significado diferente del habitual (como sinónimo de *lapsus linguae*) y lo he hecho por una o más de una de las razones aludidas (Calvo Pérez 2005: 224, apartado 6.2.1).

Desde Pródico de Ceos (s. v a. de C.) se descubre la necesidad de la "corrección o exactitud de los nombres". Pues bien, ¿alguien puede imaginar que esta se logre sin los sinónimos? No; aunque ni siquiera con estos. Si fuera así, sucederían dos cosas: que las palabras estuvieran tan separadas entre sí unas de otras que no habría nada común entre ellas, en cuyo caso el valor analógico del lenguaje se digitalizaría hacia una antonimia siempre presente que nos impediría de hecho los matices y a la larga la exactitud. Paradójicamente, para ser exactos hay que ser aproximados, ir a límites y eso sin los sinónimos no es posible. O bien sucedería que cada cosa del mundo, no cada colección de cosas, tendría su propio nombre y cada acción su propio verbo y cada circunstancia su adverbio, de modo que la lengua serían los objetos y los objetos la lengua, pero sin posibilidad de lenguaje. Por otra parte, la utilidad de la sinonimia y la antonimia es manifiesta, frente a los que piensan que estamos ante una más de las trabas de las lenguas. A eso conduce en el fondo la postura de los funcionalistas ortodoxos, que tienen el *Curso* de Saussure como su Biblia.

Es más digno de atención el mundo en que las diferencias de sinónimos se aceptan como tales para poder usar con propiedad la lengua (*acaudalado, adinerado, ricachón, solvente, platudo* se utilizan en distintos lugares y circunstancias y aportan distinta idea cuantitativa de la riqueza, aunque sean aplicables en momentos diferentes al mismo Midas de turno), que en caso contrario. Es igualmente más rico el mundo cuando se posibilita el juego de aproximaciones sin que estas sean evidentes, como al hacer que haya coincidencia de dos elementos distintos en un momento determinado (*hombre* y *caballo* son iguales cuando son considerados simplemente como "animal": 'animal mamífero', etc.) o al posibilitar también que una misma expresión sea apropiada para entidades diferentes en cada caso (un hombre se nombra *hombre* tanto si va caminando por la calle con una periódico en la mano, como si está reproducido estáticamente en una fotografía; pero la definición de *hombre* variará: 'ser humano <en tres dimensiones, capaz de andar y leer>' ≠ 'representación virtual de un ser humano <incapaz de andar y leer, en dos dimensiones>'), que si lo dicho fuera imposible.[18] Obsérvese que como hablantes oscilamos constantemente de una de estas opciones a la otra: en un texto se puede llamar con el mismo nombre, aunque con extensiones lógicas diferentes, a un hombre y a un caballo, suponiéndolos "animal": *—Mira, yayo, soy un caballo. —No, eres un niño que salta como un caballo. –Sí, yayo, el caballo y yo somos muy rápidos*. Y se puede decir: *—Un león se escapó de la*

[18] Esto es lo que llevó a Aristóteles a diferenciar entre sinonimia y homonimia (referida a los objetos, en relación con sus nombres). Se puede leer su argumento en la obra *Categorías* 1.ª, 1. Véase la cita con que se encabeza este libro.

jaula. Cuando la fiera se vio rodeada asustó a todos. ¡Vaya felino!... (donde *león* = *fiera* = *felino*). En un texto se puede decir también *Este pintor pinta hombres y ese escultor esculpe hombres, aunque a mí los hombres me gustan de carne y hueso* (donde $hombre_m \neq hombre_n \neq hombre_ñ$). En otras palabras que los sinónimos y los homónimos existen y no existen al mismo tiempo, dependiendo de la proyección de la medida; justo además en estos casos extremos en que el concepto tiene ya una representación muy laxa. Obviamente, ello no quita que se vislumbre con M. Bréal y su célebre "ley de la repartición" (1897, cap. II), que a palabras distintas corresponden, más pronto que tarde, conceptos distintos y que la sinonimia perfecta no existe: esto para empezar. Pese a lo dicho, si tenemos una cantidad X de sinónimos y conseguimos hallar el significado mínimo común entre ellos, entonces habremos logrado una intersección sinonímica que nos permite caracterizar el fenómeno en términos de significado. Ello será bueno para hacer diccionarios y determinar en bloque el género "socializante" de la definición, añadiendo luego a cada presentación genérica las diferencias específicas que lo "individualicen" (Ajdukiewicz 1978 [1931] y, desde la Antigüedad, Aristóteles, *Metafísica*, lib. 3.º). Así se logra compaginar la extensión del conjunto como la intensión de cada uno de sus miembros.

A su vez, no es lo mismo *dar las gracias* que *agradecer* ni *matar* que *causar la muerte* como se descubrió tras el debate de la Semántica Generativa de Lakoff (1971), MacCawley (1976), etc., en que falta además el isomorfismo intensional, como ya había mostrado Carnap (1955). Se dan las gracias de palabra o por escrito, pero se agradece de múltiples maneras (entregando un regalo, por ejemplo). Se causa la muerte cuando se mata, pero la acción puede ser más directa en el segundo caso que en el primero: falta de intencionalidad, dilación en el espacio y el tiempo, etc. (Fodor 1970). No obstante, fuera de la lógica formal las cosas no se pueden ver de la misma manera. En una situación determinada, en el texto, la sinonimia si bien posible es siempre circunstancial: aunque *todavía* y *aún* sean sinónimos casi perfectos, utilizables los dos en múltiples huecos estructurales idénticos, el uso de *todavía* como 'todavía no' en América es equívoco (*—¿Has comido ya? —Todavía* = 'Todavía no') como cuando se emplea *hasta* como si fuera 'desde' (*Cierra hasta las 9* = 'cierra a las 9'), que no tiene por qué aplicarse a sus sinónimos *(aún, hacia)* ni a sus antónimos *(ya, desde)*. A este paso tan abiertamente paradójico (lo que se conoce como espín, como venimos sugiriendo), siguen otros más libres, pero no menos problemáticos: en un texto se podría llamar *árbol envenenado que todo lo contamina*, de modo metafórico, al proceder en derecho de forma que una prueba realizada ilegalmente llegue a pudrir todo un proceso. Aquí el árbol con sus ramas es una alegoría de la investigación y sus extensiones. Todavía más lejos está el asunto de la intensión o abarque textual, la referencia, a la hora de usar expresiones no del todo isomorfas; por ejemplo, cuando se alude a la misma cosa externa de un modo muchísimo más abierto y circunstancial, no aplicable sistemáticamente: si alguien dijera *tú, caballero andante, excelso manchego, el que confunde la realidad con la ficción, esforzado don Quijote*, aparte de las diferencias de expresión veríamos que la igualdad es solo aplicable en una única circunstancia, frente a la de *todavía-aún* extensible a múltiples casos y la del *árbol* 'algoritmo' aplicable en un número intermedio de ellos como metáfora fosilizada.

Sea como fuere, ciertos pre-estructuralistas ya determinaron que la sinonimia, antes de negarla, hay que afirmarla, concediéndole algunas veces el beneficio de sus usos diferenciales. Es la postura de Gutiérrez Ordóñez (1989); o de Salvador (1983), considerado su máximo defensor en España (Regueiro Rodríguez 2002), con la que se postula y da soporte al diccionario de sinónimos. Es la postura también de los retóricos clásicos (desde Aristóteles a San Isidoro) a los que el fenómeno les viene de perlas para defender sus ideas, pero para los que la diferencia sigue siendo también sustancial medida con cualquier criterio.[19] De hecho, es la idea misma de los psicolingüistas, que aceptan que la evolución del lenguaje en el niño pasa del ajuste del significado general a un significado más preciso por acepciones, el cual, sin duda, tiene que ver con la sinonimia y la antonimia como fenómenos conjugados.[20] De este modo, autores como Ullmann (1965) recogen la idea de sinonimia, aunque con la búsqueda de alguna precisión útil y no con su condena por llevar a un lenguaje farragoso, como hicieron los enciclopedistas. Así, se recurre a la

> delimitación de Devoto según la cual entre los sinónimos varía la extensión (*solapar* es menos extenso que *doblar*), la intensidad (*repudiar* es más intenso que *rechazar*), la emotividad y el humor (*tagarnina* es humorístico para aludir a *cigarro*), la valoración positiva o negativa (*ahorrador* es positivo y *tacaño* es negativo), el registro (*introducir* es culto y *meter* es coloquial, *anginas* y *amigdalitis* difieren en que uno

[19] Es la postura de Seleuco de Alejandría, un precursor, quien escribió *Sobre la diferencia en los sinónimos* y posteriormente de San Isidoro con *Differentiae rerum* (París, 1580). El creador de la verdadera teoría moderna de la sinonimia es un lexicógrafo, el abad Girard, autor de *Justesse de la langue française* (1718), que sostiene cuatro criterios: "a), la negación de los "verdaderos sinónimos" (aunque catalogan, a juzgar por los títulos, sinónimos, niegan su existencia); b), el afán de precisión idiomática, entendida como la correspondencia perfecta y exclusiva entre signo e idea; c), la necesidad de distinción de los significados de los sinónimos; d), la argumentación de esta necesidad con la ejemplificación con falsos sinónimos" (citado en Regueiro Rodríguez 2002).

[20] Para el bebé, papá o mamá son todos. Luego se van produciendo diferencias por antónimos y similitudes por sinónimos y así nace el señor del coche, el hermanito, los abuelos, etc., con sus nombres propios, obligados tarde a temprano a convertirse en comunes…

funciona como tecnicismo y el otro no, *pupa* es infantil y *dolor* no lo es; *tártaro* es poético e *infierno* no; *trufa* es vulgar respecto a *mentira*, *usadito* es la manera eufemística de llamar al viejo pretendiente en el Altiplano Andino, etc.) (Calvo Pérez 2005: 225, apartado 6.2.1).

Veamos un caso práctico de sinonimia (más o menos imperfecta), tomado del *ND* (Calvo Pérez 2009b, adaptado), a partir del verbo *fajar* en castellano, cuya polisemia se debe a exigencias de la lengua quechua, en que se busca la precisión con diferentes correspondencias. Esa polisemia ya suele ser fuente de creación léxica y, por tanto, de sinónimos:

(11) **FAJAR**

1. {[mov.] [+curv.]} [+cant.] (ceñir {con la faja}; envolver), *wankuy (wank'iy).*
2. [+f.] (encorsetar), *chunpikuy.*
3. {[part.] {[med.]} {un hueso roto} (vendar), *q'illpuy.*
4. [+1.ª] {apretando} (envolver {con pañales o vendas}, enfajar), *wallt'ay (wallay).*
5. [+cant.] (liar {con manta}; abrigar, arropar), *p'istuy.*
6. {[+f.] [+cant.]} «fam.» (azotar, golpear), *allin waqtay.*
7. «vulg.» (cinchar), *sinchaykuy.*

Siete cortes en el *continuum* de la sustancia del significado dan siete formas distintas. La principal de todas, que es una acción intensa ([+cant.]) con movimiento ([mov.]) en curva ([curv.]), nos aproxima *fajar* a *envolver*. Si la fuerza es mayor, se obtendrá entonces la proximidad entre *fajar* y *encorsetar*. Un modo particular de ello, en medicina, es *vendar*: *fajar-vendar*. Si se refiere a bebés, es *enfajar*: *fajar-enfajar*. Cuando la extensión aumenta, por usar una manta por ejemplo, se unirá *fajar* a *abrigar* o *arropar*. Al lado de todas esas asociaciones naturales, hay otras que dependen de usos metafóricos o metonímicos, ya familiares como *fajar*, ligado a *azotar* o *golpear*, que cuando se aproxima a un registro vulgar se correlaciona con *cinchar*. A estos usos, además, se sumarían otros que no caben geográficamente en este diccionario: como la relación entre *fajar* y *sobar* (10.ª acep. del *DRAE*, para México), *fajar* y *clavar {en el precio}* (4.ª acep. del *DRAE* para Argentina y Uruguay), etc. Según las áreas, van cayendo, uno a uno, distintos sinónimos en distintos lugares. Y si la irradiación se hiciera desde el quechua, por ejemplo, y al azar, tomando el verbo *p'istuy*, se lograría toda una sucesión de equivalencias que representan también sinónimos entre sí. En suma, *fajar* se asocia a verbos como: *abrigar, arropar; cobijar; tapar; cubrir {con manta}; rebozar; emponchar; entallar; amordazar; envolver, liar; rebujar* y *rebujurar; vendar*; e incluso *empapelar, empaquetar, empavesar*… Y eso sucedería igualmente en cada una de las entradas quechuas para otros verbos como *wankuy, chunpikuy, q'illpuy, wallt'ay, (allin) waqtay* y *sinchaykuy* de la entrada castellana. Veamos el verbo citado, en que la visión lexicográfica del tema de la sinonimia cobra nuevo dinamismo y permite diferentes especificidades:

(12) *P'ISTUY (p'intuy)* {[-dist.] [±curv.]} [ext.], abrigar, arropar *...p'istukuy, chirishanmi*, arrópate, que hace frío; cobijar; ÷*(wistuy)* [part.], tapar *...wawata p'istuy, supayta chirishan*, tapa al bebé que hace un frío del demonio; *(qatay)*, cubrir {con manta o paño} *...chirimushanmi, p'istakuy*, hace mucho frío, cúbrete con la manta; [±cant.], rebozar; emponchar; [+cant.], entallar; [+t.] *(aya p'istuy)*, amortajar; «fig.» *(papilpi p'istuy)*, empapelar; «fig., fam.», empaquetar *...tamal hina p'istuy*, empaquetar como un tamal; [+ríg.], empavesar *...wanka p'istusqa kanqa umalliq kichanankama*, la estatua estará empavesada, hasta que la descubra la autoridad; [+curv.] *(mayt'uy)*, envolver, liar; «cult.», rebujar; «±us.», reburujar; [+f.] *(wankuy)*, fajar; [med.] *(wankuy)*, vendar.[21]

Examinando lexicográficamente el problema, la sinonimia exacta no debiera existir, aunque en ocasiones la "distancia" semántica sea muy poca: cuasisinonimia. Hay matices, mínimas diferencias, usos colocacionales, temas científicos o prácticos, que prefieren unos sinónimos sobre otros, y muchísimas particularidades pragmáticas que nos obligan a elegir muy cuidadosamente las opciones y que bastan para mantener la utilidad de los sinónimos aun negando su existencia plena: una cosa es el parecido y otra la identidad o equivalencia semántica total. No obstante, hay un atractor psicológico que induce precisamente la sinonimia por encima de cualquier supuesto y que, al no lograrla del todo, crea multitud de palabras tan próximas entre sí que la imposibilidad real de medir sus diferencias las hace en la práctica sinónimas. Es el fenómeno que he bautizado como **constelación léxica** o **acumulación léxica** (Calvo Pérez 2005: 225), que se observa, por ejemplo, en la manera de calificar a aquellos cuya inteligencia está limitada respecto a la media; así tenemos, según la situación social o las modas: *tonto, bobo, lelo, sonso*, etc., palabras que como *chocho* y su congénere francés *gagá*, son términos creados *ad hoc*.[22] Esto se da en numerosos campos comunes en muchas lenguas como el de la prostitución, el de la borrachera (visto más arriba: apartado 2.2.1), el de los defectos físicos y psíquicos, etc., que funcionan como tabúes. La prueba está en que es posible saber de antemano qué va a pasar en una lengua antes de investigarla, siempre que haya luz verde por parte de la sociólo-

[21] No es objeto de este trabajo glosar los resultados o comentar los ejemplos, sino hacer evidente lo que sucede en cualquier diccionario bilingüe de un cierto calado.

[22] En Ueda (2002: 1-2) leemos cómo palabras de este campo semántico aparecen como "disponibles" en abundancia en distintos dialectos del español para este mismo concepto: *abodocado, abombado, alcaucil, alverja, asno, babieca, badulaque, bambaco...* hasta casi 200.

gos. Así el concepto "tonto" en quechua se expresa con diferentes palabras también como *upa, waq'a waq'a, qurma, uqatarpu, tunasqachu, hanlla, hanrapa,* etc. como se preveía.

Otro caso es, como adelanté al tratar de las cuestiones pragmáticas, el de la fuerza ilocutiva o perlocutiva que se imprima a los mensajes, en que la sinonimia es indiscutible, pero al mismo tiempo más exigente, sin que la elección que se haga sea ingenua. Se da, por ejemplo, en la hipérbole. Muchas locuciones son sinónimas (Penadés Martínez 2000) por el simple hecho de que de modo diafásico se elige tal vez en cada ocasión una hipérbole distinta. Por eso, *dormir como un leño, dormir como un ceporro* y *dormir como una marmota* son sinónimos dado que en muchos casos, en nuestra disponibilidad léxica o en nuestro lenguaje activo, acudimos a una u otra, o las oímos, sin saber muy bien por qué las elegimos o por qué las han elegido los demás: no se trata en realidad de criptolexemas, sino de opciones al azar. No obstante, el azar absoluto no existe y las motivaciones pragmáticas de las relaciones con los demás mandan sobre el propio sujeto: es tanto el Emisor, con su preparación y experiencia lingüística, como el Receptor, con la suya, a quienes se valora con cierto criterio; así como el Mensaje que se transmite, el Contexto más relevante y los Efectos que se quieren conseguir los que inciden en la elección. En resumen, que más que platear si la sinonimia existe o no existe, hay que postular una escala que al final se resuelve, asintóticamente, en un *continuum*.

2.4. La antonimia

"Otro tópico que hay que combatir" –como dije en Calvo Pérez (2005: 224-225)– "es el de que sinonimia y antonimia sean dos conceptos de diferente naturaleza (Calvo Pérez 1986)", donde añado:

> Los sinónimos tienen un grueso de significado común, lo mismo que los antónimos; estos, en cambio, tienen un sema opositivo del que carecen aquellos. Obsérvese que *blanco* y *negro* comparten el sema [luz] (género próximo) y tienen diferente el sema [+] y [–]: *blanco* {[+] [luz]}, *negro* {[–] [luz]}, y que *blanco* y *níveo* tienen igualmente común el sema [luz], positivo en el primer caso y muy positivo en el segundo: {[+] [luz]} y {[++] [luz]} (la diferencia específica pasa por el primitivo *nieve*, de donde deriva). Verdaderamente diferentes en el significado serían palabras como *blanco* y *horcón, blanco* y *dispersarse* o *blanco* y *apenas*, pero estas no entran en nuestra consideración semántica por ser de campos cognitivos muy alejados entre sí (ibíd.: apartado 6.2.1).

Ciertamente se trata de dos fenómenos insertos en la misma órbita semántica, en que las diferencias son graduales y no tanto en que haya verdadera sinonimia o verdadero antagonismo en el significado. Por otro lado, la cognición humana no puede desatenderse de la relación que existe entre ellas. En el mismo lugar recojo lo siguiente:

> Las palabras, además, son sinónimas o antónimas dependiendo en ocasiones de cómo se presenten a la cognición: si decimos *Entre el día y la noche no hay pared* (sinonimia) evaluamos de muy distinta manera que si decimos *Va como de la noche al día* (antonimia); en un caso preside la continuación del fenómeno y en el otro su oposición más extrema; deducción: *noche* y *día* son indistintamente sinónimos y antónimos, aunque no a la vez. Y esto es tan verdad como que el día tiene 24 horas e incluye conceptualmente a *noche*, palabra marcada semánticamente respecto a *día* (ibíd.).

Aparte, nos debemos preguntar también si los antónimos son o no graduables, porque lo mismo que los sinónimos tampoco son siempre de la misma naturaleza. De hecho, la oposición entre ellos puede ser total o parcial, lo que lleva a la clásica distinción siguiente (sigo de cerca a Calvo Pérez 2005):

A) Antónimos contradictorios (llamados también complementarios y no graduables). Entre ellos no existe o es muy forzada la posibilidad intermedia, de manera que no puede afirmarse ni negarse a la vez una palabra del par y su contraria, cuando se predica del mismo individuo u objeto y en la misma circunstancia *(vivo/muerto, abierto/cerrado)*. Pero la morfología de la lengua puede negar la evidencia mostrada (*semivivo* y *entreabierto* se someten respectivamente a 'estar vivo' y 'estar abierto'), aunque no siempre haya explicitud *(entornado)*.[23] Por lo demás, las paradojas de la vida pueden oponer aparentemente contraejemplos a lo dicho: *Tú estás muerto para mí, por muy vivo que lo estés para los demás* es una oración posible que resulta contradictoria, pese a ser fácilmente interpretable: o bien una de las circunstancias de aplicación cambia, o bien el individuo al que la persona se dirige está "vivito y coleando", como se dice coloquialmente, pese a que se lo califique de muerto. Es la fuerza del espín, siempre presente.

Como complemento a lo dicho hay que agregar que los antónimos morfológicos, en español siempre prefijados, son en buena proporción complementarios *(legítimo/ilegítimo)*, lo que es comprensible teniendo como tienen la base radical común, que propende a cargar sobre el prefijo la deslegitimación de su significa-

---

[23] Lyons (1980: 261) adjudica estas licencias a las "implicaciones secundarias, o connotaciones" de los términos, lo que es dudoso (algunos ejemplos, como *muy embarazada*, no parecen expresar esa posibilidad morfológica, pero otros sí, como *Está embarazadísima*), pese a que el mundo presente la realidad sin aparentes situaciones intermedias. Si bien Lyons niega la continuidad de los fenómenos en este tema concreto, esta existe por doquier, dentro y fuera de la lengua.

do desnudo; luego son privativos entre sí. Eso no obstante no es una regla de oro, puesto que existen excepciones (Lyons 1980: 258).

B) Antónimos contrarios (llamados también opuestos o gradables). Entre ellos existen términos intermedios naturales, de modo que pueden negarse de un mismo individuo a la vez *(frío/caliente, superior/inferior, rico/pobre)*; *frío* queda gradado con *fresco* y *caliente* con *tibio*, formando dos triángulos conjugados, y además ambos se potencian en los extremos mediante *gélido, ardiente*, etc. (Calvo Pérez 1986: apartado 5.3.4a). Alguien puede ser de clase media, ni rico ni pobre, aunque no se consiente que sea a la par las dos cosas por lo que a la misma realidad se refiere. No habría por tanto objeción en señalar *Soy rico en ilusiones, aunque pobre de solemnidad en bienes*. Si se afirmaran de los dos a la vez, de nuevo la lógica quedaría degradada, aunque los contextos lo suplen: *Eres pobre y rico, las dos cosas. Rico por lo mucho que tienes y pobre por lo poco que gastas*.

A esto cabría añadir que no siempre los términos antónimos encierran un componente negativo: *hombre* y *mujer* son términos opuestos pero no debe ser descrito ninguno de los dos con un rasgo negativo; es decir, son equipolentes. Cosa diferente es que puedan ser evaluados como que uno de ellos ostenta necesariamente un rasgo que el otro no ofrece, el célebre concepto de marca según el cual *hombre* ('ser humano') NO manifiesta necesariamente el rasgo masculino, mientras que *mujer* SÍ manifiesta positivamente su rasgo femenino. Claramente habríamos de hablar de *hombre*$_1$ (en este sentido general), frente a *hombre*$_2$, en el particular de macho o varón con el rasgo masculino destacado. Aquí se cumple de un modo ideal que una palabra puede albergar en el interior a su contraria, constituyendo un espín: caso de *hombre*$_1$; ese mismo ideal nos permite hablar con absoluta propiedad también de la continuidad subyacente de los fenómenos de marca frente a la discontinuidad léxica de la lexicogénesis (es decir, la presencia del término *mujer*, para romper, momentánea o duraderamente, el espín).

C) Antónimos conversos (llamados también recíprocos o inversos). Entre ellos un término necesita al otro *(comprador/vendedor, ama/criada, abuelo/nieto)* y no se concibe fácilmente al margen de él. Son un subtipo de los no graduables, en que afirmar uno conlleva negar el contrario en todas (si uno es el marido, ya no puede ser la esposa y viceversa) o en algunas circunstancias (si uno es vendedor no puede ser comprador de lo mismo en el mismo momento y circunstancia, aunque sí en otras).

Cabe aquí igualmente una consideración de peso. Aunque los términos antónimos pueden ser conversos o inversos, lo son a veces recíprocamente y en igualdad de condiciones: *comprar/vender* (aunque el papel de los agentes sea inverso) o *hermano/hermana* (por la igualdad de papeles). En otros muchos casos no sucede así, puesto que se centra la atención no en los actos mismos o en la igualación de nivel de la referencia, sino en entidades que se invierten de modo subordinado: *padre/hijo, amo/criado, profesor/alumno*… Alguien es padre de alguien porque tiene un hijo y el hijo no puede evitar tener padre. Alguien es vendedor de algo y no necesariamente va a encontrar comprador… La prevalencia varía de lengua a lengua: en quechua "vender" es *rantichikuy* (lit. 'hacerse comprar algo <con dinero>', donde *-chi* es causativo y *-ku* reflexivo), mientras que "comprar" es *rantikuy* ('comprarse', sin causativo), de modo que el que vende se impone sobre el que compra; y sobre ambos, el que intercambia, ya que el "trueque" se expresa simplemente con *rantiy*. Son sutilidades que hacen que los elementos se vayan insertando a lo largo de un continuo del que muchas veces los hablantes ni siquiera se percatan. En las oposiciones múltiples del tipo *rojo/amarillo/verde/azul* (o *salado/picante/dulce/agrio* como veremos más abajo) esas limitaciones del par *padre/hijo* se diluyen paulatinamente. Así hasta el caso en que lo que se opone sea meramente un cambio de posición en el espacio, *subir/bajar*, en que la libertad de ser uno y otro no se ve condicionada recíprocamente en ningún caso.

Los antónimos reflejan algunas veces una situación de tripleta. Se aprecia en las tres preposiciones conjugadas: *con, contra* y *sin*. Por un lado *con*, no marcada, encierra en su interior a *contra* (*Jugar con tu equipo,* pero *Jugar con el rival* = *contra el rival*), pero por otro se opone frontalmente a él como en la sustracción *(Jugar dos contra seis)*. Sin embargo, hay una oposición libre, la que se da entre *con* y *sin*, donde uno representa la parte positiva y el otro la negativa en cuanto ausente, es decir, el cero de la adición *(Se irán con ella o sin ella)*. Tenemos entonces los valores + (+/–), (–) y Ø. Un primer paralelismo con la antonimia nos indicaría que igual que una palabra puede oponerse a sí misma –los dos valores de *con*– es también sinónima de sí misma –los dos valores de *conquense*: 'natural de Cuenca', 'perteneciente a Cuenca'–. Un segundo paralelismo nos indica que en la antonimia hay una oposición relativa de algo –*con/sin*– al lado de una oposición absoluta de algo –*con/contra*–, lo mismo que en la sinonimia. Si lo miramos por otro lado, la identidad absoluta de algo –cualquier palabra respecto a sí misma; por ejemplo, *pueblo* 'conjunto no muy grande de casas con gente' y 'conjunto no muy grande de gentes con casa'– se opone a su identidad relativa –como *pueblo-poblado-población*, con la diferencia de significados que ofrece cualquier diccionario–. Por otro lado, las dos maneras de negar a *con*, subcontrarias, son *sin* y *contra*: *sin quererlo-contra su voluntad*; del mismo modo que dos sinónimos aparentes, como *fresco* y *tibio*, respecto a *templado*, son también subcontrarios; compárese 'estar fresco, en tiempo de calor' con 'estar tibio en tiempo de frío', por ejemplo, respecto a *templado*.

Pero los paralelismos no tienen por qué llevarse a cabo por esta única vía hasta agotar sus posibilidades; la cosa en el fondo es más sencilla, aunque difusa, ya que hay diversidad de antonimias, además de las tres citadas. Así *moral/amo-*

ral y *moral/inmoral* encierran oposiciones donde lo privativo niega la existencia del conjunto o priva, sin necesidad de negar, la existencia del conjunto.[24] Más adelante se analizará en rigor el problema. Por otra parte, *antisemita* se opone a *prosemita*, sin que *semita* sea antónimo de ninguno de los dos; antes lo es del primero, aunque en esencia lo que exhibe es el ser mismo de la cosa (un Ø o palabra neutra vista en el lado positivo de la escala = +), antes de que algo se oponga o se alinee con ella; y, más aún, *pretónica* y *postónica*, al hablar de sílabas, se oponen entre sí por su posición respecto a *tónica*, sin llegar a ser antónimas, sino más bien afines en cuanto a rasgo de falta de acento. Así se ve también que los sinónimos lo son entre sí en mayor o menor grado; por ejemplo, los sinónimos de *tonto, bobo* y *necio* difieren en algún aspecto: 'falto de entendimiento o razón' se distingue de 'falto de conocimiento o sapiencia', pero forman una unidad casi indisoluble en el triplete, ya que conjugan el Ø y el 1 (+), como en una antonimia no del todo desarrollada: lo que resulta ser la polisemia antes de la lexicogénesis de una nueva palabra. Esto mismo sucede, aunque en virtualidad diferente, cuando una palabra se pierde y deja un vacío de sí misma (por pérdida tras enfermedad que afecte al lenguaje, por ejemplo) en el otro extremo de su vida formativa: el Ø se opone al 1 en la búsqueda en vano de lo que una vez tuvimos o en la retracción voluntaria de ello, pero no es un Ø inoperante o aséptico, sino el Ø de algo que se puede mostrar en un momento dado como un 1 según mostró James (1884) en los lejanos tiempos del inicio científico de la Psicología Lingüística (Hernández Sacristán 2006a). Hernández Sacristán (2006b), que analiza en profundidad el proceso inhibitorio en relación con las afasias, asume, en efecto, que la acción inhibitoria "está en la base de nuestra capacidad de usar un grado Ø de la expresión, esto es, de nuestra capacidad de comunicar algo sin expresar materialmente algo" (p. 27) y eso no se logra si no hubiera una capacidad subyacente de encontrar significado en el Ø del espín, esa fase en la que todavía no se ha ahorquillado el sentido en ninguna dirección, lo cual permite no solo poder ser Receptores de mensajes, sino también proveer tanto de una "verdad" como de su contraria en el acto reflexivo. Hernández lo expresa así:

> Reflexividad y prevaricación son en realidad rasgos coimplicados. Por expresarlo de manera sencilla: quien miente (prevarica) visualiza interiormente el mensaje cuya

[24] Esto ocurre en todas las lenguas de manera semejante. Así mientras en castellano oponemos *comible* ('que se puede comer') a *incomible* ('que no se puede comer' o 'que se come a duras penas'), en el ámbito de los alimentos, en quechua tenemos *mikhuna* (< *mikhuy*, 'comer') y *mana mikhuna*, donde *mana* es 'no', siendo antes *mana mikhuna* 'cualquier cosa que no es alimento', que 'cualquier alimento en malas condiciones o imposible de tragar', aunque también significa eso.

> producción inhibe. Finalmente, debemos decir que el proceso inhibitorio llega a explicar también nuestra capacidad de acceso a la condición funcional de oyentes, esto es, de sujetos que ponen en suspenso o difieren su condición de hablantes, creándose así el marco propio de la actividad dialógica y conversacional. Esta posición del oyente (que no es ya la de puro y simple receptor) resulta fundamental para el desarrollo del lenguaje (ibíd., p. 28).

Los antónimos, por otra parte, son totales o parciales, como los sinónimos, y así no es lo mismo la oposición *siempre/nunca* o la sinonimia *aún/todavía*, que se ven en totalidad, que *flaco/grueso* o *suave/blando*, que se ven en parcialidad: *flaco* se opone a *grueso* en cuanto al peso, pero no cuando se toma en la línea de 'macilento', 'débil', 'olvidadizo' o 'inconsistente'. Del mismo modo, *blando* se alista con *suave* respecto a la poca consistencia del volumen, pero no cuando este se alinea con 'manejable', 'dócil' o 'apacible'. Obsérvese, de paso, que cada uno de los sinónimos que he establecido de modo práctico en *fajar* (y en quechua *p'istuy*, uno de sus equivalentes), podría generar, a su vez, uno o más antónimos: *aflojar, soltar, desarropar, desenvolver, destapar, descubrir, desvendar*…, abriéndose una perspectiva en doble abanico que hace tan complejo el lenguaje como la vida misma que este pretende describir, algo así como la doble hélice del ADN humano.

D) Finalmente hay que comentar los casos de antonimia intermedia, que por su ubicación en el conjunto de las manifestaciones léxicas opositivas de la lengua tiene algo de sinonimia intermedia a su vez. Ahí caben las de oposición direccional estricta (*arriba* y *abajo*, *ir* y *venir*, etc.) o antipodal (*norte* respecto a *sur*), frente a las de oposición ortogonal intermedia (*norte* respecto a *este* y *oeste*) (Lyons 1980: 263 y ss.).

Estaríamos en ese punto central, compartido, de la línea en cuyos extremos se hallan los fenómenos de sinonimia y de antonimia puras: una nueva escala semántica semejante a la de la homonimia/polisemia. Los **fenómenos intermedios** tienen que ver con la incompatibilidad léxica parcial de los términos contrastantes o abiertos a posibilidades no meramente binomiales absolutas (*arriba/abajo*, etc.) o ni siquiera binomiales relativas (*buey/vaca*, pero *buey/ternera*). Así *dulce* se opone a *amargo*, a la vista de las respuestas dadas en ejercicios psicolingüísticos por los hablantes, como si cada uno fuera un término meramente incompatible del otro. Pero, además, en el campo semántico de los sabores se hallan *agrio* y *picante*, que son meros contrastantes o intermedios respecto a *amargo* del que en alguna manera parece ser su sinónimo ('sabor desagradable'). En tal caso, *dulce* ('sabor agradable') se opondría no solo de modo absoluto a *soso* ('sin sabor'), del que a su vez es sinónimo por espín (*La sopa está dulce = la sopa está sosa*), sino a todos los demás del campo; un campo que más que una línea de sabor escenifica una estructura en forma de estrella, en la que realmente cada término se opone imperfectamente a todos los demás, al menos en el centro del espectro, en que se percibe una cierta sinonimia, aunque igualmente imperfecta (Calvo Pérez 1986: apartado 5.3.2): en unos casos parece predominar la oposición ortogonal *(salado, agrio)*, pero en otros la antipodal *(dulce, salado)*, aunque de modo no completo.[25] En casos de sucesión artificial, desde el punto de vista semántico, la distancia entre las palabras es la misma (equidistancia): *lunes* se opone a *martes, miércoles*, etc. en la enumeración de los días. Se trata de series donde hay que hacer otras distinciones opositivas de este tipo, como recuerda Calvo Pérez:

> a), que los términos sean seriados (con dos elementos extremos incluidos, que son la referencia de cada miembro: *cero[uno-dos-tres...]-infinito*), en cuyo caso se separan en a1), escalares o no estrictos *([ángel]-bueno-regular-malo-[demonio])* y en a2), por rangos o estrictos *(cabo-sargento-teniente-capitán-coronel-general)*; y b), que sean cíclicos (cada elemento está limitado por dos adyacentes: *primavera-verano-otoño-invierno* y otra vez *primavera*) (Calvo Pérez 2005: 226, apartado 6.2.1).

A la vista de todo lo anterior se llega a la conclusión de que sinonimia y antonimia son dos fenómenos de idéntica naturaleza, en que cada término necesita sémicamente al otro u otros para contrastarse, al hallarse en la misma órbita léxica. Nadie se entretendría en señalar la sinonimia o antonimia de "*blanco* y *horcón, blanco* y *dispersarse* o *blanco* y *apenas*", como indiqué en otro lugar,[26] pero sí lo haría en el par *ajonjolí/sésamo*, que nombran a la misma planta *(Sesamum indicum)*, o en el par *rico/pobre*, en que el rasgo [posesión] es compartido por ambos.[27] En un extremo se halla la sinonimia absoluta (de existir, aunque sea

[25] Las lenguas difieren mucho en cuanto a la percepción de los sabores. Por ejemplo, en quechua, el sabor es la percepción por el gusto: *q'apay* o *q'apar*, dejando el sabor bueno para *misk'illikuy* (< *misk'i*, 'dulce'), lo que concuerda con el español; en cambio, "amargo" se manifiesta de muy diversas maneras: 1, equivalente a "agrio", *p'usqu/p'usquti*; 2, equivalente a "picante", *haya*; 3, equivalente a "agrio y picante", *k'arku/k'allku*; 4, equivalente a "picante muy intenso", como la hiel o amargo propiamente dicho, *qhaqqi/qhatqi)*; 5, equivalente a "áspero al paladar", *lluqi*. En todos ellos, el picante, en sus variantes de amargo, *haya/hayaq*; de ardiente, *k'araq*; y propio del ají, *uchusapa*.... compite, como sabor fuerte, con el delicado de *misk'i*.

[26] Nadie, excepto aquellos autores que tuvieran una idea de antonimia tan amplia, que consideraran que son opuestos cualesquiera términos incompatibles absolutos (no fragmentables en semas comunes/semas diferentes básicos, como los citados o como *esperanza, piedra; altar, vejez*). Es el caso de Katz (1966), que acepta que el léxico sea tenido como un conjunto global relacionable y no como un ente plural en que existen de hecho islas semánticas.

[27] O aquellos otros casos no binomiales o incompatibles relativos (fragmentables en uno o más semas comunes/semas diferentes básicos, como los de *pera, ciruela, naranja, manzana,*

artificialmente, en algún caso: acumulaciones léxicas, dobles nombres científicos como *malaria-paludismo* y quizá *esdrújula-proparoxítona*,[28] etc.) y en el otro la antonimia total (si es que es concebible, y siempre en oposiciones binarias). En lugares intermedios, más próximos a la antonimia, están las sucesiones de elementos opositivos multilaterales (días de la semana, etc.); igualmente, pero más próximos a la sinonimia, están los significados de palabras polisémicas, cuando se materializan en nuevas palabras *(agrio, chillón, áspero...)* y otros como los términos hiperónimos-hipónimos *(pelo-cabello)*, etc., que se verán más adelante. En el centro mismo del espectro hallamos, en fin, los casos en que sinónimos y antónimos se ven como dos caras de un mismo fenómeno (*día* opuesto a *noche* y *noche* como parte de *día*). No habrá por tanto impedimento en pensar que estamos ante dos de ellos reducibles a uno, como sucede también con los homónimos y polísemos vistos en apartados anteriores.

Como colofón podemos hacer el siguiente razonamiento: dos palabras son sinónimas si tienen el significado próximo s_S común a ambas, habiendo luego una diferencia **+f/Ø** o **+f/+g** de una respecto a la otra (*blanco-níveo*, *consentir-transigir*); dos palabras son antónimas si tienen un significado próximo s_A común a ambas y una diferencia antagónica **+f/–f** de una respecto a la otra (*admitir/rechazar*). Salvo la diferencia que mide su desigualdad, y puede variar de grado o de sentido, el núcleo común permite hacerlas compatibles.

2.5. La hiperonimia y la hiponimia

Si existe una relación aparentemente clara en semántica es la de hiperonimia/hiponimia. Si bien hay casos fronterizos, como estudiaremos más abajo, si bien hay trasvases constantes de un espacio a otro por los que un hiperónimo puede ser "descendido" a hipónimo o a la inversa, si bien no es posible determinar indefinidamente los hiperónimos en una escala que llega desde las mínimas diferencias específicas a los clasemas, como todo lexicógrafo sabe cuando busca el género próximo de una definición, lo cierto es que esta relación lógico-semántica es bastante nítida en su captación y aceptada por los semantistas. Por ejemplo: cada vez que abrimos el diccionario y vemos tramos como "**cama**. Mueble...",

---

cereza..., en que hay una delimitación más o menos recíproca), con rasgos de contraste variable junto a otros de similitud también variable (véase más adelante el campo de los nombres de los jugadores de fútbol). ¿Dónde está ahora la antonimia y la sinonimia, el par conceptual sin duda más importante de toda la semántica, sino diluidas la una en la otra?

[28] No se debe confundir con las meras variantes fónicas como *tantalio/tántalo*, las cuales se dan en otros muchos campos: *chacra/chácara, periodo/período*, etc.

"**templanza**. Virtud..." o "**petirrojo**. Pájaro...",[29] estamos asistiendo a una relación de atribución de un elemento, el hipónimo, a un conjunto, el cual se nombra con una palabra esencialmente abarcadora de ese conjunto: el hiperónimo. Si en un diccionario se observa que MUEBLE se aplica a *cama, silla, armario, aparador, archivador, arquimesa*... es porque sus redactores consideran que todos esos elementos van hermanados en el conjunto, o sea que son cohipónimos. Hasta aquí el fenómeno semántico se entiende sin esfuerzo. Por otro lado, en cualquier texto nos podemos encontrar la relación citada, dado que incluimos con frecuencia elementos precisos en campos más amplios de significado (de mayor extensión, quiero decir), pero más cómodos (de menor intensión o significado más pobre). Así, *Tuvieron que encerrar al gato, porque arañaba; con los felinos no se juega*, *Regalar una rosa puede tener varios significados, no obstante, esta flor se identifica con el amor desde los tiempos más remotos*... o bien *Lo que haces es una cosa que te sale del alma* encierran la relación *gato*-FELINO (todos los gatos son felinos, pero no todos los felinos son gatos), *flor*-ROSA (no todas las flores son rosas, pero la rosa es una flor) y *lo que haces*-COSA, que abarcan más, pero significan menos que sus precedentes, sobre todo *cosa*, que es una palabra casi, casi vacía, de difícil definición, por tanto, en cualquier diccionario (las cosas son las acciones, pero también los estados, los objetos, las personas e incluso las entidades inmateriales).[30] Volveremos sobre el tema.

Los problemas de la relación establecida, sin embargo, no acaban aquí. Veamos tres entradas con sus correspondientes definiciones en el *DRAE*:

(13) **ALHAJA**
[...]
2. f. Adorno o mueble precioso.

[29] El *DRAE* define, absurdamente, *cama* como "1. f. Conjunto formado generalmente por una armazón de madera o metal con jergón o colchón, almohada, sábanas y otras ropas, destinado a que las personas se acuesten en él. 2. f. Dicha armazón sola [...]"; y no muy apropiadamente tampoco *templanza* como "[...] 4. f. Rel. Una de las cuatro virtudes cardinales, que consiste en moderar los apetitos y el uso excesivo de los sentidos, sujetándolos a la razón". Pero ello no es obstáculo para mantener lo dicho.

[30] Por ejemplo, el *DRAE* define **cosa** como "1. f. Todo lo que tiene entidad, ya sea corporal o espiritual, natural o artificial, real o abstracta. 2. f. Objeto inanimado, por oposición a ser viviente [...]". En el primer caso significa que es un ENTE de variado tipo, aunque, en el segundo, el *DRAE* invierte la relación y define el hiperónimo con un hipónimo: OBJETO. Esta definición es a todas luces incorrecta, debiéndose haber dicho: "SER inanimado [...]". **Ser** luego, se definiría como "LO que es", siendo ese pronombre neutro el cierre final indefinible o primitivo semántico de la sucesión creada.

(14) **ANTIGUALLA**
[...]
4. f. despect. Mueble, traje, adorno o cosa semejante que ya no está de moda.

(15) **ARTEFACTO**
[...]
3. m. despect. Máquina, mueble, y en general, cualquier objeto de cierto tamaño.

Alhaja es sobre todo un adorno valioso, aunque pueda ser un mueble también, en tanto en cuanto sea valioso; *antigualla* puede ser mueble u otras cosas semejantes, con que no estén de moda; y *artefacto* requiere para ser mueble que sea de tamaño grande, como sucede igualmente con una máquina u objeto que, por lo que se deduce, es móvil, pero con reparos. Entonces, *alhaja*, *antigualla* y *artefacto* corresponden al subconjunto de los muebles valiosos, anticuados y pesados, respectivamente. Pero no es solo eso: analizando con cuidado se observa que hay más bien una intersección entre COSAS VALIOSAS / COSAS ANTICUADAS / COSAS PESADAS y MUEBLES, como hiperónimos para dar lugar al hipónimo que aparece en negrita, el cual además puede asignarse a otros campos diferentes. Se trata de un fenómeno que, en paralelismo con los demás, podríamos calificar de mesohiperonimia/mesohiponimia.

Más frecuentemente se puede encontrar el fenómeno intersectivo de la hiperonimia en otros ámbitos semánticos como el de la construcción metafórica: *alhaja*, *antigualla* o *artefacto* se pueden aplicar a mundos nuevos como en *Esa secretaria es una alhaja, Vivo en un rancho, que es una alhaja, hecho de paja y de terrón*; *El bidé, si no trae una borla automática que te espolvoree con polvos de talco y un nebulizador de tu perfume favorito es una antigualla, La ortografía es una antigualla sin sentido, empleada en los caducos sistemas educativos como coartada para torturar a los estudiantes*; *El tripartito es un artefacto inestable, Una sugiere que se trata de un fenómeno ecológico real, y la otra dice que simplemente es un artefacto estadístico de los experimentos*... Aparte de ciertas impropiedades semánticas, ya que un rancho o una mujer no pertenecen al conjunto de las alhajas, etc., de modo inmediato a la percepción sino atribuido a través de una asociación hiperonímica más o menos recién creada en que no existen los rasgos adscriptivos de la definición salvo uno solo (algo valioso, etc.), hay otros conjuntos que se disputan con más justeza la relación subordinada: las joyas, por ejemplo, y no el conjunto de los seres humanos, etc. Pero aún hay más: lo valioso tiene siempre su lectura espínica inversa, lo no valioso. Así, *¡Menuda alhaja!* será siempre positivo referido a un collar de diamantes o un anillo de pedida, pero no lo será si se aplica a una secretaria (o secretario): *Esa secretaria es una alhaja con dientes* nos llevaría más bien a una persona que solo disfruta de la buena vida, que come y gasta, pero que no obtiene ni produce beneficio alguno. De hecho podremos decir *Había collares de diamantes y otras alhajas*, pero no *Había secretarias y otras alhajas*, que exige de hecho un contexto más preciso para entender adecuadamente el mensaje.

Por su parte, la parahiponimia es un recurso que responde a esa misma característica medial o continua en que el énfasis se pone en la frontera lógica de los fenómenos y no tanto en los miembros particulares que se vinculan a ellos: es clásico el ejemplo de *perro* y *mascota*. Si asumimos que el perro, el gato, el ruiseñor, el conejo, etc. son mascotas, hemos de asumir de modo intermedio que los animales domésticos –los animales citados lo son denotativamente; como la pera, el níspero y la manzana lo son en tanto que frutas– son normalmente mascotas, de tal modo que *Eso es un perro* no implica directamente *Eso es una mascota* a diferencia de si *Eso es una pera*, entonces *Eso es una fruta*. En este caso, sin embargo, el fenómeno es en cierta medida inverso, puesto que hay relaciones de pertenencia que suponen trasvase de las entidades a través de una frontera demasiado delgada, mientras que la parahiponimia comprende la adición de una frontera más de resguardo, que frena el trasvase: *mascota* / *ANIMAL DOMÉSTICO* / *perro, gato*... (Cruse 1986, Croft/Cruse 2008 [2004]: 192). De hecho diremos: *Se venden perros y otras mascotas*. En cambio, resulta más difícil decir, porque se han creado todavía más fronteras intermedias, *coches y otras armas* o bien *bolsas de plástico y otras armas*, que requieren de un contexto explicativo mucho más exigente para poder comprenderse: el de ahogar a alguien con una bolsa, intencionadamente o el de atropellar a un transeúnte con el coche hasta matarlo, etc., sin que resulte evidente, a primera vista y fuera de ciertos ámbitos, la afinidad cognitiva.

Obsérvese que hay una constante degradación del proceso hiperonímico que desdibuja la posible nitidez del concepto lógico en que se funda. Como todos, este fenómeno también es continuo. Así, la metáfora presupone inclusión, pero el símil no, pese a constituirse conceptualmente en la misma onda; ello es debido a que el segundo no llega a identificar las realidades que compara por más que trace un nexo evocador entre ellas: *Edward es como una alhaja de incalculable valor y elegante*,[31] *El aparato de radio, con perrito blanco, era como un artefacto Art Deco que se hubiese mezclado con todo*[32] y *Sirve para hacer región, que es como una antigualla en la España que vivimos*[33] no suponen adscripción, al contrario que la metáfora. Con todo, si en las inclusiones literales de la hiperoni-

[31] Cf. <http://tinyurl.com/6xgtm47> (última consulta: 15-05-2010).

[32] Cf. <http://books.google.com/books?isbn=8496133478> (última consulta: 15-05-2010).

[33] Cf. <http://www.hoy.es/pg060419/actualidad/regional/200604/19/exa2.html> (última consulta: 19-04-2006).

mia no cabe el símil, en las parahiperonímicas sí. Compárese *El pingüino es un pájaro*, pero *?El pingüino es como un pájaro*, con *La luna es un queso* que permite literalmente *La luna es como un queso*. Por otro lado, la metáfora sí consentiría decir *El murciélago es un pájaro, un pájaro que mama*, con lo que se entiende que la metáfora es más básica (en cuanto que más sintética) que el símil (Glucksberg/McGlone 1999).

Pero no haría falta llegar a este extremo de comparación símil/metáfora para observar la continuidad del fenómeno hipo-/hiperonímico. De hecho, no se puede hablar de hiperonimia estricta sino de quasi-hiperonimia. Tampoco de hiponimia, sino de quasi-hiponimia (Lyons 1980: 282). Quien hace un diccionario sabe que en algunos casos es difícil encontrar el género próximo, ya que si bien el léxico está lógicamente estructuado, hay ceros en el sistema, asimetrías en las ramificaciones de adscriptores e imposibilidades técnicas diversas. De un pobo diremos que es un árbol, de la grama diremos que es una hierba y de la zarza que es un arbusto; de ello se deduce que hay un punto más alto HIERBA / ARBUSTO / ÁRBOL, que no llega todavía al más elevado, PLANTA. No obstante, para definir la puya *(Puya raimondii)*, tenemos que recurrir directamente a "Planta" y así tendremos (*DiPerú*[34]): "Planta bromeliácea, grande, de hojas largas y espinosas en racimos esféricos, de múltiples flores blancas dispuestas en pequeños tallos horizontales que salen de un gran tallo vertical y producen miles de semillas". El proceso se ha consumado en detrimento de cierta continuidad léxica. Lo mismo sucedería, con desajuste sintáctico, cuando decimos que algo es rojo o de cualquier otro color, en que no sirve exactamente *coloreado* 'de color' (y menos *colorado* "1. adj. Que tiene color", ya que esa primera acepción del *DRAE* debe dejar paso generalmente a la segunda, que es la usual: "2. adj. Que por naturaleza o arte tiene color más o menos rojo"). Diríamos aquí que el hiperónimo de *rojo* (y *verde, azul, amarillo*, etc.) es COLOR, aunque este figure como sustantivo respecto a los adjetivos que subsume en su campo semántico: esta heterocategorización sirve, con toda seguridad, en un nivel abstracto diferente al del uso, puesto que semas y clasemas son entidades abstractas agenéricas, anuméricas y, sin duda, acategoriales. Por lo demás, ya se ha dicho que llega un momento en que no hay un hiperónimo último para todos los posibles hipónimos jerarquizados, lo que diluye la jerarquía y hace tan difícil encontrar qué hay por encima de PLANTA: quizá COSA, ENTE ('lo que es') y, en definitiva, ELLO. Lo mismo sucede

[34] *DiPerú* es el proyecto del primer diccionario de la Academia Peruana de la Lengua. Los significados de las palabras citadas, junto con los ejemplos de uso de esta fuente bibliográfica, estarán pronto a disposición de todos los usuarios, en cuanto se publique la primera versión del *Diccionario de Peruanismos*, prevista para 2012 (dirigido por Julio Calvo Pérez, con la asistencia de Juan E. Quiroz Vela y con ayuda informática de Luis Delboy).

en la línea descendente. Así, con *ratablanca* ('un cohete de cartucho rojo que provoca gran estruendo, mayor que un cohetecillo'), en que hay otros elementos hipónimos para COHETE como *arranque, avellana, binladen, bolitas mágicas, bombarda, calavera, candelas, carmelia, chapana, chocolate, cohetecillo, giratorio, mamarrata, mariposa, pancho, pincho, rascapiés, rata, ratablanca, silbador, toro loco, torta, vaca loca, vara mágica, volcán,* no sabríamos jerarquizar muy bien, puesto que es prácticamente imposible determinar la organización de cada hipónimo respecto a los cohipónimos del grupo.

Y hay algo más todavía, un detalle muy importante que frecuentemente ha pasado desapercibido: la relación de hiperónimo/hipónimo se funda en la sinonimia, puesto que la inclusión del menor, lógicamente hablando, en el mayor implica que se puedan usar en sustitución uno de otro en los textos: *¡Cuidado con los gatos!* y *¡Cuidado con los felinos!* encierra sinonimia parcial, algo más laxa que la cuasisinonimia, pero nada desdeñable. Es el producto de la continuidad léxica de los géneros y las diferencias.

En resumen, que la escala de la hiper-/hiponimia se hace continua por naturaleza, aunque con vacíos significativos y variables, a la vez que se produce una cierta condensación en sus límites superior e inferior, con constantes solapamientos que hacen dificultoso pensar el vocabulario en términos estrictamente lógicos. Sin embargo, su integración en procesos más simples, los de los cohipónimos es indiscutible.

2.6. LA HOLONIMIA Y LA MERONIMIA

Un enfoque restringidamente semántico, que ha tomado cierta fuerza en estos últimos años, tiene que ver con la relación entre el todo/unidad y las distintas partes de que consta. Se habla en este caso de meronimia, es decir, de cierto tipo de inclusión de un término en otro, desde la perspectiva de que representa un ingrediente real de la cosa y no meramente un ejemplar entitativo de ella (Bierwisch 1965, Díez Orzas 1999). Por eso, cuando Cruse (1986) propuso esta relación no fue meramente para complicar la terminología, sino para diferenciar dos fenómenos muy distintos. En la meronimia las entidades están separadas, en contraste con las de de cariz sinonímico de la hiponimia (Chaffin/Hermann/Winston 1987, Iris/Litowitz/Evens 1988). En efecto, para atender a la hiponimia basta la reducción a una sola entidad: *La rosa es una flor*, pero *Mira una rosa - Mira una flor* (dicho sobre la misma entidad, en un jardín), donde *rosa* = *flor*. Pero para atender a la meronimia no basta solo una unidad: *El pedal está en la bicicleta*, pero no es la bicicleta, y entonces *pedal* ≠ *bicicleta*. Es la diferencia entre las clases y las partes: las clases tienen un parecido entre sí (todas las flores se parecen y responden con sus rasgos a un conjunto superior) y las partes no, ya que se relacionan más bien por aspectos de integridad física (no se concibe una bicicleta sin pedal) y no de conjunción de rasgos. Ciertamente, los todos subsumen a las partes, pero eso no implica que sinonimia e hiponimia sean la misma cosa; de hecho, los elementos de un conjunto *(rosa, clavel, margarita, magnolia...)*, es decir, los cohipónimos, son tanto sinónimos como antónimos entre sí, en cuanto que están en la zona media de la línea que une los extremos de ambas realidades; diferentemente, sus hiperónimos o hipónimos solo pueden interpretarse a través de la ley de la sinonimia, que les presta continuidad. Este criterio no es aplicable a los holónimos. Ello no quita para que en alguna ocasión se equilibren los rasgos y se produzca la duda de dónde y cómo enlazar una realidad con otra; así, dos palabras como *exhibición* y *exposición* se nos antojan sinónimas, por la proximidad de una a otra en el conjunto total (acumulación léxica), pero también puede verse como que *exposición* es un hipónimo de *exhibición*, aplicable a obras de arte o de interés cultural *(Beyoncé exhibió sensualidad en Lima - Corot expuso en el Salon a lo largo de toda su dilatada carrera)*, e incluso que entre las dos hay una relación de meronimia, de partición, lo cual es más fácil en entidades abstractas o al menos continuas.[35]

Obsérvese que en las meronimias solo es necesario que el holónimo sea compuesto para que de modo automático se pueda acceder a las partes: el árbol tiene raíz, tallo y hojas, luego *La raíz es una parte del árbol*. Cuando el elemento es puro, carece de merónimos: el oro no tiene componentes, a diferencia del agua o la sal, y no permite, por tanto, reconocer la meronimia. Solo si es individualizable, puede dividirse en partes (*pan* y *rebanada*). Y eso no comporta sinonimia. Es lo que sucede aún más fácilmente con los componentes iguales de un conjun-

---

[35] Así lo afirma G. Ellis Burcaw (1975, 2.ª ed. 1983: 115), que distingue "entre exhibición *(display)* y exposición *(exhibit)*", señalando que una "exposición es una exhibición más interpretación; o, una exhibición es mostrar [*showing*], una exposición es (de)mostrar y relatar [*telling*]". La exposición es, además, "una puesta en escena de los objetos interpretados con los que se quiere contar y comunicar un relato". Eso mismo lo ratifica Marc Maure (1996: 132) para quien "la exposición posee esta dimensión complementaria: no solamente se hace 'visible' (los objetos y, metafóricamente, la colectividad), sino que hace visible al 'público'. Para un objeto, estar expuesto es estar colocado en un escenario público, en el sentido de que es a la vez escenificado (colocarle en un lugar donde está en representación) y le vuelve accesible a toda persona que lo desee. Este objeto es entonces algo más que él mismo; participa de una interpretación (juega un rol) y está expuesto al discurso social (es objeto de comentarios, así como por otra parte lo son también la puesta en escena y la interpretación)". Nota tomada en línea: <http://www.galeon.com/emiliomartinez/expoexhi.htm> (última consulta: 10-04-2010). Para mayor conocimiento de las obras citadas, véase la bibliografía en la web de referencia.

to puro (*rebaño* y *oveja, escuadrilla* y *avión, flota* y *barco, pinar* y *pino*), o sea, los clásicos colectivos, que a mi modo de ver constituyen sustantivos de masa, aunque puedan pluralizarse *(rebaños)*, y que constan, en otro plano, de entidades contables sobre las que obran como simples clasificadores: *rebaño de ovejas* (Lyons 1980: 299). De otro lado, una sucesión de cohipónimos no garantiza la existencia de un hiperónimo: *bota-calzado* y *agua-líquido* no garantizan *bolígrafo-∅*, dado que no hay un término que englobe a todos los "instrumentos para escribir", lo cual tendría que rellenarse de modo artificial y analítico, *instrumento-para-escribir*; como una semihiperonimia, podríamos decir. No es imposible que haya hiperónimo en cierto campo, como se demuestra en otras lenguas: así, en quechua existe *qillqana*, como 'conjunto de las cosas para escribir',[36] pero de hecho hay muchos campos de vacío hiperonímico, que hacen irregular la escala, como se concluyó en el apartado 2.5, lo cual no está reñido con el rasgo Ø que caracteriza al abierto frente a los cerrados hipónimos, dotados de diferencias específicas siempre añadidas (+). En cambio, las relaciones de parte/todo no pueden ostentar esta semántica profunda de rasgos, por su propia idiosincrasia, sino indicar apenas la adscripción como entidades "poseídas". Por eso mismo, las relaciones de meronimia más universales, o al menos las más aceptadas, necesitan de los dos elementos del par para que subsistan: *pedal-bici* (como objeto integrado), *oveja-rebaño* (como relación especializada con un mismo objeto, o muy pocos, pero ampliamente repetidos: colección), *rebanada-pan* (como relación porción/masa), *cuña-madera* (como relación materia/objeto), *hierba-rama* (como relación de componente), etc., son tipos de meronimias en que no existe el vacío léxico.

A diferencia de los fenómenos nucleares de la Semántica, descritos más arriba, la relación entre holonimia y meronimia, entre todos y partes, tiene que ver con el fenómeno clásico de la sinécdoque. Un todo puede ser llamado por una parte y, al revés, una parte por un todo. Por ejemplo, decimos: *Diez cabezas de ganado* (por "diez reses") u *Odia las sotanas* (por "los sacerdotes" que las llevan); y, en sentido inverso: *Ha ganado España* (por la "selección española de fútbol") o *Ha ardido la ciudad* (o sea, "algún barrio de ella"). En los ejemplos citados hay una serie de holónimos: *res, cura, España, ciudad*...; y una serie de merónimos: *cabeza, sotana, selección, barrio*... La relación entre ellos es de PARTE/TODO, en efecto, pero esa sola precisión no sirve, ya que esa misma rela-

[36] Curiosamente, no por existir derivados, como el formado por instrumental quechua *-na* para el verbo *qillqay*, 'escribir', sucede que se llene un vacío: simplemente es el desarrollo de un morfema para completar una relación semántica. En castellano, palabras terminadas en *-ar* y *-al*, por ejemplo, se emplean para formar colectivos, aplicados a holonimias: *pinar-pino, maizal-maíz*, etc.

ción se da también, a partir de los ejemplos siguientes, en *Danos hoy nuestro pan de cada día* (por el "alimento") y *El felino se abalanzó sobre su domador* (por el "tigre"), en que el supuesto TODO lo dan las palabras *alimento, felino…*; y las supuestas partes, *pan, tigre…* Un tigre es un felino, lo mismo que un león, un gato o un lince. El pan es alimento, lo mismo que la leche, la carne o la fruta. Por eso la relación contraída es la de pertenencia lógica al conjunto, a través del verbo auxiliar *ser*: *Un tigre* ES *un felino*, *El pan* ES *alimento*, etc. Por el contrario, no se puede decir lo mismo de *cabeza* respecto a *res* donde diríamos a cambio: *La cabeza no es la res, sino* UNA PARTE *de ella*. Las correspondencias establecidas exigen aplicar criterios diferenciales en cada modalidad semántica. Con todo, tampoco cabe una igualdad de trato entre los dos ejemplos previos: en nuestra cultura, el pan es el alimento por antonomasia, mientras que el tigre cede su paso al león en las preferencias prototípicas; y, por su parte, la cabeza puede erigirse más fácilmente en sustituta de todo el cuerpo, que un ojo o una pata, por ejemplo.

Hechos los paralelismos, comprobamos que la primera clase de relación ya se ha analizado en el apartado 2.5; y la segunda va a ser motivo de reflexión en lo que sigue.

Pan, en un diccionario como el *DRAE*, se define como: '1. m. Porción de masa de harina, por lo común de trigo, y agua que se cuece en un horno y sirve de alimento'. Obsérvese que dice que "sirve de alimento", que es lo mismo que decir que es un alimento. Si estuviera bien definido, *pan* comenzaría a describirse como 'Alimento compuesto de harina de trigo, levadura y agua…', etc. Es la manera de definir de los diccionarios modernos, mediante abiertos o genéricos, que son hiperónimos. Aquí, en cambio, el *DRAE* ha elegido la definición meronímica: 'Porción de masa'; es decir, se ha aproximado a la idea de la parte (*porción*) dentro de un todo. Eso sería lexicográficamente inadecuado. *Tigre*, en cambio, se ha definido con corrección en el *DRAE*: 'Mamífero felino […]'.

Las expresiones como *parte de, porción de*, etc. son buenas para las relaciones meronímicas, en que no hay una vinculación lógica asentada entre cosas y palabras, sino meramente entre cosas y cosas, aunque se expresen también en palabras, lo que no es lo mismo. Así, en el *DRAE*, *cabeza* se define como 'Parte superior del cuerpo del hombre y superior o anterior de muchos animales, en la que están situados algunos órganos de los sentidos e importantes centros nerviosos'. Se trata de una parte del cuerpo, lo que no quiere decir que *cabeza* sea un tipo de cuerpo, al contrario de *pan* que sí es un tipo de alimento. *Cabeza* y *cuerpo* son dos entidades que se podrían representar, como a veces se ha hecho (Calvo 2005: 219), con corchetes abiertos para que se entienda que se trata de cosas del mundo:]cabeza[/]cuerpo[. Entonces ya no sería posible asignar las clases, sino las partes:]cabeza[y]culo[,]cabeza[y]cola[,]cabeza[y]tronco[,

]cabeza[y]extremidad[, y así sucesivamente en función de ciertas oposiciones –lo que es anterior/posterior, lo que es exterior/interior, etc.–, que solo se coligen de estructuras semánticas propias de la enciclopedia.

Obsérvese que si bien se puede afirmar que *tigre* es 'felino', pero también 'mamífero', 'vertebrado' y 'animal', abriendo cada vez más ampliamente las clases, eso no cabe decirlo, sin detrimento, en los casos de holonimia, consistentes en partes. Por ejemplo,]ojo[se definiría , según el *DRAE*, como: "1. m. Órgano de la vista en el hombre y en los animales. 2. m. Parte visible de este órgano en la cara", que podrían asociarse en una: "Órgano de la vista que está en la cara". A su vez, *cara* se definirá como "Parte anterior de la cabeza humana desde el principio de la frente hasta la punta de la barbilla". Es evidente: la cabeza consta de cráneo y cara. Sucedería que *ojo* se define como]órgano[(hiperónimo), pero aporta en su definición un aspecto de la cosa (del mundo y no del lenguaje, entiéndase), mediante el genitivo o complemento del nombre "de la cara", u otro complemento, "en la cara"; que cara se define en relación con "de la cabeza" o "en la cabeza"; y que cabeza se define como "del cuerpo" o "en el cuerpo". Y tiene que hacerse por jerarquías de pertenencia: OJO > CARA > CABEZA > CUERPO..., y no por adscripciones lógicas: *tigre* ∈ *felino* ∈ *mamífero vertebrado* ∈ *animal,* etc. Así, aunque podría decirse que *ojo* es "Órgano del cuerpo...", esa regla no rige siempre. No decimos ?*los dedos del brazo*, sino *los dedos de la mano*, pero luego hay posesiones en que la transitividad no deja lugar a dudas como: *La camisa tiene mangas*, *Las mangas tienen puños* y *La camisa tiene puños* en que hay transitividad plenamente normal. Y si decimos, por ejemplo, *Las puertas de la ciudad*, esta frase nunca puede referir a las puertas de las casas, aunque las casas estén en las calles y las calles determinen la ciudad. *Las puertas de la ciudad* son solamente, en la expresión, las grandes puertas de acceso de tiempos pasados, las cuales, ahora sí, se adscriben como parte directa a ella. En estos casos, además, hay una distinción importante que hacer, la que se da entre la alienabilidad e inalienabilidad de la pertenencia, lo que los autores diferencian como anexos *(attachment)* y partes *(part)*. Las caras tienen ojos y esa posesión es inalienable. Los curas tienen sotanas, pero esa posesión es alienable: sin sotanas, que son meros anexos, circunstancias adheridas aunque podrían ser convertidas en determinados casos en esenciales, también se pueden tener curas. Claro que *meter nariz en un sitio* se equipara, desde el punto de vista de la sinécdoque, con *Hubo ruido de sables*, siendo cada posesión de un tipo de los citados. Y es que hay una proyección de lo que es predominante *(pregnant)* a la hora de proceder a establecer meronimias y que cognitivamente es más productivo que lo meramente poseído: la nariz está delante y se asoma y mete primero, y los sables como armas que controlan una situación social dada son más destacables que otras particularidades de los soldados que los portan, incluso sin ir con ellos en el momento de emitir la expresión, sino porque los usaron preferentemente en otras épocas. Lo mismo sucede con *La rebelión de las sotanas*, ya que *rebelión* no puede relacionarse directamente con seres inanimados, no sometidos a voluntad, salvo que se produzca la "esencialización" cognitiva a la que se ha aludido antes. En general, hay que afirmar que la mera posesión *(Luis tiene una pianola)* no se identifica con la meronimia; ni siquiera cuando esa posesión es irrenunciable: *El rico tiene riquezas*.

Para poder introducirnos en los merónimos se han de practicar ciertos tipos de tests. Como dije en otro lugar, siguiendo la bibliografía sobre el tema:

> X es merónimo de Y si X forma parte de Y (*brazo* es parte del cuerpo) / X es merónimo de Y si X es una sustancia de Y (*carpintero* es un tipo de oficio) / X es merónimo de Y si X es un miembro de Y (*Cuenca* es miembro del conjunto de Castilla). Por el contrario, *cuerpo* respecto de brazo, *oficio* respecto de carpintero y *Castilla* respecto de Cuenca son homónimos (Calvo Pérez 2005: 231).

Y en efecto, autores como Moreno Cabrera (1994), apoyándose la bibliografía existente, han dispuesto ciertos criterios heurísticos para las meronimias como: "El X tiene Y y Z / Y y Z son parte de X // X consta de Y y Z / Y y Z forman parte de Y // El Y y Z de un X". Se trata, sin más, de concomitancias muy libres, más propias de la naturaleza de las cosas que de las palabras, como vengo afirmando. Pero hay que precaverse: no siempre esos métodos explicativos, a base de paráfrasis, valen para hacer una correcta distinción. Por ejemplo, más arriba se afirmaba que la relación entre carpintero y oficio era de meronimia, señalando que "*carpintero* es un tipo de oficio". Y sí, las expresiones "parte de", "miembro de", etc. parecen ser útiles en las distinciones, pero pueden no bastar. Si se le pregunta a un niño nombres de pájaros, va a decir *gorrión, petirrojo, ruiseñor, pardillo, mirlo, pinzón*... Si se le pide clases de oficios, podrá decir sin error: *carpintero, herrero, fontanero, pintor, albañil*... ¿Dónde está la diferencia? No hay diferencia. Pero *carpintero* es palabra ambigua: un carpintero no es un oficio sino una persona en la frase *El ebanista es el carpintero especializado en la elaboración de muebles*, y así también en la definición del *DRAE*: "1. m. y f. Persona que por oficio trabaja y labra madera, ordinariamente común". Pero sí lo es en esta otra frase: *El carpintero es un oficio en auge*; y en la siguiente se dan los dos, persona y oficio: *Como bien decís, el carpintero es un oficio; por eso un carpintero, por más buen carpintero que sea, no puede construir una casa de madera*. Se me dirá que en español bien hablado *carpintero* como oficio es *carpintería*; así define esta palabra el *DRAE*: "2. f. Oficio de carpintero". Puede que sea ortodoxamente malo el ejemplo, pero hay otros útiles avalados por la Academia: un corno o un oboe son instrumentos musicales, pero también nombran la persona que los toca.

Lo dicho es una prueba más de que la estructura del vocabulario no es la estructura del mundo, pero que cuando coinciden estamos más en el terreno de las taxonomías (campos semánticos por hiponimia) o de los componentes (meronimias) que del léxico internamente organizado. Como consecuenica de ello, debe quedar en entredicho la vieja discusión estructural de la no confusión de la palabra con la cosa, tal y como se ha planteado hasta ahora: las palabras no son las cosas, pero las palabras, en términos estadísticos muy altos, nombran las cosas en cuanto entidades del mundo y no por su propia concepción interna, y dependen sobre todo de él, del que no se pueden evadir. Diríamos que la relación de la palabra con las cosas, con énfasis en estas, se equipara más con la mera relación de meronimia, que de hiponimia, en que el énfasis se desplaza a la palabra. Y ambas cosas no tanto porque el nombre sea parte de la cosa, como porque la meronimia está más abierta al perfil Mundo-Lengua o la hiponimia al perfil Lengua-Mundo que al tramo Lengua-Lengua. De ahí que sea más creíble Pottier (1963) con su célebre campo semántico del *ASIENTO: silla, taburete, sofá,* etc., que Coseriu (1977, 1978) con sus restricciones a él. Sucede que los esfuerzos de Rey-Debove (1971) para mantener el diccionario dentro del campo de la lengua (no del mundo) son a veces casi improductivos o inútiles: la ecuación sémica se da, por definición, entre palabras ("**taquilla**. f. Mueble [...]", como *taquilla* es *mueble*), pero la tendencia cognitiva es, por el contrario, a interpretar que se produce entre cosas y clases de cosas que se nombran con palabras (taquilla (la), mueble (un)..., como]la taquilla[es]un mueble[); y, sobre todo, entre cosas y partes de cosas ("]**pedal**[.]La palanca[con la que se acciona]la bicicleta["). Y es que todo cuanto se refiere a géneros próximos y a diferencias específicas es un problema de objetos del mundo y no de naturaleza lingüística: poco importa que *taquilla* sea femenino y *mueble* masculino o que *pedal* sea masculino y *bicicleta* femenino, ya que los emparejamientos de género solo interesan al tramo Lengua-Lengua y no al tramo Lengua-Mundo. Estas diferencias, que afectan a los semas definidores, son fundamentalmente de atribución como lugar-área, acción-actividad, componente-objeto, miembro-colección, porción-masa, etc. Esto no supone que la relación interna estructural no exista, que también: *silla* con *sillón* o *zapato* con *zapatilla* son algo más que meras adscripciones a clases. Pese a todo, hay que seguir insistiendo en lo dicho y emplazar al lector a un escrutinio un tanto molesto, pero eficaz, para evaluar esta propuesta: cuanto más proclives son los diccionarios a ser de lengua, más endebles son las definiciones, a veces reducidas, meramente a la hiperonimia (géneros) o la cohiponimia (sinónimos) y tal vez a un único sema diferenciador, y más engrosados quedan otros campos del artículo léxico: los contornos, los ejemplos o las explicaciones en nota. Con todo –hay que sostener esto también con rotundidad–, los dos mundos en oposición, hiponimia/hipernomia y meronimia/holonimia, están formando parte de una línea continua, en cuyos extremos se hallan, ya con predominio del mundo sobre la lengua, ya viceversa, pero en cuyo centro se observan fenómenos complejos de interacción que ambos pares de oposiciones no resuelven. Es, por ejemplo, el caso de la relación de sustancia y materia en frases como *Esta sustancia es oro* (tomada de Lyons 1980: 296) en que no se puede precisar con exactitud qué tipo de vínculo hay, ya que podría optarse también por *Esta sustancia contiene oro*. Lleva el verbo CONTENER, pero la frase no es del modo de las de meronimia, sino de las de hiponimia (*La vaca es un animal* > *Este animal es una vaca,* pero no *?Este animal contiene vaca*; aunque también es ecuativa, ya que exhibe una sustancia actualizada, pues es un animal concreto y no meramente una relación genérica de posesión).[37] Se podría decir que el oro es una sustancia, siendo 'SUSTANCIA' el hiperónimo más lejano (el más próximo sería 'METAL'). Con todo, la verdadera confusión se da cuando se avanza hacia los clasemas no materiales o abstractos: *La honradez es una virtud*, afirmamos, pero no parece suficiente para aceptar, para algunos, que *honradez* sea un hipónimo de 'VIRTUD', sino que es una de las notas que acompañan a las verdaderas virtudes, como la justicia, etc. (Lyons 1980: 296). Es una tierra de nadie, algo que una filosofía de las entidades reales del mundo debe ir resolviendo poco a poco hasta poner cerco a sus abstracciones.

A tenor de lo anterior, se constata que se puede diseñar una serie de pruebas para localizar las meronimias, pero resulta que (casi) todas ellas tienen que ver más con asuntos de explicación del mundo que con las propias especulaciones semántico-estructurales del léxico. Por ejemplo, se dice que *Una mano tiene dedos* y que *El dedo es una parte de la mano*, y eso sirve porque no hay excepciones a la regla genérica que subyace. No obstante, no vale para *Una flor tiene sépalos*, porque hay flores asépalas (como la de la *Actaea spicata*), con lo que hay que recurrir a un segundo test y ayudarse de un matizador:[38] *Las partes de la flor incluyen generalmente pétalos, sépalos*, etc. Otro test tiene que ver con las relaciones binomiales establecidas; así, mientras es posible decir *Había jilgueros y otras clases de pájaros*, porque hay una relación de hiponimia entre *jilguero* y

---

[37] La relación genérica es fundamental para la meronimia, al igual que para otras relaciones semánticas: *Juan es un animal* no es una relación de hiponimia, ni tampoco de meronimia, sino una metáfora, cuyo funcionamiento semántico es diferente (cf. Calvo Pérez 2007b). La prueba está en la siguiente definición de Cruse: "X is a meronym of Y if and only if sentences of the form 'A Y has Xs/an X' and 'An X is a part of a Y' are normal when the noun phrases an X, a Y are interpreted generically" (1986: 160).

[38] El matizador, o amortiguador (como le llama Mederos 1994) es la palabra o locución que reduce la amplitud de una relación para que no sea tan potente: *por lo general, principalmente*, etc.

pájaro, no es posible decir **Había asas y otras clases de ollas*, ya que la relación es de meronimia y el asa no es una clase de olla, sino una clase de agarradero o asidero como el mango, empuñadura, manubrio, pomo, puño o tirador de las cosas. Como señalan los autores, hay que ir desgranando si se trata de meronimia canónica o facultativa, de sucesiones no ramificantes, etc., e ir proponiendo en cada caso verbos o sustantivos diferentes *(contener, incluir, tener, constar de; parte, trozo, lado, pieza porción...)*. La intromisión o intrusión del mundo en la lengua está servida. A diferencia, cuando un sustantivo nombra a una entidad continua, es decir, cuando es un nombre de masa, hay que recurrir a la unidad de medida que la individualiza, sabiendo que tal unidad no implanta ni una relación de hiperonimia *–flor-rosa ≠ sal-pizca (de sal)–* ni tampoco de holonimia *–coche-volante ≠ sal-pizca (de sal)–*. *Un puñado de habichuelas, una botella de agua, una pizca de sal*, etc. contienen elementos nucleares que no implican una relación semántica convencional, puesto que el conjunto total de la sal y una parte de este conjunto de sal, medido en pizcas, puñados, etc. muestran solo la linealidad semántica asociada a un único elemento, *sal, agua*, etc. y no a dos o más como en los emparejamientos anteriores.

Cabe seguir preguntándose, como se ha hecho en los pares ya analizados, sobre algunos aspectos más de la relación entre hiper-/hiponimia y holo-/meronimia, que se tienen al parecer algunas semejanzas. Por un lado, hay un problema de grados y, por otro de antonomasia; o sea de continuidad léxica (mesónimos...). Así el célebre campo del *ASIENTO* comprende elementos: muebles para sentarse como la butaca, el sofá o incluso el diván. En algunos lugares, existe *asiento* como 'silla grande, de hechura rústica, cuya armazón es de palos generalmente gruesos y aristados, de base tejida de soguilla'. En este caso, *asiento* presenta valores de antonomasia revertida o de "descenso": el hiperónimo se introduce como hipónimo en una de sus acepciones; lo mismo sucede con *Apóstol*, donde un hipónimo toma las características particulares a partir del paradigma del hiperónimo que lo orienta. En cambio, la antonomasia propiamente dicha suele actuar por "ascenso": un judas supone el acceso de Judas a la categoría general de los traidores (como hiperónimo), al igual que *unu* 'agua' en lengua quechua, es también 'líquido' (como *wayra* 'aire' es 'gaseoso' o *rumi* 'piedra' es, sin duda, igualmente 'sólido'). Estos fenómenos se conocen con el nombre de autohiponimia (*asiento* y *ASIENTO*) y autohiperonimia (*Judas* y *judas*). Ese trasvase indica una vez más que en semántica las fronteras son permeables. Y esto mismo ocurre en el ámbito de la automeronimia: un apartado de correos es una casilla donde se distribuye la correspondencia de los abonados, pero al mismo tiempo *apartado* es el número de esa misma casilla.

Podemos seguir preguntándonos igualmente si existen elementos mesónimos en el campo de la meronimia y el resultado salta de inmediato al escenario: entre los ingredientes de una paella está sin duda el arroz, la sal, el aceite y una cierta cantidad de agua…, pero incluso sin estos dos últimos, sosa y pegada, la paella sigue existiendo siempre que esté el arroz y algo más: una manera típica de realizarla. Luego hay ingredientes como el pollo, el conejo, el garrofón (una alubia blanca grande y plana), la tavella y la ferraura (dos clases de *bajoquetes* o judías verdes valencianas), que se ponen a un tipo de paellas; y camarones, cigalas, calamares, mejillones, etc., que se ponen a otro de los tipos de este plato universal… Se trata de una parameronimia o mesomeronimia: la cigala o el conejo son, juntos o por separado, componentes de la paella, pero no necesariamente ingredientes de ella. El pedal es siempre un componente de la bicicleta y más aún una rosa será siempre una flor, aunque no haya rosas en el ramo de flores que compramos cada viernes para adornar el hogar.

Aquí se habrá visto también que existe un gran paralelismo entre los fenómenos de meronimia e hiponimia, que exhiben muchas sutilidades internas que acaban por hacerlos continuos. Lyons lo dice explícitamente: "la relación jerárquica entre lexemas distintos de los sustantivos cuantificables que denotan objetos discretos puede ser tratada por la lengua como hiponimia o como una relación parte/todo, o tal vez como una relación intermedia entre ambas, de las cuales compartiría ciertas características" (1980: 297). Se entenderá sin dificultad que la conexión es más laxa en la meronimia que en la hiponimia en que *CALZADO*, por ejemplo, es hiperónimo de *bota* o *sandalia*, pero en que *zapato* no es hiperónimo de *cordón*, puesto que *cordón* no es un tipo de zapato, sino una, y no siempre, parte de él (Díez Orzas 1999). Esto permite trazar una línea continua entre ambos pares, poniendo el fenómeno puro de cada uno en los extremos de la línea. Los conectores de campos serían en estos casos palabras como *parte, componente, ingrediente, instrumento*, etc., que, si bien marcan las meronimias, constituyen verdaderos abiertos, hiperónimos de los contenidos. Según el *DRAE*, **Cordón** es "1. m. Cuerda, por lo común redonda, de seda, lino, lana u otra materia filiforme", pero también "Componente del zapato, que sirve para sujetarlo al pie, una vez puesto". De hecho, el *DRAE* recurre muchas veces a estos hiperónimos, como se ve en **ábaco**, "5. m. Arq. Parte superior en forma de tablero que corona el capitel", y **linfa**, "1. f. Biol. Parte del plasma sanguíneo, que atraviesa las paredes de los vasos capilares"; en **bobina**, "4. f. Electr. Componente de un circuito eléctrico formado por un alambre aislado que se arrolla en forma de hélice con un paso igual al diámetro del alambre", y **tenia**, "2. f. Arq. filete (|| componente de una moldura)", etc. Al límite, ambos fenómenos se sueldan en uno y la continuidad está servida.

Pero es de rigor cerrar este apartado señalando que la relación de hiponimia/hiperonimia se da en las definiciones de los diccionarios: *mesa* "mueble {con plataforma, elevada sobre el suelo…}", mientras que la relación de meronimia/holonimia se da en la enciclopedia: *coñac* "bebida {alcohólica, obtenida de…}, {que toma su nombre de…}, etc." (Calvo Pérez 2005: 232), aunque entre ambos tipos de repertorio haya importantes intersecciones.

2.7. Otros conceptos semánticos: antonomasia, generalización, particularización

Por lo avanzado hasta ahora, podríamos pensar que todos los fenómenos semánticos son reversibles no solo en el sentido primordial de que algo pueda volver a la situación anterior en que se hallaba, sino también en el más técnico de la Física en que lo reversible se predica "del proceso ideal que cambia de sentido al alterarse en muy pequeña proporción las causas que lo originan" *(DRAE)*. Todo parece tener su lectura básica y su lectura contraria, su espín (Calvo Pérez 2007a). Ahora vamos a mostrar que los fenómenos de generalización y particularización, como constituyentes de procesos de polisemia en grado mínimo (**despliegue**: sinécdoque), en grado medio (**trasfondo**: metonimia) o en grado máximo (**incidencia**: metáfora), son también altamente reversibles y esconden siempre, en todas sus variantes, el espín que los lleva de la convergencia a la divergencia o bien al revés.

Para analizar todo esto vamos a glosar a Calvo Pérez (2007b), en que se precisa lo dicho. ¿Puede un nombre común, generalizante, extensivo a una clase de entidades convertirse en nombre propio, particularizante, aplicado a una sola entidad del mundo previamente seleccionada de un conjunto de entidades? La respuesta es sí. *Potosí* es el nombre propio de una ciudad conocida por sus minas de plata y *un potosí* es una riqueza extraordinaria, que nombra una de las posibilidades de un conjunto de riquezas todavía individualizado. *Judas* fue un apóstol traidor y *un judas* es un traidor, sin más, cualquiera que traicione o haya traicionado a otro burlándose de su proximidad o abusando de su amistad. Y en el caso de *Un judas no solo es un traidor, sino aquel que hizo mal uso de su carta de lealtad* ya tenemos una generalización muy propia del nombre común, anclada en el sintagma que lo soporta. Una palabra escrita con mayúscula debe pasar a ser la correspondiente con minúscula en este proceso de generalización en que alguien o algo, con determinadas características, hace abstracción de todas ellas menos una, la más denotativa, para convertirse en una entidad que se entiende como colectiva, extendida a un conjunto de entidades. Al mismo tiempo, y por lo anunciado más arriba, ese proceso puede devenir en su inverso: una clase considerada como intensión de diversos individuos incluidos puede hacer que uno de ellos emerja asumiendo de manera excluyente una serie de particularidades que en realidad también ostentan los otros. Decimos que *salvador* es aquel que salva a alguien o a algo pero puede haber uno de ellos que lo sea por excelencia (*DRAE*: "m. por antonom. Jesucristo") en cuyo caso se arroga de las facultades de los demás hasta que estos quedan oscurecidos. En ese momento no cabe sino escribir *Salvador* con mayúscula, aplicado a Jesucristo y a ser posible con el artículo identificador *El Salvador*. El proceso espínico se ha cerrado en el conjunto de estos dos fenómenos contrarios que conocemos como antonomasia. En él todo funciona desde la unidad o como reducción al uno, en un despliegue máximo en que la sinécdoque iguala al 1 con el ∞. Dos procesos contrarios, pero no igualables: en uno, un hipónimo (*Judas* del conjunto de los HOMBRES) se eleva a hiperónimo (para nombrar al subconjunto de los TRAIDORES en el conjunto de los HOMBRES); en el otro, un hiperónimo (*SALVADOR*, que abarca a todos y cada uno de los salvadores entre ellos a *Jesucristo* en el conjunto de los HOMBRES), desciende a hipónimo (como *El Salvador*, anulando o ensombreciendo a todos y cada uno de los restantes elementos pertenecientes a su subconjunto).

Fenómenos como los citados hay muchos, pero su supuesta igualdad no debe confundirnos: llamar *colonia, coñac* o *sucre* a un perfume, una bebida alcohólica o una moneda, por el lugar de procedencia, no es un caso de despliegue, sino un caso de **trasfondo**. Un ejemplo de despliegue típico, para que se entienda mejor, es el de las marcas comerciales (o registradas) que terminan por nombrar al producto en general y por tanto por "mentir" al extenderlo: caso de *maicena* (< MAICENA) para la 'harina de maíz' o de *dedeté* (< DDT, siglas de Dicloro-Difenil-Tricloroetano) para un 'desinfectante o sustancia tóxica utilizada como insecticida', pero donde la maicena y el dedeté pueden tener cualquier marca de fábrica, no necesariamente las que les dio el nombre.[39] De la misma manera pero no simétricamente, alguien puede ostentar como particular el nombre hiperónimo sin pertenecer ni siquiera al conjunto: *El Apóstol*, o sea San Pablo, lo fue por

[39] El fenómeno de la antonomasia de las marcas comerciales está muy extendido (Calvo Pérez 2007b). Las siguientes son propias de España: *aerobús, aspirina, aureomicina, bamba*$_2$*, bijol, birome, biviri, buna, celo*$_2$*, celofán, chubesqui, cinemascope, cinerama, claxon, curita, DDT, dedeté, delco, dictáfono, diésel, duraluminio, estovaína, faria, ferodo, formalina, formica, fotomatón, freón, futbolín, gillete* (o *gillette*), *gramófono, gramola, infografía, invar, jacuzzi, jane, klystron, linotipo, lycra, magnetófono, maicena, mecano*$_1$*, mentolato, michelín, nailon, neopreno, nilón, nodo*$_2$*, pianola, ping-pong, plastilina, plexiglás, polo*$_1$*, potito, primus, rayón, rímel, sandino, sintasol, tabasco, támpax, tartán*$_2$*, tecnicolor, teflón, teletexto, teletipo, tergal, termo*$_1$*, tirita, túrmix, uralita, vaselina, velcro, verascopio, viyela, zotal (DRAE)*. Y estas otras lo son de Perú: *ace, betamax, bividí, comodoy, cuáquer, curita, dunlopillo, escóch, eterní, foyeque* (o *fotingo*), *frigider* (o *friyider*), *kárdex, mapresa, nicovita, pírex, róyal, sanforizado sapolio, simoniz, terma, timolina, tubino, vitrola, vitrovén*. Son bastante usuales *maicena, dedeté* y *xérox* (que ha dado derivados como *xerocopiar, xerografiar*, etc.). Son más bien poco o casi nada usuales: *caterpílar* o *IBM*.

antonomasia sin haber sido uno de ellos, que inicialmente fueron doce (Andrés, Pedro, Santiago, Judas…). No obstante, existen restricciones que obligan a limitar el prototipo: ni se diría *un judas* de una mujer ni posiblemente tampoco *El Apóstol*; las antonomasias tienen sus limitaciones respecto al género (o mejor, el sexo) y de hecho, cuando alguien dice *Alcánzale un danone* –Danone es una conocida marca de yogur–, puede añadir sin presiones del entorno, *Quiero decir un yogur*, donde por tratarse de "cosas" el artículo masculino no está de más. Por otra parte, existen motivaciones extraordinarias o añadidas por las que la antonomasia rebasa al ejemplar o viceversa: la *Ciudad Eterna* es algo más que Roma y no se concibe, como tal, que tenga las calles sucias o el transporte cochambroso. Tampoco llamar a un niño *ese Barrabás* va a confirmar necesariamente que sea un criminal, un homicida, como se describe, por error,[40] en el Nuevo Testamento.

2.7.1. *La sinécdoque*

Vamos a analizar ahora uno a uno los distintos fenómenos implicados en estos procesos de sustitución referencial y el juego de opuestos a que dan lugar (Calvo Pérez 2007b). El fenómeno de base es la sinécdoque. La palabra proviene del lat. *synecdŏche*, y este del gr. *συνεκδοχή, de συνεκδέχεσθαι* 'recibir juntamente', tal y como propone el *DRAE*, para el que la palabra significa:

> **sinécdoque.**1. f. Ret. Tropo que consiste en extender, restringir o alterar de algún modo la significación de las palabras, para designar un todo con el nombre de una de sus partes, o viceversa; un género con el de una especie, o al contrario; una cosa con el de la materia de que está formada, etc.

Como se dice ahí de modo elemental pero preciso, se puede tomar la parte por el todo *(pars pro toto)* o viceversa, el todo por la parte *(totus pro parte)*, aunque lo que interesa no es tanto la intelección externa del problema –*Le gustan los uniformes* (por la persona vestida con uniforme) o *Va a ganar España* (por el equipo de fútbol de España)– como la forma en que se realiza el proceso. Para empezar, estamos ante un fenómeno semejante al de la antonomasia, ya sea vossiana o de despliegue (*un hércules* = un hombre muy fuerte), ya sintética o de pliegue (*El Libertador* = Simón Bolívar), lo cual es explicable por ser esta una forma particular de aquella. La sinécdoque aproxima partes a todos o viceversa,

[40] Barrabás (< *bar-Abba* en arameo "hijo del padre') era probablemente el mismo Jesucristo, desdoblado en famoso espín en dos personajes: el bueno al que se aclama a su entrada a Jerusalén y el réprobo al que hay que condenar sin contemplaciones a la cruz.

pero no reduce drásticamente a la unidad como la antonomasia: la frase *Dos cabezas de ganado* no identifica la cabeza como cualquier res a la que sustituye, sino que iguala una parte de cada una de las reses a la res tenida por completa; ni *Ganó España* supone tampoco que España es por naturaleza propia fútbol y nada más, incluso ganando un mundial; ni siquiera la fiesta (horrorífica) de los toros identifica a España con el pretendido estereotipo.

En segundo, el proceso cognitivo en juego es el de "una transferencia íntima, interna, de partes a todos y viceversa" (Calvo Pérez 2007b: 31), lo que he llamado despliegue. Apréciese el par de semas involucrados. Hay transferencia "interna", de sustancias comunes. La res es cabeza, aunque no solo sea cabeza: está arriba, ejerce el control de sus movimientos, se identifica como unidad para el recuento. Pero además es la manifestación "íntima" de un ser, que no sale de sí mismo; es la esencia en que se comprueba la indisoluble identidad de las cosas, como señalarían los filósofos clásicos, y no la mera apariencia del fenómeno, aunque pueda sustituirse o elidirse a la hora de discernir el todo. La res podrá ser tal sin cabeza también, como está cognitivamente demostrado, puesto que se reconoce únicamente por el tronco como se ve en el siguiente ejemplo:

> La res cuelga, abierta en canal, de una encina. Descabezada, sin pellejo, con los remos traseros presos a una soga y los delanteros caídos al largo de la degolladura, parece humano ser, víctima de un asesinato, que se bambolea a los golpes del aire.[41]

Lo dicho, ese juego paradójico en que algo puede sustituir a un todo, pero en el que puede reconocerse el todo sin él, vale para las distintas exteriorizaciones, siempre espínicas, en que aparece la sinécdoque:

(16a) El género por la especie y la especie por el género:
El pan nuestro de cada día, dánosle hoy (por el "alimento").
El felino se abalanzó entonces sobre su presa (por el "tigre").

(16b) El singular por el plural y el plural por el singular:
Un caballero español nunca miente (por "los caballeros").
Las aguas de este río bajan sucias (por "el agua").

(16c) La materia por el objeto y el objeto por la materia:
Vendió el lienzo de Picasso por un precio astronómico (por "un cuadro").
Los muebles están carcomidos (por "la madera").

---

[41] Cf. Joaquín Dicenta, <http://es.wikisource.org/wiki/La_gañan%C3%ADa_:_02> (última consulta: 18-01-2011).

(16d) Lo abstracto por lo concreto y lo concreto por lo abstracto:
Aquella belleza andante le subyugó (por "aquel hombre guapo").
Ese profesor tiene muy buena cabeza (por "es muy inteligente").

(16e) El signo por la cosa y la cosa por el signo:
El mensaje de la corona en Navidad (por "del rey").
Simpatizaba con Buda y Marx al mismo tiempo (por "el budismo, el marxismo").[42]

Obsérvese que antonomasia y sinécdoque son dos fenómenos que se muestran como continuos y que comparten la misma naturaleza: solo difieren en el grado de restricción de una y otra, que en el caso de la antonomasia es extremo.

2.7.2. *La metonimia*

Del mismo modo que la sinécdoque domina a la antonomasia, la metonimia domina a la sinécdoque. Tan es así, que muchos autores olvidan la sinécdoque y la agrupan en un mismo conjunto con el tropo que estudiamos ahora. La "distancia" ya no se concreta en un paso solo –en vez de unidad, subconjunto; en vez de infinito, conjunto–, sino que "la metonimia [...] representa [...] algo externo, aunque también íntimo" (Calvo Pérez 2007b: 31), lo que he llamado trasfondo. Se trata de tomar una parte por otra parte, diferente de ella *(pars pro parte)*. En efecto, la proximidad entre un continente y lo que contiene: un vaso de vino o el vino de un vaso, es evidente todavía, pero no puede haber confusión sustancial posible entre lo que constituye una cosa y la otra: las partes involucradas son "externas" entre sí, aunque cognitivamente se perciban como únicas por cercanía de una con otra. Los recursos más importantes, siempre espínicos, de la metonimia son (ibíd.: 31-32):[43]

(17a) El efecto por la causa y la causa por el efecto:
Mi dulce tormento (Arniches: por "mi mujer").
Cuando se clavan tus ojos en un invisible objeto (Bécquer: por "la mirada").

(17b) Lo físico por lo moral y lo moral por lo físico:
Hay en mis venas gotas de sangre jacobina (A. Machado: por "tengo ideas jacobinas").

---

[42] Los ejemplos están tomados de Romera (2006) o son obra del propio autor.

[43] Ejemplos tomados principalmente de Romera (2006): *Retórica*. Textpattern: <http://tinyurl.com/5vtan7b> (última consulta: 15-05-2010).

Tú eres la sabiduría, tú eres la humildad, tú eres la paciencia (San Francisco: "Alabanza al Altísimo").[44]

(17c) La materia por el objeto y el objeto por la materia:
Fió su vida a un leño (Góngora: por "un barco").
Viejas canoas movidas desde la raíz a la copa (por "árboles", de cuyos troncos se hicieron canoas).[45]

(17d) El continente por el contenido y el contenido por el continente:
Tomar una copa de vino (por "con vino").
El alacrán le clavó la ponzoña (por "el aguijón").[46]

(17e) Lo abstracto por lo concreto y lo concreto por lo abstracto:
Hacéis de la esperanza anatomía (Lope de Vega: por "haciendo pleitos, engordáis").
Respetad las canas (por "la vejez").

(17f) El autor por la obra y la obra por el autor:
Leyó a Virgilio.
Este pobre Quijote, muerto en Madrid el 23 de abril de 1616 (por "Cervantes").[47]

(17g) El lugar de procedencia por el objeto y el objeto por el lugar:
El burdeos me gusta y el jerez también.
Cada año hago una excursión a los Chacolís y a los Quesos Idiazábal (por "al País Vasco").[48]

(17h) La persona por el instrumento que maneja y el instrumento por la persona:
Es el violín más joven de la orquesta.
Es que Juana tiene más cuerda que nadie (por el "arpa" que toca).[49]

(17i) Pasado por futuro y futuro por pasado o causa por consecuencia y consecuencia por causa (donde se toma el antecedente por el consiguiente o el consi-

---

[44] Este ejemplo ha sido tomado de <http://www.franciscanos.org/esfa/ald.html> (última consulta: 15-05-2010).

[45] El ejemplo ha sido creado por el autor de este ensayo.

[46] El ejemplo está tomado de Alexis Márquez Rodríguez, *El Nacional*, domingo 16 de julio de 2000.

[47] El ejemplo ha sido creado por el autor de este ensayo.

[48] El ejemplo ha sido creado por el autor de este ensayo.

[49] El ejemplo ha sido creado por el autor de este ensayo. Otro ejemplo concorde con el anterior: *Empieza el llanto / de la guitarra* (versos de García Lorca en *Poema del cante jondo*, con referencia al músico que la toca, que saca sonidos tristes de ella).

guiente por el antecedente):
Acuérdate <más tarde> *de lo que me debes* (por "págame la deuda").
Te prometo que yo no lo hice <en el pasado> (por "te aseguro").

La metonimia se emplea, sobre todo, en caso de actos pragmáticos iliterales e indirectos y responde habitualmente a la figura retórica conocida como metalepsis, pero igualmente sirve para entender los usos del lenguaje en que una frase es la inversa de otra en el orden de las palabras; así, *Vino porque se lo dijeron / Se lo dijeron, así que vino* implica que la oración causal trae primero la consecuencia, mientras que la consecutiva es icónica. Un ejemplo muy claro en este sentido es el uso de la conjunción final *para que* en el sentido de *porque*, o de *por que* por *para que* confundiendo oraciones finales con causales: *He ido en avión para que lo sepas* significa en realidad *Te digo que he ido en avión porque quiero que lo sepas*. O bien: *Lo condenaron porque robó* (causal) / *Rezaré por que le perdonen* (final).[50]

Otros casos de metonimia se dan en:

(18) El nombre del objeto por otro contiguo a él:
Se abrochó el cuello de la camisa (por "el cuello de la persona").
Se puso una rebeca (por el nombre de "Rebeca", el personaje de Daphne du Maurier, que usaba la prenda en la película de Alfred Hitchcock).

La reversibilidad depende cognitivamente de la importancia relativa del objeto. Un día le dije a una mujer: *Tienes una mariposa parada en el lazo*. Ella se tocó la espalda, a la altura de la cintura y dijo al mismo tiempo: *Si no llevo lazos*. Había interpretado *lazo* en sentido literal, pero yo se lo dije intencionadamente en sentido metonímico: "El lugar donde se anuda el lazo es el lazo de tu cuerpo"; y allí efectivamente se tocó. Había hecho reversible la metonimia. ¿Es forzado? Puede serlo, pero ¿quién no ha oído alguna vez decir *Me duele el zapato*? ¿Y quién no habrá oído comentar entonces: *Querrás decir que te hace daño el zapato*? ¿Y acaso no existe la palabra *cintura* (< lat. CINCTŪRA 'lo que está destinado a ceñir'), derivada de *cinto* (< lat. CINCTUS, part. de *cingĕre*, 'ceñir')?

---

[50] Un caso de desorden pragmático es el hísteron-próteron (también conocido como histerología) en que se alterna el orden de los sucesos con alguna intención ya estilística, para pasmar al auditorio (ejemplo: *Moriamur et in media arma ruamus!* ¡Muramos y caigamos en medio de las armas!; Virgilio, *Eneida*, II, 353. *Muerte y cárcel para los terroristas*); ya práctica, como justificación de un hecho (*Me pegó y yo le insulté* <de hecho fue al revés>. *Te fuiste al Congo y te casaste con ella* <o fue al revés, por su fealdad>, según el conocido chiste machista).

Quiero referirme por último a algo sobresaliente, el del nombre del objeto bi- o tridimensional icónico por el nombre del objeto real: este es el caso más extendido de metonimia, aquel en que lo representado tiene el mismo nombre que la cosa representada. Es tan corriente que ni siquiera lo recogen los autores ni lo explicitan los diccionarios por la obviedad que comporta. *La araña gigante del Guggenheim se llama 'Mamá' y es obra de la artista Louise Bourgeois* es una frase metonímica, pero el animal aludido no es una araña real, un animal venenoso o con el que no nos gustaría encontrarnos en la selva o en la proximidad de nuestra casa, por su tamaño descomunal. Lo mismo cabe decir de la representación en superficie de este mismo animal, como en el cuadro *Gato y araña* del pintor japonés Oide Makoto. Del mismo modo llamamos triángulo a un prisma de muy baja altura que tenga por base un triángulo, sin que ello nos llame a engaño: *Coge el triángulo y dámelo*, le dije un día a mi nieto Marc y él me lo dio con toda naturalidad. De hecho, cualquier cosa bidimensional representada en una superficie podría transformarse en otra de tres dimensiones, de apariencia más real, sin que por ello cambie su nombre. Y, generalizando, diríamos más: la simulación de algo equivale a ese algo siempre a efectos de nombre; véanse las dos siguientes acepciones de **besar** en el *DRAE*: "(Del lat. BASIĀRE). 1. tr. Tocar u oprimir con un movimiento de labios, a impulso del amor o del deseo o en señal de amistad o reverencia. 2. tr. Hacer el ademán propio del beso, sin llegar a tocar con los labios".

Matizando lo dicho más arriba, la principal de las metonimias es aquella en la que el nombre de la cosa, y la representación mental que hacemos de la cosa, usurpa a la cosa. Cualquier entrada de un diccionario es una palabra, pero el que consulta tal palabra solo suele pensar en la cosa que evoca sustituyéndola sin más juicios y captando el concepto a través de la definición en un segundo ejercicio de metonimia. *¡Qué listos eran los antiguos, amigo Julito! –me dijo un día un anciano del pueblo donde nací–. Mira que llamarle gallo al gallo. Jamás se equivocaban*. Para mí, hasta que crecí un poco y aprendí que "gallo" es *coq* en francés, el gallo y el nombre del gallo se identificaban plenamente. El viaje de la palabra a la cosa y de la cosa a la palabra es reversible, a través del concepto, como se suele afirmar,[51] y su supuesta confusión no es sino producto de la metonimia, que ahorra el nombre de la cosa y produce ambigüedad.

---

[51] A efectos prácticos y abstrayéndonos por el momento de las doctrinas filosóficas que muestran la relación palabra/cosa de otro modo, incluida la Pragmática Topológico-Natural, hacemos nuestra la propuesta del conocido triángulo semántico de Ogden y Richards (1923). Si, por ejemplo, las cosas son como son (objetivismo puro); o si no lo son, sino que simplemente las captamos, las nombramos y las interpretamos, y por eso son (relativismo puro), entonces cabría matizar en uno u otro sentido el concepto de metonimia en los nombres que otorgamos a las cosas.

2.7.3. *La metáfora*

También en (Calvo Pérez 2007b) señalé que “la metáfora es una relación menos íntima, sea cual sea la forma en que se la interprete (Herrero 2006), ya que es absolutamente externa (‘ajena’ decía Aristóteles) respecto a sus componentes, y precisa, más aún que en los demás tropos, del conocimiento del mundo (intra- o extra-textual) para producirse y entenderse”, lo que he llamado incidencia, por la intromisión de dominio en otro.

La metáfora no cumple ni la enorme proximidad de la sinécdoque, ni la proximidad media de la metonimia: la conexión es totalmente externa, pues los elementos puestos en relación A y B, pese a su igualación práctica A = B, se hallan en esferas semánticas distintas y pertenecen a entidades también distintas. En efecto, cuando Garcilaso de la Vega, en su célebre soneto XXIII evocando el *Carpe diem* horaciano,[52] dice:

(19) *Coged de vuestra alegre primavera / el dulce fruto antes que el tiempo airado / cubra de nieve la hermosa cumbre...*

está haciendo referencia a que durante el período alegre de la juventud se debe disfrutar del placer sensual antes de que por el paso del tiempo nazcan canas (en la cabeza, que es la cumbre). En el fragmento se ve cómo se iguala juventud y primavera (del mismo modo que otoño es madurez e invierno decrepitud...), fruto y placer, tiempo airado y vejez, nieve y canas, cumbre y cabeza. Y eso es porque el poeta encuentra una relación evidente que hace que dos cosas ajenas entre sí se igualen alegóricamente en virtud de algún aspecto común o concomitante:

PRIMAVERA (= JUVENTUD)	(el principio del año es el principio de la vida)
FRUTO (= PLACER)	(el placer es un fruto que se coge)
TIEMPO AIRADO (= VEJEZ)	(el tiempo airado, por traer tormentas y nieves, es el invierno y se iguala con el fin de la vida)
NIEVE (= CANAS)	(la nieve es blanca y las canas también)
CUMBRE (= CABEZA)	(la cumbre y la cabeza están arriba)[53]

[52] Este tópico de la literatura universal comienza en Horacio (*Odas*, I, 11): *Carpe diem quam minĭmum credŭla postero*, ‘Aprovecha el día lo que puedas, y no confíes demasiado en el futuro <dicho a una mujer>’. El sentido viene a ser el de que hay que arrancar tiempo al tiempo para poder gozar más el presente.

[53] Para conocimiento del comportamiento universal de la metáfora, en la mayoría de las culturas al menos, cf. Lakoff/Johnson (1980), obra que tiene la virtud de llevar al lenguaje cotidiano este tropo extremo, en buena parte necesario y en buena parte lúdico, que es la metáfora.

Pero ni el tiempo atmosférico tiene que ver con el desarrollo de la vida, pese a que la palabra *tiempo* los iguale en español, ni las canas con la nieve, etc., salvo la situación en que se produce una unión esporádica, cuya motivación es externa e identifica dos elementos ajenos. Por eso, la metáfora es pura creación lingüística, fuente inagotable de relaciones que pueden constituir cognitivamente identificaciones de elementos pertenecientes a las más diversas órbitas, externos hasta que logran formar unidades indisolubles, como esos matrimonios entre miembros de familias distintas que hacen más íntima a la pareja que a la propia familia de cada uno de ellos.

La metáfora tiene en común, sin embargo, con la sinécdoque y con la metonimia, que las palabras ya existen, que no necesitamos formar otras nuevas para nuevas denominaciones. Por ejemplo, el pie de una planta, la falda de una montaña y la repisa de los senos se nombran con nombres de otros: *pie* (de los humanos), *falda* (elemento del vestido) y *repisa* (estante horizontal de un armario), sin que sea preciso inventar nuevos nombres, proceder a un nuevo proceso de lexicogénesis para seguir recreando las particularidades del mundo. Es más, este es a veces el único modo de entenderlas y explicarlas. Otra cosa es que se produzca una sobresignificación al tener como fondo el verdadero nombre de la cosa y la cosa en sí misma; aunque no es necesario, porque la metáfora puede haber perdido ya motivación, como en los dos primeros ejemplos recién citados o bien porque exista un vacío léxico que se rellena con una palabra ya existente y no con una nueva creación léxica: caso de la catacresis (*boca de riego, ala del sombrero*), que es la figura más abundante. En cambio, la metáfora REPISA = SENOS necesita justificarse (al menos fuera de Argentina y Perú, donde la frecuencia de uso la hace más inteligible). En este sentido, la idea de metáfora que desplegamos aquí se aproxima más a la concepción cognitiva de que la igualación de nombre arrastra a la igualación de la cosa que a la idea paleolatina de la metáfora como vulgar *translatio* o como *permutatio* (dicho de la analogía). Es decir que la metáfora es necesariamente palabra bifronte en cuanto que evoca simultáneamente dos polos, de forma sucedánea o suplidora, invasora, en cuanto que incide en terreno no propio; y ancestral y auténtica en cuanto que arrastra sentido desde su linaje. Según lo enjuicia Max Black (1977), tras diversos estudios sobre el principal tropo, el enunciado metafórico es interactivo, pero permite contemplar el asunto primario (sentido literal en el marco en que se ancla) a través del subsidario (foco iliteral que se expresa en un nuevo uso). Aunque muy bien pudiera ser también al revés: que el nuevo significado, prístino por naturaleza, aunque alejado del origen, nutra al fin a este y le dé un nuevo sentido. Es lo propio de una Pragmática Comunicativa (Calvo Pérez 1994: apartados 2, 3 y 4) en que dos proyecciones complementarias, espínicas, se enriquecen entre sí.

En la metáfora, además de la diversificación o de la línea de continuidad por el uso, está la evocación más o menos contextualizada. Así, en el caso de Garcilaso pasa lo mismo que en la segunda metáfora de Lorca: *¡Oh, guitarra, corazón malherido por cinco espadas!* (poema "La guitarra", del libro *El poema del cante jondo*). El fragmento "está propiciando dos relaciones: una de presencia, en que dos elementos externos el uno al otro se igualan y donde el segundo sustituye al primero: GUITARRA = CORAZÓN (parecido por la forma)" (Calvo 2007b, 33). Pero también, como en Garcilaso, propicia "otra de ausencia, en que un primer elemento, elidido, es evocado por otro externo a él: (DEDOS) = ESPADAS (parecidos por la forma y evocando los sonidos tristes de la guitarra flamenca)" (ibíd.). En los casos de presencia tenemos ya muy próximo el símil en que ambos elementos A y B son necesarios, al igual que un matizador de la igualdad entre ambos, el adverbio *como*. Ej.: *Tus labios son como hilo de escarlata, y tu boca, encantadora. Tus mejillas, como mitades de granada detrás de tu velo*, que leemos en la Biblia (*Cantares de los cantares,* 4, 3). De nuevo la continuidad se establece también en este tropo, sin que haya que hablar meramente de *similitudĭnis est ad verbum unum contracta brevĭtas* ('[En la metáfora] la brevedad de la comparación está reducida a una sola palabra', Cicerón, *De Oratore*, III, 157): el placer estético, la evocación semántica de fondo, la novedad o propiedad de la igualación de dos mundos, el engaño o transgresión que entraña, o bien la necesidad de ser el origen del pensamiento, la adecuación en el texto donde se ancla, etc. producen sugerencias (virtuemas) que van más allá de las cosas nombradas. Obsérvese que la continuidad llega a igualar los elementos, aunque su independencia conceptual perdure por separado: es decir que tan válido es pensar que símil y metáfora son la misma cosa, aunque con gradaciones diferentes (Calvo Pérez, en este trabajo), que partir de uno (Cicerón) u otra (Aristóteles) como elemento principal a la hora de compararlos. Lo que sí existe, una vez más, es continuidad entre ellos.

En la metáfora, al igual que en el resto de los tropos, la inversión está servida, dado que como en toda igualdad existe, *a priori*, la propiedad conmutativa, aunque es una propiedad que se da más en abstracto que entre elementos concretos: recuérdese que en Matemáticas el producto cartesiano carece de conmutatividad, al tratarse de pares ordenados M x N (≠ N x M). Por ejemplo, no es lo mismo cinco cajas de cuatro bombones cada una que cuatro cajas de cinco bombones cada una, aunque el número de bombones que contengan en total sean los mismos: en un caso colocar los bombones es más fácil; en otro, las cajas. No obstante, no se puede discutir la existencia de cierta relevancia cognitiva, aquella que permite entender que hay una cierta direccionalidad en el hecho metafórico, puesto que se trata de una relación externa en que la igualdad no se logra de inmediato como en las sinécdoques y metonimias, de carácter más interno y de recurso más fácil. Así, en la igualdad clásica entre dientes y perlas, es igualmente imaginable sustentar que los dientes son perlas no tanto por el color o la forma, como por la ponderación que supone que los dientes se consideren "preciosos" como las perlas, estimadas en joyería. Decir que las perlas son dientes equivaldría a llevar a ellas la animación de los seres dentados y habría que buscar una nueva razón de su igualdad. En cambio, los dientes de una sierra o de un peine juegan cognitivamente a favor de la igualación por el hecho de ser puntiagudos, de estar anclados o fijos en un armazón, etc.

La cuestión candente, sin embargo, se refleja en el hecho textual y toda expresión en contexto es un texto (perdón por la obviedad). En el lenguaje cotidiano, a diferencia del lenguaje poético, hasta la expresión más figurada tiende a juzgarse como natural y, por tanto, a desautomatizar la metáfora, dándose la circunstancia de que lo que hay es, en vez de un nombrar diverso, con palabra nueva, una retención de la lexicogénesis en beneficio de la polisemia; así, polisemia y metáfora se igualan. Cosa diferente, aunque con iguales consecuencias léxicas, ocurre en el texto poético o artístico. Aquí la expresión más plana, como esta de Blas de Otero, *Escóndete en tu cuarto y cierra la puerta y haz un nudo en la llave, / y mírate desnuda en el espejo, como en un charco de lágrimas*, se transforma en otro mundo, propicia una lectura nueva y desvía las palabras a nuevos significados: de ahí el estupor de Trujillo (1988) en cuanto al significado y la imposibilidad de sus límites. Entonces, una palabra como *nudo* tendría, momentáneamente, una nueva acepción: '<Referido a la llave> vuelta que se da en el interior de la cerradura', pero acarrearía también que las demás palabras del texto se recubrieran de otro usos, que "desnuda" o "esconderse" se carguen de nuevos significados, y así indefinidamente. En tal caso, la metáfora se automatiza y todo se percibe como metáfora, pero los resultados son los mismos: solo la actitud del Emisor y del Receptor, en complicidad, ayuda a entender cada realidad (el llamado "tenor") en un mundo siempre ambiguo (que se puede exteriorzar a través de múltiples "vehículos"). En justa correspondencia, cada vehículo es susceptible de aludir a diversidad de tenores, en esa estructura de doble abanico en que se hermanan, creativamente, el Lenguaje y el Mundo.

Por otra parte, la paradoja está servida al interpretar la metáfora como una reducción denotativa de semas (concepción inmanentista del estructuralismo ortodoxo), y albergar el mensaje donde se ubica referencias distintas a las habituales donde solo algunos rasgos semánticos cuadran. Esto es precisamente así porque se compensa esa pérdida con el enriquecimiento connotativo a que toda metáfora da lugar, abocando a una nueva realidad que vehiculan los mecanismos subyacentes de la mente humana (concepción cognitivista). La no creación de un nuevo término léxico recarga el término de procedencia, mantenido para un nuevo uso, con nuevos significados todavía incompletos, como esos retratos en escorzo a los que hay que dotar aún de vida. Una vez que esto se logra, la doble tensión se neutraliza y la polisemia se adueña de la situación a costa de la sinonimia, pues no hay creación de una nueva palabra. Después, el marco de la relación Emisor/Receptor, que proyecta textos en un contexto dado, como se dice siempre, se encarga de dar sentido pleno unificado a los dos fenómenos semánticos dispares, en dialéctica constante, siempre asimétrica, que son la polisemia y la sinonimia. Es, como ya adelanté, el criterio operativo básico de la Pragmática Topológico-Natural (Calvo Pérez 1994).

Dije más arriba, y aludo de nuevo a ello con el fin de cerrar por ahora el tema de la metáfora, que la continuidad está servida. Y así es. El símil se hallaría en un extremo de la línea: A es como B (**A~B**), *Mi corazón sereno se abre, como un tesoro, al soplo de tu brisa* (Juan Ramón Jiménez); en el otro tendríamos la metáfora pura B –de (**A es)B**)–, que obliga a descifrar el elemento de origen o evocado con la única presencia del evocador o elemento de imagen en un espacio referencial autónomo, como en estos versos "[…] *Va mi navecilla corriendo este gran mar con suelta vela, hacia la infinidad buscando orilla* […]" (Francisco de Aldana, *Epístola a Arias Montano*), en que NAVECILLA (B) = ALMA FRÁGIL (A), sin que la palabra *alma* se cite. Entre estos dos extremos, 1 y 4 tenemos: 2. Metáfora transferencial, donde A evoca B (**B⌐A**), como en *alma flotante*, donde la idea de B, *navecilla* (o *tronco* o *tabla*…), está solamente de modo imperfecto o incompleto en el adjetivo que acompaña a A *(alma)*; y 3. Metáfora explícita, donde A es B (**A = B**) como en *Nuestras vidas son los ríos / que van a dar a la mar, / que es el morir*, versos en los que VIDA = RÍO, MAR = MUERTE, con doble presencia.

A su vez, para cerrar esta larga reflexión del apartado 2 (1.ª parte), hay que decir que la metáfora crea una continuidad no solo con el símil, sino con los demás tropos: metonimia y sinécdoque, en este orden, compensando junto con la polisemia, la falta de lexicogénesis. La creación léxica la encontramos, en cambio, en la antonimia y en la polisemia, siendo esta una antonimia reducida que funciona por oposición sémica en un nivel inferior a la palabra: el de la acepción léxica, donde también se da una cierta continuidad, como hemos ido viendo. Por su parte, la sinonimia no es sino la manifestación externa de la creación léxica, cuando la supuesta polisemia, inherente al significado, promueve un nuevo significante, cuya andadura parte de cero, como la de cualquier otra palabra.

3. La teoría de los campos semánticos

Un campo semántico es un conjunto de relaciones léxicas que, prototípicamente, se integra con una serie de palabras emparentadas por el significado (sinónimos), en que se logra diferenciar lo que las distingue, tomando como base o núcleo el rasgo o los rasgos que las unifican en su espacio. Ello no obsta para que concibamos también un campo de significado en que una sola palabra despliega todas sus características a modo de acepciones distintas en un artículo de diccionario (polisemia). En el primer supuesto caben palabras tanto que tengan más en común –*blanco/albo*– como menos –*blanco/negro*–. En el segundo, se parte normalmente de una sola palabra y se determina si existe alguna otra ajena con su mismo significante (*llama* 'animal', y *llama* 'lengua de fuego') o bien si los distintos sememas o definiciones son meras variantes de una única palabra previa; caso de **ojo** y sus veinticuatro acepciones en el *DRAE* (cf. el campo semántico de *œil* 'ojo' en francés, Charaudeau 1972 y 1973).

Por otra parte, el campo semántico tradicional sinonímico vale tanto de un modo estricto para las palabras con semas comunes (y algunos diferentes) como para aquel que tiene solo un sema en común (y muchos diferentes), pues basta conque haya una unidad de unificación, una archilexema como señala Pottier (1963) –por ejemplo, "agrio" para *pomelo, naranja, lima, limón*–, para que el campo semántico exista. Ahora bien, la segunda forma de campo también permite entender la presencia de elementos sinónimos, que aproximan un sema (un "fundamento") y olvidan de momento todos los diferentes: es el campo de las metáforas, el *Bildfeld* o campo de imágenes. En este sucede una cosa curiosa. Tomemos el caso de la relación *dientes/perlas*: por razón de sinonimia entre las dos palabras, se puede formar un campo semántico en que los semas comunes son, por ejemplo, el color, el tamaño o la forma; se formaría un campo clásico, como cualquier otro (como *azul* y *rojo*, que confluyen por el sema idéntico "color"), solo que más abierto, más necesitado de contextualización y a expensas de un uso concreto, como si dependiera más de un saber enciclopédico que de un saber lingüístico. Sin embargo, una vez fundada la relación, la expresión metafórica eliminaría el primer elemento del *Bildfeld*, que se diluye en la sombra, en beneficio del segundo, el cual "capta" su significado y se iguala a aquel. El resultado es el mismo: es el enfoque el que varía; además, una interpretación así permitiría igualmente hacer confluir *cabeza* con *res* o *vaso* con *vino* dándose la situación de identificación práctica entre los tres tropos analizados –metáfora, metonimia y sinécdoque–, ya en el campo de la sinonimia (explanación en el paradigma del campo), ya en el de la polisemia (sustitución real en el sintagma). Depende, por tanto, de la orientación con que tratemos varios elementos juntos o bien que lo hagamos sobre uno solo de ellos, teniendo a los demás como fondo. Sea como fuere, el campo semántico es un espacio operacional en que la continuidad de los fenómenos léxicos queda de manifiesto.

Un tercer aspecto, entre muchos, que tiene que ver con los campos semánticos es que más allá de las palabras que ya la semántica ha consolidado como relacionadas (campo semántico), más allá de las palabras que por motivos diversos establecen unidades de contenido, extraíbles de la distribución arbórea de posibles semas confluyentes (los *Bildfelder*), que están en la base del contexto individual, están los campos generales de la cultura y de la naturaleza (Calvo Pérez 1994a), según los cuales el ser humano conceptualiza lo abstracto a través de lo concreto; así, ARRIBA/ABAJO valen no solo para el espacio, por ejemplo *Estar en horas bajas / Ser un alto cargo*... O estructura una complejidad a partir de otra complejidad diferente: la VIDA es un VIAJE (Manrique: *Recuerde el alma dormida / avive el seso y despierte / contemplando / como se pasa la vida / como se viene la muerte / tan callando*), el PENSAMIENTO RACIONAL es una GUERRA *(Destruir sus argumentos)*, etc., con el fin de entender la más complicada o nueva en parámetros de la más vieja o ya interiorizada (Lakoff/Johnson 1980). Ello hace que los campos semánticos se abran a campos sistemáticos del pensamiento de carácter metafórico. Es decir que todo, absolutamente todo, es susceptible de ser metaforizado y, según nuestra manera de ver las cosas, metaforizado con palabras ya existentes. No podemos pensar las nuevas cosas en palabras siempre diferentes: el diccionario se haría muy largo, convertido en mera enciclopedia. Tampoco podemos "incurrir" siempre en las mismas palabras, porque la flexibilidad y diversidad del mundo no lo permitirían. En ese doble juego se sientan las bases de la Semántica y, por tanto, también de los campos semánticos. Las metáforas son proyecciones en dominios conceptuales como han señalado los cognitivistas y en eso estamos de acuerdo. Las metáforas constituyen el principal mecanismo de la organización del pensamiento y eso es verdad, aunque no toda la verdad, ya que hay dominios que va conquistando el ser humano que tienen valor referencial y diferencial por sí mismos, en parte porque las imágenes sensoriales del mundo objetivo nos ofrecen también un anclaje para que no nos desorientemos y en parte por nuestro lenguaje que las incardina con cierto rigor en el ámbito físico y cultural mediante mecanismos comunicativos irrenunciables.

Han sido, pues, tres modos de ver la Semántica, desde el más restrictivo y euclideo, podríamos decir, al más flexible o topológico, pasando por el intermedio de carácter proyectivo,[54] que mira de modo bifronte a los dos. Desde la perspectiva del espín, que se fundamentará en seguida, el planteamiento topológico-pragmático es el que mejor abarca la doble asimetría, la doble hélice con que se conforma el signo lingüístico y se da viabilidad al desarrollo lexicológico y lexicográfico de las estructuras semánticas.

---

[54] Según feliz metáfora de López García (1997), que ha puesto en paralelismo el grado de libertad de actuación, a la hora de traducir, con las tres geometrías básicas mencionadas (aproximadamente). Después de todo, la traducción no es sino el trasvase sinonímico de una lengua a otra, de un pensamiento a otro, de un modelo a otro, de un código a otro..., de tal modo que a nivel microtextual se repiten, de modo fractal, las operaciones que se llevan a cabo en los textos a nivel macrotextual.

El campo clásico se configura por lo general de modo restrictivo, con elementos que si bien varían de lengua a lengua suelen tener anclaje extralingüístico, por más que pese a sus defensores. Ambos tipos de enfoque, el reducido a la Lengua y el ampliado a las estructuras del Mundo, valen a la hora de instaurar una Semántica, sin por ello prescindir del inmanentismo, sino propiciando una dialéctica entre vehículo interno de la lengua y mundo externo que condiciona a la lengua, pero que también se la apropia. Así, no está reñido decir que en quechua y en vasco el concepto "hermano" se codifica igual, frente al inglés o el húngaro, con señalar que "jugador" (de fútbol) puede englobar en su conjunto una serie de elementos idénticos –*portero, defensa, medio, delantero, interior, volante*, etc.–, independientemente de cualquier lengua. En ambos casos hay una estructuración, tanto a nivel gramatical como a nivel léxico, que nos permite movernos entre distintos grados de sinonimia regulados por la pragmática y de flexibilidad libre.

(20)	quechua:	*wayqi* 'hermano' <de un varón>	*tura* 'hermano' <de una mujer>
		pana 'hermana' <de un varón>	*ñaña* 'hermana' <de una mujer>
	euskera:	*anaia* 'hermano' <de un varón>	*neba* 'hermano' <de una mujer>
		arreba 'hermana' <de un varón>	*ahizpa* 'hermana' <de una mujer>
	inglés:	*brother* 'hermano' (en general)	
		sister 'hermana' (en general)	
	húngaro:	*testvér* 'hermano, hermana' (en general)	
		fivér 'hermano' (en general)	*bátya* 'hermano' (mayor)
			öcs 'hermano' (menor)
		nővér 'hermana' (en general)	*nénje* 'hermana (mayor)
			húg 'hermana' (menor)
	español:	*hermano/-a* (con diferenciación de género para 'hermano') (en general)	

La distinción semántica se halla ya en lo pragmático: nombre para hermano según quien habla (quechua y euskera); ya en lo semántico: nombre para hermano según su género (todos, excepto el español) y nombre del hermano según su edad (en húngaro); ya en lo morfológico (español). Sin embargo, una pragmática más amplia permite entender "hermano" en español como miembro de una comunidad religiosa, o simplemente como persona afín del mismo territorio: es esta especificación, la del contexto y la situación, la que actúa como reguladora semántica. Léxicamente, por otro lado, todos los campos importan más que el último, ya que este solo tiene una entrada en el repertorio, aunque, desde esa perspectiva, se despliegue en diversas manifestaciones polisémicas. Pero el que más importa semánticamente es el ejemplo del húngaro, en que hay un hiperónimo general que consta de dos hipónimos directos, siendo cada uno de estos, a su vez, hiperónimo de otros dos.

Estas distinciones, pese a su valor (saussureano) indiscutible, no son solo maneras propias de interpretar el mundo, sino también proyecciones del Mundo en el Lenguaje motivadas por múltiples factores sociales, psicológicos, etc. Y no tienen nada que ver, salvo que metalingüísticamente se aproximen, con los métodos de la Fonología (oposiciones de cierto tipo, etc.) como algunos autores quieren (Coseriu 1977 [1975]).

En otro lugar teórico del esquema mental del significado está las propuestas de los semantistas más abiertos, quienes haciendo uso de las oposiciones (ya para distinguir sinónimos, ya antónimos, pero sobre todo entidades mixtas de uno u otro cariz), se decantan por hacerse cargo directamente del mundo, caso de Pottier (1963) y tantos otros autores componencialistas, por más que algunos lo nieguen en principio. Un análisis semántico como el que sigue, lexicológico por más señas, que abocaría directamente a la definición más precisa en un diccionario, tendría que valorar sus oposiciones en el ámbito del mundo exterior, la referencia, y daría resultados en parte similares a los citados anteriormente. Sea el campo de nombres comunes de los jugadores del fútbol:

(21) *jugador* (*de fútbol*). Persona / que realiza la acción de jugar / impulsando un balón con el cuerpo / en un campo delimitado / con la finalidad de meter goles en la portería contraria (atacantes) o bien de impedir que los contrarios los metan en la propia (defensores).

PORTEROS (solo hay uno)

portero Jugador de fútbol / que defiende bajo la portería o en su proximidad / que puede utilizar las manos en un área determinada del campo (español en general).

arquero Portero (en determinados lugares: América).

DEFENSORES

defensa Jugador de fútbol / que defiende en el primer tercio del campo / que no puede utilizar las manos (palabra usual en España).

defensor Defensa (palabra algo menos usual que *defensa*; se caracteriza por su énfasis en la acción).

zaguero Defensa (usado sobre todo en América).

lateral Jugador de fútbol / que sobre todo defiende en el primer tercio del campo / que discurre por las bandas / que no puede utilizar las manos.

MEDIOS / CENTROCAMPISTAS (medios del centro geométrico del campo) / MEDIOCAMPISTAS (medios del centro del campo) / (VOLANTES)

medio Jugador de fútbol / que defiende en el centro del campo y excepcionalmente ataca / que no puede utilizar las manos.

volante Jugador de fútbol / que hace de medio en posición algo más adelantada / que hace frecuentemente de atacante / que no puede utilizar las manos (en América; sobre todo en Arg. y Ur.).

centrocampista Mediocampista / casi reducido al centro del campo / que no puede utilizar las manos.

mediocampista Medio (tecnicismo por *medio*).

DELANTEROS

delantero Jugador de fútbol / que ataca en el último tercio del campo y excepcionalmente defiende / que no puede utilizar las manos.

atacante Delantero / en posición de ataque / que no puede utilizar las manos.

puntero Delantero / en posición de ataque / que juega muy adelantado / que no puede utilizar las manos.

ariete Delantero / en posición de ataque / que juega por el centro / en la posición más adelantada / que no puede utilizar las manos.

artillero Delantero / en posición de ataque / que dispara a puerta (generalmente con fuerza y colocación) / que no puede utilizar las manos.

extremo Delantero / en posición de ataque / que juega por las bandas del campo / que no puede utilizar las manos.

interior Jugador de fútbol / en posición de ataque y construcción del juego / que opera en el último tercio del campo / que juega por el lado interior (derecho o izquierdo) ligeramente retrasado / que no puede utilizar las manos.

MIXTOS

carrilero Jugador de fútbol / que ataca y defiende / que desarrolla su juego principalmente por una de las dos bandas del terreno de juego / que no puede utilizar las manos.[55]

---

[55] Podríamos haber sustituido este rasgo con más exactitud por "que no puede utilizar, salvo excepcionalmente las manos": cuando está interrumpido el juego, a balón parado, al sacar de banda, etc., pero eso no haría sino complicar innecesariamente la explicación semántica, sobreabundando en descripciones enciclopédicas. También puede ocurrir, por la misma razón, que un jugador, aunque sea zaguero, suba constantemente al ataque y que incluso mar-

Si observamos las descripciones de todos y cada uno de los miembros del grupo, de los integrantes hipónimos del campo, comprendemos que existen una serie de rasgos opositivos entre sí que generan antonimias, o por no ser excesivamente rigurosos ahora en el tratamiento terminológico, contrastes (Lyons 1980: 262): "con la mano/sin la mano", "para defender/para atacar", etc. Si adoptamos la idea de la convergencia o proximidad de los rasgos, entonces se descubren claras sinonimias: "por el lado" (*carrilero* con *lateral*), "para defender" (*portero* con *defensa*), etc. A su vez, hay situaciones de sinonimia más relajada: "por el lateral afuera / por el lateral interior" (*lateral, interior*), o sinonimia más estricta: *zaguero* con *defensa* o *portero* con *arquero*, en que los semas son más o menos los mismos, variando únicamente la adscripción geográfica, el registro o cualquier otro rasgo pertinente.

El paralelismo con el primer tipo de campos es evidente, como se pretendía mostrar. Cualquiera puede asociar las sinonimias y las antonimias parciales de un campo con el otro sin demasiado esfuerzo: todo depende del grado de "apertura" al mundo que se elija.

Por lo demás, en el campo semántico, como espacio real de operaciones del léxico, caben todas aquellas superestructuras que hemos analizado más arriba: de jerarquía (hiperonimia/hiponimia o hipersemia/hipsemia), de relación al mismo nivel (antonimia y sinonimia) y, por supuesto, de fenómenos más divergentes (como la sinécdoque, metonimia y metáfora). Al margen queda el par todo-parte (holonimia/meronimia) en que la terminología de relación ya no es la de "un tipo/clase/forma... de", y ni siquiera "es/se parece a...", que cabe en el campo semántico, sino la de "un componente de", que siendo subconjunto de un todo, no llega a identificar cada una de ellos con el todo, ya que constituyen todos en sí mismos; en este caso, un **campo terminológico** especial en que "una parte de" juega en casos como *pedal/bicicleta*, mientras que otras paráfrasis como "una porción de" lo hace en casos de elementos continuos o no contables, que mantienen la relación en el nivel cero, sin ascender a otro más amplio o complejo que los contenga: una porción de pan es pan, como pan es un pan entero (Lyons 1980: 296). Ese mismo punto cero es el que se observa en casos de sinécdoque (una parte de la res es la cabeza, pero diremos *diez cabezas de ganado* por *diez reses*), metonimia (*un jerez* es un vino de Jerez, sin que ciudad y vino del lugar se identifiquen, pese a su proximidad) e, incluso, metáfora (*Tus dientes son perlas*, sin que una sea parte de la otra, ni próxima a la otra, sino que contenga algún rasgo de la otra, antes identificado o solo identificado en el momento de

---

que goles para su equipo (no vamos a citar ninguno para no ganarnos enemigos por distinta adscripción de equipo), pero eso tampoco importaría mucho a los efectos de este trabajo.

producirse). El anclaje de semas de la metáfora, pese a ser extremo, no es solo, pese a su relevancia, la solución definitiva de la continuidad léxica, sino que los campos que provisionalmente hemos llamado campos terminológicos, son continuos, a su vez, con los campos semánticos tradicionales, originados también en el nivel cero.

Lo dicho sirve para considerar que es posible reducir a uno solo el campo de operaciones de la Semántica, tanto si tratamos de campos semánticos tradicionales como si lo hacemos de campos terminológicos, siempre que dejemos a un lado, por discontinuos, los campos de los "componentes".

4. El concepto de marca

La mayor relevancia en el hecho de la continuidad léxica la da, sin duda, el concepto de marca. No voy a enfatizar demasiado el asunto concerniente a su origen o al modo en que fue expuesta por Jakobson (1975 [1932]: 244-245)[56]; tampoco en el de que hay semas (en)cubiertos y otros abiertos al modo en que lo expuso Hockett (1958). Las palabras no siempre muestran todas sus potencialidades, pero no por eso la continuidad deja de ser reconocible o estar garantizada. *Día* tiene un sema abierto de [+luz] cuando entra en contraste semántico con *noche* que lo tiene de [-luz], pero antes de esa constatación antónima tiene encubiertos otros rasgos referidos a la [duración de una vuelta alrededor del eje <por parte de La Tierra>], etc. Eso garantiza la posibilidad de su escisión en dos lexemas –provisionalmente homofónicos– contrapuestos si es menester: $día_p$ y $día_q$. Con ello, uno de los elementos resulta marcado y se produce la separación lexicogenética que no se daba en el caso en que no se había declarado necesariamente el rasgo [luz]. Con la idea de marca no solo se evoca la continuidad, sino que se da pábulo a reflexionar en que todo eso estaba antes ahí, antes de ser concebido gnoseológicamente como tal: es decir que estamos ante un espín prototípico, por contener en sí mismo el par [+luz] y [-luz] de manera encubierta y por tanto ante un caso de antonimia interna (resuelta en polisemia). De nuevo advertimos un fenómeno de relatividad de rasgos, que en este caso nos da la razón: en zonas del casquete polar, en ocasiones el día ($día_p$) no tiene el opuesto *noche* (en verano) o el opuesto día ($día_q$, en invierno), dejando de operar el rasgo [luz] en la acepción

---

[56] La referencia remite, de hecho, al artículo original "Beitrag zur allgemeinen Kasuslehre" (*TCLP*, VI, 1936), aunque ahí mismo el autor refiere a un artículo suyo anterior en que ya trató el tema: "Zur Struktur des Russischen Verbums" (1932: 74 y ss.), publicado en la conocidísima recopilación *Charisteria G. Mathesio …oblata.*

primera del *DRAE*: "Tiempo que la Tierra emplea en dar una vuelta alrededor de su eje; [que] equivale a 24 horas".

Son muchos los lugares semánticos, más allá de los niveles gramaticales, en donde se aprecia la marca. La Morfología, como instrumento al servicio de la unión de la Semántica con la Sintaxis, hace de impulsora constante de ella. Por ejemplo, el presente de los verbos españoles, sin marca explícita (*cant-o*, pero *cant-ab-a, cant-ar-é*, etc.), puede expresar el presente propiamente (componente +): —*¿Qué haces?* implica <ahora>; la ausencia del rasgo temporal (componente Ø o ∞): *La prudencia es la hija del fracaso* <en teoría siempre>; la no posibilidad del presente (componente -): *Mañana es cuando viene* <futuro>, *En 1713 es cuando se funda* <pretérito>, etc. En el presente coincidente con el ahora se manifestará tanto de modo puntual como extenso (±presente): *Lo rompo* o *Te amo*; y en la línea del no presente habrá tanto pasado como futuro: *Ayer salgo de casa y no dirás qué vi*. Pues bien, esto demuestra que, a partir de la ausencia de marcas, el presente puede desdoblarse morfogenéticamente en otros tiempos o aspectos verbales. Eso mismo sucede con el género: hay un género no marcado, el masculino, que puede contener al elemento femenino (*gato* vale también para *gata*), y uno femenino, que, especialmente marcado, no se contiene sino a sí mismo (la gata no puede ser un gato, aunque sea genéricamente]gato[). Y también se cumple con el número: *El gamo es un cérvido de la región mediterránea* envuelve un uso genérico que contendría a todos y cada uno de los posibles gamos (así, en plural). Cuando se dice *Los caracoles se salían de la cesta* es evidente igualmente que la marca impide la existencia de un solo caracol en ella.

Pero también se puede dar una inversión de la situación de marca, como es propio de los espines. En efecto, cuando se dice *gallo*, no podemos contar con que se hable de *gallina*; en cambio, en el conjunto de las gallinas, cabe el gallo. Y ello pese a que *gall-INA* incluye un morfema más amplio que el mínimo *-O* del masculino (como el de *cond-ESA*, respecto a *conde*, etc.). También sucede que un tiempo verbal marcado para el futuro exprese pragmáticamente el presente, no marcado por lo regular, como en *Ya ser-ÁN las seis* <ahora>. La inversión antedicha, y por tanto el espín, tiene mucho que ver con el concepto de ***shifter*** ("conmutador") –introducido por Jespersen (1964 [1922]: 123-124)– que nombra a un elemento lingüístico cuyo sentido cambia en función del contexto y que, por lo tanto, se basa en el aspecto deíctico del lenguaje. Sin embargo, el *shifter* no se limita solo a los deícticos o –como caso prototípico– a los pronombres personales, sino que también incluye todo tipo de palabra o forma lingüística cuya referencia varíe según el contexto; por ejemplo, *madre*, 'mujer que tiene una hija', no está reñida con *hija*, 'mujer que tienen una madre', aplicado al mismo ser vivo, por lo que se puede ser madre e hija a la vez: es lo que no comprendía de muy niña mi sobrina Laura, cuando le dijo a su mamá después de una conversación telefónica con la madre de esta: "*–¿Por qué le dices 'mamá', si la mamá eres tú? –¿Qué pasa, que yo no tengo madre o qué?*, le respondió su progenitora; Laura, pensativa, se retiró entonces a su habitación y se puso a meditar lo que su madre le había dicho, a darle vueltas al tema del espín.

La cuestión gradativa es aparentemente más sencilla todavía, sobre todo en el ámbito de la Lexicografía. Cuando antes enumerábamos los rasgos del campo terminológico de los nombres de los jugadores de fútbol, observábamos que había una conjunción de elementos y que la antonimia se producía en un solo lugar del elemento componencial dado. Ahí se produce generalmente la marca en un subnivel léxico que no es el del significado completo, lugar en el que los semantistas hablan de neutralización, o de ambigüedad en muchos casos, pero también de oposición o bien disyunción: *joyero* es de clasema /Humano/ en *Saludé al joyero*, pero ambiguo en *Pregunté al abogado sobre el origen del joyero*, en que *joyero* puede ser tanto /Humano/ como /Material/, lo que no sucede en el caso invertido de *Pregunté al joyero sobre el origen del abogado*. Eso no obsta para que haya casos de gradación constante en que la marca sufre más o menos modificaciones según los ejemplos que se analicen (Lyons 1980: 293): en la tercera parte de este ensayo se podrá observar con detenimiento lo que se dice. Véase que en todos aquellos rasgos semánticos comunes la continuidad es un hecho, produciéndose ruptura en un solo lugar de la estructura sémica. En el caso anterior se da en la oposición /Animado/ *vs.* /-Animado/, que domina a la de /Humano/ *vs.* /-Humano/ en *joyero*; en los demás casos posibles es obvio que los rasgos comunes se mantienen. *Joyero* en el *DRAE* se define así:

(22) **JOYERO, RA**
1. m. y f. Persona que hace o vende joyas.
2. m. Estuche, caja o armario para guardar joyas.
3. f. Mujer que hacía y bordaba adornos femeninos.

En la acepción 1, los rasgos semánticos componenciales (no quiere decir aditivos/sustractivos simplemente, como los teóricos han demostrado, dado que pueden ser subordinados, transitivos o de otros muchos tipos) son: 1), /Humano/ (clasema), para *persona*; 2a), [efect.] (efectuado: sema que indica realización de lo no existente), para *hacer*, que está en oposición a 2b), [afect.] (afectado: sema que indica la modificación, de posesión, del objeto), para *vender*; y 3), el complejo {[mat.] + [+valor]}, aplicado a *joya*.

En la acepción 2, los rasgos semánticos componenciales son los mismos para *joya* {[mat.] + [+valor]}, pero no para /Humano/ que ahora es /Material/ y además recipiente, [rec.], un complejo sémico que no vamos a analizar aquí en profundidad, pero que consta de un rasgo [Ø] (vacío), más otro [±int.] asociado a él (interior con boca o sin ella).[57]

En la acepción 3, el rasgo se bifurca en [fem.] lo que era implícito antes en *joyero-joyera*, aplicable igualmente por continuidad a uno u otro sexo (en 1) y lo que era ausencia de ese rasgo, por espín u oposición por marca como [masc.] (en 2). Además contiene el rasgo [efect.], ahora sin disyunción ("bordar adornos" o "hacer adornos" implica que los adornos no estaban anteriormente), un rasgo complejo {[mat.] + [±valor]} para el lexema *adorno*, y otro rasgo inherente a este mismo, también [fem.] (femenino, con un sentido interno benefactivo: que no es que sea de subclasema femenino, sino que es 'para mujeres').

Ahí se ve que las soluciones de la polisemia son muy reticulares y que se basan en la continuidad de los rasgos (el del [valor] anterior, puesto que *joyero* deriva de *JOYA*), asociados a discontinuidades (rasgos [masc.], [fem.], en el seno de 2 y 3) que producen ruptura de la marca y posibilidad lexicogenética. Y lo mismo cabe decir cuando no se hallan rasgos en disyunción, sino cuando un rasgo no está presente en un caso como en el de *zaguero* que no coincide en un rasgo con *portero* ("coger el balón con la mano"), pero en otros varios, aunque implícitos, sí: *El portero es un defensor más*, pero *El portero puede coger la pelota con la mano* <dentro de cierta área del campo>, etc.

5. Resumen y conclusiones

Los análisis que preceden, con los que se concluirá esta primera parte de la obra, nos reafirman en una característica muy importante de la Semántica Léxica: que una oposición o contraste, que la presencia de un rasgo frente a su ausencia, se puede dar en cualquier sema o unidad de significado, creándose un hueco léxico que puede ser rellenado bien por una nueva palabra (en antonimia o sinonimia, según se mire) o bien por otra palabra ya existente en la lengua, traída de otro "lugar" semántico más o menos contiguo al formado (sinécdoque y algunas meronimias, metonimia, símil y metáfora...). Todo ello permite pensar que existen serias posibilidades de que se dé una misma visión teórica (**Teoría de la Unificación Semántica** o TUS) de los distintos fenómenos analizados. Por lo demás, hay que pensar que se trata de un fenómeno ampliable a cualquier lengua del mundo, que estamos, en fin, ante un universal del lenguaje.

---

[57] Ya fue definido en Calvo Pérez (2009b), s.v. *recipiente* (s.v. *recibir*) como "{[Obj.] [±cant.]} {[loc.] [±int.]}" 'objeto más o menos grande, con un lugar [vacío], total o parcial, en su interior', que resulta "{[vol.] [Ø]}", es decir, como 'un volumen con materia inexistente'.

Esta tesis será abordada en la segunda parte como paso previo a la instauración del espín, pero antes de traspasar esta frontera conviene precisar cómo hacerse cargo del tratamiento de la presencia frente a la ausencia (*CON vs. SIN*) respecto del de la oposición o contraste (*CON vs. CONTRA*) de rasgos, siendo de hecho uno el caso de la adición de Ø (elemento neutro, propio de las palabras no marcadas) y el otro el de la sustracción (sustracción *vs.* adición), pero teniendo la obligación de integrar uno en otro para poder sustentar el espín. La solución no parece difícil: la suma (y en matemáticas toda operación es suma) se reconvierte en resta y viceversa con solo advertir que se trata de la misma operación con un elemento simétrico u opuesto; así, 3 - (+2) = 1, pero 3 + (-2) = 1, donde +2 es el elemento opuesto de -2, ya que 2 + (-2) = Ø (el elemento neutro de ambas). En otras palabras: tener 3 y deber 2 (= 1) es lo mismo que tener por un lado 3 y por otro -2 (también = 1). Y, por tanto, restar es simplemente operar una suma con el elemento simétrico u opuesto correspondiente, como sabe cualquier niño de colegio. Así se explica que *con* tenga como elemento simétrico u opuesto a *contra*, pero que ambos se subsuman en la propia adición mediante *con*, que se adjudica los dos valores. Así *Juan juega con Luis <de compañero>* se desdobla en el opuesto *Juan juega con Luis <de contrario>* o *Juan juega contra Luis <de contrario>*, pero en realidad Juan juega con Luis en cualquiera de los dos casos y el resultado es que son dos peresonas, que forman un conjunto de 2, unidos en el enfrentamiento: Juan + Luis = 2. Si son compañeros, 1 + 1 = 2; si son contrarios 1 + (-1) = Ø. En teoría, se neutralizan hasta que uno de los dos gane y haga equivaler al otro a Ø: 1 + Ø = 1 y Ø + 1 = 1. En este caso, se produce un avance en que *CON* se reduce, ya que el Ø operado vale por *SIN*. Así, tendríamos *Juan quedó solo como triunfador* o *Luis quedó solo como ganador* y sus contrarios. En este momento se habría producido un segundo espín derivado del primero. Por decirlo con otro ejemplo, la oposición *moral/inmoral* es prelativa, puesto que se presenta cognitivamente antes que la oposición *moral/amoral*: en la primera surge la oposición de algo con su contrario, como sucede en la antonimia; y en la segunda, la adición de algo respecto a algo, lo que es propio de la sinonimia.

Hecho el razonamiento anterior, el lingüista ha de buscar apoyo en las Matemáticas para ver si su indagación es correcta. (Lo mismo, pero aplicado a la Física, habrá de hacerse sobre la propuesta de la tercera parte, el espín.) Aplicándose al primer problema, no solo se corrobora matemáticamente su solución, sino que se evidencia su contenido, el cual está al alcance de cualquier consultor sobre el elemento simétrico en el lugar más inmediato (*Wikipedia*: s.v. **elemento simétrico**: 04-08-2010), donde corroboramos el resultado final ***a*** y el resultado **Ø** como la adición de algo ***a*** con el elemento neutro (tanto para *con* como para *sin + con*) o la adición de algo con su opuesto (neutralización de opuestos para *con + contra*):

Cuando la operación se denota por "+" *(más)*, se denomina **suma** o **adición**. La suma de Número entero: Z, es interna

$$\forall a, b \in Z: \quad a + b \in Z$$

En ese caso, al elemento neutro se le denomina **cero** y se le denota por "0",

$$\forall a \in Z, \quad \exists 0 \in Z: \quad a + 0 = 0 + a = a$$

y al elemento simétrico de se le denomina elemento opuesto de y se le denota por: $-a$.
Así partiendo de los números entero: Z, y la operación suma: +, tenemos que:

$$a \in Z, \quad \exists (-a) \in Z: \quad (-a) + a = a + (-a) = 0$$

Queda de manifiesto el proceder en semántica en que el significado es por adición (o bien por producto, como suma de adiciones de cierto tipo) y donde, por ley, el elemento neutro existe en tanto en cuanto cada elemento significa por sí mismo, independientemente de las interpretaciones o sentidos que reciba desde la situación o el contexto y de los significados que vaya acumulando polisémicamente a lo largo del tiempo. Por eso mismo, para el elemento neutro o **0** (que nosotros denotamos por Ø) se demuestra que la operación con él no afecta al significado inicial o de base (ibíd.):

En Álgebra abstracta, si tenemos el conjunto *A* en el que se ha definido una operación matemática o, que anotamos: (*A*, o), siendo la operación o, interna en *A*:

$$\forall a, b \in A: \quad a \circ b \in A$$

Con elemento neutro *e*,

$$\forall a \in A, \quad \exists e \in A: \quad a \circ e = e \circ a = a$$

II. SOBRE LA TEORÍA DE LA UNIFICACIÓN SEMÁNTICA

Hablando a calzón quitado, si ya me molesta la existencia de dos palabras para una misma función, mucho más que eso me molesta el que una sola palabra designe dos funciones contrapuestas. Y también el hecho de que en este caso concreto, sin un conocimiento previo de las circunstancias tópicas, la frase "La reina Isabel fue huésped de la reina Juliana en un almuerzo en el Palacio de Buckingham" podría interpretarse como que la monarca inglesa almorzó en su propio palacio invitada por una colega extranjera. Por más que, desde luego, conociendo la excentricidad característica de los ingleses, tampoco tendría tanto de extraño.

Bromas aparte: hasta admitiendo lo paranoico del planteamiento, esto es, que una misma palabra, "huésped", designe al mismo tiempo al visitante y también al visitado, traduciendo deberíamos esforzarnos por dejar claro quién es quién en cada ocasión. Claro está que en la que nos ocupa, el original francés no ayuda mucho. Lo "más mijor" (Cantinflas dixit!) quizás hubiera sido una versión libre: "La reina Isabel agasajó a la reina Juliana con un almuerzo en el Palacio de Buckingham". Ahí ya no queda ni el menor resquicio a la ambigüedad. Lo que sí puede desconcertar bastante es descubrir la expresión "ser uno huésped *en su casa*" (cursivas mías) como equivalente de "*parar poco en ella*" (ídem), puesto que la condición de huésped, en la propia casa, se reduciría así a la del forastero que encuentra allí su aposento, contradiciendo de un modo absoluto la otra posibilidad. Misterios del idioma.[1]

1. Hacia una nueva concepción de la Semántica Léxica

La Semántica Léxica tradicional, incluyendo en ella los movimientos de corte no cognitivista hasta al actualidad, gusta tratar por separado todos y cada uno de los fenómenos semánticos estudiados hasta ahora. Hay, pese a todo, parciales excepciones (Coseriu 1976, Calvo Pérez 1986).

Sin embargo, para el desarrollo de una nueva disciplina semántica, la Semántica Topológico-Natural, resulta necesario reducir previamente todos los fenó-

---

[1] Cf. <http://www.soho.com.co/wf_InfoBlog.aspx?IdBlg=5>.

menos a uno, el espín, para después volver a articular las diferencias a partir de él, las que emanan desde él como principio general básico de la lexicogénesis.

En lo que sigue voy a introducir, modificándolos en lo que quepa, argumentos de trabajos previos, ya publicados (Calvo Pérez 1991, 2004, 2007a, 2007b, 2009a, 2009b), en que se advierte de la posibilidad de tal unificación, de las ventajas de asumir el espín y de la importancia de ciertos aspectos pragmáticos vistos desde la perspectiva citada. Debe ponderarse, respecto a ellos, que no es posible resolver de una vez todos las trabas teóricas y prácticas que tal asunción acarrea, ya que la propia Teoría de la Unificación Semántica (TUS) es todavía más una pretensión que una realidad, aunque este ensayo se justifica por dar un paso importante en su resolución.

1.1. Para una Teoría de la Unificación Semántica (TUS)[2]

Salvándonos de una responsabilidad inicial, diré que la TUS, que se formulará experimentalmente aquí, no lleva visos de resolución completa a corto plazo, a imitación, casi paralela, de la teoría homóloga de la física conocida como Ley del Todo (o bien: "Teoría Unificada" o "Teoría de Gran Unificación": Theory Of Everything / Grand Unified Theory, TOE y GUT respectivamente en sus iniciales inglesas). La resolución de este problema implicaría que las cuatro fuerzas fundamentales de la naturaleza –a saber: fuerza nuclear débil (FND), fuerza nuclear fuerte (FNF), fuerza electromagnética (FE) y fuerza de la gravedad (FG)– se unificaran en una sola fuerza única (FU) (Weinberg 1977). En consonancia con esta misma propuesta, los eventuales fenómenos de la antonimia, sinonimia, polisemia y homonimia tendrían que verse también en el futuro como un único hecho semántico o espín visto fenoménicamente de forma polipartita (Calvo Pérez 2007a), hecho que dista de suceder teóricamente en la actualidad. Hay, además, otros conceptos semánticos, no deleznables teóricamente, que son también serios candidatos a la unificación, como los que ubico bajo el rótulo de **antisemia**: me refiero a la sinécdoque (y meronimia), metonimia y metáfora, y otros tropos, que deberían tener cabida conjunta, eventualmente también, en la TUS. Por su parte, la hiponimia/hiperonimia y su variante hiposemia/hipersemia son derivados directos de la sinonimia/antonimia y de la polisemia/monosemia, los dos fenómenos más importantes de la Semántica que, presumiblemente, no será difícil que se unifiquen en uno solo.

[2] Este apartado presenta solo diferencias en cuanto a la ubicación de la bibliografía, la debida conexión textual y las exigencias elementales del razonamiento científico, además de otras cuestiones menores para permitir su adecuado anclaje, respecto de Calvo Pérez (2009a).

Me centraré en lo que sigue en la teoría del espín, el eje principal en torno al cual gira mi propuesta de unión. No resultaría difícil unificar criterios para determinar que antonimia y sinonimia son dos fenómenos opuestos solo en apariencia (Coseriu 1977 [1975]: 210-242), los cuales, a instancias de la continuidad topológica (Calvo Pérez 1985), pueden reducirse a uno, disociado antagónicamente según la vertiente cognitiva puesta en valor por el hablante desde una primera concreción lexicogenética. Es lo que hemos observado con detalle más arriba (1.ª parte, apartado 2) y lo que resulta ser el tuétano de la nueva semántica, en que la adición de un sema forma sinónimos aproximados si se crea una nueva palabra, y antónimos parciales en cuanto a que un sema tiene en principio su opuesto. Al igual que el campo eléctrico y magnético dejaron de ser considerados fenómenos separados y diferentes para ser tenidos sustancialmente como unificados (FE) tras las investigaciones de Maxwell (1873),[3] también los dos rubros semánticos aludidos son equiparables sin ser idénticos, sin que medie más complejidad diferenciadora entre ellos que la de la "medida semántica" oportuna, tras su desdoblamiento conceptual.[4] De hecho la especulación sobre el campo semántico (1.ª parte, apartado 3) también redunda en el citado paralelismo.

En época anterior se pudo demostrar (Newton 1982 [1687]) que la fuerza que mantiene a los planetas en su giro en torno al Sol y la fuerza que nos mantiene en contacto con la superficie de la Tierra es la misma: estamos ante la fuerza de atracción de la gravedad, una fuerza debilísima en comparación con las demás y todavía inexplicada desde la perspectiva unificatoria. Con el paso del tiempo, otros fenómenos disociados se convirtieron también en asociados: Glashow, Salam y Weinberg, al inicio del último tercio del siglo pasado (Premio Nobel en 1979), idearon una teoría relativista del campo cuántico que permitía expresar las interacciones electromagnéticas y las débiles de una manera unificada (inter-

---

3 El campo eléctrico y magnético no se reducen idénticamente a uno, sino que se armonizan como fenómenos equiparables en el sentido de que un campo eléctrico cambiante provoca un campo magnético y viceversa (ello incluso en el vacío; y sin excepciones). Para una comprobación sucinta de la teoría, cf. *Wikipedia*, s.v. **electromagnetismo** (por ejemplo, la versión de 03-03-2011).

4 Calvo Pérez ya determinó, frente a la posición mantenida por estructuralistas y funcionalistas, por un lado, y distribucionalistas y generativistas, por otro, que "[...] dada la mínima diferencia de un sema entre los miembros antónimos, o bien la relación de sinonimia supone una total identificación de significado o bien, si es como mínimo la de un sema, antónimos y sinónimos coinciden" (1985: 184). Esta coincidencia no implicaba tampoco identificación, sino equiparabilidad a través de la unidad variable de medida que constituye el sema (**hipersema/hiposema**, según la Topología Pragmático-Natural (Calvo 1994), que considera que las medidas semánticas no son idénticas, sino homogéneas, ampliables o reducibles, en estratos diferentes de constitución léxica).

acción electrodébil), y que predijo hechos que fueron comprobados experimentalmente después. Posteriormente, Georgi y Glashow (1974) elaboraron una nueva teoría, más avanzada que la anterior, con la pretensión de aproximarse a la Teoría del Todo, aquella que engloba las fuerzas anteriormente citadas, electromagnéticas y débiles, con la fuerza nuclear fuerte (FNF). Es la llamada "gran teoría unificada", que, pese a los esfuerzos de los físicos aún no ha sido verificada. Es decir que electricidad-magnetismo y fuerza nuclear débil (la que hace referencia a la periferia del átomo, a las fuerzas centrífugas del electrón, que impiden que "caiga" sobre el núcleo) se estudian hoy como unificadas en un gran campo de fuerzas. Sin embargo, cuando se pretende meter en este mismo conjunto la fuerza nuclear fuerte (la de los neutrones y protones unidos fuertemente en el núcleo del átomo, sin posibilidad de "expandirse" salvo con el concurso de una energía muy fuerte) las cosas se complican sobremanera. Por último, la fuerza gravitatoria no ha logrado unificarse con ninguna de las demás fuerzas, con lo que la Teoría del Todo, en la que ya había fracasado Einstein en su insistente búsqueda del gravitón,[5] sigue siendo un desafío descomunal para la ciencia.[6]

Del mismo modo que sucede en la teoría física, la teoría lingüística del signo biplánico, la base para muchos de la lingüística moderna, no logra armonizar adecuadamente los fenómenos semánticos antedichos, ni siquiera los de antonimia y sinonimia. En cambio, a muchos autores, la proximidad homonimia/polisemia les ha llevado a hablar de polivalencia, ambigüedad o disyunción seméмica, dando por resuelto que la diferencia entre los dos fenómenos se explica por el hecho de que al mismo significante se le pueden adjudicar diferentes significados, pero no al contrario: una unidad de significado no puede manifestarse en más de un significante. No obstante, como este principio no se cumple, se obligan a precisar estructuralmente que el par homonimia/polisemia no pertenece a lengua (Trujillo 1976, Gutiérrez Ordóñez 1981), puesto que un significante

[5] El fotón es la partícula que media en la fuerza electromagnética y la unidad de energía de la luz. Los bosones son las partículas que median entre la fuerza unificada anterior y la del electrón (fuerza débil, de la radioactividad). El gluón es la partícula mediadora entre las anteriores y la fuerza de neutrones y protones (fuerza fuerte, que está por verificar). El gravitón sería, en fin, la partícula del intercambio gravitacional, que está aún por descubrir.

[6] Aquí solo podríamos conjeturar que, siguiendo el paralelismo con lo que es un fenómeno también divergente, como el de la homonimia, la fuerza gravitatoria es local y propia, frente a las demás fuerzas electromagnéticas y nucleares que son universales, pero que se repiten "clónicamente" en cada una de las manifestaciones de la materia y su principal fuerza de cohesión (la gravedad). Es como si hubiera un universo que se manifestara universalmente como un todo y otro paralelo, no descubierto, que se manifiesta de a pocos.

no es meramente un conjunto de sonidos agrupados para formar morfemas o palabras, sino algo más que tiene que ver con las relaciones especiales que contraen los signos de la lengua. Así por ejemplo, pez_1 'animal' (masc.) no sería palabra homónima de pez_2 (fem.) 'material pegajoso', ni adquiriría relaciones de polisemia como las que se aprecian en la entrada correspondiente del *DRAE*: pez_{1a} 'animal vertebrado acuático', pez_{1b} 'pescado de río', pez_{1c} 'montón prolongado de trigo en la era', etc., siendo, sin embargo, tanto pez_2 como pez_{1a}, pez_{1b} y pez_{1c} significantes diferentes que se constituirían semánticamente en invariantes de contenido; eso sí, a diferentes "distancias" léxicas. Todo esto, aunque suene a manido y a solución *ad hoc*, nos da pie a que se pueda derivar a una propuesta útil, que nos reafirme en la **Teoría de la Continuidad Semántica** –llamémosla TCS– implementada en la primera parte, como fase previa a la Teoría de la Unificación Semántica (TUS), que se defiende aquí. Por lo que respecta a la Semántica tradicional, estamos ante un encastillamiento estructural procedente de una concepción del signo lingüístico demasiado estrecha, estática y simétrica para permitir proyecciones de ese tipo, así que por esta vía no podremos llegar nunca a una teoría de la unificación de la Semántica ni nada que se le parezca, sino a una exclusión sin sentido de la lengua como sistema de los principales fenómenos de la Semántica. Por el mismo o semejante criterio, no puede existir la sinonimia –tan solo la parasinonimia (Pottier 1969)– al menos en la lengua abstracta, pues sería inconcebible que dos significantes diferentes nos abocaran a una sola invariante de significado, rompiendo así la simetría del signo solidario de Saussure.

Haciendo recuento sobre el funcionalismo estructural respecto a las categorías semánticas, resulta que solo la antonimia, la hiper-/hiponimia y la parasinonimia recién citada supondrían genuinas relaciones léxicas (Rodríguez-Piñero 2003, 2007), lo que no implica que se hayan desarrollado, por su aislamiento, más que el resto de fenómenos, ni tampoco que lo hayan hecho mediante patrones solventes encaminados a la unificación semántica entre ellos.

A la vista de lo anterior, se rompe el paralelismo con la Física, una ciencia que siempre ha sido disciplina de referencia, al igual que las Matemáticas, para el provisionamiento de un método de análisis objetivo e independiente, experimental en suma, del Lenguaje, cuyo metalenguaje se nutre de la propia lengua, generando un grave problema de niveles y una confusión de planos (López García 1980). La ciencia de la Semántica, sumida en ese caos, parece hallarse a años luz de lo que acontece en la Física, de modo que podríamos calificarla hoy mismo de perinewtoniana, si no de prenewtoniana. No obstante, podría ser la propia Física y tal vez también la Biología quienes se encargaran de dar el empujón preciso para que la Semántica se aupara al estatus científico que le corresponde: el descubrimiento objetivo de las unidades de medida léxicas. La vía para ello, en mi opinión, es la del recurso al espín cuántico aplicado a los semas.[7]

La idea del espín fue introducida en 1925 por Ralph Kronig y, en seguida, por Samuel Goudsmit y George Uhlenbeck en el mismo año. El espín es el momento de rotación interna de una partícula subatómica, que tomará aleatoriamente una de dos direcciones, arriba o abajo, con valores que los científicos marcan convencionalmente como $|0\rangle$ y $|1\rangle$, sin que se sepa cuál se va a producir en cada momento (Principio de Incertidumbre),[8] si el resultado será positivo o negativo; o si no se producirá, por neutralización de la doble onda que lo genera.[9] Se trata de una metáfora eficaz, ampliamente explicativa, por la que un sema básico e inicial se proyecta como algo positivo o negativo ($|1\rangle$) o bien no se proyecta ($|0\rangle$), rememorando el fenómeno de la tripleta unificada CON / CONTRA // SIN que explica la operación básica del cálculo (la suma; y la resta como suma invertida) y su elemento neutro como se vio más arriba (1.ª parte, apartado 5).

Investiguemos ahora lo que sucede en una lengua como el español con la palabra *bestial*, por ceñirnos a un ejemplo nítido. Por una lado, sus significados son: a), 'brutal, irracional'; b), 'animal, vulgar'; por otro: c), 'muy grande'; d), 'asombroso'. Los significados a) y b) son contrapuestos a c) y d), de modo que los dos responden antagónicamente a dos emisiones de onda que acaban en el punto $|1\rangle$, presciendiendo de la posibilidad previa de que no presentaran polaridad en un punto $|0\rangle$. Esta es la visión sintética, y generalmente admitida, del problema, en que la antonimia se representa como un punto negativo y otro positivo (*negro* = [-luz]..., *blanco* = [+luz]...), representados por el [-1] y el [+1] respectivamente. La visión analítica exige, antes bien, oponer [+1] a [-1] y ambos,

---

[7] En un último paralelismo con la Física, queda también por conceder a los investigadores que no deseen sumarse al carro del reduccionismo a la unidad, que los fenómenos semánticos son tan complejos que no cabe acotarlos en un único universo explicativo y que el suyo es solo un eslabón más de la larga cadena de la teoría del significado.

[8] Dado a conocer por Heisenberg en una carta de catorce páginas a Pauli en 1927, el Principio de Incertidumbre afirma que resulta imposible conocer exactamente, y de forma simultánea, la posición del electrón y el vector de su momento lineal. Ello, traducido al espín lingüístico, vendría a equipararse con que no es posible conocer por completo el significado de una palabra por la posición en un texto, ni saber siquiera su orientación positiva o negativa (*gracia* en *¡Vaya gracia!: ¡Vaya gracia!, el niño sonríe / ¡Vaya gracia!, me he ensuciado el vestido*), hasta que no se conozcan, si es que ello es posible, todos sus manifestaciones (actuales o futuras). Esto es cierto; sin embargo, esto no quiere decir que se haya de renunciar a una Semántica Léxica, lo mismo que no se puede renunciar a la Ciencia Física en general por le mero hecho de que la labor del científico sea siempre una labor en proceso.

[9] Sirva esta afirmación concisa de introducción al tema, el cual será fundamentado y ampliamente concretado, con abundantes ejemplos en la tercera parte de la obra.

anteriormente, a [Ø], de modo que se entienda qué palabra o locución de la lengua podría no haber desplegado todavía su esencial diversidad de modo práctico. Así, mientras *día* manifiesta la división interna en *día*$_2$*/noche* ([+luz] *vs.* [-luz]), *día*$_1$, como período de 24 horas, no manifiesta todavía esta oposición, que se mantendría como genuina en el par $|0\rangle$ *vs.* $|1\rangle$. El espín es ya de por sí la posibilidad teórica de que un punto de luz o fotón atraviese simultáneamente una superficie con dos rendijas, llegando o sin que llegue a impresionar de luz una pantalla o bien haciéndolo en un punto u otro relativamente opuesto a él.

Lo mismo sucede con *brutal*, sinónimo de *bestial* –si es que los sinónimos existen–; y también en otros cientos o miles de casos, cuya descripción, aún por hacer, habrá de ser emprendida después. Obsérvese, como aperitivo, que en el mismo *DRAE* se registran ejemplos como el que sigue:

(1) **EXTREMADO**
2. adj. Sumamente bueno o malo en su género.

(2) **PULENTO**
1. adj. Chile. En lenguaje juvenil, magnífico (||excelente).
2. adj. Chile. Dicho de una cosa: De mala clase.

Es evidente que el espín está ahí, en el léxico, como si nuestra mente motivara o ya contuviera conceptos, convertibles en palabras, cuya expresión y su contraria se debieran a una misma onda mental transferible en partícula (Calvo Pérez 2007a). No es de extrañar: los procesos mentales se producen a través de los axones de las neuronas, pero a partir de pequeñas descargas eléctricas que transfieren ideas, sensaciones, sentimientos, etc., debidamente atomizados, en que lo cuántico alcanza su dimensión operativa natural. Y se trata, entiéndase bien, de una misma onda con resultados estocásticos, de efecto imprevisible, en una proporción que varía en cada caso. No valen, desde esta concepción cuántica, las explicaciones que se han querido dar a estas palabras ambivalentes como es el caso también de *alquilar-arrendar* y sus dos direcciones encontradas: 'dar/tomar en alquiler o arriendo' (Casas Gómez 1990). No son, a nuestro juicio, expresiones polisémicas, atribuibles a dos significantes escindidos en cada caso en *alquilar*$_1$*-arrendar*$_1$ y *alquilar*$_2$*-arrendar*$_2$ (Trujillo 1976, Gutiérrez Ordóñez 1981). No parece que se trate tampoco de un sincretismo léxico (Coseriu 1977 [1964]), una solución *ad hoc* más. Más bien al contrario. Estamos ante un solo signo, originado intralingüísticamente, que contiene en su esencia y en su potencialidad una idea y la contraria. Si no fuera así, precisamente, en vez de tener dos sinónimos como tenemos en el ejemplo anterior, tendríamos dos antónimos. No hay sincretismo, es decir, unión de dos formas distintas en una sola soldada, sino potencialidad de escisión bífida *a posteriori* de algo en dos opuestos más o menos antitéticos. Por ejemplo, *con* es 'con' y es 'contra' antes de que descubramos en nuestra mente *contra*: *Jugó con él* (de compañeros) / (de contrarios) // *Jugó contra él*, como venimos observando. De todos modos, Coseriu ha tenido una intuición admirable al propiciar la reunión de dos cosas en una, aunque haya sido como acto y no como potencia, como fusión antes que fisión sémica.

¿En qué bases científicas se puede apoyar este aserto, que imprime un giro importante, copernicano, en el examen del significado? No cuesta trabajo hallarlas. Por un lado, tenemos la evidencia perceptiva. Los seres humanos captamos cosas y al momento intentamos igualarlas a otras cosas previamente reconocidas para ubicarlas en un conjunto: es el proceso sinonímico. No obstante, los seres humanos captamos –intentamos captar– antes de eso, de manera prelativa, la desigualdad: entre dos gemelos idénticos optamos en el reconocimiento por la máxima diferencia, y en el ser humano único buscamos también esa máxima discriminación que nos permita entender los cambios que se producen constantemente en él. Es la vieja doctrina lógica del género común y de la diferencia específica; es también la doctrina de la definición del objeto para captar su amplitud en un despliegue necesitado de contrarios. "La diferencia máxima emerge del propio objeto" podríamos, más que conjeturar, constatar. La interpretación de la marca por Jakobson (1975) sugiere eso: la emergencia de un contrario; mientras tanto, la palabra hiperónima queda encubierta (Whorf 1945 [1937]), bañada de efectos sinonímicos o polisémicos. La búsqueda de Jano es una búsqueda constante que se da en la bilocación del Yo en el Tú, un sosias que está al otro lado como opuesto. El niño al nacer no ve partes por cada lugar, sino un todo ($|0\rangle$) del que él emerge diferenciándose (un Yo), oponiéndose al resto ($|1\rangle$) y creando psicoanalíticamente un Tú. Cada cosa es ella y su contraria, y cada espín reproduce un resultado positivo y negativo en potencia. El día (de 24 horas) es el día y la noche, y el hombre (el ser humano) es hombre y mujer a la vez y por separado, sin que sepamos todavía quién ha nacido de la costilla de quién. La moneda tiene dos caras opuestas y cada una de ellas representa la moneda. No hay ni siquiera jerarquía en ello: en ocasiones el aparente positivo genera el negativo (*risilla*, pese a ser diminutivo, termina siendo una "risa falsa"); en otras ocasiones es a la inversa (*monstruo* parece entenderse más como un ser deforme y terrible que como un ser privilegiado e inigualable: antes como Hannibal Lecter que como Lope de Vega, en que este sentido podría muy bien no no haber emergido).[10] Don

[10] A nivel morfológico (como en el caso de *risilla*) tenemos lo mismo: *des-* es generalmente prefijo negativo (*desterrar, deshacer*), pero como indica el *DRAE* "a veces indica afirmación", como en *desbarrancarse*: 'caer por el barranco', *despavorido* 'lleno de pavor'.

Quijote se desdobla en Sancho, dos en uno, antes que Sancho se desdoble en don Quijote, pero podría haber sucedido igual a la inversa, en un juego de alteridades que nace de una misma fuente cognitiva; después ya se vislumbran sus parecidos, si conviene. Otra idea nos la da la Biología: en nuestro cerebro se han descubierto unas células, las neuronas espejo, que se pensaba que solo poseían los monos; se trata de un hallazgo de la Universidad de Parma, Italia (cf. Rizzolatti/Craighero 2004), por el que se demuestra experimentalmente que los seres aprenden por imitación. La imitación (= la sinonimia) ahorra muchas explicaciones abstractas y sobre todo, autoriza a entrever que en los centros neuronales del lenguaje las palabras se aprenden con el uso que los otros hacen de ellas; no obstante, un mero cambio de escenario hace que el Yo se disocie del Tú y que esas palabras no sean exactamente iguales y lleven inserto en sí su propio desdoblamiento lexicogenético (= la antonimia). Las palabras, que son palabras espejo, llevan insertas en su seno las dos posibilidades semánticas; no obstante, la imitación o sinonimia encierra previamente una deserción o antonimia, que se ofrece poco a poco en la evolución misma de los ejemplares: la polisemia; es decir, la extensión hacia algo en el proceso de imitación hasta el desglose en similitudes, que no es otro inicialmente que el de la formación de entidades diferenciadas, las cuales tienen algún elemento opuesto, previo en el proceso de diferenciación. Dicho de otro modo, las neuronas espejo nos permiten aprender por imitación (sinonimia), pero antes han de haberse constituido ellas mismas en espejo, en desdoblamiento simétrico, pero frontal (antonimia) en un proceso continuo de tensión interna (polisemia).

A la vista de ello, podemos sacar de inmediato una serie de conclusiones, aunque la explicación demorada de los procesos de creación semántica se deba afrontar más ampliamente después. Toda conceptualización que genere léxico lo hace de modo que los signos presenten una ambivalencia esencial (el espín). Partiendo la palabra creada y como consecuencia del desdoblamiento antedicho, es fácil prever la existencia de dos o más palabras antónimas en un proceso generativo que abarca en teoría a todo el léxico estructural de la lengua (cosa diferente en apariencia es el vocabulario abierto de las nomenclaturas científicas[11]). Según esto, la antonimia es la primera de las fuerzas semánticas y surge allí donde

[11] El léxico científico, monosémico, es igualmente susceptible de hacerse bífido, aunque se desdoble en muy contados casos por su situación de polarización inicial entre el $|0\rangle$ y el $|1\rangle$. Se trata de una polarización muy diferente, antagónica, de la reducción semántica que supone la connotación, donde el $|0\rangle$ aparece por pÈrdida sÈmica ejecutada mediante la met·fora: *la aurora en una nueva vida* (= “esperanza”) es el ‘inicio’, pero hay una pérdida sémica en cuanto que *aurora* es el ‘principio del día’ y ‘el día’ ya no aparece sino como vaga evocación de algo positivo, de lo que se tiñe la esperanza.

menos sutilidad hay a la hora de abordar sintéticamente el léxico: las cosas entonces son blancas o negras, buenas o malas, viejas o nuevas; se habla o se calla, se va lento o rápido, etc., en afán diferenciador. Pero sigamos el proceso lexicogenético. ¿Qué sucede después, tras varias generaciones espínicas? Los elementos antitéticos se siguen desdoblando teóricamente en otros, del mismo modo que entre el $|0\rangle$ y el $|1\rangle$ inicial del espín básico se dan distintas proyecciones más. Eso se cumple hasta llegar a palabras que nombran, en la asíntota del proceso, a conceptos tenidos como muy próximos, en un proceso de continuidad que nos ha llevado sutilmente desde la antonimia a la sinonimia, estando solo fenoménicamente ante fenómenos dispares, pues el proceso es único: creada una entidad antónima, desde la neutralidad inicial ($|0\rangle$), el desdoblamiento parte de una emergencia común que convierte a los entes creados en sinónimos. Ya se dijo en la primera parte: una cosa es que dos fenómenos se distingan por antitéticos (su máxima diferencia) y otra que no puedan en el infinito reducirse a uno solo; en eso radica, además, la fuerza del espín, que no solo se aplica a palabras concretas, sino a fenómenos semánticos en general. Por lo demás y según eso, cuando se dice que no existe la sinonimia total, es de suponer que tampoco existe la antonimia total, dándose diversos grados de diversificación (conversos, complementarios, etc.), al igual que sucede en las áreas de puntos de las proyecciones del fotón en la Física Cuántica, sometidas al azar y al Principio de Incertidumbre.

Así que en ocasiones, y como es de prever, el espín pleno se reduce significativamente. Si comparamos la expresión *de vicio (Está de vicio)* con la *de pecado* (*Está de pecado*), observamos algo que llama poderosamente la atención. Ambos son espines: el vicio y el pecado, al parecer siempre negativos, operan aquí positivamente. No obstante, el paso de PECADO 'algo malo / prohibido' a 'algo bueno / prohibido' y a 'algo bueno / permitido' va por el camino de la antonimia (paso de [neg.] a [pos.]) y opera en la mitad de sus posibilidades (es un **subespín**). En cambio, en VICIO hay una intensificación del gusto ([+cant.]) o un aumento significativo de la frecuencia ([+fr.]), que al ser negativa ([neg.]), como consecuencia de haberse rebasado cierta norma ([>N]), lleva a la caracterización antedicha **(sub-subespín)**. En otras palabras, nos estamos moviendo en el terreno de la polisemia, entendida como continua, y no de la antonimia, entendida como discontinua, ya que el rasgo [neg.] se mantiene: no es igual de pecaminoso matar al prójimo que comerse un buen pastel, pero si es igual de vicioso comer chocolate a escondidas que ser un fumador empedernido. Ambas, polisemia y antonimia, han de entenderse aquí como internas a las palabras, en juego cuántico, siendo la última de ellas el espín propiamente dicho y la primera el resultado de la distensión gradual propia de todo signo concebido con el criterio cognitivo de aproximación sinonímica entre acepciones. En estas, se expanden los espines antes de la producción antonímica, que es justo el momento en que la distensión llega a su mayor expansión y puede producirse la “catástrofe” léxica (Thom 1977, Calvo Pérez 1988), la creación de nueva palabra. Así pues, antonimia y sinonimia, y ambas en relación con la polisemia, que en algún punto de su incremento muestra también una antonimia local, previa a una bilocación sinónima, están en proceso de graduabilidad, el cual las hace continuas y reducibles, las tres, a un único fenómeno. A partir de la resolución de esta paradoja natural, básica para entender el proceso de la creación de las palabras, el otro proceso metateórico, el de la unificación semántica o TUS, resulta indiscutible.

Al margen de esto y remedando la Física, hemos de pensar que las palabras, las subpalabras y locuciones se comportan atomísticamente, como si fueran partículas aisladas, pero que también se comprimen o distienden, de modo continuo, como si fueran ondas. De esta manera, la antonimia y la sinonimia se convierten en fenómenos graduales en discontinuidad léxica de partícula –hay dos palabras externas–, al tiempo que la polisemia es una distensión, sin ruptura –hay una sola palabra–, de la onda léxica, la cual llega, por un proceso de desarrollo propio, a la acepción de cualquier entrada en el artículo de diccionario, ya desde el espín básico generador (antonimia interna), ya desde el otro mínimo (subespín), que afecta solo a una partecilla del semema descriptivo de la palabra. Este proceso es un proceso de conmutadores *(shifters)* del mismo modo que lo es en la Física Cuántica la conversión de onda en partícula o de la partícula en onda. En efecto, las palabras del conjunto léxico no funcionan meramente como elementos aislados con pautas más o menos atomísticas, sino como constructos continuos y gradables que, aunque aparezcan en forma de partícula, tienen en realidad un comportamiento de onda (estructura difusa). Es lo que sucede en la polisemia y la acepción al límite, en que las partículas se despliegan como ondas hasta que se produce una nueva “catástrofe” léxica. En los fenómenos en que intervienen varios significantes, son las ondas las que se concretan en partículas dando lugar a la antonimia y a la sinonimia, siendo esta última una antonimia llevada al límite de la reducción sémica. Entonces se trata del fenómeno inverso al real y más operativo previamente descrito, aquel que se mantiene con el par figura-fondo tradicional, en que la figura se manifiesta antes que su contrario, el fondo, aunque a veces se invierta las relación. De hecho, en Física clásica la idea de onda –sus consecuencias– se pone más en entredicho que el de partícula; igualmente en Semántica por parte de las escuelas lingüísticas tradicionales. Estas desconocen en realidad la inversión y solo operan con entidades positivas, puestas e individuales, y no con la prolijidad de los fondos negativos, supuestos y continuos sobre los que destacan, sin considerar jamás su inversión. Esa es la razón de que tales escuelas desconozcan la polisemia como fenómeno propio de la lengua y reconozcan, en cambio la antonimia y al tiempo obstaculicen la sinonimia que actúa con una cierta continuidad en que los semas añadidos son a veces infinitesimales. Todo esto sucede por no valorar adecuadamente el nivel /x/ (relativo e indeterminado) en que se produce la ruptura sémica y se suscitan las nuevas palabras del idioma.

Véase ahora el gráfico 1:

GRÁFICO 1

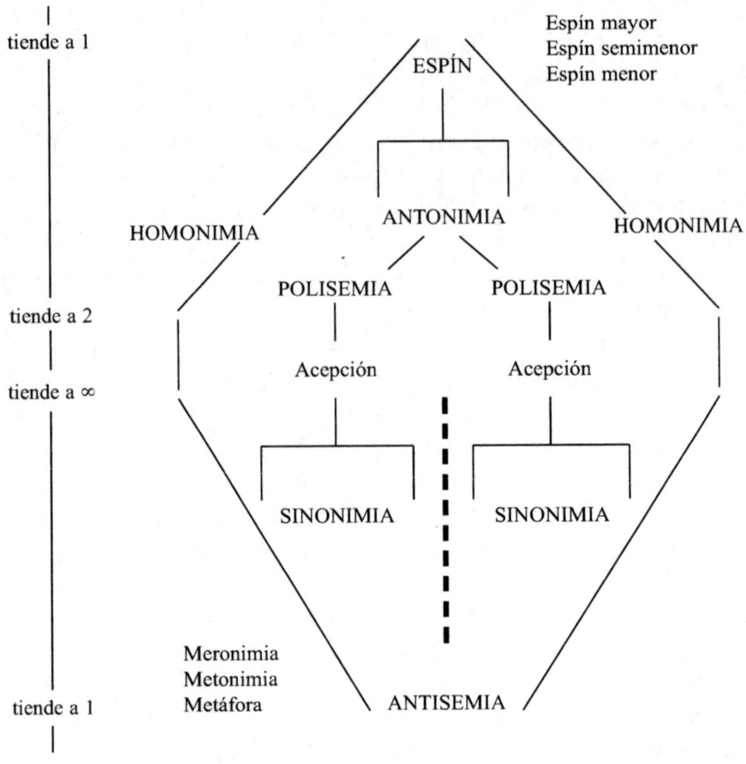

En el gráfico se observa que la apertura inicial del espín, de esencia bifronte, que evoluciona hacia el infinito de la creación léxica, se cierra en la segunda mitad del bosquejo, concretándose en los fenómenos de antisemia del final, los tropos, que promueven en la práctica la reducción práctica de la lexicogénesis. Hay que aclarar que el espín, según nuestra concepción, no es lo mismo que la ironía u otros fenómenos textuales similares como la lítote, etc. (cf. Torres Sánchez 1999). Aunque la ironía es la prueba más palpable de la existencia del espín, por su juego de contrarios, que hacen aflorar en superficie lo que tienen en lo profundidad de generación espínica, es decir, la posibilidad de ser bifrontes, el espín es constitutivo del significado y la ironía, en cambio, es textual y accidental. También hay que aclarar que existen los **antiespines** en tanto en cuanto el proceso final de los tropos no supone que se produzca en ellos un único significado ampliado que por plagio se biloca en dos, sino muy al contrario que son los significantes en potencia los que terminan por reducirse a uno y crear una polisemia (polisemia fuerte o lenguaje figurado). Cosa distinta es que el proceso generativo y destructivo del léxico del gráfico anterior se repita indefinidamente y que de una metáfora más o menos gastada surja después una interpretación espínica nueva. Pero antes de eso déjeseme decir que la metáfora es la manera más drástica, aunque no la única, de evitar otro nombre; así, *el pie del monte* o *la falda de la montaña* (apartado 2.7.3) no suponen creación léxica, sino mantenimiento de un mismo significante en proceso de diferenciación, visto como ruptura semántica (paso del clasema /Humano/ al /Material/) y no como continuidad polisémica normal. Hay un ahorro léxico, antilexicogenético y en parte simétrico, a los analizados más arriba. Lo mismo sucede con la metonimia, por la sustitución de algo nuevo (catacrético o no) por una palabra de significado próximo que le dé cobertura *(Se bebió la sopa).*

Hay también ahorro, aunque en el límite del equilibrio lexicogenético, en los casos de **suspensión**. Se trata del fenómeno de la sinécdoque (*Compró cien cabezas de ganado)* y en general de los fenómenos meronímicos de atribución parte/todo: *La cabeza es una parte del cuerpo*; *El pedal es una pieza de la bicicleta*; o *El arroz es el ingrediente principal de la paella*. En ellos se juega al menos con dos nombres, los cuales se mantienen sin que se reduzca ninguno ni se cree tampoco ninguno nuevo: *cabeza* y *res* (o *bicicleta* y *pedal, arroz* y *paella*) siguen existiendo en los mismos términos en que se encontraban previamente.

Aquí habría que insistir una vez más en la diferencia entre adscripción lógica y pertenencia material: no es lo mismo el proceso de hiper-/hiponimia –*flor* y *rosa*: “La rosa es una flor + una serie de concreciones”– que el de holo-/meronimia –*bicicleta* y *pedal*: “El pedal es una parte de la bicicleta” (cf. 1.ª parte, apartado 2.6)–. En el primero no hace falta conocer *rosa*, porque se ahorra léxico diciendo *flor* y se gana en comodidad o en acierto; en el segundo, sería absurdo nombrar *pedal*, si no se remite a *bicicleta*. Podemos relacionar estos dos fenómenos con los de promoción y neutralización del léxico, aunque lo que pudiera ser metáfora en la holo-/meronimia *(Cien pedales rítmicos ascienden el Tourmalet)* también podría serlo en la hiper-/hiponimia *(Es el instrumento más joven de la orquesta)*. Por otro lado, tanto la palabra *parte* (como *pieza, componente* y otras) de la definición holonímica como la palabra *instrumento* (para definir al violín o al que lo toca), también genérica, podrían servir, empero, de punto de unión entre los dos fenómenos, el gluón que necesitamos (ver n. 66). En todo caso, los procesos espínicos se dan por doquier (Calvo Pérez 2007b).

Es preciso terminar esta segunda parte, breve en su contenido e imprescindible en su naturaleza, ya que articula las comprobadas continuidades de la primer parte en el proceso unitario de construcción, mantenimiento y destrucción léxicas que denominamos espín en su constitución esencial (y reflejamos de modo especular en antonimia/antisemia; véase el gráfico 1). Los consabidos conceptos de antonimia y sinonimia y después el de polisemia hasta la simple acepción léxica, se han logrado unificar sin esfuerzo; la relación de hiponimia/hiperonimia y su versión continua de hiposemia/hipersemia también se integran, aunque con mayores problemas, en el par antonimia/sinonimia, sugiriendo ser tanto más sinónimas las palabras cuanto más hipónimas o hiperónimas sean, destinándose la antonimia, en virtud del espín, al campo semántico cero, al nivel básico de la creación lexicogenética.

Los fenómenos de sinécdoque se dejarían afiliar (casi) del todo, aunque al límite, en una sola teoría semántica sin resquicios, lo que resolvería un universal del lenguaje que niegan otras teorías: el del equilibrio léxico de la suspensión, en que la antonomasia juega un papel fundamental de creación de hiperonimia/hiponimia, que sirve de plataforma para el reconocimiento de la sinécdoque y con ella, aunque en el ámbito de la enciclopedia, de la meronimia, la cual, por su radical discontinuidad léxica, no puede reconocerse todavía, sin nuevos artilugios teóricos, como absolutamente incorporada en el espín, por más que comparta con la sinécdoque la relación parte-todo. En la meronimia, aunque *pedal* y *bicicleta* sean dos posibles espines con una misma área de proyección, no puede asegurarse sin más que puedan reducirse a uno, como en el resto de los fenómenos analizados. Por su parte, la monosemia es un ente individual, como la antonomasia, pero sin desdoblamiento espínico inicial, por lo que momentáneamente queda alejada del espín.

También se mantienen en el terreno de la continuidad la metonimia y, en menor grado, la metáfora. El primero es asimilable a la sinécdoque al límite de la distensión léxica, en que la continuidad se transforma en contigüidad y donde, con un pequeño puente cognitivo, lo contiguo puede asimilarse a lo continuo. Es como en política: la "metonimia" de los países que componen la Unión Europea (UE) se convierte en la necesaria "sinécdoque" que hoy forman después de ciertos tratados; pero solo en parte, pues no existe la continuidad absoluta en todos los parámetros (o en la mayoría) como ocurre entre Comunidades Autónomas (Cataluña en España) o cualesquiera otras regiones (la Aquitania en Francia) o *länder* (Baviera en Alemania) aunados directamente en sus propios países antes de crearse la pasarela de su futura unificación en la UE. Claro que si un país de la UE no es "Europa", sino "un país de Europa" entonces estamos más bien ante una meronimia y se reproduce el problema como una cuestión de partícula con falsa apariencia de onda. Y si se agrava con una antonomasia como es el caso de Alemania, y en menor grado de Francia, que pretenden ser ellos los únicos representantes de Europa, entonces estamos ante una falsa apariencia de partícula. Y es que en Política como en Lingüística los fenómenos netos no existen: solo las tendencias.

La metáfora nos aleja aún más de la continuidad semántica y, en ella, los enlaces con la realidad, de la que parten los conceptos, suelen ser todavía muy laxos. Siguiendo la analogía, es como si dijéramos que Turquía es Europa –o es parte de la UE–, siendo solamente un aspirante a serlo, ni siquiera un mero integrante de ella. De hecho, para muchos, Turquía es ya Asia. Esto puede parecer un rasgo de humor con poco fondo teórico, pero una teoría cognitiva fuerte está destinada a reconocer el campo léxico formado, incluso aunque uno de los miembros, en la frontera, no tenga ni siquiera el "aire de familia" que en las primeras versiones de la teoría (Wittgenstein 1953) se exigía a los componentes del campo y a la conexión con el prototipo. De hecho, es el conjunto de campo lo que crea el prototipo, invirtiendo los términos de la relación, o sea alternando el fondo con la forma o la causa con el efecto. Estamos ante una situación prototípicamente espínica, podría decirse. Se puede ver en el esquema que sigue (Givón 1986: 78),[12] en donde a) y b), por ejemplo, no tienen rasgos en común con d) ni e), etc.

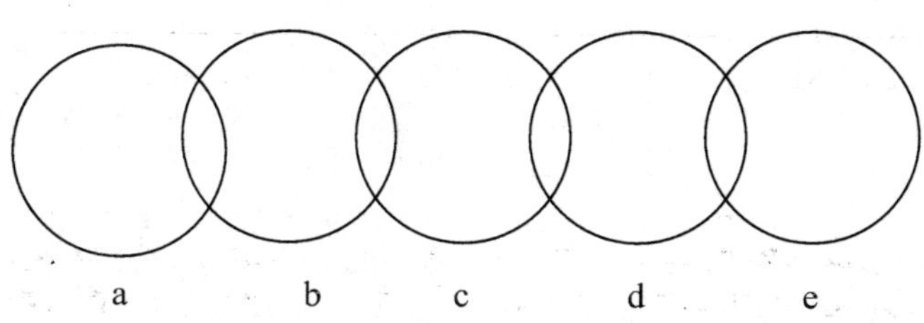

Esquema de T. Givón (1986: 78)

En esta situación, la posibilidad de separación de sinonimia y antonimia incluso se quiebra, porque en apariencia no existe sema común fijo que permita albergar con seriedad la diferencia, sino que son las diferencias las que se constituyen inmediatamente en formaciones de necesaria sinonimia con el fin de mantener *in extremis* la idea de campo terminológico. Esa es, fundamentalmente, la metáfora, un recurso que ante la opción de relacionar dos términos, encierra en uno solo la idea de sinonimia ("sinonimia interna", diríamos mejor); es decir que

[12] En Kleiber 1990: 160; cf. <http://www.ucm.es/info/especulo/numero4/kleiber.htm> (última consulta: 10-08-2010).

ofrece un cierto engranaje (**conexidad**) necesario para que al final se tenga la polisemia, la distensión más íntima, aquí extrema, del significado, sin el recurso a un segundo nombre.

Fíjese que con ese criterio el engarce entre la teoría tradicional de la Semántica y la nueva Semántica Topológico-Natural podría mantenerse, aunque aupando la metáfora al centro o núcleo del significado, previo a la lexicogénesis, que es el proceso sobre el que hay que establecer el vínculo. Estamos en ello.

Por otra parte, queda por concretar el cotejo espínico extremo, aquel que diferencia holonimia e hiperonimia.[13] Todavía aquí, pese a lo dicho, persisten dudas sobre la Unificación Semántica, siendo necesarias palabras como *parte, componente, ingrediente* y otras afines, aún muy generales, para lograr la conexión esperada.

Por el contrario, no tienen explicación fácil los fenómenos homonímicos *(llama$_1$/llama$_2$)*, salvo en los procesos de diferenciación diacrónica (caso de *muñeca$_1$* y *muñeca$_2$*), al no tener acomodo las confluencias de significante en esta teoría del espín. Una cosa es, además, la primera articulación del lenguaje y otra la segunda, la que produce ruptura léxica con un mínimo cambio fónico: *gasa, tasa, lasa, masa*... solo se parecen por escribirse y pronunciarse de manera similar, pero no inducen a interpretaciones continuas o próximas. Lo que sucede entonces es que entran en juego dos o más espines diferentes, sin conexión entre ellos, y donde no se tiene a mano el recurso de considerarlos unificados, pese a su identidad fónica en origen.[14] Esto es ni más ni menos que la búsqueda del gravitón de Einstein; o si se prefiere, el "bosón de Higgs", la enigmática partícula que resolvería al parecer, en la Física, la mayoría de los arcanos que envuelven a la Cosmología actual. Lo cierto es que si se tienen dos dos palabras o locuciones independientes, cada una de las cuales se proyecta aleatoriamente en la pantalla

---

[13] Estamos haciendo avances, ya que se busca el camino certero de la integración ontológica: "Si estas dos últimas operaciones [hiponimia y de hiperonimia] nos permiten clasificar, las dos primeras [meronimia y holonimia] nos permiten describir; ahora bien, sin descripción no hay clasificación posible, puesto que toda clasificación se hace sobre datos descriptivos. Esta prioridad epistemológica de las operaciones de meronimia y holonimia sobre las operaciones de hiponimia e hiperonimia aparece claramente en la práctica lingüística de las ciencias de la naturaleza" (García Bardón 2006).

[14] Lo más fácil es despacharlos, aduciendo que no se trata de fenómenos semánticos. Puede ser, porque en múltiples ocasiones las confluencias son inmotivadas: *llama$_1$* < lat. FLAMMA y *llama$_2$* < q. LLAMA, aunque no se hace nada por evitarlas (reformular la palabra). Otras veces, sin embargo, el hablante los crea intencionadamente, quizá lúdicamente, haciendo coincidir un neologismo recién creado con una palabra ya inserta en la lengua. Por ejemplo, al llamar en Perú *bonifacio* (por deformación para igualar la palabra con el n. p. Bonifacio) al bonito ('atún pequeño y fino'). Véase, no obstante, lo cerca que estamos de la metáfora.

de resultados, entonces no hay unificación de espín que valga, siendo preciso eliminar, sin más discusiones, a la homonimia de la órbita propiamente semántica. Curiosamente este es el fenómeno al que con tanto fervor invocan todavía los funcionalistas.[15]

[15] La homonimia, y cualquier paronomasia, tiene su origen, diríamos de paso, en otra dimensión de la materia lingüística. Porque el significado y el significante existen al límite como dimensiones separadas, cuyos únicos contactos se dan en las onomatopeyas (*frufrú, tic-tac*) u otras motivaciones fónicas de la lengua (*leche* con *lechero*, por ejemplo). Es decir que constituyen una sustancia que vehicula otra sustancia. La sustancia fónica, pese a haber un indeterminado número de sonidos fonéticos, se materializa en la práctica en unas pocas decenas de fonemas. Eso hace que se produzcan confluencias o identidades de secuencia fónicas que de modo imprevisto creen homonimias, ciertas casualidades que no implican fenómenos semánticos de la naturaleza de la sinonimia y antonimia ni puedan ser reducidos a estos ni a una fácil polisemia. Pese a todo, puede haber algún nivel en que la línea de intersección se produzca, al estilo del Esquema de Givón (1986). Debemos dejar tiempo al tiempo para un mejor tratamiento semántico del tema con vistas no a soluciones esporádicas (caso de $muñeca_1$ y $muñeca_2$ o caso de $bonifacio_1$ y $bonifacio_2$) sino a una unificación eficiente.

III. EL ESPÍN SEMÁNTICO Y LA GENERACIÓN DEL SIGNIFICADO LÉXICO

Anda en-hora-mala, expresión de desprecio [...] por ironía, y modificando la expresión, se dice con el mismo desprecio: *anda en-hora-buena*. (Esteban de Terreros y Pando, *Diccionario castellano con las voces de ciencias y artes y sus correspondientes en las tres lenguas francesa, latina e italiana*. Madrid: Imprenta de la Viuda de Ibarra, 1786-1793; s. v. *en-hora-buena*)

Señalar a alguno con el dedo, notarle, censurarle, y alguna vez se toma por aplaudirle; y de hecho entre los Romanos ser señalado con el dedo era cosa de mucha honra (ibíd.: s. v. *dedo*).

Carlos Luis Álvarez acababa de llegar a *ABC* y el director del periódico, Luis Calvo, le llamó a su despacho. Primero quiso confirmar si, como le habían dicho, el nuevo redactor quería ser escritor. En seguida le encomendó una tarea acorde con esas aspiraciones: la de corregir las informaciones de sucesos que preparaba el veterano Carlos Carpentier. Aquella tarde recibió un fajo de cuartillas escritas a mano y leyó en la que servía de título: *Muere al caer a un pozo de siete metros de altura*. "Carlitos", se atrevió a señalar Carlos Luis, "¿querrás decir de profundidad?". Pero Carpentier se reiteró al instante aduciendo que él siempre escribía desde el punto de vista del muerto. Y es que en el periodismo, como en la historia, la perspectiva, el ángulo de visión, resulta fundamental (Miguel Ángel Aguilar, "La altura del pozo", *El País*, 12-09-2006).

1. Definición y conceptos básicos

Espín (< ingl. [to] SPIN 'girar, dar vueltas')[1] es una palabra tomada de la Física, un descubrimiento importante para explicar las partículas subatómicas y la Computación Cuántica, una disciplina cuyo desarrollo propiciará en poco tiempo progresos extraordinarios de consecuencias aún imprevisibles.[2] Hoy, con un alcance todavía

[1] En el transcurso de esta obra adoptaremos el signo **$** como indicador del espín y el **±$** como indicador del espín menor o subespín.

[2] A partir de este momento se dará información bibliográfica muy básica, generalmente tomada de Internet, para que el lector se haga una idea del tema de la Física que nos ocupa y lo

muy módico en las Ciencias Sociales, voy a aplicar este concepto a la Semántica; en particular, a la semántica aplicada a los diccionarios, que denominaré, siguiendo a Matoré (1953) y a Haensch (1997) con el nombre, ya clásico, de Lexicología.

En primer lugar, voy a precisar el concepto tal y como lo entiende la Física, aunque reduciendo la teoría a la mínima expresión. Pese a ello, no es posible ser riguroso sin algún contenido teórico, por lo que pido a los lectores un poco de paciencia. El espín es el momento de rotación interna de una partícula subatómica (cf. apartado 1.1 de la 2.ª parte). Los valores que toma el espín son enteros o semi-enteros ($^1/_2$, 1, $^3/_2$, 2…). De las partículas citadas más arriba, el protón, neutrón y electrón (fermiones) poseen un espín $^1/_2\hbar$,[3] lo que quiere decir que si se descompone el vector de rotación sobre un eje, solo podrán tomar dos direcciones –arriba y abajo– con valores que por convención matemática señalaremos como $|0\rangle$ y $|1\rangle$. En cambio, el fotón (que es un bosón) tiene un espín entero, también con dos direcciones –en este caso, horizontal y vertical–, pero sus posibilidades fenoménicas al igual que las de los fermiones son simultáneas, es decir que las direcciones antagónicas se dan a la par. Esto es así a diferencia de lo que ocurre con la Mecánica clásica (o Física newtoniana), computable con la lógica de las tablas de verdad (V = 1, F = 0) o con el álgebra booleana en particular, donde una cosa no puede ser a la vez ella y su contraria. De modo que con la nueva Física, sustentada a lo largo del siglo XX, estamos ante dos estados "ortogonales" simultáneos de una única partícula subatómica, dos giros dextrógiros invertidos, que requieren un tratamiento algorítmico diferente al de la lógica clásica y las tablas que conjugan "verdadero" y "falso". Eso distingue el comportamiento del mundo molecular clásico del de las partes del átomo. Computacionalmente hablando, la aparición simultánea de un par de estados antagónicos de esta naturaleza nos lleva a una unidad indescomponible, el **bit cuántico** o **qubit** *(quantum bit)* y sus dos manifestaciones básicas $\{|0\rangle$ y $|1\rangle\}$. El ejemplo más sencillo, para que se entienda bien el proceso, es aquel en que, como se ha experimentado muchas veces, un fotón atraviesa a la vez dos ranuras de un panel 1, separadas una de otra, actuando como una onda simultánea doble en su desplazamiento, de tal modo que o bien los nodos de la onda coinciden ("difieren en un número entero de longitudes de onda") y se produce una impresión en una pantalla (o panel 2) colocada al otro lado ($|1\rangle$), o bien se desacoplan en $^1/_2$ de longitud de onda ("un número entero de longitudes de onda más media de longitud de onda"), en cuyo caso se neutralizan y el fotón se pierde sin impresionar la panta-

tenga accesible. Para una aproximación generalmente elemental, pero sistemática, véanse Beiser (1977), López Vieyra (1977), Liboff (2002), de la Peña (2006), Gillespie (2008), etc.

[3] Donde $\hbar$ (momento angular) es el símbolo de Dirac para la constante de Plank h, que relaciona energía E y frecuencia ν ($E = h\nu$) dividida por 2π: $\hbar = h/2\pi$.

lla ($|0\rangle$). Así tendremos o bien un punto brillante o bien un punto oscuro en el panel 2. Veamos el gráfico correspondiente, en que se dan dos supuestos, o bien el citado, de probabilidad 0.5, o bien otro distinto, en que la proporción se da en probabilidad modular diferente:

GRÁFICO 2[4]

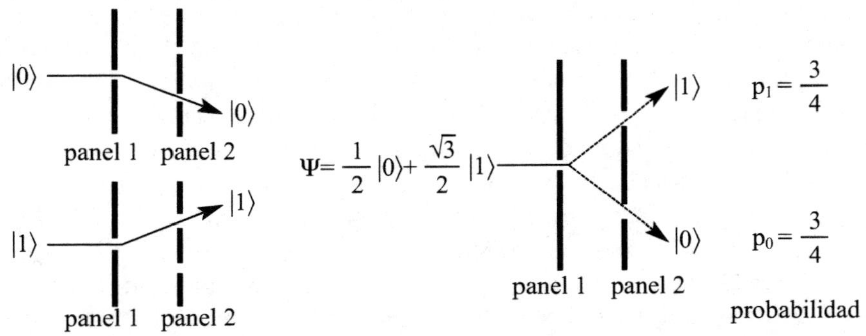

Aquí es donde cabe en justicia la metáfora del espín, que no es la antífrasis clásica,[5] para entender la semántica de los aspectos lexicogenéticos de los que ya hemos dado cuenta en la primera y segunda parte de este libro, y de los que vamos a tratar

---

[4] Tomado de <http://www.dma.eui.upm.es/CompCuant/Articulos/IIIJorMDyA_CodCuant.pdf>.

[5] Hemos preferido bautizar como *espín* a todo el tinglado teórico en que se origina la Semántica Léxica, como un Jano con dos caras instalado al principio del mundo de la palabra, y hemos renunciado a la "antífrasis" por tenerla como un concepto *a posteriori* del funcionamiento de los signos y nunca como causa inicial de la creación léxica. Basta leer lo que dice el *DRAE* para darnos cuenta de que solo aparentemente estamos hablando de las mismas cosas: "**antífrasis**. (Del lat. *antiphrăsis*, y este del gr. *ἀντὶγφρασις*). 1. f. Ret. Figura que consiste en designar personas o cosas con voces que signifiquen lo contrario de lo que se debiera decir". Bastante parecida es la definición en *Wikipedia* (29-06-2009): "La antífrasis [...] es una figura retórica que consiste en dar a un objeto o persona un nombre que indica cualidades contrarias a las que realmente posee. Así, en griego antiguo se llamaba γλυκαδιον, 'dulcecito', al vinagre, y el cantante afrocubano Ignacio Jacinto Villa se hizo famoso con el nombre artístico de Bola de Nieve. La antífrasis obedece a veces a un propósito apotropaico y eufemístico: así, los griegos llamaban Euménides ('Bien dispuestas') a las Erinias y los romanos Manes ('Buenos') a los espíritus malignos de los difuntos". Como se ve, la antífrasis redunda en el fenómeno artificial de la ironía, que solo desvela la posibilidad de desdoble de los signos en espines, pero no la ambivalencia genética de su bifurcación antonímica previa. Nombrar algo por su propiedades contrarias para evitar el tabú o quedar indemne ante los influjos negativos de un nombre no indica nada del signo en cuestión. Como mentir mediante la ironía. No se pretende con ello evaluar el signo en su supuesta simetría especular, sino ser especulares a la hora de evaluar la constitución de los signos.

cumplidamente más adelante. Un **espín semántico** es un elemento mínimo o sema –y extensivamente un elemento máximo o clasema–, que es tomado como unitario, y que tiene un significado en potencia que puede darse o no darse en la realidad de la lengua, sin que quepa saberlo *a priori*, pero que es un universal del lenguaje.

Como se dijo, cada palabra del conjunto léxico de una lengua no es meramente un elemento aislado de conducta más o menos atomística, sino un constructo (una construcción compleja) que apareciendo en una forma de partícula (unidad aislada) tiene en realidad un despliegue de onda, justamente lo mismo que sucede con las partículas que componen el átomo, con los fotones de luz, como mostraron hace cien años Plank y Einstein.[6] Aquí, en concreto, las partículas se comportan como ondas, pero como descubrió Louis-Victor de Broglie en 1924,[7] siguiendo caminos opuestos al de sus dos ilustres predecesores, son las ondas luminosas las que se comportan como partículas, los fotones. En realidad, sucede de los dos modos, según cuál se tome como fondo y cuál como figura, es decir, según la observación de que se parta. Si extendemos la metáfora a la Semántica, la palabra para muchos es individual y aislada, y siendo partícula se comporta como tal y nada más, pero esta es una semántica desfasada. De hecho, lo que es digno de observación es o bien a), que la palabra tomada atomísticamente termine por tener un comportamiento difuso (polisemia, etc.), o bien b), que la palabra trasluce una estructura profunda compleja que permite una concreción atomística en su manifestación final; o bien finalmente c), que la opción primera y la segunda sean alternantes, dependiendo del punto de vista, y como consecuencia de la simultaneidad de características que le proporciona su esencial incertidumbre. Por lo dicho, la opción ideal es la de la dialéctica entre a) y b), es decir, la opción c).

Pongamos un ejemplo. Si alguien dijera que *exiliarse* significa 'ponerse a vivir, por necesidad, en otro país', visto esto desde la perspectiva del país de origen, el análisis de la palabra involucrada, *exiliarse*, ostentaría un comportamiento atomístico (no subatomístico) que podría analizarse respecto de sus sinónimos

---

[6] Es fundamental para estos conceptos el artículo fundacional de Einstein (1805), titulado "Un punto de vista heurístico sobre la producción y transformación de luz". Para esta y otras aproximaciones a la mecánica cuántica pueden verse entre otras muchas las siguientes páginas de Internet: <http://orbita.starmedia.com/cienciayficcion/cuantica.html>, <http://www.acienciasgalilei.com>, <http://www.dma.eui.upm.es/CompCuant/Articulos/IIIJorMDyA_CodCuant.pdf>, <http://www.relisoft.com/Science/Physics/MicroAnt3.html>, <http://www.virtual.unal.edu.co/cursos/ingenieria> (última consulta: septiembre-diciembre de 2005, fecha de primera redacción de este trabajo). Una primera aproximación puede verse en <http://es.wikipedia.org/wiki/Mec%C3%A1nica_cu%C3%A1ntica> (última consulta: 02-10-2010).

[7] Es fundamental igualmente la tesis doctoral de Louis-Victor de Broglie: *Investigaciones sobre la teoría de la cuanta*. Cf. a modo de introducción mínima <http://es.wikipedia.org/wiki/Louis-Victor_de_Broglie>.

más próximos *(expatriarse, irse, marcharse, ausentarse, cambiarse...)* o desde sus antónimos más naturales (*asilarse, refugiarse, acogerse*...). Si, en cambio, se viera desde la perspectiva de una simultaneidad de onda como la que permiten las frases *Se ha exiliado de Perú* - *Se ha exiliado a España*, no habría inconveniente en aceptar que el significado simultáneo de *exiliarse* es tanto el de 'expatriarse' (0) como el de 'asilarse' (1) a tenor de la redacción segunda de la frase *Se ha exiliado a España* que podría convertirse de inmediato en *Se ha asilado en España*. De este modo, el comportamiento como onda queda marcado en la lengua con el recurso de los índices vectoriales *a/en* presentes ambos como régimen en el verbo analizado. Por tanto, *exiliarse*, según la perspectiva adoptada, es $|0\rangle$ y es $|1\rangle$ al mismo tiempo: es un electrón, un protón u otra partícula subatómica con dos valores simultáneos y, llegado el momento de computarse, ha de hacerlo como un qubit, no como un mero bit informativo.[8] La cuestión es que podemos proponer, también a manera de hipótesis, que esa complejidad de la palabra *expatriarse* es esencial antes de manifestarse externamente como una unidad concreta en un texto, como una partícula expuesta a más de un significado.

Esta simultaneidad es fácilmente justificable si tenemos en cuenta que la estructura de nuestro cerebro es física y consta de unidades atómicas subdivisibles a su vez mediante reglas cuánticas universales, en partículas menores; de modo que nuestra mente tiene algo de cuántica, como la materia que la forma (Penrose 1991 [1989], 1996 [1994]). Por otro lado, no es concebible que un cerebro, pese a sus muchas neuronas y a las sinapsis de sus dendritas y axones, como se ve en el gráfico siguiente:

GRÁFICO 3[9]

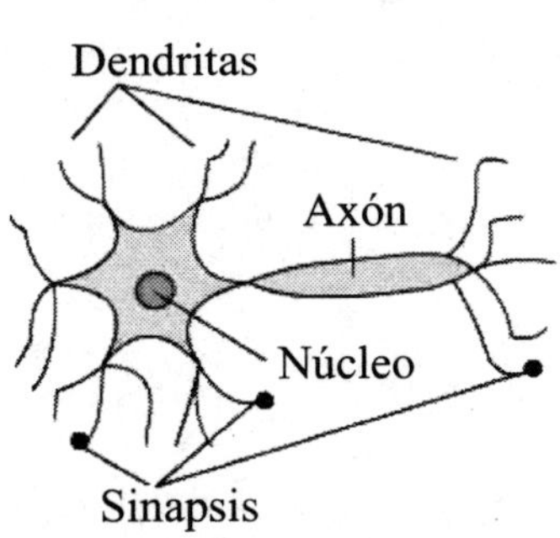

[8] El ejemplo no está traído por los cabellos. Una palabra tan usual como el proverbo bitransitivo *dar*, puede tener fácilmente la lectura contraria, la de 'recibir', como se ven el siguiente ejemplo: "DAR: 14. tr. Impartir una lección, pronunciar una conferencia o charla. 15. tr. Recibir una clase. *Ayer dimos clase de matemáticas*" *(DRAE)*.

[9] Tomado de <http://www.virtual.unal.edu.co/cursos/ingenieria)>.

pueda por sí mismo y meramente, con una organización de caja negra y de operaciones booleanas y lógicas bi- o polimodales clásicas, dar cuenta de todas las operaciones que un ser humano es capaz de realizar, sobre todo las muy complicadas (como las afectivas y, en consecuencia, las connotativas desde la perspectiva semántica). Es preciso, sin duda, recurrir a una operatividad más profunda, en que los bits posibles no crezcan en progresión aritmética 1-2-3-4-5-6-7-8-9-10..., sino en progresión geométrica 2-4-8-16-32-64-128-256-512-1024... Dado que un qubit es $\{|0\rangle$ y $|1\rangle\}$ al mismo tiempo, y no simplemente el 0 o el 1 de las dos posiciones de paso de electricidad en un circuito integrado, los estados de dos qubits asociados serán 00, 01, 10, 11 (cuatro posibilidades), el de tres 000, 001, 010, 011, 100, 101, 110, 111 (ocho posibilidades), y así sucesivamente bajo la fórmula general de 2^n estados.[10]

Para que el ser humano pueda asociar tantas palabras, subpalabras y locuciones de una lengua, con tantas acepciones diversas y tantas conexiones sinonímicas y metafóricas, hace falta contar con un sistema complejo, multidimensional, que solo tiene visos de desarrollarse con ventaja mediante mecanismos cuánticos. Por esta vía, tenemos siempre abierta la posibilidad de que el comportamiento semántico de las unidades gramaticales y léxicas sea el de una onda, en que los conceptos clásicos de sintagma y paradigma están seriamente mediatizados por la posibilidad cuántica de que el cruce entre los ejes virtuales y reales del lenguaje sea algo más que un punto de intersección (léase slot, tagmema, nicho estructural, etc.), es decir, una partícula. De igual modo, es posible pensar que la estructura de onda básica, aunque esto es más difícil de captar intuitivamente (el trabajo de De Broglie fue posterior al de Plank y Einstein), termina por derivar en una actuación concreta, que es el que al final se observa y se plasma como lema en los diccionarios y como unidad de significado en los textos. Dichas estas dos cosas ¿acaso el par Emisor/Receptor de la comunicación, que obra como dos caras de una misma moneda, podría explicarse de otra manera? ¿Dónde cabe, si no, el viejo concepto jakobsoniano de marca? ¿Cómo funciona la ambigüedad? Lo seguiremos viendo a lo largo del trabajo.

2. Espines y sistemas de espines

La descripción del espín que he dado más arriba es la más elemental que se me ocurre para al lector. De inicio, la base matemática es muy sencilla. Mejor dicho,

---

[10] Con ese mismo criterio se conseguirán, quizá no tardando, computadores cuánticos mucho más veloces y potentes que los actuales. De nuevo, para una introducción mínima, pero suficiente, véase: <http://es.wikipedia.org/wiki/Computaci%C3%B3n_cu%C3%A1ntica> (última consulta: 02-10-2010).

es extremadamente técnica a partir de este punto inicial, único al que me es dado –y al que nos conviene– acceder por ahora. Pero como se dan circunstancias de enrevesamiento, podríamos necesitar además otros recursos superiores que la complementen para entender adecuadamente el tinglado semántico. Hay que decir que en los planteamientos más complejos se cumple simplemente la condición básica de que cualquier estado cuántico $\Psi = a|0\rangle + b|1\rangle$ es tal que $a, b ... \notin C$ (donde C es conjunto de números enteros y semi-enteros) y en que $|a|^2 + |b|^2 + ... + |n|^2 = 1$. Obsérvese que los ejemplos analizados –y por analizar– lo cumplen: estamos ante un lexicón de palabras espínicas, donde el conjunto de todos las acepciones previstas en cada una equivale a su significado unitario. Un resultado bastante elemental se produciría en la siguiente fórmula:

$$\Psi = {}^1/\sqrt{}_2|0\rangle + \Psi = {}^1/\sqrt{}_2|1\rangle$$

donde ${}^1/\sqrt{}_2$ al cuadrado es igual a ${}^1/_2$, y donde ${}^1/_2 + {}^1/_2 = 1$, como estaba previsto. Y todavía más elementalmente, si tuviéramos un solo qubit (un qubit "soltero"), solamente se nos daría la posibilidad de $1|0\rangle$ o bien de $1|1\rangle$, al azar. Obsérvese la situación siguiente:

ESTADO	MEDIDA	ESTADO FINAL	PROBABILIDAD
$a\|0\rangle + b\|1\rangle$	para medida 0	${}^a/_a\ \|0\rangle$	$p_o = \|a\|^2$
$a\|0\rangle + b\|1\rangle$	para medida 1	${}^b/_b\ \|0\rangle$	$p_o = \|b\|^2$

En este caso, el valor obtenido sería obviamente de 1 (sobre 1). Para las palabras de las ciencias, que son monosémicas, artificiales como la luz polarizada, esta propuesta bastaría. En la anterior a ella, en la cual cabe plantearse la idea de una situación entrelazada o de qubits "emparejados", las posibilidades de hallar un significado y su contrario, es decir, un espín prototípico, se darían en igual proporción.

Así que una derivación fundamental, añadida a la de los espines elementales, es aquella en que se produce **entrelazamiento** (*entanglement*, que podríamos representar así: ₪).[11] Conviene subrayar que se distinguen los qubits entrelaza-

[11] Visualicémoslo con palabras comunes para los menos entendidos: "¿Qué diantre es el entrelazamiento cuántico? Imagínate un par de electrones como si fueran dos monedas idénticas en las que una marca cara y la otra cruz. Ahora imagínate que ambas monedas poseen esta peculiar propiedad: van alternando cara y cruz a su aire, pero nunca están ambas en la misma posición. Forman parte de un mismo orbital atómico, y, por algo llamado principio de exclusión de Pauli, siempre que una esté en cara, la otra marcará cruz. Si yo voy y giro una, la otra se girará automáticamente a la posición opuesta. Espera, no te vayas, continúa leyendo; valdrá la pena: lo prometo. Te voy a explicar uno de los fenómenos más inverosímiles de la naturale-

dos de los no entrelazados (⊥, ⊤). Los qubits no entrelazados, más elementales, vienen a ser el producto tensorial de los qubits formados. Por ejemplo, un 2-qubit (producto de <0,1> x <0,1>) puede hallarse en este estado:

$$\Psi = {}^{1}/_{4}|00\rangle + \sqrt{{}^{3}/_{4}}|01\rangle + \sqrt{{}^{3}/_{4}}|10\rangle + {}^{3}/_{4}|11\rangle$$

y expresarse linealmente como:

$$\Psi = ({}^{1}/_{2}|0\rangle + \sqrt{{}^{3}/_{2}}|1\rangle) \times ({}^{1}/_{2}|0\rangle + \sqrt{{}^{3}/_{2}}|1\rangle),$$

resolviendo así el producto de las partes implicadas, donde al elevar al cuadrado las partes y sumar el resultado siempre tenemos 1. En cambio, en el estado siguiente, donde la suma de los cuadrados de $^{1}/\sqrt{3}$ también es 1, no hay producto ni sumas discretas, puesto que la expresión se presenta totalmente entrelazada:

$$\Psi = {}^{1}/\sqrt{3}|00\rangle + {}^{1}/\sqrt{3}|01\rangle + {}^{1}/\sqrt{3}|10\rangle$$

Voy a proponer ejemplos semánticos para resolver el posible galimatías. Pero antes déjeseme repetir que la fórmula $|a|^2 + |b|^2 + \ldots + |n|^2 = 1$, en interpretación semántica, viene a resumir, por analogía, que la suma de todas las acepciones posibles de una palabra, expresadas en abstracto y referidas a sí mismas (elevación al cuadrado), da un significado unitario, como en Mecánica Cuántica; otra cosa es que la proporción de cada parte varíe y que la influencia del azar haga a cada una imprevisible. La Física se ha liberado del determinismo de los griegos o de la Mecánica newtoniana y se ha vuelto estocástica, azarosa, y de resultados no determinados. Lo mismo, a su vez, puede decirse de la Semántica, cosa que advierten en seguida los lingüistas aplicados, traductores, etc., por el grado de libertad y de indeterminación al que están sometidos en su trabajo; no un trabajo

---

za. Estábamos con esas monedas-electrones que van cambiando constantemente entre cara y cruz, pero que de alguna manera están entrelazadas: Según las leyes de la cuántica, nunca pueden estar ambas en cara o en cruz a la vez. Es físicamente imposible. Imaginemos un poco más: coges con delicadeza ambas monedas-electrones, las metes en sendas cajitas sin mirar todavía qué marca cada una, y sin romper su entrelazamiento cuántico te las llevas una a Nueva York y la otra a Bangkok. ¿Qué tendrás entonces? Dos monedas, una en Nueva York y la otra en Bangkok, que en teoría van pasando de una posición a otra, pero continúan conectadas entre ellas. Si en un momento determinado abres la caja de Nueva York y ves la moneda en cruz, la de Bangkok se paraliza de golpe en cara. Y si hubieras abierto la misma caja unos milisegundos más tarde y te hubiera salido cara, la otra se habría colapsado en cruz inmediatamente (recalquemos lo de *inmediatamente*). Esto, en teoría cuántica". Cf. <http://tinyurl.com/6ynvjso> (última consulta: 19-11-2009).

imposible, como querían los teóricos estructuralistas más ortodoxos, sino un trabajo en que siempre hay indeterminación tanto para los Emisores de un mensaje como para sus Receptores.

Déjeseme también decir que cuando no hay entrelazamiento, hay adición y que en Semántica la sucesión de elementos en un texto dan por lo general un significado suma (**S**): *gato negro* es la suma de *gato* + *negro*. Pero es lícito sospechar que en ocasiones no hay suma, sino producto (**P**); así, *gato encerrado* puede ser tanto la suma de *gato* + *encerrado* o bien su producto *gato* × *encerrado*, allí donde *gato encerrado* significa 'engaño imprevisto', con una probabilidad inicial de $^1/_2$, y no 1: solo el animal metido en su jaula.

El último concepto que se ha abordado tiene que ver, por supuesto, con la idea de entrelazamiento, el aludido *entanglement* (Schrödinger 1935), que es un proceso en paralelo, indescomponible en partes, que ocurre en la realidad en millonésimas de segundo. Si dos partículas subatómicas han sido generadas en un mismo proceso, han de describirse necesariamente conjuntas, lo cual es lo mismo que afirmar que si hay en Semántica dos palabras que formen una locución, estas no pueden ser tenidas en cuenta por separado salvo que su significado se desconcretice o desvanezca (deviniendo en colocación). Así, abundando en los ejemplos, DIENTE LARGO ¶ 'persona {aficionada comer}' y ELEFANTE BLANCO ¶ 'cosa {difícil de mantener y de poca utilidad}' son dos frases nominales en que no se entiende el significado final, si no es recurriendo al producto de sus significados, nunca a su suma; de ahí que tengan que mantenerse conjuntas (₪). He puesto los ejemplos en castellano peruano –asumimos que los americanismos los representamos con ¶–, por que resulte más evidente a un español el fenómeno, que igualmente observamos en BALA PERDIDA 'tarambana' (cuya traducción a quechua *panta runa* –lit. 'hombre perdido'– nunca constituye una locución en el diccionario al que he venido aludiendo en este libro –Calvo Pérez 2009b–,[12] sino que es una mera suma de significados, una colocación, en que el resultado final coincide: $^1/_2 + {}^1/_2 = 1$) o CAMINO TRILLADO 'modo {común de proceder}',[13] mucho más familiares para un español y más útiles a la hora de ejemplificar para

---

[12] Las traducciones de *elefante blanco ('yanqa sasa')* y de *diente largo ('allin mikhuq')* tampoco las constituyen. Sacamos esto a colación para que se vea el grado de libertad que hay que dar a una traducción cuando se trata de locuciones, es decir, de productos semánticamente entrelazados. Por lo demás, como la idea del espín me nació, de hecho, al cotejar el quechua con el español y descubrir como abiertas las categorías encubiertas en el paso de una lengua a otra, se me permitirá aducir ejemplos en la lengua andina, para indicar además que se trata de universales del lenguaje más que de opciones exclusivas de una u otra lengua.

[13] Es diferente del caso de *cama nido*, en que *cama* debe entenderse en su significado recto, pero no así *nido*, situación que podríamos entender como de (1,0), y no como de (**P**).

un latinoamericano. Esto no quiere decir que la partícula pueda por sí misma adoptar más de una posición a la vez, lo que contradiría el Principio de Exclusión de Pauli (formulado en 1925),[14] sino que no es posible conocer su posición hasta no descubrir el juego cuántico completo de los qubits implicados. A esto responde lo del "gato vivo" / "gato muerto" de Schrödinger (1935).[15] Por ejemplo, CAJA FUERTE es un complejo en que se implica uno de sus átomos,]^{caja}[, obligando al otro,]$^{]fuerte[}$[, a implicarse con resultado entrelazado (pero donde se habla de cajas y de algo fuerte); no así CAMINO TRILLADO en que no se implica ninguno de los dos, ni]$_{camino}$[ni]$_{]trillado[}$[(₪, en situación negativa o –₪, ya que no hablamos ni de caminos ni de algo trillado en su interpretación connotativa). Una situación intermedia se produciría en CHISTE VERDE en que se implica]^{chiste}[, pero no]$_{]verde[}$[(con resultado T). Aquí juegan un papel muy importante, matemáticamente hablando, los números imaginarios, los cuales constituyen, junto con los números reales, los números complejos. Un número imaginario resulta de la raíz cuadrada de un número negativo y cuya unidad es $i = \sqrt{-1}$, de modo que todo número complejo se expresa mediante la forma $a + ib$.[16] Se percibe muy bien en el último ejemplo en que i*b*]*verde* /Abstracto/[proviene del real *a*]*verde* /Concreto/[(o sea, *verde* como color) en tanto en cuanto está unido, como *z* por entrelazamiento al real *w*]*chiste*/Abstracto/[(módulo complejo $w|A\rangle + z|B\rangle$). A título de ejemplo, si A es el sustantivo, y B, el adjetivo, tenemos:

---

[14] Este principio se aplicaría solo en casos de fermiones (con espín semi-entero $^1/_2\hbar$) y no de bosones (con espín entero 1). Y se enuncia como "un principio cuántico [...] que establece que no puede haber dos fermiones con todos sus números cuánticos idénticos (esto es, en el mismo estado cuántico de partícula individual)". Aplicado a las palabras, *gato* puede ser animal, pero no al mismo tiempo 'engaño' (en *gato encerrado*, que consta de dos partículas: $|\psi\psi'\rangle = -|\psi'\psi\rangle$), aunque *gato* pueda tener interpretación espínica en circunstancias diferentes: ser /Animal/ o ser /-Animal/, como en la acepción 6 del *DRAE*, que dice: "m. Trampa para coger ratones", considerado como totalidad.

[15] Es una anécdota o paradoja del físico citado, que se formula como sigue: "Schrödinger nos propone un sistema formado por una caja cerrada y opaca que contiene un gato, una botella de gas venenoso, una partícula radiactiva con un 50% de probabilidades de desintegrarse en un tiempo dado y un dispositivo tal que, si la partícula se desintegra, se rompe la botella y el gato muere". Siguiendo la interpretación cuántica clásica "mientras no abramos la caja, el sistema, descrito por una función de onda, tiene aspectos de un gato vivo y aspectos de un gato muerto, por tanto, solo podemos predicar sobre la potencialidad del estado final del gato y nada del propio gato". El ejemplo real, por más que parezca chistoso, ha sido tomado de <tomado de <http://es.wikipedia.org/wiki/Gato_de_Schr%C3%B6dinger> (última consulta: 08-10-2010).

[16] Para los amantes de la historia de las cosas, hay que decir que el primer planteamiento de los números complejos se dio ya con Tartaglia y se mejoró, independientemente y de modo sistemático, con Cardano (1501-1576). En sus obras *La práctica de la aritmética y la medida simple* de 1540 y *Ars Magna* de 1545.

$w / (w + z)$ para que el electrón esté en A ($z = 0$) *chiste verde → chiste*

En otros casos se produce el fenómeno contrario (⊥); por ejemplo, aquel en que una falsa regla es algo falso, pero no una regla: $]^{\text{falsa}}[$, pero$]_{]\text{regla}[}[$, donde, si A es el sustantivo, y B, el adjetivo, tenemos:

$z / (w + z)$ para que el electrón esté en B ($w = 0$) *falsa regla → falsilla*[17]

Estos son los casos concretos analizados y su entrecruzamiento:

– *diente largo* ¶	'persona {aficionada comer}'	–₪
– *elefante blanco* ¶	'cosa {difícil de mantener y de poca utilidad}'	–₪
– *bala perdida*	'tarambana'	–₪
– *camino trillado*	'costumbre, rutina'	–₪
– *CAJA FUERTE*	'caja de metal, para guardar cosas valiosas'	⊤ /⊥ ₪
– *CHISTE VERDE*	'chiste de contenido sexual'	⊤
– *FALSA REGLA*	'falsilla'	⊥

La exigencia se concreta cuando se parte de una realidad objetiva, denotativa, y se establece desde ella la compatibilidad semántica, aspecto en el que con bastante énfasis insistieron para la Semántica Generativa, hace ya cuarenta años, Katz/Fodor (1963). De esta propuesta se deriva luego el tratamiento complejo citado. La cuestión es, como indico, que este planteamiento no debe dejarnos olvidar el comportamiento más simple; en Física, aquel en que un electrón, u otra partícula subatómica, está en un estado de exposición en dos lugares al mismo tiempo, en que la posición relativa y el momento angular sean sus facto-

---

[17] Según Calvo Pérez (2009b), esta situación solo sería completamente válida, léxicamente hablando, para el ejemplo (1), en que la regla rígida, es sustituida por una línea grabada en el papel, en una osla dimensión:

(1) FALSA REGLA. V. falsilla / FALSILLA (falsa regla ¶) {[mat.] [-ríg.]} (hoja {de papel, puesta debajo, con líneas para no torcerse al escribir}), *kalkan.*

Por su parte, (2) y (3) podrían representar un caso de doble *entanglement* (₪), puesto que ni el animal ni la planta citados son de verdad lo que parecen: una perdiz o una pimienta. De hecho, sus nombres científicos difieren bastante de los de estas: perdiz común o roja *(Alectoris rufa)*, pero falsa perdiz (*Nothoprocta plentadii*, entre otros nombres); o bien pimienta común o negra *(Piper nigrum)*, pero falsa pimienta *(Schinus molle)*. Pero claro, una cosa es el lenguaje científico y otra el usual, en que se cumple también el entrelazamiento de (1):

(2) FALSA PERDIZ [anim.] (ave {parecida a la perdiz, muy huidiza}), *p'inqali.*

(3) FALSA PIMIENTA. V. molle // MOLLE (q.) (falsa pimienta) [veg.] (árbol {de hojas coriáceas, fragantes, flor en espiga, fruto rojizo}), *mulli*; {de tallo flexible y flor en campanilla}, *waranway.*

res de peso. Lo mismo cabe decir de las palabras, si trasladamos el problema a la Semántica: el espín está en toda manifestación en que se detecte una unidad, pero este puede ser elemental y primario (como la mayoría de los que desarrollaremos de ahora en adelante) o complicado y secundario, en un nivel enfoscado, de menor extensión semántica (como es el nivel de acepción). Por ejemplo, *comida* significa en Colombia 'alimento que se toma por la noche' y en España 'alimento del medio día', lo que allí es *almuerzo*, que a su vez para nosotros es principalmente 'sustento que se toma a media mañana'. Si a eso añadimos que *almuerzo* en registro peninsular más culto es también la 'comida del mediodía' y si asignamos a cada momento del día un valor (*x* a la mañana, *y* al mediodía, *z* a la noche, *w* a la comida sólida de media mañana y *m* a la semi-sólida de media tarde), tenemos:

(1) CONEXIÓN *x-w-y-m-z* *comida*

	ESPAÑA	COLOMBIA[18]
x	*desayuno*	*desayuno*
w	*almuerzo*	= = *(mediasnueves)*
y	*comida / (almuerzo)*	*almuerzo*
m	*merienda*	= = *(onces)*
z	*cena*	*comida*

El marco universal es *comida*, palabra genérica que se da en casos como *En España se hace la comida fuerte al mediodía* o *En Colombia se hacen tres comidas al día*. El marco existencial lo proporciona el desayuno con coincidencia de hora y países: *El desayuno en Colombia es aproximadamente a la misma hora que en España*. El marco individual se da en *merienda* como *En España la merienda consiste en café cortado y pastas*. Por lo demás, considerados en bloque los dos países, los valores se reparten como $y = 1/\sqrt{2}$ y $z = 1/\sqrt{2}$, para *comida* y como $w = 1/\sqrt{2}$ e $y = 1/\sqrt{2}$, para *almuerzo* (en el uso coloquial) y de $w + y =$

[18] Voy a dar por supuesto, a fin de aprovechar mejor el ejemplo, que en Colombia no se institucionaliza ninguna comida intermedia fuera de las tres citadas (los "tres golpes" que se dice popularmente). El almuerzo de las 12-14 horas, cuando es de campo, se llama *piquete* (cruce con *pic-nic*), lo que reduciría en parte los usos anteriores. Tampoco voy a hacer la distinción especial entre los dos almuerzos de los restaurantes: el "corrientazo" y el "ejecutivo". En Colombia, incluso, se tienen también dos tentempiés (el *refrigerio* en registro culto y el *algo* en registro popular-regional): el *mediasnueves* ("refrigerio de las 10 horas, entre el desayuno y el almuerzo") y el *onces* ("merienda de las 16 horas"). Esto nos aproxima en el fondo a la situación española, pero requeriría también un despliegue mayor, que no tiene objeto emprender aquí.

$\sqrt{3}/\sqrt{5}$ e $y = \sqrt{2}/\sqrt{5}$ para *almuerzo* y de $y = 1/\sqrt{3}$ y $z = \sqrt{2}/\sqrt{3}$ para *comida* (incluyendo el uso culto) respectivamente, según el nombre de las comidas en cada país y suponiendo, por simplificar, que en España el reparto de comida y almuerzo se hace al 50% entre el uso culto y el coloquial (lo que habría que comprobar estadísticamente para ver si es así). En suma, tenemos para el conjunto total los siguientes valores modulares entrelazados:

PARA ESPAÑA:
$x = 1/\sqrt{5} + w = 1/\sqrt{5} + y = 1/\sqrt{5} + m = 1/\sqrt{5} + z = 1/\sqrt{5}$
(para el uso coloquial, por horas y comidas)
$des = \sqrt{1}/\sqrt{5} + alm = \sqrt{3/2}/\sqrt{5} + com = \sqrt{1/2}/\sqrt{5} + mer = 1/\sqrt{5} + cen = 1/\sqrt{5}$
(para el uso culto, por comidas)

PARA COLOMBIA:
$x = 1/\sqrt{3} + y = 1/\sqrt{3} + z\ 1/\sqrt{3}$

Todo esto obligaría a replantear, en un diccionario holístico, los sememas de cada lexema y a definir estas palabras por intervalos de tiempo, a sabiendas que la suma de los elementos previamente elevados al cuadrado da una unidad completa de significado, como ya hemos comprobado en otros ejemplos.[19]

Como, además, no se puede medir la posición relativa y el momento angular[20] de un espín sin que este quede alterado por la simple unidad de medida,

---

[19] No se ha de confundir el fenómeno analizado con el que representa este ejemplo: *churro* significa al mismo tiempo 'persona atractiva y bien parecida' en Colombia y 'cosa mal hecha, chapuza' en España. Pero parece ser un espejismo de espín, ya que (según Calvo Pérez 2009b), una cosa es *churro*$_1$ en español peninsular y otra *churro*$_2$ en español andino (del quechua *churi* 'niño'):

(1) CHURRO$_1$ [alim.] (fruta {de sartén, cilíndrica y estriada}), *churru*; **(adj.)** (churre$_2$ ¶) «fam.» (cosa {fea}), *millay*.

(2) CHURRO$_2$ (q.) **(adj.)** «fam.» (agraciado), *sumaq*; (simpático), *uyacha*. V. churo. V. churre.

Obsérvese que *churre*$_2$, en español holístico (es decir, pantópico), alude a la grasa que se desliza (*churrete*, churreta ¶ 'excremento' en Perú). Se trata de otro lexema diferente con significado diferente también, con lo que habría que hablar de un sistema de dos fotones diferentes, solo en apariencia idénticos, que se proyectan en la pantalla de reflejo uno muy lejos del otro. Respecto a este fenómeno, conocido como homonimia, habría que proponer su opuesto, el fenómeno de sinonimia: sistema de dos fotones diferentes, solo en apariencia idénticos, que se proyectan en las proximidades uno del otro. La homonimia implicaría un mismo foco de salida, con dos estímulos focales, cuya realización fótica se produce en área diferente de la pantalla y la sinonimia en dos diferente focos de salida, con un solo estímulo fótico cada una, que se registra en la misma área de la pantalla, aunque no en un punto idéntico.

[20] Técnicamente, el momento angular responde a la fórmula $m.\ v$ (m = masa, v = velocidad).

quedará siempre la posibilidad de desconocer la naturaleza real del objeto mientras no se conozca su contraparte –aplicado a los lexemas, mientras no se conozca su comportamiento textual o significado en un contexto: donde *comida*$_{GEN}$ podría sustituir a cualquier lexema del conjunto, incluido *comida*$_{PART}$–: es el conocido Principio de Incertidumbre de Heisenberg (1927).[21]

Pero en fin, prometo no entrar más desde ahora en los recovecos de la Física (hasta el apartado 3.3 de esta 3.ª parte), salvo para aclarar que una cosa es la posición de una partícula y otra su momento (rotación). El espín de una partícula fundamental como las citadas "tiene la curiosa característica de que su *magnitud* tiene siempre el *mismo* valor, aunque la dirección de su eje de giro pueda variar" (Penrose 1996 [1994]: 289). Para encontrar la partícula hemos de tener en cuenta que se producen superposiciones de lugares, lo que convierte su localización en un procedimiento estocástico cuando conocemos con exactitud su momento (es lo que sucedería para conocer de antemano la acepción determinada de un lema lexicográfico, que tenemos identificado). Por ejemplo, si seleccionamos el lema **puntada** tenemos por lo menos un doble significado: tanto un 'punto cero' por donde pasa la aguja, como también la 'distancia entre dos puntos' hechos con la aguja, sin que sea posible determinar su significado *a priori*, aunque tenemos la posibilidad de saber estadísticamente cuál es la acepción más frecuente. Así que lo único que sabemos con certeza es que el significado total lo engloban las dos acepciones (o cuantas pueda haber). Si solo hubiera dos, tendríamos la oposición espínica [+espacio] *vs.* [-espacio] (o [Øespacio]), aunque de hecho hay más, produciéndose varios subespines, o unidades menores de desarrollo sémico. Según el *DRAE*, tenemos:

(2) **PUNTADA**

1. f. Cada uno de los agujeros hechos con aguja, lezna u otro instrumento semejante, en la tela, cuero u otra materia que se va cosiendo.
2. f. Acción y efecto de pasar la aguja o instrumento análogo a través de un tejido, cuero, etc., por cada uno de estos agujeros.
3. f. Espacio que media entre dos de estos agujeros próximos entre sí.
4. f. Porción de hilo que ocupa este espacio.
5. f. Pinchazo producido por asta de toro.
6. f. Razón o palabra que se dice como al descuido para recordar un asunto o motivar que se hable de él.
7. f. punzada (|| dolor agudo).[22]

---

[21] Transmitido en una carta de 14 páginas a Pauli. Para un desarrollo sucinto y elemental de este importante principio, cf. <http://tinyurl.com/n8c7cd> (última consulta: 15-10-2010).

[22] Lo dicho no implica que el significado de *puntada* se cierre ahí. Nuevas acepciones podrían ampliar el panorama trazado y hasta ser motivo de nuevas creaciones léxicas.

Es curioso cómo se va rellenando el supuesto significado total de *punzada* según avanzan las acepciones. La punzada es el punto y es la distancia entre dos puntos, pero también es el hilo que recubre esa distancia e igualmente la acción (vista con perspectiva terminativa) de taladrar el punto y trazar la distancia, recubriéndola con el hilo. En este sentido, la [acción] de la acepción 2, describe los resultados obtenidos en las acepciones 1, 3 y 4, vistos globalmente. Por esa misma razón, el *DRAE* debería alterar el orden de sus acepciones, que desprecia la lógica semántica. En una "segunda parte" *puntada* trae ciertos particularismos como es la metáfora de que el asta del toro sea equivalente a la aguja, un tecnicismo que debería estar marcado para Taurom. (Tauromaquia); o es la metáfora de que se confunda la [causa] con la [consecuencia], o que el 'dolor agudo' propiciado por una punzada sea producto de una herida real o simplemente el recuerdo del dolor momentáneo y profundo de una herida contusa en un punto del organismo. Una "tercera parte" la debería constituir la nueva metáfora de que algo /-Material/ hiera (acepción 6), como lo hace lo /+Material/ ya de forma real, ya ficticia (acepción 7). Así se producen varios subespines, que son sendas catástrofes o discontinuidades que medimos como acepciones. Solo cuando el contexto es lo suficientemente preciso es posible conocer el significado exacto de *puntada* o incluso su espín principal, aquel en que la sensación pueda ser positiva, como de hecho sucede: *punzada de placer, punzada de excitación, punzada de deseo*..., o alargada en el tiempo y no momentánea como en *Le dolió como una larga punzada la herida que el aire enfriaba*...

Esto mismo sucede en todas las entradas del diccionario, salvo en las artificiales, las monosemias, en que el espín está supuestamente polarizado o no se ha generado todavía. Es la prueba de que la polisemia es consustancial con la "lengua" como la superficie de la plaqueta de proyección es susceptible de señalar diversidad de puntos en que se puede fijar el fotón lumínico cuando atraviesa las correspondientes ranuras.

Veamos ahora otro ejemplo en lexicografía bilingüe, la palabra *pueblo*. El *ND* (Calvo Pérez 2009b) nos proporciona las siguientes acepciones:

(3) PUEBLO {[viv.] [col.]} [‡cant.] (conjunto {de casas agrupadas por calles, con entidad propia}), *llaqta (llaqtacha)*; [+cant.] (ciudad), *llaqta (hatun llaqta)*; [±cant.] (villa), *marka3*; «coloq.», *taksa llaqta*; [soc.] (gente {que vive en un pueblo}), *runa (llaqta runa; kumun runa)*; [±soc.] (grupo {étnico}), *llaqta*; [±cant.] (aillo ¶), *ayllu*; [+soc.] (población {de un país}), *llaqta runakuna*; {[soc.] [-cant.]} (gente {humilde}), *runa (runakuna)*; [++soc.] (país {con gobierno independiente}), *llaqta*.

Se trata de un ejemplo sencillo, pero resulta poco probable que acertemos cada una de esas acepciones si no es en el contexto adecuado: *El pueblo se hun-*

dió como consecuencia del terremoto, Todo el pueblo se congregó en la plaza, El pueblo ya ha opinado el día de las elecciones, No hay que confundir pueblo con lengua, Al pueblo le basta con fútbol y telebasura... Y, sin embargo, la suma de todos estos módulos equivale a la unidad "pueblo" en consonancia con la Mecánica Cuántica.[23] También se trata de una equivalencia entre lenguas conscientemente elegida, en razón de que la variabilidad en quechua es tan pequeña que no influye ni en el orden ni en la diferenciación de posibles significados en español, pero que tampoco resulta fácil adivinar *a priori*: los equivalentes son *llaqta* (y excepcionalmente *marka*) cuando se alude a lo general y a lo /-Material/, pero *runa*, adscrito a lo /Humano/ (y excepcionalmente *ayllu*, por antonomasia), aunque en su referencia más general, última acepción, vuelve a recubrirse con *llaqta*. Obsérvese que *llaqta*, por su parte, cubre la variación del Principio de Incertidumbre, después de una supuesta sucesión de acepciones espínicas, también equivalentes en conjunto a la unidad y cuya "localización" exacta está igualmente a expensas del contexto. Veamos la compleja entrada de *llaqta* (Calvo Pérez 2009b):

(4) LLAQTA *(hatun llaqta)* {[loc.] [+cant.]}, ciudad, urbe ...*Lima llaqta*, la ciudad de Lima; [adm.], capital; cabecera; «cult.», villa; llacta ¶; [adm.], cercado ¶; *(llaqtacha)* [±cant.] *(marka*$_3$*)*, pueblo; [‡cant.], lugar; *(llaqtalla)* [part.], terruño, tierra {natal}; «fam.», origen ...*Pirú suyuqa llaqtay*, el país del Perú es mi origen; [±cant.] *(hawa llaqta)*, provincia; {[hum.] [soc.]}, grupo {étnico}, nación; llacta ¶; *(llaqta runa),* comunidad, llacta ¶ ...*kay llaqtanchispi llapayku wakchayapuyku*, en nuestra comunidad estamos pobres; localidad; [+cant.], nación, país, pueblo; país, patria ...*llaqtaymanta anchata yuyakuni*, recuerdo mucho mi país; [-cant.], región; [±abstr.], bandera, nacionalidad ...*may llaqtamanta kanki?*, ¿de qué nacionalidad eres?; {«fig. ±us.»} *(hatun llaqta)*, clima ...*may hatun llaqtamanta hamunki?*, tú de qué clima procedes; **(adj.)**, natural, nativo {de un lugar}; *(tiyaq)*, habitante; «fam.», terruñero; *(llaqta kaq)* [adm.], civil ...*llaqta kamachiy*, ley civil; [soc.], cívico, patriótico; [-cant.], local, municipal ...*llaqta [ukhupi] kamachikuna*, ordenanzas locales; [‡cant.], popular ...*llaqta raymi*, fiesta popular; [±cant.], capitalino ...*llaqta runa*, hombre capitalino; [+cant.], provincial; [++cant.], nacional; [gen.], local ...*llaqta willakuykuna*, informaciones locales; [abstr.], localista ......*llaqtanpa willakuykunan*, narraciones localistas; {[gen.] [++cant.]}, patrio; <±gram.> **(pref. = pal.)**, demo-.

Llaqta alude, si se hace una revisión sumaria, no solo a poblamiento mayor o menor, sino a lugar de origen, a división administrativa variable, etc. Y se

---

[23] Se trata, más exactamente, de una suma al cuadrado, cuyo valor es uno. De hecho, el significado antónimo entre las dos manifestaciones del espín no anula este, sino que entre las dos complementan el lexema.

comporta sintácticamente no solo como sustantivo, sino como adjetivo y hasta puede traducirse por la semipalabra *demo-* (que solo aparece encabezando compuestos).

Del mismo modo, se producen superposiciones de varias direcciones al mismo tiempo, cuando conocemos el lugar preciso de la ubicación cuántica de una palabra u otra unidad léxica. Sabemos dónde está ubicada la unidad "ciudad" o "aldea" en relación con "pueblo"; sabemos lo que es una "urbe" como Lima. Cualquier campo semántico de las modalidades conocidas nos mostraría que hay un orden de magnitud URBE > CIUDAD > PUEBLO > ALDEA que permitiría ubicar cada una en su lugar, lo mismo que sabemos que hay protones y neutrones en el núcleo del átomo, electrones en sus distintas periferias y otras partículas menores de los que los citados constan. No obstante, la entrada de estas palabras dista de ser de las mismas características evolutivas, de tener, por esa razón de posición, el mismo momento angular:

(5) **ALDEA** {[viv.] [col.]} [-cant.] (caserío), *hallka*; [+cant.] (poblado), *marka$_3$*; [-cant.] (poblacho), *llaqtacha*; «fig.» (gente {de la aldea}), *runa (runakuna).*

(6) **CIUDAD** {[viv.] [col.]} [++cant.] (espacio {grande, ocupado con edificios, separados por calles, que se dedican a la administración, a la diversión y al comercio}), *llaqta (hatun llaqta)*; (casa de la ciudad) [—cant.] (ayuntamiento), *llaqtaq wasin*;[24] [soc.] «fig.» (gente {de la ciudad}), *llaqta runa*; [-mat.] (lo urbano), *llaqta kaq*.

(7) **URBE** {[viv.] [col.]} [+++cant.] «cult.» (ciudad {muy grande}), *llaqta*.

Hay en ellas momentos parecidos, correlacionables, como el hecho de que por metonimia los habitantes se nombren del mismo modo que la agrupación de sus casas: *La aldea está lejos - la aldea espera, como cada domingo, el toque de campanas de su iglesuela*; *La ciudad despertó temprano - La ciudad humeaba como consecuencia de las calefacciones*. Es seguro que esta circunstancia se podría extender sin problemas a *urbe*: *Toda la urbe estaba expectante como consecuencia de las malas noticias del Vaticano*. Eso hace demasiado expletivas, probablemente, algunas de las acepciones del diccionario. No obstante, la lexicogénesis es incierta: el paso de *HALLKA* < *MARKA* < *LLAQTA* desde el quechua no es previsible. Desde la perspectiva monolingüe no está determinada la extensión de CIUDAD a la casa en que se resuelven los asuntos administrativos (ayuntamien-

[24] Más variadamente: *huñunakuy*; «fig.» (municipio), *munisipiyu*; «fig., fam.», *llaqtaq wasin*; «cult.», *munisipalidad*; «-us.», *ayuntamiyintu*.

to), a la explicación de la dedicación de sus gentes o a la abstracción conceptual *in extremis* que se ofrece con el *lo* neutro para significar “lo urbano”. Ahí está el caso de que esto debería asumirse bajo la entrada *urbe* o bien habría que hablar, como habitualmente se hace, de “ciudadanía”. En el ejemplo se comprueba la aplicación directa del Principio de Incertidumbre de Heisenberg, cuya representación se puede ver en el gráfico siguiente:

GRÁFICO 4[25]

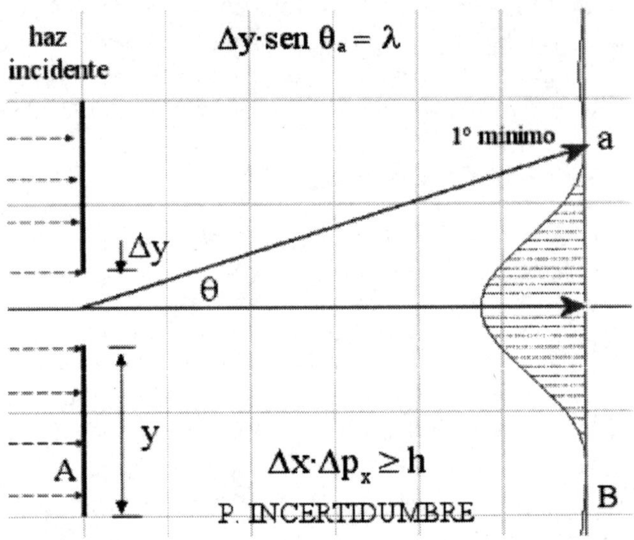

La visión de un objeto grande, al dirigirle un foco de luz, altera su posición, aunque tal modificación sea insignificante. En cambio, a la hora medir la órbita del electrón la energía dirigida al mismo altera en tal grado su posición que es imposible conocerla, salvo por la probabilidad señalada. Es lo que nos ha sucedido cuando hemos querido medir a fondo la palabra *pueblo*. Esto no quiere decir que el diccionario devenga en una labor imposible, sino que todo ejercicio metalingüístico es indeterminado en algún grado y que los lingüistas hemos de contar con ello: por muy extenso que hagamos un diccionario, o una entrada del mismo, no llegaremos a precisar el léxico con exactitud. Es más, cuanto más esfuerzos hagamos en hacer una descripción detallada y puntual, cuanta más “luz” proyectemos en ella, más lejos podremos encontrarnos de la realidad de lo que defini-

[25] Tomado de <http://www.acienciasgalilei.com> (última consulta: 15-10-2010).

mos, pues daría la sensación de que nos abocamos a un objeto concreto y no a una clase de objetos, es decir, a una enciclopedia y no a un diccionario. Y, entonces, dejarían de actuar las constantes desviaciones e intervalos que nos enseña la Semántica de prototipos para entrar en la particularidad identificativa y connotativa del nombre propio.

3. Clasificación de los espines

Dejo los conceptos físicos a un lado; es además casi un enigma conocer el alcance que puede tener esta alegoría científica de aproximar dos realidades tan aparentemente heteromorfas para la mayoría de los lingüistas (y todo hay que decirlo: de los matemáticos). Así que, tras esta primera parte hipotética, que soporta desde fuera (con metalenguaje de otra ciencia) el tinglado epistemológico, propongo internarnos en los espines léxicos propiamente dichos. Un **espín léxico** es básicamente un constructo paradigmático, con proyección sintagmática, en que se da, idealmente, una relación de oposición total como en *terrible*$_x$, "que produce terror", y *terrible*$_{-x}$, "extraordinario, importante", o en *gracia*$_x$ y *gracia*$_{-x}$ de los ejemplos *Gracia la que usted tiene* y *Mira, qué gracia, me ha ensuciado*. En la brevísima atención dedicada a los espines primarios, algunos autores han visto una relación de equipolencia (Muñoz Núñez 1999: 119) como producto de la inversión semántica o contrariedad (ibíd.: 125), o han supuesto que se trata de un sincretismo de formas apenas dignas de mención y no una posibilidad esencial de los signos en juego. Yo creo, por el contrario, que hay que superar la postura estructural o funcional, excesivamente puntual, de estos autores (Bally 1932, Duchaček 1965, Millán Orozco 1972, Bustos Tovar 1967, Gutiérrez Ordóñez 1981, Casas Gómez 1990), que ya hemos comentado (cf. 1.ª parte, apartado 2.2, y 2.ª parte, apartado 1.1), para embarcarse directamente en la teoría cognitiva natural y en sus consecuencias; o dicho de otra manera: hay que enriquecer la teoría funcional con las aportaciones de la pragmática y el cognitivismo, reforzados por la teoría de la percepción humana, con el fin de darle al tema amplitud de miras. ¿Cuál es la razón, si no ha quedado clara todavía?: el hecho de que la antonimia es el eje de toda diferenciación semántica, la cual se produce bien al interior de un signo, bien entre signos diferentes una vez que se produce lexicogénesis, en una zona de frontera, la de la fundación de la Semántica.[26] En otras

[26] La Semántica, a tenor de su génesis (la regla antiperceptiva de la desemejanza), no solo es deudora directa del Principio de Incertidumbre en cuanto a la antonimia, sino que tal principio redunda en su reificación y se extiende a todos los fenómenos relacionados con ella. Véase

palabras, que este fenómeno, marginal, sospechoso y molesto para los estructuralistas ortodoxos, encierra en sí mismo la punta de un *iceberg*, cuya aparición desvela la estructura fundacional de la Semántica y por tanto el germen de su constitución y el núcleo de nuestra actuación.

Dicho lo anterior, hay que aceptar sin ambages que el espín es un fenómeno absoluto: existe siempre, se manifieste o no. O tal vez sea mejor expresarlo de otro modo: el espín puede estar tan oculto que no seamos capaces de encontrarlo, ni siquiera con alguna técnica semántica especial; o que tal vez suceda que la diseminación léxica ha intentado obviarlo desde el principio, creando palabras monosémicas, incapaces de inicio de bifurcarse en su significado y el contrario. Pero el espín está ahí en la base del léxico. Por ejemplo, se encuentra en las propalabras conocidas como preposiciones y conjunciones o en los morfemas de caso de las lenguas flexivas y aglutinantes: en latín *–æ* del genitivo era también la forma del dativo; en español, *a* se presenta muchas veces con valores de *de* y viceversa (ver más adelante el apartado 3.2.2.2.1); *y*, por su parte toma frecuentemente valores lógicos de *o* etc. Se halla en los verbos deícticos *ir* y *venir*, en las palabras de parentesco de las lenguas. Y algo insospechado de inicio: allí donde hay antonimia ha habido antes de la creación léxica del contrario un espín embrionario (la antonimia es un espín desarrollado). Y allí donde hay sinonimia ha habido, antes de la creación léxica, polisemia, que es la emergencia de semas contrarios u opuestos o bien de semas añadidos a las bases o sememas; es decir, de nuevo espines embrionarios de categoría menor (o subespines). El espín es y está en tanto en cuanto están los semas y opera a base de semas espejo, semas que se generan *per se* como oposición a algo o como imitación de algo. Lo que surge por imitación se genera *a posteriori*, lo que surge como oposición se genera *a priori*.

Los espines son, por tanto, de distinta naturaleza. Los principales son los obligatorios u originarios y aducimos que siempre existen (como el que se da en *con*); otros nacen a instancias de un despliegue de formas posterior (como ocurre con *culpa* o *tachado*, como veremos más abajo: apartado 4, punto 12 y nota 116).

---

que incluso la homonimia nace en ocasiones por alejamiento sígnico desde la polisemia (asíntota o subespín mínimo) y no por aproximación (paronimia) o confluencia (identidad) de significantes externos. No es lo mismo el caso de *llama*$_1$ 'lengua de fuego' / *llama*$_2$ 'animal' que el de *muñeca*$_1$ 'juguete' / *muñeca*$_2$ 'abultamiento de la mano'; en una situación de alejamiento progresivo del significado de base, a mitad de camino entre los dos ejemplos, tendríamos: *tapa*$_1$ 'tapadera' / *tapa*$_2$ 'aperitivo', como metáfora natural, y *cigüeña*$_1$ 'animal' / *cigüeña*$_2$ 'parto que trae un hijo' *(Ha venido la cigüeña este mes)*, como metáfora cultural igualmente propicia para la diseminación semántica (que no léxica, puesto que supone un ahorro de palabras).

Unos pueden estar motivados por exigencias internas de la lengua, los nucleares o fundacionales; otros también pueden producirse a instancias externas. Y hasta ser artificiales como la antífrasis o la ironía. Por el tamaño e independencia semántica, en fin, pueden ser clasificados como mayores y menores, es decir generados por antonimia inicial o bien por oposiciones o surgimientos de la dinámica del léxico, en tensión generalizadora.[27]

En lo que sigue nos ocuparemos de destacar principal, pero exclusivamente, los espines periféricos, dado que los nucleares se han venido mostrando teórica y prácticamente en la parte del trabajo que antecede.

3.1. Espines externos

3.1.1. *Espines motivados por exigencias del mundo (naturales)*

A nadie debe extrañarle que lo que significa una cosa en un lugar, pueda significar, con el mismo nombre, cosa contraria en otro. Obsérvese el siguiente ejemplo del *ND* (Calvo Pérez 2009b), motivado por el cambio de hemisferio en el uso de las lenguas:

(8) **VERANO** «coloq.» [met.] (estación {de calor, de junio a septiembre}), *ruphay (ruphay mit'a, ruphaypacha)*; «fam.», *q'uñi mit'a*; «vulg.», *q'uñi tiyinpu*; (época {de sequía}), *ch'akiriy killa*; (invierno ¶) **($)** (estación {lluviosa, de septiembre a marzo}), *puquy*; «coloq.», *paray killa (paray mit'a)* // **INVIERNO** (estación {fría del año, de diciembre a marzo}), *qasay pacha (qasay tiyinpu)*; (verano ¶) [‡cant.] **($)** (época {cálida, de lluvias intensas, de septiembre a marzo}), *paray pacha*; **(±$)** [±cant.] (primavera {fría, de marzo a agosto}), *chiraw (chiraw mit'a), chirawa*.[28]

[27] Ni qué decir tiene que en Semántica también hay tensiones reductoras y pérdida sémica, deshaciéndose los espines secundarios como el tejido de Penélope, en sentido contrario al de su creación. Pero al final del proceso eliminativo, quedará siempre como base el espín primario o la palabra se habrá desnaturalizado haciéndose obligadamente monosémica.

[28] El siguiente ejemplo está tomado de Internet: "Llego a Asunción a las siete de la noche y me dicen que son las seis. O sea que ya llego [con] seis horas de diferencia con España. Y estoy sudando, o sea, que tengo que quitarme ropa y meterla en la bolsa. Y ya no venden nada con pesos sino con guaranís. Para colmo resulta que la gente habla todo raro, cosas que yo no entiendo nada. Dicen que ese idioma se llama también guaraní y que lo habla el 90% de la gente. Me recoge Orly en el aeropuerto y me lleva a su casa. Allí está Paz, su pareja. Tienen un departamento muy grande y bonito. Me ducho, me pongo las sandalias de verano *(aquí lo llaman invierno)* y saco el pijama de verano". Cf. Emilio Arranz Beltrán, *Relato de mi viaje a América Latina*, <www.cafehumanista.net/files/relato_viaje_AL_2006.doc> (última consulta: 17-06-2006).

Lo ideal, en estos casos, sería no incurrir en coincidencia de nombres, sino hablar de *estación seca* y estación lluviosa o de cualquier otra designación desambiguadora, aunque no es del todo justo: cada hábitat tiene derecho a su verano y a su invierno por más que estos difieran en intensidad, en la cantidad de meses que duran o en las consecuencias meteorológicas que los acompañan. Lo cierto es que el espín existe, porque el mismo nombre es capaz de albergar diferencias notables de elementos referenciales antes de desdoblarse en otro nombre.

Un apunte añadido, a este respecto, tiene que ver con que no se ha de confundir significado propio en una lengua con patentización hecha en ella a través de traducción, ya que podría llevar, innecesariamente, el problema léxico de una lengua a otra. Se ve con claridad en:

(9) ***HAWA LLAQTA*** *(hawachalla)*, arrabal, barrio {de extramuros}; [+cant.], provincia; *(hawa)* [++cant.], extranjero *...hawaman [= hawa llaqtaman]*, al extranjero; [abstr.], extranjería *...hawa llaqtaq kamachikuynin*, ley de extranjería; **(adj.)** «fig.», exótico, extranjero *...hawa llaqta runa*, hombre exótico; «cult.», alógeno; **($)**, suburbano.

Hawa es 'arriba' y 'afuera' en quechua y, potencialmente, las dos cosas a la vez. Cuando *hawa*, que alude a los arrabales de la ciudad –que siempre están hacia arriba en la montaña en tierra de quechuahablantes–, se traduce a español, ha de hacerse mediante el recurso contrario, el que aboca a *suburbio* y *suburbano* ('en la parte baja de la urbe'). Esto indicará, únicamente, la relatividad de lo cultural y social, y producirá, si acaso, un espín intercultural. En ciertos poblamientos lo que está más arriba es el castillo, luego los barrios consolidados y en la parte baja los suburbios, mientras que en otros, la conquista de la montaña la hacen las clases populares, una vez que el suelo llano ha sido copado por la aristocracia. Hoy mismo, con los cambios posteriores sobre la ciudad medieval y renacentista operados en Europa, hablar de suburbios y de barrios bajos no implica necesariamente la ubicación aludida.[29]

El siguiente ejemplo es intralingüístico, pero se nos destapa extralingüísticamente al hacer el desarrollo léxico de la entrada en el diccionario bilingüe y revisar su despliegue conceptual:

(10) ***TUYUY*** {[líq.] [±int.]} «fam.» *(tiyay)*, asentarse {el poso} *...aqhaq qhunchun tuyukun*, se ha asentado la madre de la chicha; *(tuyuykuy)*, reposar *...aqha tuyu-*

[29] Otro ejemplo: en la cultura andina, no se acepta ser consultor, sin ser consejero; de ahí el aparente espín de ***anyaq*** "**(adj.)**, premonitor, premonitorio; [+Ag.], censor; **(sust.)** *(kunawa)*, consejero {suave}; [+cant.] corrector, reprensor; *(patachaq)*, corregidor; (≈$), consultor".

yushan, está reposando la chicha; [±ext.] **(±$)** «fig., fam.» *(tuytuy)*, flotar, moverse {sobre un líquido} *...platupi ch'uspi tuyushasqa*, en el plato estaba flotando la mosca; boyar; **(sust.)**, hez {superficial} *...qhunchuq tuyuynin*, la hez del concho; {[-mov.] [líq.]} *(qucharikuy)*, restaño.

La idea general que transmite *tuyuy* es la de que algo que es parte de otra cosa sufre movilidad respecto a ella. Al tratarse de un líquido, puede suceder que las partes sólidas que contiene se separen de las líquidas bien en la superficie, al flotar, bien en el fondo del mismo, al hundirse. El espín queda en seguida de manifiesto, aunque no se percibía abiertamente como una entidad abarcadora de sus dos opciones en la descripción "aclararse, clarificarse un líquido".

3.1.1.1. Espines motivados por la percepción de las cosas

Si una cosa puede interpretarse como positiva o negativa, según el cristal con que se mire, entonces la palabra o palabras que la nombren generan directamente un espín. Es lo que sucede con la cita del frontispicio de esta tercera parte en que *altura* y *profundidad* son dos variantes antagónicas, sometidas a la perspectiva del momento, de la primera dimensión con el rasgo de [verticalidad], escindible en [positivo] y [negativo] según se mida desde la planta de los pies hacia arriba o hacia abajo. Se trata de una cuestión opinable; y como todo es opinable, seguramente el espín debe considerarse también como fenómeno meramente natural supeditado al criterio de relatividad. Sea el ejemplo siguiente, tomado del *DRAE*:

(11) FACHOSO, SA (De *facha*[1])
1. adj. coloq. De mala facha, de figura ridícula.
2. *Chile* y *Ec.* jactancioso.
3. adj. *Ec.* Elegante, gallardo, de buena planta.
4. adj. *Méx.* Que viste impropiamente.
5. adj. *Perú.* De aspecto y traje vistosos.

Aquí se observa con claridad meridiana que la facha (término visto *a priori* como negativo) se sirve ante todo de un revestimiento sémico neutral, para poder derivarse después hacia ese aspecto negativo, aunque no solo a él. En efecto, *facha* en el *DRAE* se define como "coloq. Traza, figura, aspecto" en una primera acepción, aunque la segunda, de inmediato, advierta de que la visión negativa es la marcada: "coloq. Mamarracho, adefesio". La etimología de la palabra *facha*, del italiano *FACCIA*, 'cara', sugiere igualmente una postura neutra: la cara puede ser fea o bonita, redonda o larga, simpática o antipática..., aunque reciba inicialmente nombre peyorativo, como ocurre metafóricamente en el Perú con *cacharro*: 'Rostro, cara de las personas' *(DiPerú)*.[30]

En segundo lugar, vemos tres haces de acepciones en *fachoso*, con sufijo abundancial *-oso*: las que aluden a la figura física intrínseca (1.ª y 3.ª), las que aluden a la figura física extrínseca (4.ª y 5.ª) y las que lo hacen al mundo psíquico (2.ª). Las físicas intrínsecas constituyen un subespín dentro del espín general y contraponen un significado negativo geográficamente general a otro positivo, centrado únicamente en Ecuador; obsérvese que la definición tiene que valerse en cada caso de palabras evaluativas como "mala" frente a "buena". Ello prueba que existe previamente un espín global, pese al desorden anacrónico en los artículos de la Academia. Este espín se patentiza también en la vestimenta, la figura física extrínseca que indica para México una valoración negativa con "impropiamente" y para Perú una positiva con "vistosos". El haz psíquico encierra definitoriamente la palabra "jactancioso" que también tiene, *in extremis*, corte espínico, pues si *jactancia* en el *DRAE* es "alabanza propia, desordenada y presuntuosa", también es modo de alabanza ante lo hecho, como consecuencia de que la persona se siente poco valorada en sus actos, generalmente (aunque no necesariamente) positivos.

La cuestión se enrarece porque las distintas definiciones, salvo la primera, acotan geográficamente su extensión, lo que sugeriría que el significado se especializa como consecuencia de los usos diferentes. Es el caso, también, del siguiente ejemplo del *DRAE*:

(12) **BACÁN**

1. m. coloq. *Cuba*. Hombre mantenido por su esposa o por su amante.

2. m. *Ur.* Hombre que costea los gastos de las mujeres con las que mantiene vínculos.

en el que un varón pasa de mantenido a mantenedor según el país de referencia, Cuba o Uruguay. También es el caso de *cuajo*, en que, al igual que en la situación anterior, no media sufijo modificador alguno:

---

[30] Los dos ejemplos que siguen, tomados igualmente de *DiPerú* (M.ª del Carmen Latorre), evidencian lo dicho:

(1) "Si he trabajado en casi todos los canales, ha sido por lo que digo y hago, no por mi apariencia; si no, con este cacharro nunca hubiera aparecido en televisión" (Juan Álvarez Morales, "Daniel Peredo: 'Nada de mi físico me preocupa'", < http://tinyurl.com/6asz3jg> (última consulta: 02-10-2007).

(2): "Tiene todo el cacharro de su padre: son dos gotas de agua" ("Jerga peruana", <http://www.elbuscapersonas.com.pe/jergas/jergasperuanas.htm> (última consulta: 05-10-2010).

Este comentarista, además, ha oído con frecuencia frases como *Esto lo he conseguido con el cacharro que me ha dado Dios, si ayuda de nadie* y otros ejemplos por el estilo.

(13) **CUAJO**
1. Desfachatez, cinismo y osadía (*DiPerú*).
5. coloq. Calma, pachorra (*DRAE*).

La mayor actividad negativa del Perú no empece la tradicional pasividad negativa de España.[31] Los acotamientos son ciertos; y es precisamente por ello por lo que es posible constatar el espín, es decir, la posibilidad de dos lecturas encontradas, que no siempre son evidentes, sino que se presentan encubiertamente en la mayoría de los contextos. La prueba está en que sin cambio geográfico el espín es perfectamente observable, como en este nuevo ejemplo académico, también dentro del campo del sufijo valorativo *–oso* (de origen latino):

(14) **LAMENTOSO, SA** (Del lat. *lamentōsus*).
1. adj. Que se lamenta.
2. adj. Que merece llorarse.
3. adj. Que infunde horror o tristeza.

Tenemos un primer espín entre la acepción 1.ª y la 2.ª: un alguien que experimenta dolor, Experimentador, se opone a un algo desgraciado, que se toma como Meta. Tenemos un segundo espín en que un algo que se toma como Meta se opone a otro algo que se toma como Causa (3.ª acep.), ganando un sema [+act.] del que carecían las dos primeras acepciones.

En Morfología, los cambios habidos con los morfemas muestran abiertamente muchas veces doble orientación sobre la actividad/pasividad de los actos. Por ejemplo, en el Perú (según Ana Arias, de *DiPerú*) tenemos *pestañazo* como 'golpe de pestañas' o 'golpe en las pestañas', según las dos acepciones siguientes:

(15) **PESTAÑAZO**
1. Sueño breve poco profundo.
2. m. coloq. Golpe dado con el puño, con poca fuerza, hacia los ojos.

Los ejemplos que siguen lo revelan:

(16) A 30 años de matrimonio con Emilio Estefan, Gloria se siente feliz, pues asegura que esos años se han pasado como "un pestañazo$_{a}$, pues ha sido maravilloso haberlos compartido con él. Nos casamos enamorados y seguimos igual".[32]

---

[31] Al tratarse de un subespín, es decir, de una bifurcación semánticamente más profunda, en este ejemplo es menos evidente la oposición existente. Si el cuajo (o levadura) es un catalizador activo que deja ver sus consecuencias, también es cierto que actúa con lentitud, no de inmediato: de cada una de esas dos ramas (+ y -) nace, colateralmente, la oposición subespínica.

[32] Dicho por Gloria Estefan en la promoción de su disco "*90 millas*", *Netjoven*. Cf. <http://tinyurl.com/6zz3dcu> (última consulta: 14-07-2009).

(17) El popular cómico 'Melcochita' se mostró extrañado por la reacción de Jimmy Santi, argumentando irónico que le tiene sin cuidado y que "si quiere, que me dé un pestañazo$_b$".[33]

Algo parecido sucede con *consultor*. El espín se produce –o para ser más exactos se aprecia– cuando el morfema activo de Agente en *-dor* se desdobla sintácticamente en algo y su contrario: *consultor* es 'quien consulta', pero también es Receptivo (Paciente): 'a quien se consulta'. Y con *pelón*, del que siendo aumentativo, dice el *DRAE* (22.ª ed.):

(18) **PELÓN, NA**
1. adj. Que no tiene pelo o tiene muy poco. U. t. c. s.
2. adj. Que lleva cortado el pelo al rape. U. t. c. s.
3. adj. coloq. Que tiene muy escasos recursos económicos. U. t. c. s.
4. adj. *Ec.* Que tiene mucho pelo.
5. f. Caída del pelo.
6. f. coloq. *Am. Cen., Cuba, Méx.* y *Ven.* muerte (|| cesación de la vida). *La pelona*.[34]

El pelón es el que tiene mucho pelo en Ecuador, pero también aquel al que se le ha caído mucho pelo, el pelado, en España. No obstante, ya no se trata solo de los falsos amigos en dos países distintos de habla española, ya que sin salir de Ecuador se dan las dos tendencias, aunque con cambio de categoría sintáctica, al margen de lo semántico desplegado en espín.

[33] Rafael Roque, "Melcochita a Jimy Santi: 'Si quiere que me dé un pestañazo'", *Perucom: Entretenimiento y cultura*, < http://tinyurl.com/66b47ek > (última consulta: 26-10-2008). Por lo general, *-azo*, como sufijo aumentativo, suele ser negativo, aunque los espines explícitos abundan. Pero como además *-azo* es bastante polisémico, también puede ser impactativo: sufijo de golpe, como en el caso analizado *(pestañazo)*. En tal acepción, significa tanto golpe dado con algo *(porrrazo)* como golpe dado en algo *(espaldarazo)*. Así se confirma en la correspondiente entrada del *DRAE*: "1. suf. Tiene valor aumentativo. *Perrazo, manaza*. 2. suf. Expresa sentido despectivo. *Aceitazo*. 3. suf. A veces significa golpe dado con lo designado por la base derivativa. *Porrazo, almohadillazo*. 4. suf. En algún caso, señala el golpe dado en lo significado por dicha base. *Espaldarazo*". Si descendemos en el nivel de sutilidad, seguimos encontrando el espín, siendo su comportamiento un comportamiento fractal, una bifurcación del significado que se produce en cualquier sema menor. Por ejemplo: *cañazo* es 'golpe que se da con una caña' y también 'golpe de caña que alguien recibe cuando pasa por un cañar'. ¿Podría significar también 'golpe dado en una caña'? Por supuesto que sí, pero en este caso el subespín se produciría únicamente en el par [+voluntario] *vs.* [-voluntario] y no en el en el par [impactativo instrumental] *vs.* [impactativo locativo].

[34] En el avance de la 23.ª ed., el *DRAE* ha eliminado esta acepción. Entre otras cosas había una confusión entre *muerte* como suceso y *muerte* como agente.

Se aplica el argumento de igual modo a *locazo*, palabra que, al contener un sufijo aumentativo, debería significar 'muy loco' o 'bastante loco', cuando en realidad significa:

(19) **LOCAZO, ZA.** coloq. adj. *Perú*. Persona que demuestra extravagancia e insensatez.

Es decir que locazo es el que está solo un poco loco o exhibe cierta extravagancia, pero que no es persona apta, si no evoluciona a peor, para ser llevada a un manicomio.

El caso curioso de la Semántica en que se inserta la anterior reflexión es aquel de la direccionalidad de los aumentativos, diminutivos y comparativos. Si un adjetivo supera la norma media, su aumentativo debería superarla más: *grande* es menor que *grandazo*. Pero sucede que en ocasiones la supera menos: *grandote*. Cuando el adjetivo se queda por debajo de la norma, el diminutivo la disminuye aún más: *pequeño* no llega a la norma media, pero *pequeñito*, reduce todavía más el tamaño y *pequeñote* lo aumenta sin llegar al límite medio. En otros adjetivos, más subjetivos, el aumentativo restringe aún más el adjetivo negativo: *fácil*, pero *facilón*; *difícil*, pero *dificilón* (con dos lecturas: 'algo más/algo menos difícil'). Hay, por tanto, adjetivos para todos los gustos (Bierwisch 1965) No obstante, por ese comportamiento bífido que tiene toda unidad semántica, puede suceder incluso que un aumentativo del negativo se desvíe abiertamente en contrario y rebase la norma a su antónimo; dados *mucho* (>N) y *poco* (<N), tenemos que:

(20) **POCOTÓN** o **POCOTOTE**. Bastante, mucho,

donde *pocotón* no aumenta lo poco a más poco (<<N), como sería el caso sin que mediara evaluación capciosa, sino que aumenta la cantidad, rebasando la norma, con doble espinización (de <N → a >N).

En latín tenemos, como se puede comprobar en cualquier diccionario de esa lengua, el siguiente ejemplo, en que *tantum, -i* significa lo mismo 'tanto y tan grande' como 'tan pequeña cantidad'.

(21) ***TANTUM, -I.*** n. Tanta cantidad, tanto (*tantum hostium* 'tan gran número de enemigos', *tantum belli* 'una guerra tan grande' [...]. Tan pequeña cantidad, tan poco (*præsidii tantum est, ut ne murus quidem cingi possit* 'hay una guarnición tan pequeña que ni siquiera puede rodear la muralla').

Y ello es así fundamentalmente porque *tantum*, palabra evaluadora básica significa en el fondo meramente 'tanto, la cantidad necesaria y suficiente' como en *Tantum cibi et potionis adhibendum ut*... 'hay que tomar solo la comida y bebida necesarias para…'.

Frecuentemente, los ejemplos marcan la tendencia contraria: al hecho de que *tantum* tenga dos lecturas con una misma morfología se une el hecho opuesto de que dos morfologías antagónicas constituyan de por sí sinónimos. Es el caso de *cerviguillo* y *cervigón*, con sufijo diminutivo *-illo* y aumentativo *-ón*, los que define así la Academia:

(22) CERVIGÓN. 1. m. cerviguillo.

(23) CERVIGUILLO. 1. m. Parte exterior de la cerviz, cuando es gruesa y abultada.

Como las dos palabras derivan de *cerviz* "(Del lat. *cervix, -īcis*). 1. f. Parte dorsal del cuello, que en el hombre y en la mayoría de los mamíferos consta de siete vértebras, de varios músculos y de la piel" *(DRAE)* y ni siquiera llevan registros diferentes, habría que pensar que se trata de dos sinónimos perfectos, en que hasta es dudoso que el uso se decante más por *cerviguillo*.[35] Sea cual sea la distinción, lo cierto es que con sufijo diminutivo se habla de zona "gruesa y abultada". La razón está en lo siguiente: el diminutivo está justificado porque se trata de la parte de un todo, aunque sea abundante; el aumentativo se justifica porque la parte principal se considera más gruesa y abultada, y forma un todo mayor. Se trata, en suma, de una cuestión de perspectiva.

3.1.2. *Espines motivados por la psicología de los pueblos (sociales)*

El hecho de que el mismo espín pueda producirse en dos o más lenguas diferentes no parece tener más explicación que el que se produzca por metonimia universal y se deba a exigencia de las situaciones, o escenas, del mundo. Por ejemplo, en español el adjetivo *lactante* se refiere tanto a la madre que da de mamar como al bebé que mama (Calvo 2009b):

(24) LACTANTE [±Ag.] (que mama), *ñuñu (ñuñuq)*; «cult.», *q'ulla*; [±Caus.] **($)** (que amamanta), *ñuñuq*.

---

[35] En Internet (01-09-2010), mientras la búsqueda en Google España de "cerviguillo .es" da 2.260 registros, la de "cervigón .es" da 39.600 (3.650 y 42.400 respectivamente el 16-10-2009). Pero eso es lo de menos: las cosas pueden haber cambiado con el tiempo, de ahí que el *DRAE* remita de la aparentemente más usada a la supuestamente menos usual.

Que el sufijo *-nte* sea [±act.] permite semejantes interpretaciones medias en que tanto la madre como el hijo son relativos protagonistas. Pues bien, el mismo fenómeno se observa en quechua como se ve en el ejemplo (24) y se ratifica en (25):

(25) *ÑUÑUY*, lactar, mamar *...ña ñuñunña hir'qicha*, ya ha mamado el chico; **($)** *(ñuñuchiy)*, atetar; «±us.», tetar; **(fr.)**, tomar el pecho; [Caus.] **($)**, dar de mamar *...ñuñuy*, dale de mamar; **(sust.)**, mamada; **($)**, tetada *...huq ñuñuyllapi saksarapun*, en una tetada no más se ha saciado,

donde *lactar* significa, según el *DRAE*: "1. Dar de mamar. 2. Criar con leche. 3. p.us. Mamar (|| chupar la leche)". Con *prestar* y *alquilar* (más abajo), sucede lo mismo en las dos lenguas, aunque con un mayor equilibrio semántico (casi como en *comprar/vender*, que es el ejemplo prototípico de la igualdad actancial con cambio de perspectiva). Esto sucede en múltiples casos.[36] Comento ahora un ejemplo en español para que se vean los ajustes semánticos. Por un lado tenemos (en el *DRAE*):

(26a) JUGAR [...]
3. intr. Entretenerse, divertirse tomando parte en juegos sometidos a reglas. [...].
10. intr. Dicho de una cosa: hacer juego (|| convenir o corresponderse con otra).

Y en Perú (según Paola Arana, de *DiPerú*):

(26b) JUGAR. 1. jerg. act. Sobornar con dinero. 2. pas. Dejarse sobornar con dinero.

En el caso español, *jugar* es verbo activo cuando el sujeto es Agente y está representado por el clasema /Animado/. En caso contrario, con el clasema /-Animado/, el verbo se vuelve pasivo y pasa de inergativo a inacusativo. En el caso peruano, y en el ámbito jergal, *jugar* es causativo bien activo o bien pasivo (Causación factitiva / Causación permisiva), como muestran los dos ejemplos siguientes:

---

[36] No se trata de hacer prolija la descripción, sino de ejemplificarla abundantemente, dada la novedad teórica del tema. Pero puesto que el quechua y el español son lenguas riquísimas en manifestaciones espínicas explícitas, las cuales afloran incluso en la Morfología Flexiva (Calvo Pérez 1991; 2007a: 46), haré un apéndice con algunos ejemplos más, acompañados de un comentario sucinto, con el fin de no rebasar el límite, impuesto por mí al comenzar la redacción de esta obra, de los 200 predeterminados, los más útiles o representativos que he podido encontrar.

(27) Nosotros jugamos$_{p}$ a cada rato; sobre todo con la gente de vigilancia, pues. Ellos son los que te dejan dar el golpe; luego llaman avisando [de] que ha habido un robo, para que nadie sospeche de ellos (entrevista personal: noviembre de 2009).

(28) El tío de la entrada juega$_{q}$; si tú le das plata, al toque te deja entrar a la fábrica. A él también le toca un poco por billete (entrevista personal: noviembre de 2009).

El traspaso de una diátesis a otra es muy frecuente en las lenguas, en que se ahorra léxico en beneficio de una diferente estructura sintáctica, en el nivel argumental. Así se dice *El águila vuela*, pero *Juan vuela la cometa* o *Juan corre las cortinas*, pero *Las cortinas corren bien*. O en inglés con el verbo "crecer": *Tomato plants know what they like and they grow well when you give it to them*, pero *All you need to know about growing tomatoes and tomato gardening*.

Cuenta también a la hora de evaluar los espines sociales la diferencia de abarque semántico de dos conceptos psíquicos que se traducen solo parcialmente de una lengua a otra. Por ejemplo:

(29) **ACONDICIONADO (part.)** (dispuesto), *allichasqaña*; **(adj.)** [gen.] (en las condiciones {debidas}), *akna kana*; [psíq.] «fig., fam.» (de buen {genio}), *allin kaq*; [neg.] **($)** (de mal {genio}), *mana allin kaq*; ¶ [-mat.] (turbio, revuelto {el asunto}), *mana chiqaq*; <gram.> [Benef.], *-paq*.

Acondicionada de genio es una persona que, según el *DRAE*, se ajusta a la siguiente característica: "De buena condición natural o genio, o al contrario". El espín es claro y se produce como hemos mostrado, pero ello no implica que por esa misma razón se vaya a generar en los mismos términos en la lengua segunda o de traducción. Así es como el quechua recurre a *mana*, 'no', para hacer posible el significado proyectado: *allin kaq* 'el que es bueno' y *mana allin kaq* 'el que no es bueno, el que es malo'. Habría que mantener, en último término, que *mana allin kaq* y *allin kaq* son una misma palabra conjugada, que manifiesta de modo semánticamente abierto su espín, lo que va en contra de la teoría –son creaciones *ad hoc*–, que solo acepta la antonimia del espín en su base monoléxica.[37]

[37] La situación se complica en situaciones culturales de mayor calado. Así, *suerte* tiende a verse como algo positivo para los optimistas ('buena suerte') y negativo para los pesimistas ('mala suerte'), aunque predominan los primeros (*¡Qué suerte!* es, sin más evaluación, igual a *¡Qué buena suerte!*); en cambio *fortuna* sugiere que la tendencia del azar es claramente positiva (aunque pueda decirse excepcionalmente *Hemos convertido esa fecha en un día de buena o mala fortuna*, porque las dos palabras tienden a verse cada día más como sinónimas, una como

3.1.3. *Espines determinados por actuación de los interlocutores: espines pragmáticos*

Un espín pragmático fundamental es el de la ironía, que se produce en el nivel más alto o semiótico del uso lingüístico (Torres Sánchez 1999), en donde tiene sentido, a las primeras de cambio, hablar ya de prevaricación del lenguaje (Hockett/Altmann 1968). Pero se trata de un fenómeno superficial, *a posteriori*, de los usos lingüísticos, aunque generalizable a todas las palabras o expresiones de un idioma (excepto quizá, como era de esperar, a los términos, a efecto de la monosemia). Puede encontrarse en grandes textos, desde los artículos de Mariano José de Larra hasta novelas cortas como *País portátil* de Adriano González o grandes obras como *El Quijote* de Cervantes. Pero esto es más bien la confirmación de que un espín profundo afluye a la superficie, que un espín propiamente dicho, en que la objetividad semántica predomina sobre la subjetividad pragmática. El texto que sigue, por tanto, es un espín superficial o ironía (Arrieta de Meza/Meza Cepeda/Bastista Ojeda 2008):

(30) *Estáis feito* tendría para un hablante marabino la connotación de 'estás muy bonito' o 'qué bien te ves'; mientras que para un hablante que desconozca ese código dialectal significará, simplemente, que el interlocutor no es agraciado. Esta afirmación nos reafirma en la convicción del valor metafórico conferido por el marabino a dicha expresión.

Como tal espín, incluso para un hablante de Maracaibo y pese a lo proclamado por los autores, se podría recuperar el significado literal; al igual que el figurado en cualquier otro lugar de habla española.

Entre los espines pragmáticos los hay, por supuesto, intralingüísticos e interlingüísticos. Los primeros indican el proceder de las personas de la comunicación en relación con el léxico en el interior de un repertorio monolingüe; los segundos, a su vez, implican la correspondencia entre lenguas. En:

(31) ***CHASKIQ*** {[E. ←] [-act.]}, aceptador; {[E. ←] [+act.]} **(±$)**, perceptor, tomador; [±act.], recibidor; {[→ E.] [±act.], recepcionista; {[R. ←] [-act.]} **($)**, beneficiario; <gram.>, dativo; «coloq.» *(ruwachikuq)*, paciente; {[→ R.] [+act.]} [comun.] **(+$)** «fig.» *(chaskichiq)*, transmisor; {[Instr.] ← [Obj.]} *(tilibisiyun chaskiq)*, monitor,

estándar y otra como culta o neutra). En quechua, el préstamo *suwirti* (la 'suerte' del indio) está mucho más cerca del sentir negativo que del positivo del que también participa; en cambio, tanto *atáw*, la 'suerte inmaterial', como el también culto *sami*, la 'suerte material' indican la buena suerte, mientras *qullu* se decanta unilateralmente por la mala.

tenemos el caso, muy llamativo, de que en lengua quechua se admita que un aparato transmisor y un receptor de comunicaciones ([comun.]) puedan ser tenidos como una misma realidad extralingüística, en función de que hay un Receptor que capta las transmisiones de los aparatos, lo único "visible" para el usuario andino. Si bien se puede utilizar el causativo *-chi-* para dar sentido instrumental (*chaskichiq*: 'el aparato que hace recibir') a la radio o la televisión, con *chaskiq* nos podríamos servir ampliamente para esta doble realidad mecánica ([mec.]) en que se implica el monitor (centrado en [R.]) y la emisora (centrada en [E.]). Sería, pues, un espín motivado por la lengua quechua medido desde la española. Lo vemos mejor, si consultamos la entrada RECEPTOR:

(32) RECEPTOR {[±Ag.] ← [Obj.]} <pragm.> (que recibe), *uyariq (uyariqi)*; **(sust.)** [mec.] (motor {que recibe energía del generador}), *chaskiq*; [comun.] (aparato {para recibir señales por ondas}), *radiyu (radiyu chaskiq)*; {de televisión}, *tilibisiyun chaskiq.*

Y observamos su coincidencia léxica parcial con TRANSMISOR, cuya entrada más completa sería:

(33) TRANSMISOR [+Ag.] (que transmite), *chaskichiq*; [gen.] (que da), *quq*; **(sust.)** {[Instr.] [E. →]} (aparato {telefónico o telegráfico, que impulsa las ondas desde una emisora}), *willachiq*; [→ R.] **($)** {que las manda al receptor} (monitor), *chaskiq.*

En este mismo ejemplo, las diferencias entre aceptador y perceptor constituyen un subespín (ver más abajo), limitado teóricamente a una nueva acepción de *chaskiq* en quechua. En este caso, lo que cuenta es la manera en que incide sobre el Emisor (no sobre el Receptor) la idea de "recibir". El Emisor puede aceptar lo ofrecido de un modo más bien poco activo o bien puede elegir voluntariamente lo que se le ofrece: las cosas vienen a él, pero actúa como Emisor (entidad de clase /Humano/ que toma una decisión). Cosa diferente es que actúe como mero Receptor, lo que ocurre en el sentido de Beneficiario o en el de Dativo o Paciente gramatical, que formaría un espín propio, en este mismo haz semántico, desde la perspectiva de Receptor. El resultado, con todos estos datos, lo podríamos sintetizar en el siguiente esquema:

CHASKIQ	[E. ←] [-act.]	aceptador	SUBESPÍN$_{pas.}$
	[E. ←] [+act.]	recibidor, preceptor	SUBESPÍN$_{act.}$
	[→ E.] [Ag.]	recepcionista	SUBESPÍN$_{pragm.}$
	[R. ←] [‡cant.]	beneficiario; dativo, paciente	ESPÍN$_{intr.}$
(chaskichiq)	[→ R.] [+act.]	transmisor, monitor	ESPÍN$_{extr.}$

Aquí, la vuelta al Emisor cierra el ciclo de la comunicación como lo hace en las distintas fases del acto de habla (Calvo Pérez 1994a).

3.2. Espines internos

Los espines internos se manifiestan en los entresijos de la propia lengua, como consecuencia de sus estructuras, y son, externamente, regulados por la Pragmática. De este modo su expresión total se da del modo más natural en la primera de las categorías de la Pragmática, la interjección. La interjección es un espín continuo, dado que los significados de la misma están siempre en función del contexto. Como se ha dicho (Calvo Pérez 1997, y la bibliografía analizada allí), la interjección es meramente ilocutiva, siendo su locutivo, perlocutivo y translocutivo el contexto en el que tal categoría se da:

(34) **¡PUCHA! interj**. (¡qué sorpresa!), *achacháw!*; [neg.] **($)** (¡qué contrariedad!), *atakáw!*; «fam.» (¡diablos!), *supay!*

(35) ***ACHÁY!*** (q.) **interj**., ¡que bien!; [±neg.] **($)**, ¡¿has visto?! // ***¡ACHALÁY!*** (¡qué lindo!), *achaláy! (achaláw!)*; «irón.» (¡eso sí que no!), *achaláy!*

Véase el siguiente caso, recogido para *DiPerú*, con sus consiguientes ejemplos. Como toda interjección, tiene muchos sentidos, por la causa antedicha:

(36) **¡PASUMADRE!** (< *para* + *su* + *madre*). **interj.** «vulg.; expr.» <Admiración>. ¡Cojonudo! 2. «coloq.». ¡Estupendo! 3. «vulg.; expr.» <En contextos negativos: repugnancia> ¡No hay quien pueda! ¡Tira para atrás!

(37) Pasumadre, este vaso es gigante; me lo seco en una.[38]

(38) Ya, ¡pe! [...] No digan que simplemente huele a mierda! [...] Iba parado, pero justo su trasero estaba a tan solo 10 cm. de mi cara y emanaba un olor pasumadre.[39]

Y el siguiente, tomado del *DRAE*:

[38] Tomado de <http://etiquetanegra.com.pe/blog/naufragoensuiza/?m=200902> (última consulta: 07-06-2009).

[39] Tomado de <http://tinyurl.com/6h68uxh> (última consulta: 20-06-2007).

(39) VAYA² (3.ª pers. de sing. del pres. de subj. de *ir*).
1. interj. U. para comentar algo que satisface o que, por el contrario, decepciona o disgusta. *Pablo ha aprobado todas las asignaturas, ¡vaya! No podemos ir al teatro: se ha suspendido la sesión, ¡vaya!*
2. interj. U., antepuesta a un sustantivo, en construcciones exclamativas, para conferir sentido superlativo a las cualidades buenas o malas, según sean la entonación y contexto, que se reconocen en la persona o cosa designadas por dicho sustantivo. *¡Vaya mujer! ¡Vaya reloj que te has comprado!*
3. interj. U., seguida de la preposición *con* y de un sintagma nominal, para marcar la actitud, favorable o desfavorable del hablante, matizada muchas veces de ironía, ante la persona o cosa designada por dicho sintagma. *¡Vaya con el niño! ¡Vaya con la musiquita!*

No cabe duda de que el contexto ya promueve el espín sin salir de la acepción primera; lo mismo sucede en la tercera; y no menos en la segunda, aunque pudiera parecer lo contrario: lo superlativo de bueno será lo óptimo y lo de malo lo pésimo; luego según la cualidad tendremos una lectura o la otra, y además extremas.

Su comportamiento es diferente cuando la interjección se hace descriptiva y deja de ser esencialmente tal, de modo que en ocasiones se bifurca el espín en antonimia: caso de *¡maldito sea!* y *¡bendito sea!* que son dos expresiones antagónicas separadas. En otros casos el espín se relaja a un subespacio como en:

(40) **¡TRÁGAME TIERRA! (fr. interj.)** [E.] <vergüenza> (¡qué vergüenza que me vean!), *ima p'inqay kay!*; [R.] **(±$)** «fam.» (¡si te esfumaras!), *chinkaykiman!*[40]

en que el sentido de vergüenza no cambia: tan solo el de la persona pragmática.

Cabe decir que, desde este punto de vista, el origen del lenguaje puede situarse en el espín puro de la categoría interjeccional, aunque hay, sin lugar a dudas, una gran cantidad de espines internos de naturaleza pragmática, los cuales serán vistos en su lugar. Como principales están los adscritos a la categoría de los deícticos (demostrativos, pronombres, personales, ciertos verbos), los que manifiestan actos de habla, las formas modales, etc., dependientes directamente de los usuarios de la comunicación.

[40] En "**no hay tu tía** (no hay 'tío, páseme usted el río') **(fr.)** [—lib.] «expr.» (no hay {modo de conseguir lo que se desea}), *mana tarikuy*; [+neg.] **($)** {de evitar lo que se teme}), *manapuni kanqa*" (Calvo Pérez 2009b: s.v. *haber*), la frase expresiva, prointerjectiva, revela la falta de capacidad de invertir una situación, mala de hecho en presente, o de mantenerla, buena para el futuro. Al igual que en los demás ejemplos, es el contexto el que determina la interpretación ilocutiva.

3.2.1. *Espines fosilizados*

Los espines pragmáticos de significado pleno (de carácter expresivo, apelativo, etc.) terminan por lexicalizarse o fosilizarse en una de sus posibilidades. Es lo que ocurre con *menudo* o *dichoso*:

(41) MENUDO **(sust.)** (menudos) [anim.] (intestinos {vísceras y partes pequeñas}), *chunchul (khullu chunchul)*; **(adj.)** [-cant.] (pequeño), *huch'uy*; [‡cant.], *chhika (chhika chhikalla)*; (chico), *silla*; [‡cant.] (chico), *mallwa*; {en desorden}, *ch'iqu*; [—cant.] (desmenuzado), *ñut'u*; [part.] {de moneda} (sencillo), *sinsillu*; [líq.] (suave), *llanp'u*; [±cant.], *chinku*; [veg.] {el grano}, *ch'uru*; [+cant.] (mediano), *malta*; [part.] {la harina}, *lliqwi*; [±anim.] {«fig., vulg.», «-us.»}, *akapa*; [veg.] {para semilla} (reducido), *khullu*; {y múltiple}, *qhullullunpa*; «fam.» (ch'uño ¶), *ch'uñuka*; ¶ (suelto, vuelto ¶), *sinsillu*; «ant.», *chanta*; [-t.] {de edad} (pequeño), *hirq'i*; [—t.], *wawa*; [—-t.], *q'ulla*; [hum.] (plebeyo, vulgar), *qhupu*; [-mat.] (despreciable), *millay*; **(±$)** [hum.] (exacto, cuidadoso), *chanin*; <antep.> «expr.» [++cant.] **($)** «irón.» (¡cuánto!), *imaynaraq!*; (más que nada), *hinachus*.

(42) DICHOSO «±cult.» (feliz), *kusi*; «coloq.» (suertudo), *suwirtisapa*; «ant.», *ataw (ata)*; <antep.> **($)** «irón. » (molesto), *supay*; (desgraciado), *supay*.

En esta ocasión, un predominio de la función expresiva (con adjetivo antepuesto), siempre connotativa e hiperbólica, propicia el cambio. Es lo que acontece en apelativos muy frecuentes, en que el significado inicial de la palabra se restringe a lo valorativo:

(43) DON$_2$ <masc.; antep.> [soc.] **(apel.)** «coloq.» (tratamiento {de respeto}), *tata (tayta)*; «cult.» (señor), *wiraqucha*; «fam.», *dun*; [neg.] **($)** «apel.» (buen), *allin*[41] / DON NADIE «fig., fam.» (pelagatos), *waqra qhari*; «coloq.», *mana pipis (mana maypis)*.[42]

---

[41] Como por ejemplo en: *Allin suwaqmi qanqa kanki* 'un don ladrón, eso eres tú'.

[42] Ser un don nadie o no ser nadie es, como se puede suponer, ser alguien, pero alguien de poca importancia o relevancia, ganando *nadie* el espín (±), en parte positivo, frente al significado habitual de [Ø] + /Humano/. En este texto, que aporta Rosa Carrasco en su investigación sobre la escritura de mujeres peruanas en los siglos XVI y XVII (inédito), se puede ver cómo se tilda de "nadie" a un caballero de poca monta: "Inés de Cabañas escribía a su hermano sobre lo defraudada que se encontraba porque él no se decidía a viajar: –Le estaba esperando con todo el deseo del mundo, y en no haber venido quedé harto desconsolada, aunque no faltó quien me dijo de cómo quedaba v. m. en Trujillo [España] en servicio de cierto caballero, de lo cual me pesó mucho en saber que servía a nadie, lo cual se evitará todo en determinándose v. m. de venirse a esta tierra".

Aunque hemos visto ejemplos de anteposición, lo valorativo puede actuar independientemente de cuál sea la ubicación sintáctica de una categoría. Por ejemplo, *invalorable* puede estar tanto antepuesto como pospuesto:

(44) INVALORABLE (que no puede {ser valorado}), *mana chaninchana*; ¶ [neg.] **($)** (inapreciable, insignificante), *chaychalla*.[43]

Pero pueden lexicalizarse o fosilizarse muchas otras formas léxicas, aunque se sometan a criterios de función referencial. Y es aplicable, por supuesto, a los verbos en posición nuclear (*DiPerú*):

(45) FRAGUARSE pronl. (producirse), *ruwakuy*; ¶ **($)** (frustrarse), *qulluy*.

(46) GATILLAR (calco semántico del ingl. *trigger*). tr. Provocar, desencadenar.

En el ejemplo (46), al ser verbo transitivo, el espín se traslada al objeto directo (OD), el cual puede ser positivo o negativo, según los casos. En Chile, donde se usa esta palabra, el OD es las dos cosas, aunque predomina el verbo *effectum* como negativo. En el Perú parece que siempre es negativo, según opinión generalizada de los hablantes, pero se lee en Intenet:

(47) Perú es un país democrático; lo que todavía estamos negociando con la Unión Europea es cómo se gatilla esta cláusula.[44]

Siendo así, tendríamos que definir mejor como "1. *Perú*. <Referido generalmente a sucesos negativos>. Provocar, desencadenar"; o bien como "Provocar, desencadenar {algo casi siempre malo}".

La deriva a una forma anquilosada, también se aplica, sin duda, a los sustantivos, generalmente a los valorativos:

(48) *Está de miedo / Es un monstruo / Está de muerte / Está de pecado...*

Cambiados de valor los sustantivos *miedo, monstruo, muerte, pecado*, el espín pasa a una fase positiva y oscurece la negativa inicial. Los tres primeros componentes "impresionan" negativamente, puesto que algo infunde o produce miedo, o bien mata. Pero en ellos, el virtuema de Pottier se convierte pronto en

---

[43] O sea: 'que puede {no ser valorado}' a causa de su insignificancia.

[44] Tomado de <http://gestion.pe/noticia/348253/falta-definir-tres-clausulas-tlc-union-europea> (última consulta: 22-10-2010).

sema directo, difuminándose el resto de los elementos del semema. En todo caso, el primero y el tercero tienen de inmediato una interpretación positiva (como el cuarto): algo está muy bueno (aunque *miedo*, *muerte* y *pecado* sean malos). El segundo, en cambio, es un espín puro que, siendo de clase negativa por principio, podría virarse, en el contexto apropiado, a indiscutiblemente positivo (ver, más adelante, apartado 4). El cuarto sustantivo es, probablemente, más complicado (cf. apartado 1.1 de la 2.ª parte): el pecado supone conculcación y lo supone por dos vías: la de la realización de un mal, de una acción prohibida –herir a alguien con un arma de fuego–; o la de la realización de un bien, también vedado –enriquecerse ilegalmente en un negocio–. El espín se produce justamente cuando se realiza un bien, supuestamente supremo, que además está permitido, como tomarse un gran Ribera del Duero o un buen Penedés, que tanto da (esto al que le guste el vino, claro está). El espín juega con el cambio de prohibición de un mal a permisión de un bien, con lo que solo opera conceptualmente en la mitad de sus posibilidades (subespín):

PECADO	algo malo	/	prohibido	
	algo bueno	/	prohibido	
	algo bueno	/	permitido	SUBESPÍN

Cognitivamente, estos son los casos en que el juego semántico se hace más efectivo, puesto que afecta a la mente del hablante de modo bastante automático, apenas sin haberse elaborado análisis pertinentes del significado. *Está como para caerse de culo* o *Está que te cagas* requeriría una misma explicación, ya que el hecho de incidir en aspectos muy vulgares de la expresión y en situaciones poco gratas (por lo general) para el individuo, para nada cambia –al contrario acrecienta– la sensación antagónica obtenida.[45]

[45] Hay veces que el espín se reduce un tanto, como se dijo al comparar la expresión *de vicio (Está de vicio)* con su relativamente sinónima *de pecado* (apartado 1.1 de la 2.ª parte), donde la connotación espínica queda, al menos en parte, neutralizada (±espín), por las razones de antonimia y polisemia que allí se adujeron y que se sustancian en el paso de negativo a positivo (*de pecado*) y en del acrecentamiento de la cantidad o la frecuencia, sin cambio de vectorización (*de vicio*). A ellas se podría añadir una razón global, más teórica: la de la relación onda/partícula. La onda es la capacidad de distender el significado (la microestructura), más propia para *de vicio*; la partícula, empero, es la manera de atomizarlo en palabras antónimas autosuficientes (la macroestructura), más proclive para *de pecado*, siendo esta última la heredada del viejo criterio estructural con el que –a cada uno lo que le corresponde– nace por primera vez la teoría léxica (Rey-Debove 1971, Zgusta 1971, etc.). Por otro lado, al igual que hay antónimos contrarios, contradictorios y conversos, hay también espines reconciliables

Con *peligro* o con *culpa* (analizado en el apartado 4, punto 12, de esta 3.ª parte) tendríamos el mismo resultado. Yendo al primero, el peligro es negativo, pero puede devenir en eminentemente positivo, dado que nos puede traer consecuencias inesperadas con una vectorización canalizada de otro modo. Así,

(49) *Ronaldinho es un peligro público*

es una frase dicha en un contexto en el que, en los mejores momentos de juego del astro brasileño en el Barça, cuando este quedaba solo con el balón, hacía estragos en el equipo contrario. La frase, sin embargo, era dicha por seguidores del equipo azulgrana y hoy se aplica, cambiando de nombre, a otras muchas estrellas del balompié.

Cuando el sustantivo valorativo es positivo, en inicio, la ironía lo carga negativamente con frecuencia. Así sucede, por ejemplo, con *perla*:

(50) PERLA "Algunas perlas más de congresistas".[46]

Referido a personas, una perla es un personaje 'indecente o impresentable', dicho como arriba, en el contexto de personajes de la política que "han sido acusados de corrupción".

En España, y eventualmente en los demás países latinoamericanos, se utiliza también la interpretación espínica sistemática de *perla* como 'hecho o dicho indecoroso' y, aunque el *DRAE* no recoge este espín, se puede decir que estamos ante un panhispanismo. El uso recto o inicialmente monosémico, pues se trata de una espín irónico o *a posteriori*, es el de ponderación por metáfora con las perlas reales: *Esa mujer es una perla* (= 'vale mucho'), etc.

La orientación del espín, desde el lado negativo *(monstruo)*, desde el positivo *(perla)* o bien desde el neutro *(fraguarse, gatillar, prosa)*,[47] se predice no solo

(contrarios como el de *pecado* o conversos como el del quechua *acchuy* 'acercarse' y 'alejarse' según la perspectiva adoptada respecto a cierta entidad ubicada en el espacio) e irreconciliables (o contradictorios: como el de *monstruo*, que si se evalúa como positivo no puede sentirse, en el momento del uso, al mismo tiempo como negativo).

[46] En: *La Primera*, Sección Política (Lima), 6 de agosto de 2008, p. 5.

[47] *Prosa* es neutro, aunque su posición es desventajosa respecto a *verso* por lo que a la estética se refiere; así, origina *prosaico*, que conserva su neutralidad para terminar por adoptar una deriva negativa a partir de la acepción tercera del *DRAE*: "(Del lat. tardío *prosaĭcus*). 1. adj. Perteneciente o relativo a la prosa. 2. adj. Escrito en prosa. 3. adj. Dicho de una obra poética o de cualquiera de sus partes: Que adolece de prosaísmo. 4. adj. Dicho de personas y de ciertas cosas: Faltas de idealidad o elevación. *Hombre, pensamiento, gusto prosaico*. 5. adj. Insulso, vulgar. *Vida prosaica*".

desde el Principio de Incertidumbre o de la naturaleza de las cosas (*tantum* en latín), sino también desde la aplicación matemática misma que origina sus opuestos a partir del elemento neutro. Completando lo dicho al final de la primera parte, tenemos, bajo la misma fuente informativa elemental aunque rigurosa:

> Se dice que un elemento $a \in A$ tiene:
> **elemento simétrico por la izquierda** respecto de la operación $\circ$ si:
>
> $$a \in A, \qquad \exists \vec{a} \in A: \qquad \vec{a} \circ a = e$$
>
> **elemento simétrico por la derecha** respecto de la operación $\circ$ si:
>
> $$a \in A, \qquad \exists \overleftarrow{a} \in A: \qquad a \circ \overleftarrow{a} = e$$
>
> **elemento simétrico** respecto de la operación $\circ$ si existe un elemento simétrico por la izquierda y por la derecha, esto es:
>
> $$a \in A, \qquad \exists \bar{a} \in A: \qquad \bar{a} \circ a = a \circ \bar{a} = e$$ [48]

En esta fórmula más precisa, se completa la analogía revisando el hecho de que hablamos de un elemento neutro por la derecha, otro por la izquierda u otro más por ambos lados, respectivamente, lo que nos da la deriva interpretativa del espín semántico, cuyo origen puede ser el polo positivo, el negativo o el absoluto desde el que se generan las dos vertientes antonímicas internas (previas a la lexicogénesis).

3.2.2. *La extensión léxica*

Habitualmente consideramos que el centro de indagación y hallazgo de los espines está en la palabra. Tanto en Lexicología como en Semántica, el centro de operaciones del significado recae sobre ella, pese a que haya sido puesta teóricamente muchas veces en tela de juicio. No obstante, el espín puede hallarse tanto

---

[48] S.v. **elemento simétrico**, en <http://es.wikipedia.org/wiki/Elemento_sim%C3%A9trico> (última consulta en *Wikipedia*: 04-08-2010). Con humor podemos decir, para que se vea que no tratamos de medir la cultura de cada uno, que aceptamos momentáneamente esta enciclopedia por lo que tiene de rápido (hawaiano *wiki wiki*) mejor que por lo que evoque el supuesto *What I Know Is* (= *wiki*); y así estamos servidos de momento para aprender (*paideia*) este concepto.

en unidades superiores como en unidades inferiores a la unidad más nombrada; también en cualquier unidad con significado menor (morfema) o mayor (locución, etc.). Asimismo, es muy frecuente encontrarlo en las palabras de paradigma cerrado, las llamadas palabras gramaticales o sinsemánticas. Todo esto sea dicho con una salvedad: el espín existe siempre, pero muchas veces subyace con un significado semántico encubierto. Este significado producirá por alargamiento polisémico nuevos semas generadores de espines aditivos (+) y, por tanto, de extensiones generadoras de espines neutros (Ø) o bien, prioritariamente dará lugar a un sema opuesto (-), creador de una antonimia interna. Ambas, más pronto que tarde, originarán un nacimiento lexicogenético con significado semántico abierto.

Aquí, como ya hemos indicado, buscaremos la producción de espines *ab ovo* para ejemplificar el nacimiento de las unidades categoriales con la menor contaminación posible.

3.2.2.1. Espines inferiores a la palabra

Hace ya unos años,[49] con motivo de una huelga del personal que trabajaba con grúas de recogida en la carretera, pudimos observar que en algún canal de televisión se llamaba *grueros* y en otros *gruistas* a los empleados. ¿Eran conscientes los usuarios de la diferencia "cuántica" implicada? En el primer caso se les daba y se les quitaba la razón, alternativamente, a estos trabajadores; en el segundo, se les mantenía a distancia con una propuesta léxica de respeto (obsérvese *especialista, economista, tenista, vihuelista* también con el mismo sufijo): el gruista es un experto como el economista o tiene oficio difícil como el vihuelista o se apoya en un tiempo largo de aprendizaje para serlo como el tenista. El gruero, en cambio, se asociaría a un oficio ruin y esporádico (véanse *carretero, limosnero, cosechero* con el mismo sufijo).[50] Pese a esta primera apreciación y por decoro profesional de los medios que habrían de utilizar *gruista* si aceptaran la complejidad del trabajo –como en el manejo de la grúa de un edificio en construcción, por ejemplo–, podríamos pensar en la razón que asiste a los otros y, en consecuencia,

[49] Cuando se redactó este capítulo, acababan de suceder los hechos que se comentan en el ejemplo.

[50] El sufijo *-ero* es, por lo general, muy poco agradecido. Así, no es lo mismo decir de alguien que es *prolífero* que *prolífico*, como nos hace suponer el *DRAE*. Con esa coartada, aprovechándose de su significado "oficial", un colega filólogo le llamó *prolífero* a otro que publicaba mucho, con el ánimo seguro, pero aparente, de ofenderle: por lo mucho y por la mal que escribía.

a los espines que están ahí agazapados, esperando su turno y mediatizando a su vez el resultado. No solo la grúa de una obra encierra complejidad: el transporte en grúa en carretera puede ser igualmente una cuestión de adecuado conocimiento del oficio, ¿o no? ¡Mira que si nos destrozan el automóvil aún más de lo que está cuando necesitamos tales auxilios…! Luego habríamos de descartar *gruero*, si nos posicionamos en este dato. No obstante, junto al portero de finca tenemos al portero de fútbol y junto al pregonero de esquina (¡aquellos tiempos!), al pregonero de las fiestas (¡estos otros tiempos!) con una dignificación que implica el contexto, pero que mantiene directamente la doble direccionalidad, positiva y negativa, del espín involucrado (aquí *-ero* es sufijo ocupacional positivo en dos de los cuatro casos). Tal vez la cadena que hacía uso de *gruero* tenía armada en mente –cognitivamente concebida– la ambigüedad radical del sufijo. En cambio, los otros medios, provistos de mejor gusto, se habrían inclinado por *gruista*. Pero, ¿tenían mejor gusto? ¿Tenían excepcionalmente anquilosados los esquemas cognitivos que los demás exhibían? ¿No conviven, acaso, palabras como *pragmatista* “partidario de… [pos.]” al lado de *tremendista* “aficionado a… [neg.]”? Un mero vocabulista no es precisamente un lexicógrafo, sino el autor de un vocabulario, y un sablista es meramente un mangante: tendrá habilidad, pero no creo que esté bien visto. Safista es la mujer tortillera en expresión culta, y narcisista es el que se mira demasiado en el espejo… (parte de las palabras en *-ista* de este listado son negativas). La adscripción a algo positivo o negativo ha dejado de estar clara en el par *-ero/-ista*: la convivencia espínica se da en los dos supuestos (en los dos sufijos). Sin embargo, queda en general peor *gruero* que *gruista*, porque si nos ubicamos a otro nivel, el de los oficios, aficiones o filias tomado en sus paradigmas, el espín decanta uno hacia el giro dextrógiro *(-ista)* y el otro al levógiro *(-ero)* en situación de conjugados, lo que no está reñido ni mucho menos con la teoría de los espines y la posibilidad de que al azar neutralice o potencie cualquiera de las dos ramas del significado profundo de la unidad de medida.

Un caso usual y relevantemente significativo es el de los diminutivos: *-ito* (o *-illo*) indica tamaño pequeño –*Vemos una barquita*– o tamaño grande –*¡Vaya barquito!* <ante un trasatlántico>–; propone minimización de la entidad –*Hoy está revoltosillo*– o su maximalización –*¡Dámelo cocidito!* (= bien o bastante cocido) –; denota magnitud reducida en caso de objetividad plena –*cucharilla* para pescar– o connota apreciación afectiva subjetiva –*Enterraron a su mamaíta*–, sin que por las discusiones habidas hasta el momento (por ejemplo: Fernández Ramírez 1962, Alonso 1967, López García 1983a) podamos decantarnos por una interpretación única explicativamente superior a las otras. En este punto, he de decir de paso que la Pragmática que propongo (Calvo Pérez 1994a), basada en la concepción topológico-natural de carácter cognitivo, debe entender el espín como la doble visión global, complementaria y necesaria de las partes, a tenor del contexto y de los interlocutores, intermediarios entre este y el texto; y esa dialéctica se da especialmente en el tema que nos ocupa (Calvo Pérez 1999). Así que, siguiendo con los diminutivos, estaríamos hablando de **espín natural** (en los primeros ejemplos) y de **espín asociado** (en los segundos), en que no está en juego el tamaño de la cosa, también espínico –*flautilla, gargantilla*, pero *gavilla*, de significado neutro o *gigantilla* 'figura {artificial de extremidades desproporcionadas}'–, sino la caracterización de la misma. A la hora del análisis, en efecto, no siempre *-ito* (o *-illo* o cualquier otro diminutivo sinónimo) es un sufijo pragmático positivo, ya que si bien el tamaño de lo pequeño induce por lo general a la valoración positiva *(bueno - bonico)*, cualquier entidad puede cargarse con facilidad tanto de tintes meliorativos como peyorativos:[51]

(51) PERSONILLA [fís.], persona {muy pequeña}; {[-mat.] [pos.]} **($)**, persona {muy querida}.

(52) RISILLA {[-cant.] [neg.]} "risa {falsa}".

Veamos otro ejemplo, de interpretación semejante, aplicado al cuantificador español *todo* y observemos igualmente lo que sucede con el operador limitativo quechua *-lla* que lo traduce en ocasiones:

(53) TODITO **(dim.)** [énf.] **($)** (absolutamente {todo}), *llapallan*.

(54) ***-LLA*** **(suf. dim.)**. «expr. », -ito …*sunqullay*, corazoncito mío; *(-llaña)* [+cant.] **($)**, -oso …*aqullaña*, arenoso; **($)** «desp.», -ajo, -uco …*mikhunalla*, comistrajo.[52]

---

[51] Esto mismo sucede con los aumentativos o despectivos. *Cosilla* en español es 'cosa pequeña' que llama tanto a la ternura *(¡Qué cosilla, esa niña recién nacida!)* como al desprecio *(Con aquella cosilla de nada ¿qué pretendía hacer?)*. Veamos el siguiente aumentativo y observemos su proclividad para conseguir efectos irónicos (Calvo Pérez 2009b): "SINVERGONZÓN [±pos.] **($)** «irón.» (picarón), *walaychu*", ya que opera a modo de una lítote.

[52] Esta conducta se puede apreciar en toda la amplitud del artículo léxico correspondiente en el *ND* (Calvo Pérez 2009b). Véase monográficamente el tratamiento de este operador en Calvo Pérez (en prensa c), en donde se lee: "Eso no es obstáculo para que *mikhunalla* ['comistrajo'] pueda tener otros sentidos, dependiendo del contexto. Que era comida solo (y no bebida), que era pura comida (la cantidad servida) y, hasta el espín más manifiesto, que se tratara de una pura exquisitez como en *Sumaq mikhuna**lla**ta munan, kay michiqa* 'solo le gustan las exquisiteces, a este gato', apoyado en el adverbio positivo *sumaq* 'hermoso, apetecible', que orienta la interpretación pragmática". En este mismo ensayo se descubren múltiples ramificaciones espínicas del operador lógico quechua; entre ellas están la de restricción (externa) / saturación (interna) de la referencia, la de adscripción única / rechazo único de inclusión con-

Un diminutivo, en la línea en que lo estamos analizando, puede incluso potenciar un cuantificador relativo y convertirlo en absoluto (*todos* significa "casi todos" en *–Vienes ahora que se han ido todos*, y se evidencia con la respuesta *–Bueno, veo que aún queda alguien*, la cual no valdría para *–Vienes ahora que toditos se han ido*).

Precisamente, la idea de entender el asunto de la unificación semántica mediante espines nació históricamente en un artículo publicado hace veinte años (Calvo Pérez 1991).[53] En quechua hay elementos que actúan como reversivos, decía yo entonces, de modo que *-nki*, sufijo personal de segunda persona sujeto (*muna-wa-nki* 'me amas'), podría transformarse en el correspondiente de segunda objeto (*muna-su-nki* 'te ama'). *-wa*, objeto de primera persona se transforma en sujeto de segunda, a cambio de formar un modo irreal: *muna-wa-n* 'me ama', pero *muna-wa-q* '[lo] amarías', etc. Aquí opera el cambio de papeles entre Emisor y Receptor, y en ambos el carácter irreal o real de las formas implicadas, del mismo modo que sucede con *-y* valorado como sujeto de 1.ª, tanto como de 2.ª pers., con la diferencia de que uno es activo controlado y el otro no (imperativo): *muna-y-ki* 'te amo', pero *muna-y* 'ama tú', comandado por una primera persona ausente (que actúa a nivel performativo). Por su parte *-su*, que opera como sujeto de tercera (*muna-su-nki* 'te ama') y es persona de la no-comunicación, se hace complementario del conjunto (1.ª-2.ª), como personas de la comunicación (*kunanmi rayma-su-nchis* 'podaremos hoy mismo'); en este caso, operan ambos como activos, uno a nivel pragmático y otro metapragmático (más allá de Emisor-Receptor, que es el primer núcleo operativo de la pragmática) (cf. igualmente Calvo Pérez 2007a: 46). Pero no son estos, ni mucho menos, los únicos ejemplos submorfológicos del quechua en que se advierten los fenómenos espínicos (Calvo Pérez 1993: apartado 8).

Hace poco, haciéndome eco de los comentarios gramaticales de uno de los más grandes lingüistas misioneros españoles, el cacereño Diego González Holguín (1607), descubría similares pruebas en la sintaxis clásica y moderna del quechua (Calvo Pérez 2004):

(55) *P'unchaynintin mana mikhus**qa** kasqan*, 'en todo el día [él] no había comido', pareciéndole absurdo a mi informante traducir 'en todo el día [él] no fue comido <por alguien>'.

(56) *Riku**sqa**[n] kani* 'estoy observado; estoy cuidado' ('soy visto' para DGH).

---

juntística ("*Wakinmantaqa kay**lla*** 'excepto esta, de todas' se opone a 'salvo esta, ninguna cosa', como en *Qanllapas hamuy* 'siquiera tú, ven'"), la de acotación / no acotación del conjunto, la de necesidad/contingencia del contenido, etc.

[53] Trabajo publicado a finales de 1996, con un retraso de cinco años por razones ajenas al autor.

Las dos oraciones tienen significado contradictorio, aunque la primera se traduzca puntualmente en activa y la segunda en pasiva, y comparten la misma estructura: participio pasivo en *-sqa* y forma verbal de *kay* 'ser' (*ka-sqa* es pretérito reportativo en 3.ª pers. y *ka-ni* presente en 1.ª pers.).

En español son muchos los sustantivos y adjetivos en forma participal que tienen un significado deponente. Desde el humorístico *Ser muy leído y escribido* a una palabra como *honrado* 'que practica la honradez' y no solo 'que recibe honras y honores de los demás, por sus méritos'. O bien el recién oído estos días (26-10-2010) a un académico locuaz con motivo de la dimisión de un ministro, que se enterneció al despedirse de sus amigos y colaboradores: *A la política y a los ministerios se va llorado de casa.* He aquí algunos casos más de los muchos posibles (todos del *DRAE*):

(57) CERNIDO (Del part. de *cerner*).
1. m. Acción de cerner.
2. m. Cosa cernida, y principalmente harina cernida para hacer el pan", pero también es un instrumental (= *cernedor* o 'instrumento para cerner') en algunas zonas de España.

(58) COMETIDO (De *cometer*).
1. m. comisión (|| encargo).
2. m. Incumbencia, obligación moral.[54]

(59) REÑIDO (Del part. de *reñir*).
1. adj. Que está enemistado con alguien o se niega a mantener trato con él.
2. adj. Dicho de una oposición, de una elección, de un concurso, etc.: Que presentan mucha rivalidad entre los oponentes.

---

[54] De ahí que *Tener un cometido* es tener una obligación futura con terminación en pasado. Es uno de los abundantísimos ejemplos de sustantivo activo visto desde la perspectiva externa de su realización futura. Otros ejemplos: *El grabado, el cribado, el lacado, el secado, el plastificado, un bocado, el enfoscado* y *el estucado, un blindado, un bordado* (hechos por alguien, no en tanto que objetos), *ser un pesado; un resabido* y *un recocido, un retorcido* y *un forajido, un aburrido* y *un fementido, un gañido* y *un gruñido; comisionado* y *encargado; la arribada* y *la cacicada; la tincada* (y miles de americanismos; son peruanismos, por ejemplo: *abarrajado, amolado, atracada, aventado, carbonada* y tantos otros); *la rodada de un carro...; la ida* y *la venida; la resabida* y *la descreída; la pedida de mano* y *la crecida de un río...* Y así ¿hasta cuántos? En potencia, todos los participios pueden tener lectura activa. Es, por ejemplo, igual de válido decir que alguien es el encargado, porque le han adjudicado la misión de responsabilizarse de algo, que porque se encarga activamente de una función en el seno de una empresa, como dueño y señor de ella o por su actividad intrínseca al margen de su nombramiento. La perspectiva del reconocimiento de la función es la que viabiliza el espín.

Si se acepta este último artículo léxico de la Academia, se verá que no solo hay espín entre la primera y la segunda acepción, sino en el interior mismo de la primera, con lectura pasiva (de algo realizado) o activa (de algo en presente, de carácter consuetudinario).[55]

Con los prefijos sucede lo mismo, puesto que no existe partecilla léxica que quede al margen del fenómeno semántico del espín:

(60) EXTRA- **(pref. pond.)** [++cant.], *sinchi*; **(oper.)** [poses.] (lo que más), *-lla ...llapsalla*, extrafino; (**Q**.). (todo), *-lla*; **(pref. excl.) ($)** (fuera de), *hawa*; **(neg.)**, *mana*; **(fr. Q.)** (a excepción de), *-lla* / EXTRA **(adj.)** (extraordinario), *sapaq*; (añadido), *yapa*; **(sust.)** [mat.] **($)** (accesorio), *yapa*; [±mat.] (sueldo {extra}), *sapaq suwildu*; [a.] «fam.» {de cine} (doble), *huk kaq*; [col.], *ancha runa* / EXTRAS (accesorios {añadidos, que no entran en el precio básico}), *yapakuy*.

Se verá que *extra-* (o *extra*) es un ponderativo (pond.) que muestra tanto lo accesorio o complementario como lo extraordinario y único, lo que se manifiesta en forma de prefijo de varios modos. También es un operador lógico **(oper.)** como sucede con los cuantificadores **(Q.)**. Así, *extrafino* es ‘lo que es muy fino’, en su sentido esencial, pero también puede marcar accidentalidad: *los extras de la película, un bombero extra*, y exclusión: *extrajudicial* no significa ‘lo que es muy judicial’, sino ‘fuera de lo judicial’.

Sobre-, en unos casos, implica la realización media subcontraria –por lo general inesperada– y en otros, con inversión de la flecha, la –previsible– de algo sobre otra cosa, rebasando la realización media:

(61) SOBRECURAR [‡cant.] **($)** (curar {a medias}), *aknallata hanpikuy* // SOBREABUNDAR [+cant.] (haber {en abundancia}), *askha kay*; [énf.], *chaninpuni kay*; {[neg.] [+cant.]} «fig.» (desperdiciarse), *usuy*.[56]

---

[55] Si esto sucede con el participio, que es eminentemente pasivo, no tiene por qué suceder con el infinito, cuyas desinencias *-ar, -er* e *-ir* no denotan sino una orientación futura (prospectiva). Por ejemplo: *Hay mucha gente para venderla* puede entenderse como a): a ellos como esclavos/por otros = ‘ser vendida’; o como b): la mercancía/ellos = ‘vender’. Y más claramente: *Lo hizo para comer* <ella, el robo, para poder comer> / <ella, el estofado, para que fuera comido>. Igualmente una obra o una persona son aptas para estudiar, pero no es lo mismo, porque el sustantivo /Animado/ es activo (= ‘estudia’) y el /Material/ / es pasivo (= ‘es estudiada’), y ambos pueden sobreenterderse en el sintagma *Preparada para estudiar*. Los ejemplos podrían multiplicarse.

[56] Los prefijos se alían con la situación pragmática externa. Es el caso de “INTERMEDIO **(sust.)** [‡t.] (tiempo {entre dos acontecimientos}), *samana*; [t.] (momento {central}), *chawpi*;

Mientras *sobreabundar* indica 'abundar', pero superando más la norma de la abundancia (*Donde abunda el pecado sobreabunda la gracia*, dice San Pablo); *sobrecurar* indica 'curar', pero sin llegar a la curación completa, puesto que se aplica a significados como 'curar a la ligera' a alguien, o bien 'cicatrizar una herida de modo superficial'. Ello no es obstáculo, además, para que una misma palabra completa pueda encarnar un significado o su contrario. Así, *sobrecurar* hablando técnicamente sobre pinturas y telas (textilería) equivale a sobrepasar la norma, no a quedarse por debajo de ella *(subcurar)* como en el ejemplo siguiente, tomado de Internet:

(62) El adecuado uso y cura de las tintas Plastisoles es extremadamente importante. Los problemas de lavabilidad (solidez al frote húmedo) de la impresión pueden ser porque [= ser debidos a que] se usaron mal los aditivos, se subcuró la impresión directa o [se] sobrecuró el transfer.[57]

3.2.2.2. Espines de la palabra: características

Los espines de palabras (lexemas de base) vienen motivados directamente por la estructura del vocabulario dual interno de la lengua. Veamos los ejemplos siguientes, que son dos espines explícitos en español:[58]

(63) FORRO {[conf.] [-ext.]} (cubierta {interna de una prenda}), *ukhuna*; {de piel}, *qara*; «fam.», *phurru*; [+ext.] **($)** {del libro} (cubierta), *hawan (hawa qara)*.

(64) DELIMITAR [fís.] (poner {mojón}), *usnuy*; [+1.ª] «fam.» (poner {lindero}), *lindiruy*; [ext.] «fig.» (cortar), *t'aqay* [int.] **($)** «coloq.», *t'aqay*; [-act.] (tener {límites}), *kuskanchay*.

[mús.] **(±$)** (música {entre dos actos}), *samana tukana*; [loc.] «fam.» (espacio {entre los extremos}), *chawpi (chawpipi)*; **(adj.)** [loc.] (que está {entre los extremos}), *chawpiniq*; [+res.] (intermediado), *chawpinasqa*". Un intermedio representa un tiempo muerto entre dos partes diferentes de una actividad importante, pero hay veces que elude esa situación circunstancial para convertirse en algo con valor en sí mismo, como la música ejecutada al efecto, la cual podría extrapolarse a otra situación en que tenga carácter nuclear por sí misma; es el caso de un conocido intermedio musical, el tercer movimiento o *Intermezzo "Allegretto non troppo"* de la *Sinfonía española op. 21 en Re menor* de Édouard Lalo.

[57] <http://www.tobasign.com/foros/viewtopic.php?t=898> (última consulta: 02-10-2010).

[58] No, en cambio, en quechua, lengua de traducción en Calvo Pérez (2009b). Y es que una cosa es el espín subyacente, universal, que genera el léxico, y otra que una lengua manifieste espontáneamente o no la bifurcación espínica. De hecho, la manifestación explícita, aun en casos de espín puro, indica ya la proclividad a la formación de antónimos (y sinónimos).

En ellos se observará la deficiente configuración léxica frente a dos realidades opuestas: el forro de algo que lo cubre, que está encima, o bien el forro interno de algo; los límites proyectados desde el interior de la superficie finita o determinados por la superficie adyacente (ambos con la oposición [interno]/[externo]). Pero muy bien podría darse en algún caso lo contrario de (63) y (64), y que el español se bifurcara en sinónimos, constituyéndose en ese punto en una lengua más rica léxicamente hablando. Por ejemplo, *coin* en francés presenta de inmediato un espín si se coteja con el español que tiene dos palabras opuestas para esa realidad: *rincón* 'ángulo interior' y *esquina* 'ángulo exterior'. Esto sucede independientemente de que la palabra *esquina* sea la extensiva respecto de *rincón*: *Saque de esquina [= de rincón] / Lo esperaba en la esquina de la Tercera Avenida.*

Respecto al quechua,[59] *tukukuy* (aunque con la máxima corrección semántica debería preferirse *tukukapuy*) requiere doble lexicalización del español para hacerse cargo del espín [+efectuado]/[- efectuado] de la lengua andina:

(65) ***TUKUKUY*** [-efect.], acabar, terminar ...*kaypin wanp'ara tukukun, pirqataq haqaypi*, la mesa acaba aquí y la pared allí; acabarse, terminarse; extinguirse, fenecer, morir, perecer, rematar; [-t.], expirar {el plazo}; [mat.], desbaratarse, destrozarse; romper, romperse; extremar; [hum.] *(sayapuy)*, opilarse; [±efect.], transfigurarse; {[±mat.] [+efect.]} **($)** *(tukukapuy)*, cumplirse, suceder; «fig.», cristalizar; lograrse ¶.

En efecto, los resultados de creación de la entidad *(effectum)* frente a los de modificación de la misma *(affectum)*, junto con los de la consideración de extrínseco e intrínseco de una entidad (*viejo amigo vs. amigo viejo*) son de los más frecuentes léxicamente hablando (Calvo Pérez 1996).

Puede darse el caso, de hecho, que dos lenguas presenten la misma realidad del mismo modo "encontrada" (perdón por el espín). Es lo que sucede en los siguientes ejemplos del español y del quechua, en que en algunas acepciones se producen cruces complejos muy interesantes:

(66) **ALQUILAR** {[com.] [+poses.]} (dar {a alguien, temporalmente, por dinero}), *mañay*; «coloq.», *alkilay*; «fam.» {la tierra} (arrendar), *arrinday (arriyinday)*; «±us.», *arinsay*; {[±act.] [-poses.]} **($)** {algo de alguien} (ser {arrendador}), *arinsay (arriyinday)*; [±act.] «cult.» {en intercambio}, *mink'ay*, [‡act.] (alquilarse) (tomar {de alguien, temporalmente, pagando}), *mañakuy*.

---

[59] Aquí sucede lo contrario de lo que viene indicado en la nota anterior, que es el quechua la lengua que manifiesta más explícitamente el espín.

(67) PRESTAR {[hum.] ¬ [+mat.] ¬ [hum.]} {[±t.] [gen.]} (dar {dinero o cosa, que hay que devolver}), *mañay*; {[part.] [=] {cosa intercambiable} (conceder), *mañay*; «fig.» {a fondo perdido}, *mañakuy*; «vulg.», *manukupuy*; {[part.] [≈]} (dar {cosa que se devuelve por otra}), *manuy*; [com.] (dar {crédito}), *manuy*; ¶ {[hum.] ¬ [±mat.] ¬ [hum.]} (ceder {a un funcionario a otro puesto}), *huqman churay*; {[hum.] ¬ [-mat.] ¬ [hum.]} [efect.] {ayuda} (asistir), *yanapay*; [psíq.] {atención} (atender), *allin uyay*; [abstr.] {juramento} (jurar), *sut'inchay* // PEDIR {[hum.] ¬ [±mat.] ¬ [hum.]} [...] {a préstamo} «apel.» (solicitar, decir {a alguien que se quiere algo suyo}), *mañay*; (tomar {a préstamo}, *mañay (mañakuy)*.

En el mundo (comercial o no) de las transferencias, la correspondencia es amplia entre las dos lenguas, aunque para los efectos hay una posibilidad morfológica en quechua de expresar la diferencia: *mañay* es transitivo, pero *mañakuy* 'tomar en alquiler' es intransitivo en algunos contextos (lleva el reflexivo o atenuativo de la transitividad *-ku*); o más exactamente: *mañay* es bitransitivo con sujeto y objeto indirecto humano, más un objeto directo material o inmaterial (véase en las abreviaturas asociadas con el signo ¬), mientras que *mañakuy* es transitivo simple o bien bitrasitivo debilitado,[60] dado que la fuerza de la agencia del sujeto es menor, bien por las exigencias de lo prestado, bien por el estado de necesidad creado, que resta voluntariedad. Sin embargo, no siempre se da esta diferencia, en que se ha creado un derivado a efectos de la polisemia interna, porque en la entrada **prestar**, tanto "dar prestado" como "pedir prestado" se manifiestan con *mañay*.[61] Veámoslo por el lado del quechua:

(68) *MAÑAY* {[+act.] [←R.]} [gen.], pedir ...*chanillanta mañaway*, pídemelo ajustado; [+cant.] «apel.», demandar, rogar; «fig.», acometer; [adm.], solicitar; [rel.], orar, rezar; hacer {votos}, votar; [+cant.] *(much'ay)*, adorar; {[=] [E. →]} **($)**, prestar; [part.], prestar {cosa que se devuelve en sí misma} ...*qullqi rantiy mañani*, he prestado [algo <que me han de devolver>] por dinero; {[+act.] [E.]}, alquilar; [part.], fletar ¶ ...*mañaway qullqiypaq asmuykita*, flétame tu asno por dinero; {[adm.] [obj.]} *(apachiy)*, expedir ...*ña mañasqaña*, ya está

---

[60] Para el concepto de transitividad débil en español, cf. Calvo Pérez (2003).

[61] En el fondo, lo citado no es sino muestra de una insuficiencia de Calvo Pérez (2009b) que no ha recogido ejemplos con *alquilar* en toda la extensión que lo ha hecho con *prestar*. Pero al mismo tiempo es un indicio también de que *alquilar* es más extenso en el tiempo ([+t.] o abarca a cosas más imperecederas intrínsecamente (<intr.>) hablando, lo que daría una carga más abrumadora a veces al tomador que al dador en alquiler, que actuaría con menos voluntariedad y más necesidad ([-lib.]): "recurrir a alguien", etc. La interpretación contraria, la de que involucrarse en el proceso indica más énfasis o voluntariedad ([+lib.]). por parte del tomador, puede darse también, pero es menos frecuente.

expedido; (**sust.**) [±abstr.], demanda, solicitud; [-mat.] **(±$)** *(mañakuy)*, petición, súplica *...mañasqaykita hunt'ani*, he atendido tus peticiones; «+cult.», rogación; **($)**, prestación; {[psíq.] [+fr.]} [neg.] «ref.», hábito *...winulla sigarrulla mañachayuq*, tiene hábito por el vino y el tabaco; [agr.], sistema {rotativo del terreno} / ***MAÑAKUY*** {[Exp.] [← E.]}, obtener {prestado}; {[Ag.] [←]}, tomar {prestado}; {[Ag.] [→ R.]}, pedir; «fig., fam.», recetar; «cult.», peticionar; [±dir.], recurrir {a alguien} *...qanman mañakuni, mana pipas kaspa*, recurro a ti, al no tener a nadie; {[±act.] [← E.]}, alquilar, alquilarse *...wasita qullqi rantiy mañakuni*, me he alquilado una casa.

Hay ahora una serie de palabras clave en español para este verbo y su debilitado diatético (con forma reflexiva como dije) que indican la manera conjugada en que obran estos espines en las dos lenguas: *pedir (a préstamo)*, pero *prestar*; *alquilar*, pero *alquilarse*; *demanda* y *solicitud, petición* o *súplica*, pero también *prestación*. Para reflejar estas complicaciones, marcamos con flechas la direccionalidad de lo prestado: si estas van del Emisor (E.) del Mensaje al Receptor (R.) o a la inversa, según su fuerza en el par interactivo; si se implica un sujeto Experimentador u otro más activo en calidad de Agente, etc. Es decir, que se produce una situación semántica intrincada en cada lengua por separado, la cual se enmaraña aún más en el cotejo de las dos lenguas. En primer lugar tenemos:[62]

alquilar	[Ag.] [→]	prestar, dar en alquiler	*mañay*	
	[Ag.] [←]	obtener por alquiler		ESPÍN
	[Exp.] [←]	tomar alquilado	*mañakuy*	

Como hemos dicho, en quechua se utiliza el sufijo reflexivo *-ku-* para aminorar la agentividad en casos en que el sujeto es Experimentador; no así en en alemán, por ejemplo, en que el prefijo *ver-* actúa como un morfema en calidad de Causativo para acrecentar su fuerza (compárese: *mañay* con *vermiten* y *mañakuy* con *mieten; Vermieter* es 'alquilador' y *Mieter* es 'inquilino' en esta lengua indoeuropea).

Pero la situación se complica todavía más si tenemos en cuenta dos ramificaciones interesantes en español y en quechua. Existe otro verbo sinónimo en cada una, pero con significados parciales diferentes: *manuy* 'prestar; tomar prestado' en quechua con su doble significado espínico, fosilizado también, y *arrendar* en español, 'dar; tomar en arrendamiento', con explicitud igualmente espínica.

[62] El conjunto, la figura mental resultante, tiene un parecido topológico con la **banda de Möbius**, en que la unión de la superficie continua se realiza en forma de cruce o inversión de significado (en el lado español), con un cruce espínico (que aquí se da en el centro de la misma).

Como los sinónimos perfectos no existen, al menos en teoría semántica (a diferencia de lo que solemos percibir esporádicamente en el uso), es preciso investigar para encontrar el sema que los diferencie. En quechua *manuy* tiene el rasgo de que lo que se toma a préstamo puede devolverse en diferente sustancia de la que se prestó (devolvemos el dinero a un banco, pero no devolvemos los mismos billetes que este nos entregó y ni siquiera la misma cantidad de dinero), frente a *mañay* (no podemos devolver una llama vieja a cambio de la joven que nos prestaron).[63] El rasgo de *mañay* es [=], frente al [≠] (y de manera minimizada, [≈]) de *manuy*.

(69) ***MANUY*** {[com.] [gen.]}, fiar ...*wawaykiman manuni t'antata*, a tu hijo le he fiado el pan; «cult.», hipotecar ...*manusqan kani*, estoy hipotecado; [≠], prestar {dinero o cosa que se devuelve por otra} ...*hayk'ata manuranki?*, ¿y cuánto le has prestado?; [≈] **(±$)**, cobrar {lo que se debe}; afianzar; **(sust.)** *(rantin)*, fianza, préstamo; crédito ...*pachak waranqa sulista manuyukunin*, le dí un crédito de cien mil soles; [+t.], depósito; «técn.», hipoteca; [+abstr.], endeudamiento.

Quechua y español coinciden en que el sujeto del alquiler o el arrendamiento es indeterminado o ambiguo: puede ser el posesor del bien o el posesor del dinero a cambio de la cesión temporal del bien. El quechua añade la diferencia de si lo prestado se devuelve en la misma o en distinta especie, diferencia que no es la que se da en español entre *arrendar* y *alquilar*, a los que se suma *prestar* (cf. ejemplo 67) como palabra más general y extensiva, porque en este par *alquilar* abarca más (es menos marcado) y no se concreta necesariamente en un tiempo real más dilatado (como *arrendar*, [+t.], concomitante con bienes precisamente más sustanciosos):[64]

(70) **ALQUILAR** {[hum.] ¬ [+mat.] [hum.]} {[com.] [+t.]} [+poses.] (dar {temporalmente, por dinero}), *mañay*; «coloq.», *alkilay*; {[++t.] [sup.]} «fam.» {la tierra} (arrendar), *arrinday (arriyinday)*; '±us.', *arinsay*; {[±act.] [-poses.]} **($)** {algo de alguien} (ser {arrendador}), *arinsay (arriyinday)*.

[63] Como el término marcado en el par es *manuy*, no es raro encontrar ejemplos en que el patrimonial *mañay* vale extensivamente por las dos sustancias del contenido: *waq'a qullqita mañakushan*, 'el loco pide una caridad <la cual no ha devolver de ninguna manera>'. En esto consiste el concepto de marca como fase de continuidad del espín en fase previa a su bifurcación léxica (cf., sobre todo, 1.ª parte, apartado 4).

[64] Sucede que el sistema comercial del castellano se ha impuesto sobre el del quechua, que responde más bien a una economía de intercambio, de ahí que el par de semas distinguidores del espín quechua ("idéntica *vs.* diferente cosa") se queden en la propia lengua andina, mientras que el sistema de la "bondad" o "duración" del bien del castellano entra a ella como préstamo: *arinsay*, *arrinday* / *alkilay*, etc.

(71) **ARRENDAR** {[hum.] ¬ [+mat.] ¬ [hum.]} {[++t.] [com.]} [der.] (alquilar {tierras de labor}), *arrinday (arriyinday)*; «cult.», *arinsay (alkilay)*; {bienes inmuebles} (alquilar), *mañay*.

Prestar –verbo triactancial: {[hum.] ¬ [+mat.] ¬ [hum.]}– no es un verbo "comercial" ([com.]), salvo en la aplicación moderna al dinero y a los préstamos bancarios *(manuy)*, ya que implica, por lo regular, que se devuelva desinteresadamente la cosa después de usarla, sin otras cargas añadidas *(mañay)*. Por esa razón, su extensión semántica es grande y cognitivamente extendida a lo abstracto e inmaterial *(Prestar ayuda, Prestar atención, Prestar juramento)*, en cuyo caso no hay necesidad de restitución; e implica además un tiempo de enajenación generalmente menor, [±t.], como *alquilar*, pero sin sus exigencias de intereses como condición *sine qua non*. Ahora bien, en español, *prestar* no ha desarrollado sus espines internos *(tomar a préstamo, pedir préstamo)*, pero sí lo ha hecho *préstamo*:

(72) **PRÉSTAMO**
1. m. Acción y efecto de prestar (|| entregar algo a alguien para que lo devuelva). *El préstamo de libros se realiza por las tardes.*
2. m. Cantidad de dinero que se solicita, generalmente a una institución financiera, con la obligación de devolverlo con un interés. *Nos han denegado el préstamo (DRAE).*

Tenemos la prueba de la diferencia con el inglés, donde además de *mortgage*, 'hipoteca, préstamo hipotecario', tenemos ya sea *lending*, 'acción de prestar', ya *borrowing*, 'acción de tomar prestado'.

Alquilar [+t.] y *arrendar* [++t.] implican, o pueden implicar, tiempos mayores a los de *prestar*. El préstamo es frecuentemente comercial y entonces se hace necesariamente a cambio de interés [+com.]. Dejamos aparte que en algunos lugares donde se habla español, *arrendar*, aplicado generalmente a fincas y entidades inmuebles, pueda extenderse también a objetos muebles *(Arrendaron un violonchelo para tocar aquel verano, Arrendaremos tres películas de vídeo para el fin de semana)*, ello como consecuencia de usar *arrendar* como término general del derecho y como tecnicismo comercial y no como palabra patrimonial (*arrinday* como préstamo al quechua). Al final, la cosa ha de devolverse en su entidad o monto [=], sin contar los intereses añadidos ([+cant.]) entregados o no hasta el momento.

Con todo ello, el nuevo esquema espínico –dejando libre de él el rasgo clasémico /Abstracto/ de *prestar*, que no provoca aparentemente espín– queda como sigue, bien entendido que al margen del espín general; o sea, con el significado único de 'entregar el posesor el bien que motiva el acto sin perder la propiedad sobre él':[65]

prestar	[±t.] [+com.]	dar dinero, con intereses	*manuy*
	[±t.] [-com.]	dar prestado	*mañay*
alquilar	[+t.] [+com.]	prestar algo material con intereses	
		prestar inmuebles con intereses	*arrinday*
arrendar	[++t.] [+com.]	prestar la tierra (y otros)	

Analizado en conjunto, es decir, con inclusión del espín, y diferenciado el concepto de "prestar" en sus dos versiones social *(prestar$_1$)* y económica *(prestar$_2$)*, el resultado, más ajustado a nuestra cognición y ya completo, puede ofrecerse como sigue:

prestar$_1$	[±t] [-com.]	dar prestado sin intereses	*mañay*	
alquilar	[Ag.] [→]	prestar, dar prestado		
	[+t.] [+com.]	prestar algo material, a cambio		SUBESPÍN
	[Ag.] [←]	pedir a préstamo		ESPÍN
	[Exp.] [←]	tomar prestado	*mañakuy*	
	[++t.] [+com.]	prestar inmuebles con intereses	*alkilay / arrinday*	
	[Exp.] [←]	tomar prestado inmuebles con int.		ESPÍN
arrendar	[+++t.] [+com.]	prestar la tierra (y otros bienes)	*arrinday*	
	[Exp.] [←]	tomar prestada la tierra (y otros)		ESPÍN
prestar$_2$	[±t.] [+com.]	dar dinero con intereses	*manuy*	

La ordenación podría hacerse también siguiendo el criterio de los primitivos semánticos y/o de los actantes implicados:[66]

alquilar	[+t.] [±com.]	prestar, dar prestado	*mañay*
	[+t.] [+com.]	prestar algo material, a cambio	*mañay*
	[Ag.] [←]	pedir a préstamo	*mañay*
	[Exp.] [←]	tomar prestado	*mañakuy*

---

[65] El conjunto, o sea, los campos semánticos de las dos lenguas, tiene cortes diferentes en la sustancia del contenido, como se ha visto en las entradas respectivas.

[66] Ahora, el esquema verbal de las dos lenguas se presta a una figura mental más compleja, de cierre inverso también, en que hay implicadas tres dimensiones (como en la célebre **botella de Klein** de los topólogos).

	[++t.] [+com.]	prestar inmuebles con intereses	*alkilay/arrinday*
	[Exp.] [←]	tomar prestado inmuebl. con int.	*alkilay/arrinday*
arrendar	[+++t.] [+com.]	prestar la tierra (y otros)	*arrinday*
	[Exp.] [←]	tomar prestada la tierra (y otros)	
prestar	[±t.] [+com.]	dar dinero con intereses	*manuy*
	[±t.] [-com.]	dar prestado	*mañay*

Vistas en conjunto, las dos representaciones plasmarían una inversión doble de una respecto de la otra, ya que ahora la lengua regidora sería el quechua.[67]

Como colofón a este apartado cabe insistir en el hecho de que cualquier palabra de base (primitiva) puede ser un producto espinizado o generar de por sí un espín.[68] La razón está en que las palabras derivadas o compuestas muchas veces ya se han formado a partir de la división espínica de la palabra original y son más proclives a la terminologización.[69]

3.2.2.2.1. Espines de palabras sinsemánticas

Un caso prototípico de espín, aunque ligeramente menos frecuente que el de las partículas morfológicas coincidentes en la expresión y diferentes en el contenido (del tipo de las del quechua y del español estudiadas más arriba), es el de las formas encontradas en clases libres cerradas, como son las preposiciones o los pronombres (como en francés *moi, je suis*, 'en cuanto a mí, yo soy', y en inglés *It's me*, 'soy yo', etc.). Sirva de ejemplo el tan traído y llevado binomio conformado por *con* y *contra* en español en el conjunto del trinomio de preposiciones operativas del español *con / contra // sin* (apartados 2.1, 2.4 y 5 de la 1.ª parte, y 1.1 de la 2.ª parte) . La preposición *contra* es marcada respecto a *con* en el sentido clásico de Jakobson de que la palabra no marcada no señala necesariamente la presencia del rasgo diferenciador, mientras que la marcada sí lo hace. Así, *contra*

[67] Siguiendo con la Topología, ambas figuras vendrían a estar unidas puntualmente por su centro (como una especie de **diábolo** topológico de complicada representación).

[68] Palabras como *padre* y *madre* son espines de una más amplia: *padre* = 'progenitor' *(reunión de padres, cosa de padres)*. A su vez, *padre* y *madre* tienen acepciones en que no figuran como progenitores; es más, en que son seres destinados a la no procreación: *El padre superior de este convento es un sabio* o *La madre teresa de Calcuta recibió el premio sin envanecerse.*

[69] No le podemos pedir a *comadre*, que se comporte como *madre* (nota anterior), o a *dulzor* (< *dulce* /Físico/) o *dulzura* (< *dulce* /Psíquico/), lo que a *dulce*, como adjetivo básico o de nivel cero, que comporta los dos clasemas de fisicidad y no fisicidad en sí mismo.

indica necesariamente oposición, pero *con* no indica necesariamente colaboración o caso Comitativo positivo:

(73) *Jugó con él y ganaron la partida.*
Jugó con [= contra] él, pero no pudo ganarle.
Jugó contra él siempre que pudo.

Semánticamente, *con* es menos específica desde el punto de vista semántico y, como corresponde, morfológicamente más simple que *contra*. En quechua, ambas se manifiestan o pueden manifestarse también del mismo modo, mediante el Instrumental *-wan*. La negación *mana* con *-wan*, unas veces significará 'sin' y otras 'contra', mostrando que el asunto de los espines puede ser más universal y general de lo que parece, pero que no todas las pantallas de proyección cuántica –léase: lenguas– ni todos los focos proyectados –léase: mundos– ofrecen de igual modo los espines. Pero así son los universales de la Lingüística en general y de la Semántica en particular: se dan en todas las lenguas, sí, pero no se dan del mismo modo o en las mismas estructuras de superficie. Véanse las correspondencias bilingües:

(74) CON <gram.> **(prep.)** {[Instr.] [pos.]}, *-wan (-puwan)*; [-Instr.] **($)** (contra), *-wan*; **(poses.)** [-al.], *-yuq*; [al.], *-yuq*; **(lim.)** {[+cant.] [+t.]} (hasta), *-kama*; **(conj. cop.)** (y), *-wan*; **(conj. conc.)** (a pesar de) {+ **inf.**} **(ger.)**, *-spa*; «+ref.», *Ø {+ **ger.**}*; (siquiera), *-pas*; «expr.» **(pond.)**, *hina (-hina)* // CONTRA <gram.> {**(prep.)** [-Instr.]} (con), *-wan*; **($)** (sin), *mana {+ -wan}*; [Abl.] (a causa), *-manta*; {[Adl.] [+f.]} (hacia {lo que va en dirección contraria}), *-man*; **(±$)** (hacia {lo fijo}), *-man*.

(75) SIN <gram.> **(prep.)** {[Instr.] [Ø]}, *mana (mana {+ -wan})*; [poses.], *mana {+ -yuq})*; {+ **v.**} (no), *mana {+ **ger.**} (mana {+ **part.**})*; **(poses.)** «cult.», *-naq*; «apel.», *ama*.

Los ejemplos siguientes demuestran la confluencia de "sin" y "contra" en quechua, que se etiquetan con *-wan* (el Instrumental) y el negativo frasal *mana*, 'no', pero también mediante la oposición casual entre el Adlativo *-man* y el Ablativo *-manta*:

(76) ***Mana*** *yuyayniykí**wan*** *ruwarusaq[chu]* 'sin tu consentimiento [no] lo haré' / ***mana*** *warmin**wan*** *mana lluqsinmanchu chay qhariqa* 'sin su mujer ese hombre no saldría'.

(77) *Allillanmi kasharqan, chaytaq nisqanwan huwis**wan*** *tupachikun* 'todo iba bien, pero entonces sus argumentos se estrellaron [= tropezó con sus comentarios] contra el juez' / ***mana*** *paywan* 'contra ella' - ***manan*** *ñuqa**wan**chu kashan* 'lo tengo en contra mía' // *ama riychu pirqaniq**man*** 'no vayas contra la pared' /// *allin rimayukunki ñañayki**manta**, ichaqa* 'te has despachado bien contra tu hermana, ¿eh?'

Es decir que tenemos la estructura siguiente:

QUECHUA:			
-wan	[Instr.] [pos.]	compª. pos., de suma	Sdo. de base
	[Instr.] [neg.]	compª. neg., de resta	1.er ESPÍN (léxico)
mana {-wan} / *mana {-wanchu}*	[Instr.] [neg.]	compª. neg., de resta	1.er ESPÍN (conceptual)
mana {-wan} / *mana {+* ***inf.****}*	[Instr.] [Ø]	compª. neg, de ausencia	
-man	[Adl.] [neg.]	compª. neg., de oposición	2.º SUBESPÍN (léxico)
-manta	[Abl.] [neg.]	compª. neg., de oposición	2.º SUBESPÍN (conceptual)
ESPAÑOL:			
con	[Instr.] [pos.]	compª. pos., de suma	Sdo. de base
	[Instr.] [neg.]	compª. neg., de resta	ESPÍN
contra	[Instr.] [neg.]	compª. neg., de resta	
	[Instr.] [neg.] [<Ø]	compª. neg., sobre origen móvil	
	[Instr.] [neg.] [Ø]	compª. neg., sobre meta fija	SUBESPÍN (neutral)
sin	[Instr.] [Ø]	compª. neg., de ausencia	Sdo. de base

Y en conjunto, representando a las dos lenguas:

ESPAÑOL			QUECHUA
con	[Instr.] [pos.]	compañía positiva, de suma	*-wan*
	[Instr.] [neg.]	compª. neg., de resta	
contra	[Instr.] [neg.]	compª. neg., de resta	
	[Instr.] [neg.]	compª. neg., de resta	*mana {-wan}* / *mana {-wanchu}*
	[Instr.] [neg.]	compª. neg., de oposición	*-manta*
	[Instr.] [neg.]	compª. neg., de oposición	*-man*
sin	[Instr.] [Ø]	compª. neg., de ausencia	*mana {-wan}* *mana {+* ***inf.****}*

El ejemplo anterior no representa una excepción, aunque es el prototipo de la constitución espínica de las lenguas según se mostró en la primera y segunda parte de este libro. Muy al contrario: los pares preposicionales son por definición producto de un desdoble espínico que comienza en la génesis misma de la preposición: el par *a/de*. Mientras *de* alude al origen, *a* lo hace al término de la dirección. Más tarde, *de* se desdobla en *desde*, lo mismo que *a* lo hace en *hasta* (e inconclusamente en *hacia*). Pero hay un paso previo, el de la confusión de *de* con *a*, lo que anunciaría el espín que radica *ab ovo* en estas dos preposiciones. Sea el ejemplo siguiente:

(78) Hoy en día, el rol del hijo mayor, heredado de la estructura familiar europea, sobresale al de los demás hermanos (español del Paraguay; frase escrita, recogida de una doctoranda paraguaya).

En este ejemplo, que viene a ser uno de los muchos usos desdoblados de la preposición vacía *de* en el español de América, se comprueba fehacientemente un espín iniciático: *sobresalir de* y *sobresalir a* vienen a confundirse cognitivamente como una única realidad. Lo que sobresale de algo lo hace, desde la perspectiva peninsular, como emanando de la materia que se toma como origen. Si un árbol tiene diez metros de alto y los que le rodean no pasan de, por ejemplo, nueve metros, el hecho de sobresalir comienza en ese punto en que los árboles de nueve metros acaban: ese es su origen y por eso se emplea *de*. Para un paraguayo, como para un peruano u otros hablantes del español americano, la visión es diferente: todos los árboles miden nueve metros, menos uno, que destaca desde esa medida a un término que se sitúa un metro más arriba; de ahí el uso de *a*. En la Península también tenemos valores espínicos similares: *de diez euros el kilo, a diez euros el kilo* e, incluso, *de a diez euros el kilo* en un desdoblamiento pleonástico interesante. Esta sinonimia de dos opuestos, de dos elementos primeramente antónimos, nos revela que existe un espín de base, puesto que las dos preposiciones pueden alternarse y sustituirse sin problemas. Ahora bien, esto es un espín secundario, no primario: habría que ver la existencia de los dos valores de origen y término en cada una de las preposiciones para abarcar intelectualmente mejor el desdoblamiento en el espejo. Sería no solo decir que ORIGEN = TÉRMINO, dada la indiferencia de uso de *de* y de *a*, sino demostrar que *de* es origen en tanto en cuanto que es también término o que *a* es término en tanto en cuanto puede ser igualmente origen. No habría especial dificultad en demostrar algunas particularidades al respecto. El desdoblamiento entre el genitivo objetivo y el genitivo subjetivo ya prueba uno de esos dos asertos. Si partimos de la frase latina *odĭum humāni genĕris*, observaremos que un mismo genitivo puede ser sujeto o ser objeto respecto al sustantivo *odĭum*, un sustantivo verbal que permite hacer o recibir un comportamiento psicológico de cierto tipo. La traducción puede ser tanto la de 'el odio del ser humano <a alguien>' como la de 'el odio al ser humano <por parte de alguien>'. Lo curioso del caso es que *el odio del ser humano* en español indica también o bien 'el odio del ser humano <a alguien>' o bien 'el odio del ser humano <por parte de alguien>'. Esa terminación de caso latino *-i* + *-is* es tan espínica entonces como la del marbete preposicional del español. Como en todos los espines, es verdad, parece que hay una forma que predomina sobre la otra. Al igual que el YO predomina sobre el TÚ en el espín comunicativo, así *el odio del ser humano* se glosa antes como 'el ser humano tiene odio' que como 'se odia al ser humano', sin que ello implique que uno de los dos deba desaparecer; más bien indica por donde se encaminará el proceso lexicogenético. De hecho, encontrar usos de *a* con significado de *de* es más difícil que lo contrario (lo mismo que de *contra* respecto a *con*), una vez que se subvierte el orden de la figura respecto al fondo léxico: de hecho, la palabra *genitivo* significa más bien 'generador' que 'generado'. Por eso, para tener idea fehaciente del genitivo objetivo, es conveniente, por lo general, acudir a un contexto más rico que oriente inequívocamente el sentido. En todo caso, el contexto interno, es decir, las reglas seleccionales de la construcción sintáctica, son básicas para inducir el significado: *la venida de César* ('César ha venido') es un ejemplo tan válido como *la avaricia del dinero* ('la gente tiene avaricia por el dinero'), ya que *venir* es verbo inergativo y precisa de un sujeto animado, pero *dinero* es sustantivo material, incapaz de funcionar como actor de la apetencia desbordada; por su parte, *avaricia*, como nombre de pecado capital, necesita actor humano para instituirse.

Vayamos a algunos usos de *a*. Uno de ellos tiene que ver con la constatación de que en América –y en concreto en el Perú– son muchos los usos de *a* en los que en la Península esperaríamos *de*. Así, se dice *al interior del campo* en vez de *en el interior del campo* e incluso en casos extremos se prefiere *a* a *de*: *Estas palabras son una denuncia del desconocimiento a esas actividades* (en vez *del desconocimiento de esas actividades*), etc. Como es sabido, la confusión viene de muy lejos, cuando en latín *in* + ACUS. era un circunstancial de dirección (*Legātus in Hispaniam missus est* 'el delegado fue enviado a Hispania'), a diferencia de *in* + ABL., que era el lugar en donde (*In Hispaniā vixit* 'vivió en Hispania'); por su parte, *ad* + ACUS. se refería a la dirección en que el término era un espacio reducido o bien afectaba a las proximidades de un lugar más amplio (*Milĭtes ad oppĭdum appropinquant* 'los soldados se aproximan a la fortaleza'). Esa ambivalencia se arrastró al castellano, donde quedó la duda de los dos usos y de donde se transfirió a América desde 1492, lugar en que pervive con fuerza. Pero no debemos engañarnos: la posibilidad del desarrollo diacrónico nace de la esencial capacidad del espín en desdoblarse en usos antagónicos y no al revés.

En la frase *El gato persigue al ratón* es evidente que el término de la acción de persecución del gato es el ratón; este es el significado más esperado de *a*, como término local. No olvidemos, pues, que el objeto indirecto (OI) equivale cognitivamente a un Locativo, más concretamente a un lugar de término conocido sobre todo como Adlativo (*a* viene del lat. *AD*). En la frase *Enseñar a leer* todavía predomina esa direccionalidad: el término es el objetivo que se persigue con la enseñanza; no obstante, si el concepto de "lectura" se considera como algo dado, *Enseñar a leer* podría interpretarse como 'enseñar [cosas en relación con] la lectura'. Véase este ejemplo: *Mi papá sabe coser: cosas de mi abuela que era bastante feminista y le enseñó de todo*. 'Enseñar a todo' como equivalente de 'enseñó de todo', ya sería un espín claramente delimitado. Así podemos decir *Le enseñó de todo, incluso le enseñó a seducir a las mujeres*. En *sabor a miel* –utilizo un tercer ejemplo del *DRAE* (s. v. **a**)– ya tenemos un espín completo: se trata del sabor de la miel y, de hecho, se concibe *ab initio* como Ablativo ("sabor que proporciona la miel") y no como Adlativo. En *Le dio un libro a Luis*, por volver al punto en que comenzó este párrafo, Luis es el término de la acción de dar. En *Le pidió un libro a Luis*, igualmente Luis es el término de la acción de pedir, pero se concibe mentalmente como el origen de donde parte el libro y no como el término, en dirección contraria a la petición: aquí la Semántica y la Sintaxis entran en colisión. Por eso no es de extrañar la ambigüedad de *Le compró unas flores a Rosa*, que, según los casos, puede entenderse como *Le compró unas flores a la florista de la esquina* <que se llama Rosa> o *Le compró unas flores a su mamá* <que se llama Rosa, por el día de su cumpleaños>. El Dativo no es solo un caso pasivo, sino también activo como han señalado generalmente los gramáticos del caso (cf., por ejemplo, Tchekhoff 1978). Y en español, esta conducta se observa muy notablemente en ciertos tipos de verbos como *gustar, convenir*, etc. (cf. Medina/Matera 2005) con sujeto en dativo experimentador.[70]

Otro caso más, muy notable, es el del significado de *hasta*, que de preposición de término marcado se vira a preposición de origen marcado. Esto se suele ver como un fenómeno en que se gana internamente un sema de negación ([neg.]), haciéndola absolutamente espínica en algunos lugares de América. Así:

[70] En concreto, los autores citados lo expresan así, a modo de resumen: "De acuerdo con la tradición de la Lingüística española, algunos verbos como *gustar, molestar, encantar, interesar, convenir* y otros, tienen la siguiente estructura: objeto en forma de dativo experimentante + verbo + sujeto; como en *A Luisa le gustan los discursos*. El propósito de esta investigación es intentar demostrar que el llamado Dativo experimentante es realmente el sujeto lógico dativo y el constituyente que tradicionalmente se reconoce como sujeto, debido a la concordancia con el verbo, es un objeto nominativo" (Medina/Matera 2005: 45).

(79) Se presentan diversas precisiones sobre el léxico religioso a la hora de la traducción. Así, por poner un ejemplo, al comentar la traducción de la Salve, tenemos: "Cuando sus puercos estuvieron gordos, los vendió", [donde] vemos que las acciones no son simultáneas, puesto que primero engordan los puercos y hasta después se venden.

Este ejemplo, recogido personalmente por el autor de este libro de una muy prestigiosa lingüista latinoamericana, obligó a que yo glosara el ejemplo como "[...] vemos que las acciones no son simultáneas, puesto que primero engordan los puercos y hasta después no se venden", con interpretación espínica.[71] Así se comprende la ambigüedad de enunciados como *Esta tienda cierra hasta las ocho* (= a las ocho), donde se podría decir, según algunos comentaristas, que *hasta*, como Adlativo que marca los límites, se iguala a *a*, que es el Adlativo general o no marcado del idioma; pero del mismo modo, el cambio antonímico (o antonímico-sinonímico) está servido,[72] produciéndose espín inmediato o subespín. Obsérvese que se podría decir de manera equivalente: *Esta tienda cierra desde las ocho*, con el Ablativo de límites marcados *desde*.[73]

Un caso especial de este grupo de palabras sinsemánticas o aparentemente sinsemánticas, lo constituirían los pronombres. Categoría pragmática por excelencia (Benveniste 1966/1971 [1946]/[1956]), el pronombre se dice que tiene significado ocasional, parecido a lo que se dice de la interjección. Ahora bien, el supuesto valor ocasional no lo da el contexto como en la interjección, sino que a diferencia de ella se da en contexto, que es diferente: el significado de *¡Ya!* depende del contexto en que se diga, pero *yo* sí tiene significado fijo ('Emisor {que habla}'), aunque deba precisarse la referencia en el contexto en que se dé. De hecho, eso sucede con cualquiera de las expresiones definidas: *el que viene por allí, la casa que me compré, lo que me tienes que decir...*, que varían de

---

[71] En mi propio corpus, está igualmente el siguiente ejemplo, cruzado en sendas cartas por Internet (febrero de 2009): "[JULIO] —Hola, Roberto: Vuelvo a escribirle. No es para meterle prisa, sino para recordarle que para mayo o así esperamos su artículo. Con que me diga que va a adelante, sirve ¿no? Día arriba o día abajo no tiene más importancia. Saludos cordiales, Julio. / [ROBERTO] —Gracias por la información. Le voy a mandar un artículo sobre incorporación en oluteco, lengua mixeana. Se lo mando hasta el mes de mayo, ahora ando muy ocupado y salgo afuera del país, pero regreso en marzo". Y más tarde: "—Ando con muchísimo trabajo; te lo voy a mandar hasta finales de mes porque acabo de llegar a Chiapas y de nuevo salgo por una semana a Guatemala. Dime si está bien con uds.".

[72] Obsérvese una vez más que sinonimia y antonimia son dos fenómenos que se igualan al límite en la generación del espín.

[73] Véase en seguida el comportamiento de *todavía* como *todavía no*, como continuativo virtual, en varios países de América, como Perú.

referencia en casa caso, en función de las circunstancias; y *yo* también cambia según quién sea cada vez el Emisor: es un nombre personal, un prenombre más que un pronombre. El espín se da, entonces, en la elección del contexto y la palabra aparentemente sinsemántica se convierte en seguida en pragmáticamente semántica. Lo cierto es que, para ser más exactos, "yo" y "tú" son conceptualmente dos caras de una misma moneda, dos papeles absolutamente intercambiables y necesarios el uno para el otro, por lo que deben interpretarse igualmente como espines primarios. El espín principal se produce de hecho antes, en la toma de conciencia del individuo ante el espejo, en ese paso intermedio del YO al TÚ que es el propio ÁLTER EGO desdoblado (como roles del psiquismo humano). Cosa diferente es que puedan eventualmente verse sometidos de manera desigual a contradeixis, a generalización, donde el TÚ, todavía imbricado en la comunicación aunque en su otra cara desdoblada, se torna más fácilmente ajeno en el fenómeno citado: *Tú dejas hoy a tus hijos que salgan cuando quieran de casa y luego no sabes qué te vas encontrar cuando vuelvan* ("tú" = 'cualquiera que'), que el YO, donde tal generalización es muy forzada: *Que yo hoy le quito la vida alguien por conducir deprisa, aquí no ha pasado nada* ("yo" = 'cualquiera que'). Es decir que al ser el YO el origen de la comunicación, el punto de ensamblaje entre el Lenguaje y el Mundo, su precisa concreción es difícilmente esquivable, mientras que el TÚ, un YO desdoblado en el espejo, puede enajenarse más pronto –emanciparse– a referencias objetivas o contradeícticas.[74]

A esto hay que añadir, como dije en otro lugar, lo siguiente:

> [...] la mayor lejanía de las personas de la comunicación se da entre el E. y las personas de la no-comunicación, tal y como las formuló Benveniste (1966/1971 [1946]/[1956]). No obstante, su mundo permanece indiferenciado frente a la segunda persona receptora. Esto sucede en todos los tiempos no actuales del verbo: presente, pretérito y futuro de subjuntivo, condicional, imperfecto de indicativo:
>
> a) *YO/ÉL (ELLA) suba - subiera - subiese - subiere - subiría - subía* (frente a *tú subas - subieras - subieses - subieres - subirías - subías*).
>
> Además, en las formas infinitas del verbo, la indiferenciación es absoluta, con lo que el espín es total:
>
> b) *La intención de ir YO/TÚ/ÉL (ELLA) a la prueba, nos trajo a todos diversos problemas* (Calvo Pérez 2007a).

Por otra parte, el TÚ y el YO, como roles generales de la comunicación o papeles pragmáticos, solo dejan de desdoblarse en caso de alusiones a lo dicho por

[74] Para un desarrollo más amplio de la contradeixis o generalización referencial, cf. Calvo Pérez (2004: apartado 2.3.1.1).

otro, en que un YO$_B$ asume un YO$_A$ previo: —*Yo, yo y siempre yo, nunca pensando en los demás* (aplicado a un "tú" al que se remeda y que siempre habla de sí mismo como protagonista). O bien en este chiste cazurro:

(80) Dos amigos (A y B) se encuentran con un tercero (C), que les escucha:
A: –*Ayer íbamos yo y este por el campo y vimos una paloma.*
B: –*¿Querrás decir este y **yo**, no?*
A: –*¿Qué pasa, que yo no iba o qué?*

En (80) *yo* de B (en negrita) no equivale al *tú* implícito de A, lo que evidenciaría la situación prototípica del diálogo, sino a una mención sobre el yo de A. El chiste lo provoca, en cambio, el hecho de que A rechaza, en segunda instancia, el metalenguaje de B, que repite papeles, en cuanto que repite personajes evocados por otro en otro orden, para combatir la conducta lingüística de la persona maleducada que se cita a sí misma en primer lugar. Es como si solo fuera lengua funcional y no hubiera más "yo" que el Emisor y no "yos" sublimados, razón por la que A se siente rectificado, puesto que los demás "yos" son solamente un "tú" para él, sin comprender la excepción debida al metalenguaje.

Un caso especial de ambigüedad, y, por tanto, de espín semántico, lo es el del uso del pronombre *nuestro*. En español no se sabe a las primeras de cambio si es inclusivo o exclusivo si no lo indica el contexto, por lo que la oposición [+Receptor] *vs.* [+Receptor] está servida: *Mira, este es nuestro hogar* se le dice tanto a la visita que llega a la casa (exclusivo) como a la esposa recién estrenada cuando el novio le muestra el secreto que tantos meses le guardó (inclusivo) sobre su nuevo nido. Veamos un ejemplo de ambigüedad calculada:

(81) Contexto: <una señora, con su hijo en brazos, conversa con su marido en la calle. Hablan del niño como si hubiera sido engendrado por los dos. Llega una tercera persona, un cura joven que ahora vive lejos de Madrid, exiliado por su conducta anterior, ya que tuvo relaciones con la muchacha y es, en realidad, el padre de la criatura, a la que no conoce. Tras hablar unos instantes, ella le presenta su marido al recién llegado y luego añade dirigiéndose a este>: —*Te presento a nuestro hijo.*

Como no se sabe si el pronombre es inclusivo o exclusivo, persiste la ambigüedad. De hecho es hijo de los dos, porque el otro lo ha reconocido como propio.[75] Eso no sucedería en quechua donde existe *nuqayku* (excl.) y *nuqanchis* (incl.).

[75] Tomado de la serie *Amar en tiempos revueltos* de TV1 (10-06-2008).

3.2.2.2.1. a) Los cuantificadores

Un caso límite, que merece ser analizado –o al menos recordado– por su excepcionalidad, es el que tiene que ver con los cuantificadores **(Q.)**, categoría que se ubica entre los paradigmas reducidos de las categorías sinsemánticas y los ampliados de las autosemánticas. Los cuantificadores, al ser evaluativos, permiten explícitamente los espines. Por ejemplo:

(82) *Piensa que es mejor que nadie* [= todos].

(83) *Prefiero a Luis que (no) a Carlos.*

(84) *–¿Estás comiendo?*
–Todavía <en algunos lugares, equivalente a *–Todavía no*>.

Por otro lado, se ubican principalmente en la estructura de superficie sintáctica, lo que los hace más domeñables y sometidos principalmente a la cobertura sintáctica, fenómeno generalmente conocido como alcance o esfera de influencia (*scope*). Ni qué decir tiene que esta categoría es considerada por lógicos y gramáticos como la más proclive a producir ambigüedad en el lenguaje.[76] Además, en quechua, no se opera solo con neutralizaciones, como las que siguen en ambas lenguas:

(85) **ALGUNO** (algún) [mat.]. <pragm.> (lo que sea), *imapas*; {sobrante}, *waki*; **(indef.)** (uno), *huq*; (algo, cualquier cosa), *imapas (imallapas)*; [hum.] (alguien), *pipas (pipis)*; (quien), *pi*; (cualquiera), *mayqinpas*; <posp.> [neg.] **($)** (ninguno), *mana {+ -pas}*; <gram.> **(pl.)**, *-kuna*.

(86) ***PIPAS** (pipis)* [≥1], alguien …*–Pin ruwarun?, –Pichá ruruwarun*, –¿Quién lo ha dicho? –Alguien lo ha dicho; alguno; quienquiera; tal …*pipas niychu*, tal habrá

[76] Véase, al efecto, entre la ingente cantidad de obras existentes sobre el tema, Kemson/ Cormack (1981). Por ejemplo, en la frase *Todos los hombres de la reunión hablaban dos lenguas de Europa* no sabemos si solo se hablaban dos lenguas en conjunto (francés y ruso, por ejemplo) o si cada uno de los asistentes hablaba dos lenguas (uno francés y ruso, otro albanés y turco, un tercero español y húngaro, etc.). Solo en las frases en que la experiencia demuestra otra cosa, la ambigüedad espínica puede quedar en suspenso. En la frase *En este país una mujer da a luz cada quince minutos* solo se puede entender la frecuencia en interpretación colectiva (se trata de una mujer distinta cada vez y no siempre de la misma, salvo que lo diga Groucho Marx). Compárese con *En esta pandilla una chica se emborracha todas las semanas*, en que caben las dos (o una chica distinta cada vez o siempre la misma).

que lo diga; fulano, mengano, zutano, perengano *...piwanpas kanqa pasapullanki*, te vas con cualquier fulano; [Ø] **($)** *(mana pipas)*, ninguno <al responder> *...–chakrapi runa sayarishanchu? –Pipis*, –¿hay gente parada en la chacra? –Ninguna; nadie *...ama pimanpas willankichischu*, no se lo diréis a nadie.[77]

Al contrario: se dan en ella casos de difícil acomodo para las lenguas occidentales.[78] No se trata únicamente de que *nadie* pueda significar como *alguien* y obligue a explicaciones estrictas, parecidas a las que se exigen en nuestra cultura:

(87) *Si necesitas un día un préstamo, hijo mío, no se lo pidas a nadie, pero a nadie, ¡eh!, a nadie,*

sino que los espines se producen de manera generalmente contraria al cuantificador sinsemántico, aproximándose a otros lexemas de significado léxico completo. Por ejemplo: *q'ala* 'nada' ('desnudo', etc.), se proyecta como *q'alata* 'todo'. Yo no comprendí esta bilocación léxica hasta que no observé que los lexemas que implican "pérdida" de posesión total, sobre una situación previa de posesión plena, eran los que solían pedir esta forma de avalar el todo negando su existencia.[79] Podríamos tener dudas si observamos:

(88) ***Q'ALA*** **($)** «fig., fam.», como un puño *...q'ala chiqaq*, una verdad como un puño,

---

[77] La ambigüedad de significado se produce ya en la base, en el aditivo *-pas (-pis)*, que forma los compuestos indefinidos del quechua: *Nuqaqa mana ima hanpiqman**pis** rikuchikunichu kay llaqtapi* 'yo no me encomendaría a ningún-cualquier médico de esta ciudad'.

[78] El más saltante lo tenemos en la abundancia de cuantificadores para "todo". Pero este desajuste no se da siempre. Los valores cambiantes en cuanto a la orientación de la cantidad que se dan en quechua como, por ejemplo, en "***LLUNPAQ** (llunpay)* {**(Q.)** «±us.»}, muy, demasiado; **($)**, apenas *...llunpayllaña mikhun*, apenas come; **(fr. adv.)**, del todo; de todo en todo, en todo y por todo; *(tukuyta)*, de remate; **($)**, con las justas ¶" (Calvo Pérez 2009b), se dan también en otras lenguas. Así, en español: "**APENAS** (apenas si) <gram.> **(adv.)** [‡cant.] (casi no), *yaqa (yaqa mana)*; (con mucho esfuerzo), *ñak'ay (ñak'ayllaña, ñak'aymanta)*; (difícilmente), *sasata*; «fam.» (con las justas ¶), *llunpayllaña (llunpaq)*; [t.] (en cuanto, en el momento en que), *kaqlla*; <gram.>, *-lla*; [+cant.] ($) (un poco {menos del total}, casi todo), *nishukama (lluyllaña)*" (ibíd.). Véase en lo que sigue.

[79] Hay muchas formas de afirmar negando (Calvo Pérez 1994a: cap. 7): *sí* o la forma reduplicada *sí sí* (para decir que no o que no se cree lo dicho), la triple negación serrana *no ni na'* (para afianzarse en lo dicho), etc. Recuérdese el chiste volteriano: cuando una mujer dice no, quiere decir tal vez y cuando dice tal vez, quiere decir sí; en cambio, cuando un hombre dice que sí, quiere decir tal vez y cuando dice tal vez quiere decir no, que es, sin duda, un espín 'clásico'.

al entender que se produce igual interpretación que en español cuando decimos *la verdad desnuda*, de ahí que (88) podría ser tenida como un calco. Pero no hay vuelta de hoja en cuanto a que se trate de una forma genuina del quechua en:

(89) *Q'ALA* [...], desnudo; «+ant.», nudo$_2$; *(q'ala siki)*, cala ¶, calato ¶, «vulg.», qala ¶; [+fr.], nudista; [hum.] *(q'ala chaki)*, descalzo; «fam.», pobre; «fig., fam.», pelón; roso$_2$; [±cant.], andrajoso {que enseña las carnes}, pobretón; exento, limpio; [...] **(Q.)** **($)**, todo ...*q'ala muyuyninchis chay pacha*, todo lo que nos rodea en este momento [= sin excepción]; todo sin excepción ...*q'ala qhillillaña hamusqa*, había venido todo sucio [Se sobrentiende <sin quedarle nada limpio>] / *Q'ALATA* **(adv.)**, enteramente; **(fr. adv.)** [+cant.], de todo punto, hasta la entrañas; [Ø] **($)**, en cueros; «cult.», in púribus.

Por otro lado, la precisión que requeriría *todo* en español se ve favorecida en quechua por la existencia de dos cuantificadores sinónimos *lluy*, 'todo, casi todo', y *llapa*, 'todo en su totalidad'. En *Ahora vienes, que todos se han ido* se suele entender <ya queda poca gente>; algo imposible en *Todos los ocupantes del avión murieron*. Veamos el ejemplo quechua, lengua en la que hay seis u ocho palabras para "todo" *(lluy, lliw, llapa, llipi, hinantin, tukuy, q'ala...)*, con una riqueza de precisiones inesperada en nuestra cultura, como se analizó en Calvo Pérez (1994b):[80]

(90) ***LLUY (lliy)*** **(Q.)** [±∞] *(llapa)*, todo ...*lluy rimasqanmanta*, por todos los conceptos; [hum.], todos ...*lluymi yuyayunku raymi ruwayta*, todos acordaron hacer una fiesta; **(adj.)**, global; total // *LLUYKAMA*, todo lo habido y por haber // ***LLUYLLAÑA*** **(adv.)** [‡cant.] **($)**, apenas ...*lluyllaña mikhushan*, apenas come; [+neg.], pésimamente / ***LLUYLLAÑA KAY*** **(fr.)** **($)** «fig.» *(manan usaypas kanchu)*, estar a dos velas ...*lluyllaña kashani*, estoy a dos velas // *LLUYMANTA*, de todos los sitios ...*lluymanta hamusqaku turaykiq p'anpakuyninman*, habían venido de todos sitios al entierro de tu hermano.

(91) ***LLAPA (llipi)*** **(Q.)** [∞], todo {el conjunto entero} ...*llapanta rantikusqayki*, te compraré todo [el bosque]; **(fr. oper.)**, y todo ...*llapa p'achantin bañarukusqa*,

[80] Se pueden ver los significados principales recogidos hasta ahora por los lexicólogos en Calvo Pérez (2009b): "**TODO** (todos) **(Q.)** {[+++cant.] [gen.]} (lo que hay), *tukuy$_2$ (tutuy)*; {[±concr.] [+cant.]} {el conjunto entero}, *llapa (llipi)*; [±cant.] {entero} (la mayoría), *lluy (lliw)*; «fig.», *llapan*; [neg.] {sin excepción}, *q'ala (q'alata)*; [-mat.] (así, en conjunto), *hinantin*; [énf.] (nada {más}), *-kama*; **(distr.)** «fig.», *-kama*; **(adv.)** (enteramente), *-llaña (lluy {+ -llaña}; q'ala {+ -llaña})*; **(sust.)** (cosa {íntegra}), *llapantin*; [±cant.] (lo que hay, bastante, en el momento), *lluynintin*; <gram. > **(suf. lim.)** (solo), *-lla*; 'pragm.' **(suf. val.)** (en verdad), *-mi (-n)*".

se bañó con ropa y todo; **(adj.)**, multitudinario *...llapa qaparisqankumanta phawaspa lluqsirqun*, tras el grito multitudinario [todos] se desbordaron corriendo; [abstr.], absoluto, incondicional; integral; [++cant.] *(lluy)*, universal *...llapankumanta akllanku*, lo eligieron por [sufragio] universal; **(adv.)**, incondicionalmente *...llipintan yanapani*, le ayudé incondicionalmente // ***LLAPAN ALLPAYUQ*** **(‡$)**, latifundista / ***LLAPAN AMIRIKANU***, panamericano / ***LLAPAN CHAYAY***, monto *...llapanqa waranqa sulisman chayan*, el monto total llegaba a mil soles / ***LLAPAN HUNT'AY***, plenitud / ***LLAPAN KAWSAYKUNA*** **(‡$)** «fam.» *(yachaynin)*, currículo, currículum; «fam.», hoja {de vida} *...llapan kawsaykunata ruwasqa*, había hecho la hoja de vida.

Ahí se ve el cambio de perspectiva que introduce uno y otro de los cuantificadores citados, aportando cada uno, en las subentradas, subespines **(‡$)** de bastante interés. Véanse las estructuras siguientes, con criterio ordenativo español y quechua respectivamente:

ESPAÑOL

todo	∞	[abstr.]	todo absolutamente	*tukuy - (tutuy)*	
		{[mod.] [identif.]}	así, en conjunto	*hinantin*	
			sin excepción, nada	*qala - q'alata*	ESPÍN
	1	{[lim.] [int.]}	eso solo	*-lla*	
	→1	{[lim.] [ext.]}	hasta eso	*-kama*	
todo(s)		[concr.]	conjunto entero	*llapa / llipi*	
todos	→∞	[+cont.]	conjunto casi entero	*lluy / lliw*	SUBESPÍN
	Σ ∞	{[+cont.] [+cant.]}	todos numerados	*-ntin - (-stin)*	
	Σ 1	{[+cont.] [±cant.]}	todos entre los que son	*-pura*	
	Σ 1-∞		cualquiera, quienquiera	*pipas - pipis*	

QUECHUA

llapa / llipi	∞	[concr.]	conjunto entero	todo(s)	
tukuy - (tutuy)		[abstr.]	todo absolutamente	todo	
hinantin[81]		{[mod.] [identif.]}	así, en conjunto		
-ntin - (-stin)	Σ∞	{[cont.] [ext.]}	todos numerados	todos	
-pura	Σ 1	{[cont.] [int.]}	todos entre ellos		
lluy / lliw	→∞	[concr.]	conjunto casi entero		SUBESPÍN

[81] "***HINANTIN*** **(Q.)**, todos; **(adj.)**, totalitario; **(sust.)**, natural *...wik'uñakunaqa hinantinpi tiyan*, las vicuñas viven al natural; {[anim.] [col.]} «fig.», rebaño *...hinantin uyha*, rebaño de ovejas" (Calvo Pérez 2009b).

-lla	1	{[lim.] [int.]}	eso solo	todo	
-kama[82]	→1	{[lim.] [ext.]}	hasta eso		
———	—	———	———	———	———
qala - q'alata	∞	[Ø]	sin excepción	todo	ESPÍN

Esta última estructura es, de seguir con esta ordenación, una estructura cerrada también (a modo de banda möbiana). La anterior, en cambio, es una estructura abierta, dada la poca discriminación léxica de "todo" en español, la cual se traslada, aunque más débilmente –espines menores **(±$)** y mínimos **(‡$)**– a otros operadores indefinidos (*No comió fruto alguno [= ninguno]*, pero *Alguno lo puede coger* o *Cualquiera [= todos] lo puede coger* o bien *Una vez aceptado que los jugadores no han tenido nada [= algo] que ver*):[83]

(92) ALGUNO **(algún)** [mat.]. <pragm.> (lo que sea), *imapas*; {sobrante}, *waki*; **(indef.)** (uno), *huq*; (algo, cualquier cosa), *imapas (imallapas)*; [hum.] (alguien), *pipas (pipis)*; (quien), *pi*; **(±$)** (cualquiera), *mayqinpas*; <posp.> [neg.] **($)** (ninguno), *mana {+ -pas}*; <gram.> **(pl.)**, *-kuna* / ALGUNOS **(Q.)** (varios), *kuska*; (los otros), *huqkuna*; [+cant.] (muchos), *askha*; **(±$)** [±cant.] (unos pocos), *pisi*; **(‡$)** [‡cant.] {pocos} (el resto), *wakin*; [∅] **($)** <al responder a pregunta negativa> (ninguno), *pipas (pipis)*.

El juego de *alguno* con *ninguno (No ha comprado libro ninguno = No ha comprado libro alguno)* se observa también en los pares antónimos *alguien/nadie* (*No viene nadie = ?No viene alguien*, desechado por el uso) y *nada/todo*:

(93) *–La afición del Atlético de Madrid, eso vale más que nada* (programa matutino de RNE, 27-09-2010),

82 "-KAMA [...] **(oper.)**, inclusive, incluso; justamente, solamente, puro ¶; <±rec.> *(-pura)*, entre sí; **(Q.)**, cada uno; **($)**, todo; **(adv.)**, íntegramente; todo ...*tullunkama, chay hirq'iqa*, es todo huesos, este niño; [t.] *(-ntin)*, durante; *(-kama {+-na})*, mientras ...*puñunaykikama wasi ruphayusqa*, mientras dormías, la casa se ha incendiado; [-mat.] «cult.» *(-hina)*, como, según; conforme; [...] (Calvo Pérez 2009b).

83 Obsérvese también el ejemplo siguiente, deducible mediante correlación: *Dejó todo / No dejó todo [= dejó algo]*, *Dejó algo / No dejó algo [= dejó nada = no dejó nada]*, en que el espín está incentivado, en primer lugar, por el operador negativo *no*; en el segundo, es más bien *no* el que tiene comportamiento propio de espín, dado que es una forma expletiva de significado inexistente: se dice que únicamente "colorea" el segundo término de la negación, a cuyo ámbito (*score*) llega.

lo cual, con poco que valga supera al cero, es obvio; por eso se esperaría, hiperbólicamente y por imposibilidad, ...*vale más que todo*.[84] En el par antónimo *algo/nada* pasa algo similar, como cuando un sacerdote católico señala:

(94) *–El obispo me prohibió decir nada* (portada de *El País*, 19-09-2010),

donde se esperaría *?El obispo me prohibió decir algo* [= *que conocía los casos de pederastia en Bélgica*]. Los niños, en períodos tempranos de adquisición del lenguaje, yerran al hablar, especialmente en este punto, por desconocimiento del espín. Veamos el caso real de Marc en diálogo con su yaya Ana:

(95) *–Le tengo miedo a las hormigas, yaya.*
–Las hormigas no hacen nada, Marc.
–Sí hacen nada, yaya.

La razón es que la abuela debió haber dicho, de no existir espín: —*Las hormigas no hacen algo* (enunciado no aceptable en el español de adultos), a lo que el nieto de apenas 20 meses hubiera contradicho diciendo con propiedad de uso: —*Las hormigas sí hacen algo, yaya*.[85]

Pero no "acusemos" a los niños de lógica infantil al hablar. Es lo suyo. Los adultos, incluso los profesionales del lenguaje como son los periodistas, yerran a veces induciendo a presuponer lo que no es, cuando cuantifican. En ocasiones, cuando alguien ha destinado una alta cantidad a algo, el periodista suele decir: *El presupuesto ha rebasado por poco los diez millones de euros* y nos quedamos tan tranquilos como si "ese poco" matizara una impresión, falaz, de que estamos ante una inanidad, cuando es todo lo contrario: habría que haber dicho simplemente que *El presupuesto supera los diez millones de euros*.[86] Es como sostener

[84] Nos recuerda el pasaje de *Alicia en el país de las maravillas* (cap. 7) donde se da el siguiente diálogo: "–Sírvete un poco más de té –le dijo ansiosa la Liebre de Marzo. –¡Si todavía no he tomado nada –replicó Alicia en tono ofendido–, de forma que no podría tomar *más*! –Querrás decir que no podrás tomar *menos* –aclaró el Sombrerero–, siempre es más fácil tomar *más* que *nada*".

[85] El *DRAE* reconoce también un espín, s. v. **nada**: "no es ~. 1. loc. interj. coloq. U. para ponderar por antífrasis algo que causa extrañeza o que no se juzgaba tan grande". (También se dice: *¡Y ahí es nada!*)

[86] La contraparte está en una afirmación como: *El presupuesto no llega a los cien millones de euros* en vez de *El presupuesto se acerca a los cien millones de euros*, con presuposiciones en contrario. Una conocida página de "tabloide" de Internet asegura: *Un taxista devuelve el equivalente a casi 22.000 euros olvidados por un pasajero* (14-09-2010), donde la palabra *casi* minimiza cognitivamente, aunque no sea la intención del noticiero, la cantidad

que *Carl Lewis era más lento que Ben Johnson*, como si la lentitud fuera una de las características de alguno de estos velocistas: se esperaría, por tanto, decir "menos rápido", pero la expresión, como en otros muchos casos, la garantiza el espín.

Si la conducta espínica se observa en cuantificadores anteriores como *alguno/ninguno, algo/nada*, etc., que tienen un valor positivo o negativo implícito, teóricamente la propia negación (y afirmación) de base puede ser un espín tanto explícito como implícito. Así, en los siguientes ejemplos, apreciamos claramente la negación expletiva:

(96) Un abrazo; y que eso que me cuentas no sea obstáculo para que en unos días [no] nos podamos sentar a una mesa a comer un poco de comida peruana. Ya me apetece (carta por correo electrónico, 23-09-2006).[87]

(97) No hay que creerles: dicen lo que dicen para no perder posiciones y [no = ni] ceder cuotas de poder a sus rivales (Mario Vargas Llosa, "El principio del fin", *El País*, 13-08-2006, p. 14).

Obsérvese que el autor de la carta omite *no*, aunque este se sobrentiende a la hora de leer. Es como en *Luis es más alto que (no) Antonio* en que se prescinde generalmente de *no*; o en comparaciones más o menos exclusivas como en *Meira nos aboca más bien a un tema de tipología general que [no] de clasificación zonal*. En el siguiente ejemplo, la omisión de *no* podría ser igualmente la de *ni*, una vez que desapareciera también el coordinador copulativo *y*: *No perder posiciones ni ceder cuotas de poder*, como *No perder posiciones y ceder cuotas de poder*.[88]

La omisión del *sí* afirmativo es lo más común en el uso lingüístico, aunque las presuposiciones frente a su empleo sean distintas. En *Yo sí que querría ir de*

---

devuelta; hubiera sido mejor encabezar la noticia como: *Un taxista devuelve el equivalente a cerca de 22.000 euros olvidados por un pasajero*. Obvio: *cerca* indica igualmente cantidad aproximada al límite, a la baja, pero no condiciona reversivamente la cantidad con un *casi* reductivo.

[87] En épocas tempranas del español, la negación expletiva era más usual que en la actualidad. Véase, por ejemplo, en un fragmento de carta de doña Juana Farfán (Perú, s. XVI): "más presto se remedia una doncella en esta tierra que no allá" (en un estudio inédito de Rosa Carrasco). Hoy el contexto hace explícito de por sí el espín.

[88] Al tratarse de una coordinación, se podría suponer que no es preciso que haya negación, pero eso es incorrecto, ya que lo positivo y lo negativo puede ser igualmente miembros de sumas: *Nadal, por una vez, se desconcentró mucho y no ganó la final* o *Nadal no jugó bien y perdió la final*. En el ejemplo de Vargas Llosa, sin embargo, hay que entender que se suman dos negaciones, ya que de otro modo el mensaje sería lógica y pragmáticamente absurdo.

excursión mañana se puede prescindir de *sí*, pero al hacerlo se reduce la presuposición a que <habrá una excursión mañana> desde <habrá una excursión mañana y algunos no quieren ir>. El espín de *sí* no se produce ahí, pese a todo –decir implica directamente afirmar, mientras que por lo general solo se puede negar cuando utilizamos "no"–, sino en casos como —*¿Vienes conmigo a la disco hoy?* —*¡Sí, sí!*, donde la respuesta implica una negación oculta del Emisor que intuye motivaciones poco claras en la oferta realizada por su interlocutor.

Respecto a los cuantificadores, hay que añadir que no solo los imprecisos están espinizados, sino que también lo están los precisos o numerales y especialmente 1. *Uno* tiene tanto reminiscencias de cuantificador preciso como de impreciso. Así lo observamos en su despliegue cuantificacional o en las paráfrasis quechuas de *ch'ullanchakuy* (< CH'ULLA 'impar, non; *(huq)*, uno; **(adj.)**, desparejado; solo, único'):

(98) **UNO (un) (num.)** {[cont.] [núm.]} [1] (base {de la numeración primaria}), *huk, huq (suk)*; [m.], *unu*$_2$; (impar), *ch'ulla*; **(adj.)** (solo {en su especie}), *ch'ullalla*; [int.] (no dividido), *thapa*$_2$; (que se identifica {con otra cosa}), *hinalla*; (idéntico, mismo), *kikillan*; [ext.] (único {entre los de su especie}), *ch'ullallapunin*; **(pron.)** (cierto), *huk, huq*; {de ellos, de ambos}, *huknin*; **(indef.)** **($)** (alguien), *mayqin*; **(distrib.)** [2] **(±$)** (que no es {el otro}), *huq (huqnin)*; <pl.> {a cada uno}, *hukninka.*

(99) ***CH'ULLANCHAKUY*** {[1]+[1]+[...] [ext.]} → {[1] [int.]} *(huñunakapuy)*, agruparse ...*mana allin puriq t'aqakuna ch'ullanchakun*, los grupos de delincuentes se han agrupado; {[1] [int.]} → {[1]+[1]+[...] [ext.]}} **($)** *(ch'ullaqtay)*, desemparejarse ...*kuska hamushaspa, ch'ullanchakamuyku*, viniendo juntos, nos hemos desemparejado; **(sust.)** [com.], cártel.

En (95) los cambios se observan en el comportamiento de *uno* ya como indefinido ya como distributivo, y en (96) en que el sentido de algo único nace como resultado de la agrupación de unidades externas en una sola unidad interna o bien, en sentido inverso, en el desemparejamiento o multiplicación de un conjunto complejo en nuevos y sucesivos conjuntos de carácter unitario.

3.2.2.3. Espines superiores a la palabra

Sea la frase adverbial siguiente, que se considera como un **espín por exclusión ($\$^{e}$)** en el equivalente quechua:

(100) **DEL TODO** (de todo en todo, en todo y por todo) **(fr. adv.)** (enteramente), *llunpaq (llunpay)*; **($\$^{e}$)** (sin dejar {un ápice}), *k'atata*.

La locución adverbial espínica antedicha no debe extrañarnos, por varias razones: por un lado es también cuantificadora, la tierra de cultivo de los espines explícitos, como hemos visto; y, por otro, no es posible pensar que si se producen espines en unidades léxicas menores no los vaya a haber en unidades mayores y en textos completos como, por ejemplo, en *Ana Karenina* o *La vida es sueño*, a tenor de sus diversas valoraciones. Es más, las lexías complejas o los textos literarios lo son en tanto en cuanto funcionan como connotativos, una vez superado el significado suma de los textos comunes. Y está visto que en la connotación espontánea o artística el espín es omnipresente y generalmente prioritario. Comenzaba yo uno de mis libros (Calvo Pérez 1994a: 22-27) analizando la frase *¿Qué más se puede pedir?* y llegaba a la conclusión de que el sentido de la enumeración previa, cosas positivas ya enumeradas, invalidaba la pregunta como tal y la convertía en retórica; en cambio, la interpretación denotativa, con el mismo tonema, de solicitud de cosas neutras *a posteriori* de la pregunta, la autentificaba; no obstante, esta autentificación se da solamente en un pequeño porcentaje de los casos. Es decir, que es más frecuente (101a) que (101b):

(101a) *Tengo un buen coche, una casa donde vivir, una esposa maravillosa y unos hijos modélicos. ¿Qué más se puede pedir?* (a ello no es preciso responder nada, sino asentir).

(101b) *–¿Qué más se puede pedir?*
–Pide, además de las pizzas, pan con aceite y ajo y unas alitas de pollo (en este caso a la pregunta objetiva ha sido preciso añadir un listado posterior).

Volviendo a (100), se comprueba fehacientemente el espín nada más ver que se da un todo en la primera acepción y se pierde un todo en la segunda para constituir un nuevo todo diferente. Este proceder no solo es propio de los cuantificadores, sino que se da también en otros casos como en *(DiPerú)*:

(102) **PINTADO EN LA PARED**
1. loc. adj. Perú. Que se le ignora {pese a ser la autoridad}.
2. Que no cumple {sus funciones de control, pese a ser la autoridad}.

En él se producen dos lecturas, que aporta el *DRAE* con otra definición: como locución propia de "Cuba, Perú y Ven.", que es la 1.ª, y como peruanismo en exclusiva, que es la 2.ª. Alguien puede tener poca autoridad para los Receptores de sus mensajes o bien como Emisor puede ejercer poco la autoridad que ostenta, que no es lo mismo. Se puede ignorar la autoridad de alguien, como se comprenderá, independientemente de que cumpla con sus obligaciones o no.

El fenómeno, una vez más, se produce también en cualquier otra frase hecha, que podría operar con toda naturalidad como espín, independientemente de que como lenguaje repetido se forme siempre *a posteriori* de los significados de las partes tenidas como previas. Ya se ha dicho que por ser frases hechas se convierten en espines explícitos automáticamente, puesto que juegan con un significado generalmente figurado respecto al significado recto habitual; pero también lo son por el hecho de su interpretación y no de su génesis. Por los apriorismos teóricos el espín existe; por las interpretaciones posteriores los espines se confirman. Y así, el despliegue que se produce conforme aumenta la riqueza léxica del lexema (por polisemia) va engendrando posterioridades que hacen brotar nuevos semas, los cuales sirven de gatillos o desencadenantes de la creación léxica. Así, junto a las frases hechas sinónimas del tipo *sin decir Jesús - como un pajarito* ('de manera silenciosa'), de foco tan alejado y proyección tan próxima,[89] se hallan también sin duda aquellas que producen, como fenómeno contrario, espines directos. Por ejemplo:

(103) **ESTAR BIEN EMPLEADO (fr.) ($)** <condena> {«irón.» «fam.»} (recibir {el castigo por el error cometido}), *allin pagay kay*[90] // ***ALLIN PAGAY KAY* (fr.) ($)**, estar bien empleado *...allin pagaspa kashanki, niraykichu manachu*, te está bien empleado, ¿te lo dije o no te lo dije?

---

[89] Espinal Farré (2004) ha recogido este tipo de fenómeno en su diccionario. Yo he recogido también en el *ND* (Calvo Pérez 2009b), tanto en español como en quechua, un número muy abundante de ejemplos. Así, sin salir del verbo colocativo *dar* y a tenor del grado de diferencias léxicas internas tenemos tres tipos de equiparaciones sinónimas: frases semiisoléxicas (*dar el alma, entregar el alma, rendir el alma; dar una cabezada, echar una cabezada*; *dar caña, meter caña, tirar caña* ¶; *dar coces, soltar coces, tirar coces*; *dar fruto, llevar fruto*; y otras con cambio de sustantivo, como *dar la murga, dar la lata, dar el té*; *dar en el clavo*; *dar en la tecla*;, *darse pisto, darse pitote, darse taco, darse tono*), frases pseudoixoléxicas o más o menos isoléxicas (*dar palabra, dar su palabra*; *dar el pie y tomarse la mano, dar la mano y cogerse del codo* ¶; *dar en el rodal del gusto, dar en la yema del gusto* ¶); y frases heteroléxicas (*dar la gana, salir de las narices*; *dar largas, vender palabras*; *que te den morcilla, que te zurzan*; *darse pote, echarse flores*).

[90] No hace falta que la interpretación sea irónica, es decir, externa en la delimitación del espín; puede ser interna, de valor intrínseco, como en **meter aguja y sacar reja** *(dar aguja y sacar reja)* "**(fr.)** [E.] «fig.» (hacer {un favor pequeño para obtener un beneficio mayor}), *qunanpaqqa hap'ipakun, chaskipaqtaq makinta kicharparin*; (def.*), *yanqa quq i anchataq munan chaskiyta*; [R.] **($)** (dar {mucho a cambio de poco}), *yanqa mañakusqanta anchata kutichiy*" (Calvo Pérez 2009b). Conviene repetir que esta no es una diferencia baladí: la ironía se puede dar en cualquier enunciado con solo variar la intención del hablante (excepto en los términos monosémicos, que no se prestan a este tipo de prevaricación), pero el espín interno (también renuente en las nomenclaturas) es una condición esencial del signo, de modo que no precisa de superficialización irónica, sino de elección del vector que posibilita la ambigüedad espínica: X mete aguja [algo pequeño o insignificante] en Y, pero X obtiene reja [algo mayor o mejor] de Y // X mete aguja en sí mismo para compensar a Y de algo, pero saca reja de sí mismo compensando [en demasía] a Y.

(104) **DE MUERTE (fr. adv.) ($)** «fig., fam.» (estupendo), *wapullaña (wapulla).*[91]

(105) **¡PUTA MADRE! (fr. interj.)** «+vulg.» <contrariedad>, *atakáw!*; [+cant.] <ira>, *atakáw!*; <sorpresa>, *achaláw!*; [+cant.] <admiración>, *achaláw!* / **DE PUTA MADRE (fr. adv.) ($)** (estupendo), *supaymá.*[92]

(106) **CORRER EL VELO (fr.)** «fig.» (descubrir, manifestar {lo oculto}), *rikhurichiy* // **CORRER UN TUPIDO VELO (fr.) ($)** «fig.» (callar, omitir {por conveniencia}), *upallay.*

Y en quechua:

(107) ***MANA TUKUY* (sust.)**, imperfección, inacabamiento; «fig.», garrote; [∞] **($)**, infinidad.

---

[91] El ejemplo ya se trajo a colación en (48), más arriba.

[92] Los saludos entre jóvenes del tipo *¡Cabrón!* y *¡Cabroncete!, ¡Maricón!* y *¡Mariconazo!, ¡Hijo de puta!*, etc. son ponderativos pese al disfemismo inicial que los promueve. Ya *hideputa* –como el *hijoputa* actual– era reconocido como ponderativo por los clásicos. Dice de él el *DRAE*: "com. desus. Hijo de puta. Era u. t. en sent. ponderativo". Y leemos, en efecto en la *La Celestina*, acto I, cómo Sempronio evoca, con sentimientos encontrados, en un aparte a su amo Calisto: "*¡Oh pusilánimo! ¡Oh hideputa! ¡Qué Nemrot! ¡Qué magno Alejandre! Los quales no sólo del señorío del mundo, mas del cielo se juzgaron ser dignos*". Lo mismo tenemos con **puto, ta** del que dice el *DRAE*: "1. adj. U. como calificación denigratoria. *Me quedé en la puta calle*. 2. adj. Por antífrasis puede resultar encarecedor. *Ha vuelto a ganar. ¡Qué puta suerte tiene!*".

La mayoría de las expresiones malsonantes: palabrotas, tacos o lisuras, generan de modo natural espines de todo tipo. La palabra **cojones**, según circula graciosamente por Internet da lugar a multitud de locuciones vulgares de signo generalmente positivo –indica hombría, fortaleza, valentía...–, aunque también negativo –y siempre cambiante: *Me importa tres cojones* es 'me importa poco o muy poco'–. Pero *Con dos cojones* es 'con valor, con energía, arriesgando', etc. *¡Échale cojones!*, como exclamación, significa 'sorpresa grande', 'reconocimiento de comportamiento desmedido', etc., pero también, como imperativo: 'sé valiente', 'actúa sin miedo', 'demuestra de lo que eres capaz'... Con el mismo verbo, y siempre en el terreno del hipervulgarismo, *Me toca los cojones* es 'no me importa, me da igual', pero en forma imperativo-negativa, *No me toques los cojones* significa 'no me molestes, no insistas'. Luego la acción virtual de *tocar* + [órganos genitales] puede significar tanto algo indiferente o de grado cero, como algo negativo, que molesta o cansa: un espín básico.

CAGADA viene a comportarse de modo semejante. Pilar Negrini Málaga *(DiPerú)*, de una conversación entre jóvenes, toma el siguiente ejemplo: *Me río todos los domingos con su programa. Ese Bayly es la cagada*. De ahí que se vea obligada a definir como: "<Referido a alguien o a un hecho> Expresa un grado superlativo positivo o negativo". Cuando es negativo, una cagada es simplemente algo malo o insignificante.

(108) *TATIPUY* [<t.], estropearse, malograrse; **(fr.)** **($)**, hacer liga, hacer buenas migas ...*chayraykuqa tatipusun*, por eso hacemos buenas migas.[93]

(109) *CHIQCHI* «fig.» *(chaqa)*, ahelgado, helgado; ralo, reilón; **(sust.)** «fam.», cháchara ...*imawantan chiqchimushankichis?*, ¿a qué viene esa cháchara? [= ¿de qué se ríen ustedes tanto hablando?] // *CHIQCHI CHIQCHIMANTA* **(fr. adv.)**, a mandíbula batiente; **($)** [neg.] (*hinantinta*), a lágrima viva ...*chikchi chikchimanta waqayun*, ha llorado a lágrima viva.

(110) *MANA SAYAY* **(±$)**, exonerar {del trabajo} ...*manañan phaynapi sayankiñachu*, ya quedas exonerado de la faena; *(qichuy)*, excluir, relevar; **(sust.)** «fig., fam.» *(urmaykachay)*, fayanca // *MANA SAYANAPAQ* **(fr.)** **(±$)**, no parar ...*kay chakra llank'aymi mana sayanapaq*, este trabajo de la chacra es un no parar.

En efecto, (103-110) presentan un significado directo que se ve inmediatamente contradicho por la parte oculta, tenida por natural, del espín, ya sea esta positiva –caso de (103), que tiene igual comportamiento en español y en quechua–, ya negativa –caso de (104)–. En el resto de los ejemplos el espín se manifiesta en la bilocación esperada, aunque (107) lo hace en categoría diferente y (108) a través de una derivación; por su parte, (109) y (110) precisan de diferenciación léxica (subentradas), por motivos directos de uso, aunque cada uno de ellos se evoca de manera diferente al otro: *chiqchi* se incorpora como simple para dar a conocer el espín de *chiqchi chiqchimanta* que literalmente significa 'de carcajada a carcajada (= 'a mandíbula batiente'), lo que, cuando se llora, se transforma en una manera peculiar de enseñar los dientes que implica el grado de llanto. Por su parte, (110) es mucho más complejo y destapa dos derivados de *sayay* ('alzarse, erguirse; plantarse; ponerse {en pie}; sostenerse; estar {de pie}; estar {parado} ¶', pero también 'frenar; parar; pararse ¶; estar {estacionado},'), en que el primero (*mana sayay* = 'no' + 'estar de pie' / 'no' + 'parar') solo apunta parcialmente espín, ya que "estar de pie" implicaría trabajar más en términos naturales, y el segundo, derivado de finalidad del primero, revierte al significado inicial de *sayay*, con el significado de 'para no ponerse en pie'. En otras palabras, que una de las frases hechas es espínica por lo que la otra deja de serlo y viceversa. Eso muestra de hecho que en *sayay* existe ya un claro espín, pues al parecer entran en contradicción "estar de pie" con "parar". Aclaremos la situación: *estar parado* ¶ en el Perú es estar sin hacer movimiento, pero estar en pie, de modo que lo que

[93] Como mostré en Calvo Pérez (2006a), los derivados verbales (por ejemplo, *tatipuy* < *tatiy* 'interrumpirse, paralizarse') aportan en quechua elementos connotativos y denotativos, papel que en otras lenguas suele corresponder a las locuciones verbales; de ahí la conveniencia de este ejemplo.

provoca el espín es pensar que hacer un trabajo implica estar de pie y no agachado (que sería más natural) o bien sentado (que sería menos natural).

Para terminar el apartado, podríamos ver la diferencia que hay, a efectos de espín, entre los falsos amigos del español peninsular, donde se dice *estar al pie del cañón* y *estar a pie de obra* ('estar en el trabajo'), y del castellano peruano donde "estar de pie" se dice normalmente como *estar parado* (como en portugués: *estar de pé* o *estar em pé*); mientras tanto, en español peninsular, cuando se dice *estar parado* (portugués: *estar parado*) se quiere significar 'estar detenido' o 'estar sin moverse', aunque en el Perú se extienda a 'estar enhiesto o erecto' *(pararse el pene)* y nunca a estar sin trabajo (en el Perú: *estar desocupado*). Y más allá, en castellano peruano *parado* significa 'engreído' y también 'posicionado; en buena posición <económica>', de ahí que *parar la olla* signifique 'preparar el sustento diario, proveer'. Por último, *pararse* en el Perú significa más cosas: 'soler, acostumbrar' y negativamente 'encapricharse de algo' *(pararse en dos patas)*; pero también 'enfrentarse con alguien', lo que no cuadra con la idea de falta de movimiento de otras acepciones dialectales (espín):

ESPAÑOL PENINSULAR:	ESPAÑOL PERUANO:	
estar parado	*estar parado*	
Estar sin moverse	Estar de pie	SUBESPÍN
	Estar erecto	
Estar sin trabajo		
	Ser un engreído	
	Tener buena posición económica	
Estar quieto	Preparar	SUBESPÍN
	Soler, acostumbrar	
	Encapricharse	SUBESPÍN (interno)
	Enfrentarse	
QUECHUA:		
sayay	*mana sayay*	
Ponerse en pie	No ponerse en pie	
Estar de pie	Relevar del trabajo	
	mana sayanapaq	
	Para no ponerse en pie	
Frenar, parar/frenarse	Para no parar	SUBESPÍN (interno)

3.3. Espines mayores y menores

Algunos espines operan de modo que su explicitación no exhibe una contrariedad total en las acepciones de la palabra involucrada: son los **subespines**. Ya hemos visto, de paso, algunos muy significativos. Más explícitamente, estos, a su vez, se agrupan en espines menores propiamente dichos o **miniespines (‡$)** y espines semimenores o **semiespines (±$)**, que se situarían a medio camino entre los espines mayores **($)** y los mínimos **(‡$)**.[94] Como es de suponer, en estos últimos se suele dar el sincretismo léxico, como en *amarillo*:

(111a) **AMARILLO (adj.)** [c.] (de color {claro, como el oro}) *q'illu*; [+cant.] (anaranjado), *tunpu₂*; [±cant.] {blanquecino} (trigueño), *waña*; [hum.] (de raza {amarilla}), *q'illu qara* [...].

Mientras *amarillo* permanezca como un color natural, opuesto en el significado a los demás colores[95] y definido por negación de ellos, es difícil que genere un espín explícito, amenos que sea un miniespín. Solo cabría hacer un análisis etimológico para descubrir que en su origen significaba 'amargo' y que esa sinestesia diacrónica podría impulsar la oposición amarillo = 'dulce' (en el caso de la miel, etc.); no obstante, esa deducción es un espejismo: el espín pareciera actuar solo en casos de significados actuales, simultáneos en el tiempo o contemporáneos. Ello no tiene nada que ver con los usos sociales derivados posteriormente:

(111b) **AMARILLO** [...] [soc.] [neg.]} «fig.» (partidario {de las tesis del gobierno}), *q'illu*; ¶ [indiv.] **(‡$)** (ajeno {a las huelgas}), *q'illu*; [ens.] «±vulg.» (que acude {siempre a clase}), *llunk'u*.

En ellos se ve que solo desde la perspectiva del uso individual o social (en el Perú) se percibe la diferencia entre la valoración positiva o negativa de las diferentes interpretaciones posibles, por ser connotativas, permaneciendo en los demás haces léxicos indiferente al desciframiento espínico. Esto es así, dado que se trata –como he señalado– del miembro de una clase abierta de palabras que, en conjunto, se distribuyen el espacio léxico disponible. Por tanto, la cuota opositiva en la generación léxica se reparte mucho (microespín), llegando a aproximarse por su pobreza al léxico abierto de la terminología.

---

[94] Por ahora no consideramos viable la unificación de las homonimias en el conjunto de los fenómenos semánticos. De ese modo, despreciamos la relación semántica que pueda existir entre *gato₁* y *gato₂* (/Animal/ y /Material/) o bien *llama₁* y *llama₂* (/Animal/ y /Gaseoso/), en que sus clasemas se manifiestan por separado sin que exista la oposición semántica obligada (/+Animado/ *vs.* /-Animado/, u otras). No obstante, a nivel teórico, las diferencias posibles entre ellos, una vez unificados léxicamente en un solo lexema $gato_x$, $llama_x$, podrían ser consideradas máximas, lo que nos permitiría hablar *in extremis* de **macroespines (+$)**.

[95] No es exactamente así: investigaciones al respecto permiten asociar por pares *blanco/negro* (como [luz]), y *rojo/verde* y *amarillo/azul* (como [color]); no obstante, la sucesión abierta opera también en el conjunto. Cf. Calvo Pérez (1986: 119-136).

Otro caso de espín menor es el que se ofreció en (8) con *invierno*, que aquí repetimos, en parte, con el ordinal correspondiente, como consecuencia del desarrollo de uno de sus haces léxicos:

(8) [...] // INVIERNO (estación {fría del año, de diciembre a marzo}), *qasay pacha (qasay tiyinpu)*; (verano ¶) [‡cant.] **($)** (época {cálida, de lluvias intensas, de septiembre a marzo}), *paray pacha*; **(±$)** [±cant.] (primavera {fría, de marzo a agosto}), *chiraw (chiraw mit'a), chirawa.*

Y no son solo, por supuesto, esta relatividad o amplitud variable, ni tampoco el despliegue entre connotación y denotación, los únicos en generar subespines. *Terciar* tiene tres bloques semánticos de los que solo los dos segundos (el primero es meramente objetivo) están enfrentados:

(112) TERCIAR [núm.] (dividir {en tres}), *kinsapi t'aqay*; **(±$)** (completar {un tercio}), *kinsaman churay*; **(‡$)** (cortar {la planta, a un tercio de altura, para que retoñe}), *wit'uy*; {[mat.] [±vert.]} «fig.» (ladear, levantar {a lo alto}), *sayarichiy*; [±horiz.] (sesgar {la carga} (colgar {más de un sitio que de otro}), *waqllay (waqlliy)*; {[horiz.] [2]} **(±$)** (equilibrar {la carga}), *t'ikraykuy.*

'Ladear' y 'sesgar' se oponen a 'equilibrar' y se constituyen en espín al margen de que *terciar* signifique inicialmente 'dividir en tres' / 'constituir un tercio'.[96] Así que, siguiendo la línea teórica trazada, podemos decir que, partiendo de este ejemplo, hay al menos cuatro grados de espinización léxica: espín completo **($)** (visto en *con*, por ejemplo) y tres tipos dc subespines. Los subespines son **(±$)** > **(‡$)** > **(-$)**. Por su parte, **(±$)** y **(‡$)** son los que he llamado semimenores y menores, respectivamente, mientras **(-$)** es el más ínfimo de los espines y podría llegar a coincidir, al límite (asíntota), con las meras acepciones casi indiferenciadas del lema involucrado. En suma: toda palabra del léxico corriente o estándar de la lengua, en su condición de polisémica, alberga, axiomáticamente al menos, un número indeterminado, potencialmente infinito, de espines ínfimos. Recuérdese que cuando un fotón atraviesa la doble ranura, se proyecta en un área o dominio de la pantalla, pero no lo hace siempre en el mismo punto, siendo este solo un ejemplar más (*spin tokens*, podríamos concretar) de los foto-

[96] Otra cosa es que a su vez percibamos espín interno entre las tres acepciones de la división en tres (primer haz semántico), ya que no es lo mismo formar tercios a partir de un todo, que completar internamente un tercio, tomándolo como un todo y añadiéndole lo que le falte, que dejar un tercio de un todo sin haber dividido el total previo en los tres tercios correspondientes. Fíjese que la tercera opción es una opción intermedia, más próxima a la acepción 1 que a la 2.

nes proyectados; entonces, ante cada proyección areal, estaríamos en presencia de una mera acepción **(-$)**, cuyo conjunto más próximo crea un haz o subhaz léxico.[97] Por ejemplo, *armarse* puede entenderse como 'colocarse encima las armas' o 'pertrecharse', pero puede variar la finalidad, y *tiyarikuy* en quechua como 'estar ni de pie ni echado, estar un poco alzado', independientemente de si se viene de estar en una posición u otra:

(113) **ARMARSE** (ponerse {las armas}), *armakuy*$_2$; [±fut.] **(-$)** (prepararse {para la guerra}), *armakuy*$_2$; «fig.» (pertecharse), *yupay.*

(114) ***TIYARIKUY*** *(sayarikuy)*, incorporarse {sentándose}; **(fr.) (-$)**, tomar asiento.

Por regla general, cuando la separación se produce por clasemas (/Animado/, /Material/, etc.), si afecta a la totalidad, anuncia un espín mayor **(+$)** y, si no, a un espín semimenor **(±$)**. Los espines mínimos **(-$)** y los menores **(‡$)** o competen más bien a las diferencias de primitivos semánticos o constructos complejos de ellos (horizontal [horiz.], cantidad [cant.] o primera persona [1.ª], pero movimiento [mov.], curva [curv.] o rigidez [ríg.], etc.), cuya amplitud o abarque en el seno de las acepciones es mínimo o menor. En términos cuánticos, cuando un fotón pasa por la doble ranura está en dos lugares simultáneamente, como dijimos: es el espín completo **($)**; esto sucede a todos los fotones de un modo virtual, aunque en la proyección pueden anularse o potenciarse y, por tanto, exhibir uno de sus dos valores, el positivo o el negativo; por otra parte, todos los lexemas son en potencia espínicos –recuérdese la universalidad de ironía–, aunque solo una pequeña parte de ellos actualice realmente, como palabra material, su disponibilidad semántica a la doble manifestación. Más tarde, en sucesivas proyecciones, las divisiones se siguen dando hasta alcanzar límites infinitesimales, pero también pueden detenerse desde el inicio. Así, conocemos la división espínica de *trinar*, pero no la de *trineo*, palabra perteneciente a una clase de objetos abierta, habitualmente monosémica, y, por ello, muy poco dispuesta a virtualidades internas *(trineo, esquí, patín, patinete, carretoncillo, tobogán...)*:

(115) **TRINAR** {[sens.] [anim.]} [+cant.] (gorjear {los pájaros}), *ch'allallallay (phallallallay)*; [-t.] {al rayar el alba}, *phichichichiy*; [mús.] (hacer {trinos}), *ch'alla-*

[97] Está demostrado experimentalmente que si en vez de hacer pasar los fotones de luz por un par de ranuras se les hace pasar por un conjunto de agujeros horadados en la pantalla, estos son atravesados simultáneamente por todos los fotones, antes de proyectarse como un punto de luz en el panel de fondo. Este mismo principio regiría la manera de distenderse semánticamente una palabra en sus múltiples polisemias antes de manifestarse en una sola de ellas.

llallay; {[hum.] [neg.]} **($)** «fig., fam.» (impacientarse), *yanqallaña kay*; «cult.», *llakirikuy*; [+neg.] (enojarse, rabiar), *phiñakuy*.

(116) TRINEO [comun.] (vehículo {con plataforma y cuchillas inferiores para cortar la nieve, tirado por perros}), *suchuna*; «coloq.» {para deslizarse}, *lluskhana*; «fam.», *triniyu*.[98]

Pese a lo dicho y al esfuerzo derrochado en la nota que antecede, en el trasto con otras lenguas la solución puede ser más fácil. Así, aunque en quechua se puede optar por el préstamo, hoy por hoy es posible pensar en dos modos de expresar "trineo", ya mediante el concepto de "deslizarse, escurrirse <agachado o sentado>" (quechua, *suchuy*, con el Instrumental *-na*), ya mediante "deslizarse, resbalarse; patinar, rodar <en posición más o menos erecta>" (quechua, *lluskhay*, con el Instrumental *-na*), lo que produciría de inmediato un **ahorquillamiento** del significado (espín). En los casos de monosemia científica estricta, los términos no deben estar nunca expuestos a la realización espínica, pero se da un hecho que vendría a cambiar de signo una ecuación con resultados imprevisibles, es decir, a convertir en polisémico al término, en un abanico explícito de posibilidades semánticas.[99]

---

[98] Los términos monosémicos que constituyen miembros clasificatorios del mundo son ajenos a la 'espinización' natural, que solo se viabiliza mediante posibles metáforas psico- o sociolingüísticas, propias del lenguaje figurado: dados *pera, manzana, guinda, naranja*..., como términos abiertos que nombran frutas, recurrimos a la patrimonialización directa mediante *Eres la pera, Pusiste la guinda en la tarta, Su media naranja* o *Puka mansana* ('manzana roja', dicho en quechua de una joven lozana). Otros términos son todavía más reacios, como este de *trineo*, pero pese a la explicación que damos en el cuerpo de la redacción podemos hacer un juego e intentar inventar un artilugio que descubra el posible espín, aún no explicitado por medios internos, de la palabra-guía. Partamos de la definición: 'vehículo {tirado por perros, con plataforma y cuchillas inferiores para cortar la nieve y deslizarse con rapidez por ella}'; supongamos que en ciertas ocasiones (carreras de fondo) el esquí es menos rápido que el trineo, aunque también podamos deslizarnos con él; pensemos que en una competición de esquí del tipo citado hay que ser muy rápido para tener algunas opciones; consideremos que alguien va muy lento y que carece de opciones de triunfo y pontifiquemos a modo de metáfora: *Mal trineo tirado por perros, cómo va a triunfar*. Introduzcamos hipotéticamente la acepción en el diccionario como "TRINEO *{[hum.] [j.]} **(±$)** «fig.» (persona {rápida en la alta competición de esquí de fondo}". Ya hemos creado artificialmente el espín: como nos advierte Trujillo (1988) en sus investigaciones sobre Semántica, no hay límite para la extensión del significado. Ahora bien, si los ejemplos anteriores dificultan la espinización, pero la permiten en el extremo metafórico, las clases muy cerradas y con criterios de formación muy regulares la evitan del todo: *metano, etano, propano, butano, hexano*; *propano, propeno*; *butano, buteno, butino*... se prestan a pocas bifurcaciones.

[99] Habría que aclarar una cuestión que hasta este momento hemos dado por supuesta. En los términos de la ciencia consideramos que existe la monosemia, como estamos describiendo

No obstante, el hecho de que la raíz cuadrada de un número entero positivo tenga dos valores, positivo y negativo (como en √4 = ±2, es decir, +2 y –2), nos sitúa en el espín puro; y es que la radicación tiene que ver con la virtualidad, la misma a la que todo morfema de la lengua está abierto en el fondo. De ahí se desprende la tendencia a la pérdida de monosemia de toda palabra, aunque en su origen carezca, por creación científica artificial, de antonimia interna generada.[100]

Se preguntará alguien si no es paradójico aceptar la monosemia y, al mismo tiempo, considerar que el espín con su capacidad bifurcadora es consustancial con la palabra. La respuesta es no. La luz es como es, pero no podemos negar la existencia de la luz polarizada como argüí hace un instante; en el lenguaje sucede lo mismo. Cuando los fotones de luz se proyectan como un continuo sobre una pantalla cuyas ranuras son tan anchas que no impiden que penetren en ella en forma de rayo, estamos ante la luz que perciben directamente nuestros ojos y no ante el desdoblamiento cuántico que tiene ese comportamiento tan diferente, pero al mismo tiempo tan genuino, de su constitución interna. La palabra monosémica se ha diseñado artificialmente como un elemento semántico, el término, que produce significado en una sola dirección. Es decir, y para que se comprenda mejor: el espín semántico muestra la posibilidad de la bilocación, pero la palabra polarizada solo una de sus direcciones, habiéndose liberado de la otra y haber perdido la posibilidad de desdoblarse.

Pero volvamos al mundo cuántico general. Cuando el fotón pasa por la doble ranura, puede integrarse en un área concreta o en una subárea; en este segundo caso estaremos ante un espín semimenor o **semiespín (±$)**, el cual solo se propicia en uno y no en todos los haces sémicos de la palabra. Si el fotón se concreta en una parte diferente de la subárea citada, si es apenas una reversión de una clase de acepciones dentro del haz determinado, estamos ante el espín menor o **miniespín (‡$)**.

---

en este apartado. Suponemos, además, que la monosemia implica una **polarización semántica** (véase inmediatamente después). Pero, ¿qué implica todo ello? El listado de términos científicos constituye un paradigma en el cual es posible, por razones prácticas, registrar un sema distinguidor al menos en cada lexema considerado, por lo que es posible hablar de espín a nivel paradigmático. Una pera no es una manzana ni un kiwi al menos por una sola diferencia semántica (aunque de hecho son muchas); no obstante, en el nivel sintagmático tal consideración deja de poder hacerse por la razón de que solo en muy contados casos podemos decir que un término nace a expensas del otro (*tigrillo* nace en relación con *tigre*, por ejemplo, pero *gatillo* a expensas de *gato*) o como producto de la lexicogénesis.

[100] Por eso las palabras científicas tienden a desgastarse y a sustituirse con tanta frecuencia; sobre todo aquellas de las Ciencias Sociales –piénsese en la polisemia y los sentimientos encontrados que suscitan palabras como *libertad, democracia, derecho* o *patria*.

El gráfico siguiente, la ametralladora de Young –perdón por el belicismo que encierra tal denominación– recoge estas salvedades:

GRÁFICO 5[101]

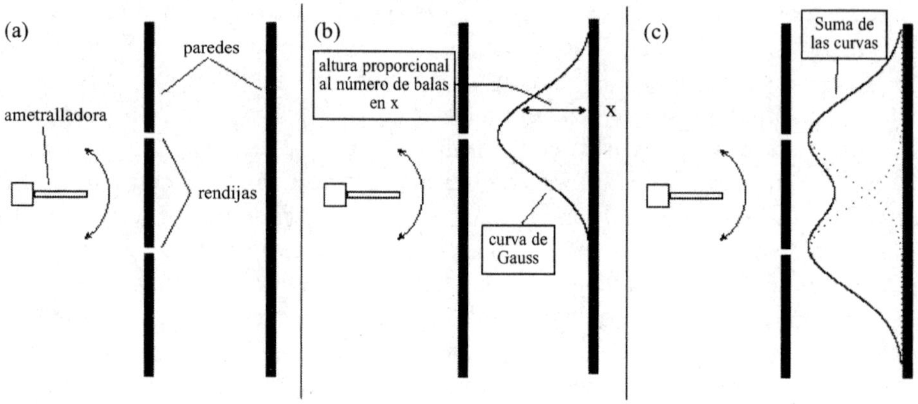

Cada una de las curvas de Gauss se une a otra de la misma naturaleza produciendo una secuencia de valles (lugares en donde hay menos impacto de fotones o lugares de frecuencia pobre) y de crestas (lugar donde hay más impactos o puntos estadísticamente más frecuentes). Aquí se representan las dos curvas principales, las cuales generan otras cada vez más débiles y alejadas, lo que produce bandas de oscuridad y luz alternativas hasta perderse en los límites de la pantalla. Es lo mismo que sucede con los espines, semiespines, etc. en la Semántica "Cuántica" (Gráfico 6).

La posibilidad de que se produzca un espín léxico de mayor o menor impacto tiene que ver con que la modificación se produzca, aleatoriamente, en algún lugar de la onda del espín: la parte central llevaría a **(+$)** y los extremos a **(-$)**, siempre, claro está, desde el punto de vista cuántico, *the quantum view*, que brinda el gráfico anterior y que permite ver el objeto en su totalidad, en su distribución paradigmática (con posibilidades sintagmáticas). Cosa diferente es, en efecto, que nos pusiéramos de parte del experimentador, *the experimenter view* de arriba, en cuyo caso la interpretación de las ondas habría de hacerse de otra manera, respecto a la codificación/descodificación en el contexto de uso. Focalizada la palabra principal del artículo, la *vedette* que dicen los franceses, el orden de las acepciones, desde la perspectiva semántica, irá desde la significación más

[101] Tomado de <http://orbita.starmedia.com/cienciayficcion/cuantica.html>.

GRÁFICO 6[102]

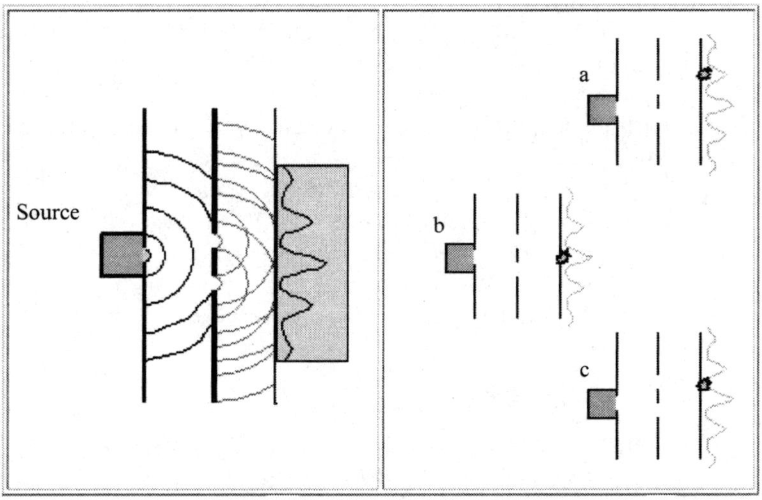

The quantum view[103] The experimenter view[104]

objetiva y directa, la prototípicamente más pertinente y, generalmente también, la más usual, hasta las más desviadas del centro, las que plasman zonas de paralelas menores y más alejadas en la proyección fotónica del dibujo, es decir, los significados más abstrusos, los más figurados o metafóricos, etc., donde cada interpretación dependería del momento y tendría su desarrollo sintagmático (con efectos paradigmáticos). Sea, por ejemplo, la entrada siguiente del *ND* (Calvo Pérez 2009b), convenientemente desdoblada:

(117) **NACER**

–[±efect.]

[hum.] (salir {del vientre, la criatura}, *paqariy (paqarimuy)*; [part.] {de pie}, *chaqpay*;

---

[102] Tomado de <http://www.relisoft.com/Science/Physics/MicroAnt3.html>.

[103] "The quantum view [o visión paradigmática]: the wave function of an electron emitted by a source propagates through both slots at the same time. It then interferes with itself producing an interference pattern. In a single-electron experiment, this pattern can be observed only indirectly after adding up the results of many runs".

[104] "The picture from the point of view of the experimenter [o visión sintagmática]: the outcome of each experiment is a single scintillation on the screen. Outcome b is slightly more probable than outcome a, which in turn is much more probable than outcome c, all in accordance with the interference pattern of the wave function".

[anim.] {de un huevo} (salir), *runtumanta lluqsiy*; [part.] {los dientes} (brotar), *siqamuy*;
[veg.] (brotar), *lluqsiy*; [+t.] {una planta, poco a poco} (retoñar), *ch'ichiy*;
{[mat.] [astr.]} {un astro} (aparecer), *lluqsiy (lluqsiykuy)*;
[líq.] (manar), *phutuy (phutumuy)*;
–[-efect.] {[lín.] [conf.]} {una costura} (abrirse {el cosido, hecho muy al borde}), *paskakuy*;
–{[afect.] [mat.]} «fig., fam.» (dejarse {ver}), *rikhuriy*;
{[±mat.] [hum.]} (descender {de un linaje}), *hamuy*;
–{[+efect.] [gen.]} «fig.» (originarse), *paqariy*;
{[mat.] [-mov.]} (resultar), *hamuy*;
—[t.] {el día}, *paqariy*; (alborear), *yuriy*;
—[-t.] (suceder {de pronto}), *paqariy*;
[-mat.] (inferirse), *qallariy*; [indiv.] {a algo} (iniciarse), *qallariy*; «fig.», *paqariy*; {[soc.] [±fut.]} {para algo} (estar {destinado}), *wachaykuy*; «coloq.», *chaypaq kay*; [psíq.] {una ilusión}, *musphay*;
[abstr.] {una idea} (surgir), *paqarichiy*.

Cuando pensamos en el verbo *nacer*, solemos hacerlo centrados en la mujer que da a luz: es el haz del clasema /±Humano/ (no el varón). De ahí pasamos en seguida a la hembra de animal superior que pare, al subhaz sémico /Animado/ y, posteriormente a la salida de un huevo hasta desembocar en /Vegetal/. Acabados los seres vivos, nos proyectamos en un segundo haz sémico en los objetos materiales en movimiento (/Material/[+mov.]), sólidos o líquidos, voluménicos o lineales. Y así sucesivamente.

Al otro lado del centro proyectivo sucede lo mismo: se forman haces sémicos de [efect.] y [afect.] (el *effectum* y *affectum* clásicos), partiendo de la ambigüedad esencial de *nacer* para el primero, que es lo que surge o adviene con la cosa: [±efect.]. Cuando el equivalente sea *originarse*, lo que hace sinónimos a este verbo y a *nacer* en el ámbito de lo psíquico y lo abstracto (/Psíquico/, /Abstracto/), el empuje cognitivo es más fuerte [+efect.]. Así discurre el significado desde el clasema /Material/ al subclasema tiempo /Tiempo/, hasta perderse en los rasgos /-Material/ y las entidades abstractas /Abstracto/.

Las sucesivas degradaciones hasta el límite infinito del significado sémico pueden verse individualizadas en forma de grupos como en el gráfico 7, un subsistema que también podría estudiarse según la frecuencia de manifestación de los distintos haces, subhaces y acepciones implicadas.

Prometí no extenderme en asuntos físico-cuánticos y lo he cumplido solo a medias. Pero creo que valía la pena romper con mi previsión y proseguir con la alegoría. Espero poder terminar siendo un poco más formal (no en los formalismos, claro; sino en el cumplimiento de las promesas). Voy a ejemplificar los

GRÁFICO 7
Grupo de ondas piloto asociadas a un electrón libre[105]

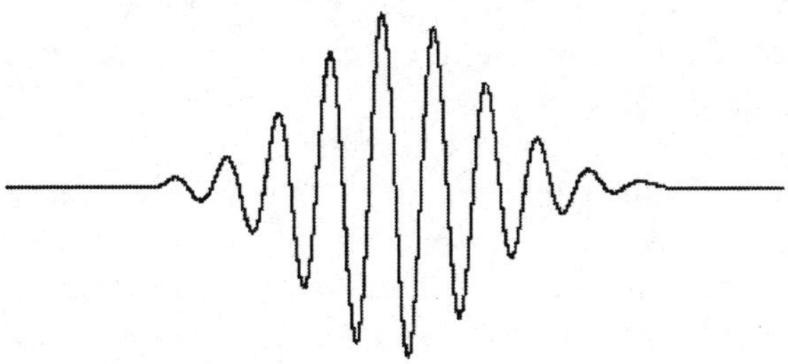

casos pertinentes de tipos de espines por el grado de implicación semántica en consonancia con los haces o subhaces sémicos implicados.

Constituye espín completo no el que se origina en paralelo a una sola acepción en un conjunto como en *utiy* ('doler, fatigarse {el músculo}', en quechua), que sería un espín menor, sino el que lo hace en oposición al haz sémico principal como en *pergeñar* (en español):

(118) *UTIY* {[fís.] [pat.]} [-mov.], estar {fijo por la fatiga}, pararse; {[+neg.] [±mov.]}, doler; [-mov.] **(±$)**, adormecerse {de dolor}.

(119) **PERGEÑAR** [±cant.] (disponer {mejorando}), *alliyachiy*; [+cant.] (dar {los últimos toques}), *tukupay*; ¶ [-cant.] (escribir {el borrador}), *pata patallapi qillqay*;[106] [+abstr.] (ensayar {una hipótesis}), *hamurpay*; «coloq.» (adivinar, intuir), *watuy*; [neg.] **($)** «fam.» (ejecutar {algo con poca habilidad}), *yanqa yanqa ruway*; «fam.» (hacer {algo, el inexperto}), *hanku hanku ruway.*

Obsérvese que en (118) hay una oposición entre 'doler' y 'doler tanto que el dolor deja de percibirse por adormecimiento', pero que esa oposición no se da entre las acepciones 'estar fijo de dolor' y 'adormecerse', compatibles ambos con [-mov.]. Esa oposición la podemos captar como consecuencia del contraste entre dos lenguas y no por el mero análisis monolingüe en quechua, lo que redunda en la idea, ya clásica (Whorf 1956 [1945]) de las categorías abiertas

[105] Tomado de <htpp://orbita.starmedia.com/cienciayficcion/cuantica.html>.

[106] *Tukurunkiñachu llank'anata? Manaraq pata patallata qillqaruni*, —¿Terminaste ya el trabajo? —No, [pero] ya lo tengo bien pergeñado.

(overt) y encubiertas *(covert)*,[107] también en Semántica: fenotipo y criptotipo respectivamente conforme a los presupuestos de la Biología. Por el contrario, la idea de "pergeñar" se presta al espín directamente, de modo abierto; tanto es así, que la manera de entender este concepto al margen del diccionario choca con la del mismo diccionario: *pergeñar*$_a$ como 'dar el último toque de perfección', pero *pergeñar*$_b$ 'esbozar algo'; la idea está implícita en la definición del *DRAE* que recurre al sintagma "con más o menos habilidad".[108] Creo que este divorcio se ve más claro en *enervado* que para algunos es 'tranquilo, sin nervios' –como si se interpretara el prefijo como *e(x)*–- y para muchos otros 'nervioso, tenso' –como si se interpretara como *en*–-, dos acepciones encontradas que aún conviven, siendo la de registro culto, precisamente, la más restringida.[109]

Si se reconoce sobre una única acepción previa existente, es evidente que el espín podría asumirse normalmente como total. Véanse los ejemplos siguientes:

(120) **GAUCHADA** ¶ (acción {basta}), *khunku kay*; **(±$)** (servicio {ocasional, desinteresado}), *chay ruwanalla (chaychallachu)*.

(121) ***KUSALLAÑA***, admirablemente, divinamente, estupendamente; **($)** «fam.», bárbaramente, terriblemente.

(122) ***MANA P'INQAKUSPA*** **(fr. adv.)** [gen.], a mucha honra; con la frente muy alta; **(adv.)** [sex.] **($)**, lascivamente.

Aunque incluso en esta circunstancia conviene precaverse. El primer espín –el de (120)– es interno, pero asimétrico; el segundo se produce porque en espa-

[107] Para categoría abierta dice el autor: "A covert category is marked, whether morphemically or by sentence-pattern, only in certain types of sentence and not in every sentence in which a word or element belonging to the category occurs [por ejemplo, la marca de plural -s en inglés]". Para categoría encubierta dice el autor: "The mark need not be part of the same word to which the category may be said to be attached in a paradigmatic sense; i. e. it need not be a suffix, prefix, vowel change, or other "inflection", but may be a detached word or a certain patterning of the whole sentence [por ejemplo, la ausencia de marca de plural en *fish*, *sheep* o los colectivos]" (Whorf 1956 [1945]: 88-89).

[108] 'Disponer o ejecutar algo con más o menos habilidad' (del lat. *PER* 'por' y de *GENĬUM* 'disposición', convertido en infinitivo).

[109] Sucede lo mismo con "**INCULPADO** (culpado), *huchachasqa*; {[pos.] [±t.]} **($)** «±us.» (no culpado), *mana huchasqa*; [+t.] «fig.» (inocente), *mana huchayuq*" (Calvo Pérez 2009b). Según se interprete morfológicamente el prefijo como positivo (*en-* → *-in* y de ahí 'metido en culpa') o como negativo (*in-* = *no* y de ahí 'no culpado'). Y más claramente con **inulto**, que según el *DRAE* tiene las dos siguientes acepciones: "(Del lat. *inultus*). 1. adj. poét. No vengado. 2. adj. poét. No castigado, impune". De nuevo elementos menores a la palabra ejercen su radical polisemia.

ñol *bárbaramente* y *terriblemente* tienen asegurada la doble valoración y no porque se haya activado el espín de esa palabra en quechua, donde el resultado interno no tiene por qué ser necesariamente como el descrito.[110] No obstante, el quechua sí se hace lengua acreedora del viejo espín latino: CAUSAM que ha dado *cosa*, como algo poco valioso en sí y como algo que es algo (una cosa), no nada: *cosa, cosita*, y que se ha introducido en el quechua como *kusa* con significado de 'bien' ("cosa bonita"), reorientando positivamente la marca.[111] El ejemplo (122) ofrece también una pequeña trampa: hay cambio de aplicación del espín adverbial general más concreto de lo sexual, lo que convierte en reductivo al espín mayor, sin que se pueda considerar, por esa sola razón, todavía un subespín; en efecto, "sin avergonzarse" será directamente positivo cuando la acción lo sea y directamente negativo en el caso contrario, en aquel en que la acción sería vergonzosa, por lo lasciva, al menos para cualquier persona medianamente pudorosa.

Hemos de precavernos también cuando la oposición no es total (contraria o contradictoria), sino meramente subalterna (del universal al particular) o subcontraria (entre particulares), conforme a Apuleyo (Gráfico 8).

Por ejemplo, en:

(123) **DIVERGENTE** (que se separa), *t'aqanakuq*; **(±$)** «fig.» (que no logra {encontrarse}), *mana tupachikuq*,

donde la segunda acepción no niega completamente a la primera, aunque existe la certeza de que en el primer caso la separación se produce o agranda y en el segundo se reduce o mantiene. Obsérvese que lo designado, las líneas paralelas

[110] Son muchos los adjetivos, o adverbios derivados de ellos, que tienen comportamiento espínico de este tipo, tenido por valorativo: *brutal, tremendo*, etc. Por ejemplo: "**TERRIBLE** [fís.], *llaksa*; (pavoroso), *manchana*; (feroz), *sinchi*; (fuerte), *sinchi*; (espantoso), *manchana*; (horrible), *millay*; [psíq.] (duro {de carácter}), *millay*; **($)** {[fís.] [++cant.]} «fam.» (gigantesco), *hatunkaray*; «±vulg.» (estupendo), *wapullaña (wapulla)*; *kusallaña*" (Calvo Pérez 2009b). Mirado del otro lado, desde el quechua, muestran espín explícito los siguientes: "***LLAKSA*** «cult.» *(manchali)*, medroso; **($)** [fís.] *(manchana)*, terrible", "***MANCHANA***, misterioso, tenebroso ...*manchana runa*, hombre tenebroso; «cult.», dantesco; *(millay)*, horrible; tremendo; [+act.], aterrador, espantoso; [psíq.] *(llaksa)*, pavoroso, terrible; [±cant.], medroso; [±pos.] (±$), respetable", "***SINCHI***, feroz, terrible ...*sinchillaña kanki*, eres terrible; *(sinchi sinchi)*, extremo ...*sinchita chirimun*, hace un frío extremo; [...]; **($)** {[hum.] [+cant.]}, aguerrido, arrojado, intrépido; valeroso, valiente; «fig.», restado; «fig., fam.», terrible; «cult.» *(hunt'a armayuq)*, armipotente; [part.] «fam.», podrido ...*sinchi qullqiyuq*, podrido de dinero; [mat.], fuerte, garrido, recio, resistente [...]" (ibíd.).

[111] Véase que el *DRAE* en su última edición proporciona una primera acepción como "Todo lo que tiene entidad, ya sea corporal o espiritual, natural o artificial, real o abstracta" y una tercera como "nada: no valer cosa [= no valer nada]".

GRÁFICO 8

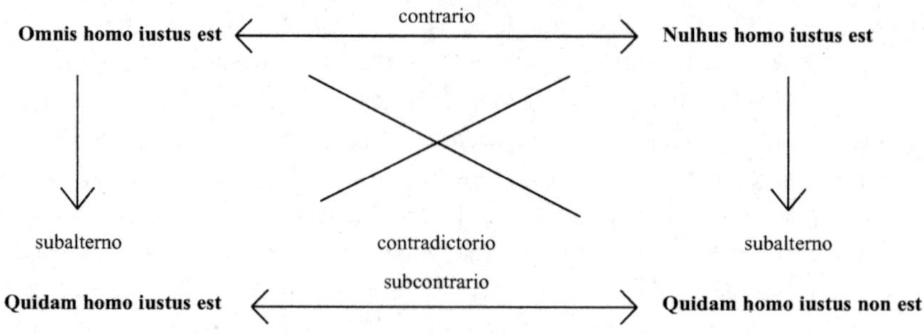

(cuadrado lógico de Apuleius)

en quechua, se nombra con *mana t'inkuq* o *mana tupaq*, en parte con la misma raíz verbal, el préstamo español *tupay* 'topar con algo'.[112]

La elucidación del espín total bilingüe se produce, por otra parte, haya o no correlato isocategorial en la lengua de llegada. Por ejemplo, en:

(124) *MUNAYNIN RUWAY*, tiranizar ...*munayninta ruwawanku*, nos ha tiranizado; (**sust**.) {[±proc.] [R.]}, tiranización; {[±abstr.] [soc.]}, tiranía; {[indiv.] [E.]} **($)**, libertinaje,

donde se acepta que *munaynin*, la "libre voluntad" de cada uno, lleva tanto a ejercerla sobre sí mismo ('libertinaje') como sobre los demás ('tiranía' o 'tiranizar'), sin que importe la categoría sintáctica en este caso, que es ambivalente en quechua. Lo importante en este caso es el papel pragmático en juego, E. (Emisor) o R. (Receptor). Veamos otro caso:

(125) *MUNAYNINTA RUWACHIY* **(fr.)**, cortar el ombligo; **(v.)** **($)**, maleducar.

Este ejemplo presenta una situación en que la frase inicial, enunciada para mejor comprensión en pasado ("haberle cortado el ombligo"), significa literal-

[112] Esta característica se observa muy claramente en este ejemplo (Calvo Pérez 20009b): "*SAQIQ*, consentidor; [adm.], liberal; **($)** *(t'aqaq)*, excluyente; [+cant.] **(±$)**, renunciante; **(sust.)** [com.], margen". En él, el que renuncia se excluye dentro de la rama general de *saqiy*, 'dejar', donde se oponen frontalmente los que consienten y los que no lo hacen, los excluyentes. Precisando más, aquí no se trata de distinguir entre el objeto [pos.] y [neg.] como en el caso de *mana p'inqakuspa* –ej. (122)–, sino entre objeto /Animado/ (<el que deja hacer [algo] a alguien>) y el /Material/ (<el que deja algo>), con una pérdida de actante debida a la inexistencia de voz causativa inactiva.

mente 'captar la voluntad' y en cambio la segunda implica dejar 'libre la voluntad' para que el sujeto viva a su capricho. Lo que menos importa, en el fondo, es si el español ha requerido en la traducción una frase verbal o un verbo sintético. Veamos el análisis:

muna-	*-y*	*-ni*	*-n*	*-ta*	*ruwa-*	*-chi*	*-y*
querer	INF.	ESTR.	3.ª	ACUS.	hacer	CAUS.	INF.

(a): Obligar a hacer aquello que uno quiere que se haga
(b): Permitir hacer aquello que uno quiere hacer,

en que el causativo *-chi* fuerza tanto a la interpretación del primer significado como a la del segundo, ya que es a la vez compulsivo y permisivo. Obsérvese que en español, al igual que en quechua, los imperativos son también espínicos: *ábreme* supone una orden dada al inferior (E. > R.) y además una súplica proyectada sobre el superior (E. < R.).

Las causas de emergencia de un espín son muchas, como se ha venido observando, pero las más sorprendentes son la físicas como sucede en *cartel*. El cartel es un aviso de cierto tamaño, colocado en un muro y, por metonimia, se refiere a la fama de la persona anunciada en él; no obstante, un cartel es también algo que implica fama negativa (= *pasquín*): el del tristemente famoso pistolero con su consabido rótulo WANTED ('se busca') es el más reconocido. El espín neutro tiene aquí su contraparte negativa y también su contraparte positiva:

(126) **CARTEL** (aviso {puesto en un muro}), *willakuna*; «fam.», *kartil*; **(±$)** [±neg.] (pasquín), *maskhana*; {[-mat.] [pos.]} **(‡$)** (reputación {bien sentada}), *kaynin*.

O en *uquti*, donde en sentido amplio hay que entender el concepto "agujero", lo que sucede en español en *boca* que puede ser tanto orificio de entrada como de salida:

(127a) ***UQUTI*** {[corp.] [anim.]}, ocote ¶ recto, sieso; ano, esfínter {anal} ...*wallpaq uqutin*, el ano de la gallina; [±gen.], orificio {de salida}; [+gen.] «técn.» *(simi)*, esfínter; **(‡$)** «fig.» *(millp'uy)*, tragantona; **(adj.)**, anal; *(uqutiq)* [+cant.], rectal.

Véanse además, el resto de las subentradas de este artículo, en que quedan reminiscencias espínicas de la oposición anterior:

(127b) ***UQUTI QHAWANA*** *(uqutin qhawana)* [med.], rectoscopia / ***UQUTI SURUY*** «vulg.» *(wisq'ay)*, estreñimiento / ***UQUTI UNQUY*** *(qurpayaq unquy)*, almorrana, hemorroides; «±us.', hemorroide; **(adj.)**, hemorroidal ...*uquti unquy nanay*, dolor hemorroidal // *UQUTIKUY* **($)** «vulg.», atragantarse, anudársele ...*t'antata uqutikakamusqanki*, se te ha anudado el pan [al tragar <como si fuera un pelícano>]; **(fr.)**, comer como un chancho ¶ / *UQUTIKUSPA* **($)** «vulg.» *(millp'uylla)*, a tragantones.

Como muestra Calvo Pérez (2009b), no son sino subartículos de *uquy*, el lexema primitivo cuyo desarrollo se aporta:

(128) *UQUY* [++cant.] «cult.» *(raqray)*, comer, tragar {a boca llena} ...*uqu uqumanta mikhuy*, comer a tragantones; *(rakray)*, engullir {cada vez}, pasar, zampar ...*chhaynanaraqta rumuta uqurukusqanki*, has engullido demasiada coca; [mat.] «fam.» consumir, gastar, tragar ...*chay karru askha gasulinata uqun*, ese carro se traga gran cantidad de gasolina.

Obsérvese que desde esta perspectiva, la de la inclusión de *uquti* en *uquy*, todo lo que tiene que ver con "ano" sería más bien el espín negativo de un significado previo; de hecho este concepto recurre no tanto al registro culto anterior, equivalente al español *esfínter*, cuanto a *sip'uti*, 'lo arrugado', *siki t'uqu*, 'el agujero del culo', o *akana*, 'el lugar para excrementar':

(129) **ANO** [corp.] (orificio {en que acaba el intestino}), *uquti*; «fam.» (culo), *sip'uti*; «fig., fam.», *siki t'uqu*; «técn.», *akana*.

(130) **ESFÍNTER** {[corp.] [gen.]} «cult.» (orificio), *uquti*; [part.] {anal} (recto), *uquti*; «coloq.», (anillo {que cierra un orificio del cuerpo}), *ch'ipuna*; «fam.», *sip'u*; [part.] (ano), *akana*, (uretra), *hisp'ana*.

3.3.1. *Tipos de semiespines*

Por lo que respecta a los semiespines, tenemos, entre otros, los tipos siguientes:

- tipo (x): (/±Humano/ *vs.* /±Humano/, etc.) que es el resultado de una derivación ortogonal en el seno de un haz de corte positivo o negativo, sin cambio de tendencia pero con cambio de perspectiva;
- tipo (y): (/±Humano/ *vs.* /±Material/, etc.) que es también una acción orientada desde el objeto o bien desde el individuo que actúa respecto a él;
- tipo (z): (/±Material/ *vs.* /±Material/, etc.) que es una misma acción entendida bien desde el interior de un recipiente que se distiende o abre, bien desde el exterior sobre algo que se contrae o penetra en él;
- tipo (g): general, que forma su espín en una rama o haz léxico y no en la zona troncal de la entrada;

- tipo (m): marginal, que forma su espín por debilitamiento (continuidad) y no por ruptura (discontinuidad) con el significado de base;
- tipo (n): asimétrico, que forma su espín por oposición difusa en el interior de un haz sémico.

Los ejemplos siguientes los presentan respectivamente:

(131) SOLTAR LA PALABRA **(fr.)** [±R.] «fig.» (absolver, dispensar {de obligaciones}), *kacharpariy*; «fam.», *qunqapuy*; [±E.] **(±$)** (dar {palabra}, prometer), *-puni {+ v.}*.

Obsérvese el cambio de perspectiva en los papeles pragmáticos actuantes, aunque en ambos casos la potencia predominante de uno sobre otro es siempre la misma E. > R.

(132) *WAQAYCHAKUY* [ext.], precaverse, protegerse; reservarse, resguardarse ...*waqaychakusaq asta qhari tarinaykama*, me reservaré <sexualmente> hasta que encuentre marido; [sex.] «fig.», atender, aguardarse ...*allin qharipaq waqaychakuy*, aguárdate a un buen hombre; guardar {la virginidad} ...*kasarakunayki p'unchuykaman waqaychakunayki*, te guardarás hasta el día en que te cases; [int.] **(±$)**, guardarse, reservarse ...*kayta waqaychakusaq*, esto me lo guardaré [para mí].

De nuevo estamos ante una situación de perspectiva: alguien guarda algo para sí con el rasgo de {[poses.] [+t.]} (algo propio y poseído) o bien lo retiene sin ser suyo originalmente: {[-poses.] [+t.]}.

(133) DIÁSTOLE {[med.] [int.]} (movimiento {de dilatación del corazón, para recoger la sangre}), *hap'ikuy*; **(±$)** [ext.], «coloq.» (distensión), *kachariy*.

Es una situación en que la alternativa se ve simplemente como algo complementario. Aquí, una dilatación produce una distensión física como es esperable, pero el mayor espacio se rellena inmediatamente de otra sustancia externa que lo copa.

(134) *LLAPAN RUWAQ*, solvente; **(sust.)**, factótum; {[soc.] [neg.]} **(±$)** *(winapakuq)*, factótum {entrometido}.

Es la situación más usual para un espín semimenor: la de afectar en su emergencia a una sola rama de las muchas posibles en los casos de palabras polisémicas. Como se observa la oposición [pos.]/[neg.] es de las más esperables.

(135) ***RUNA*** {[hum.] [gen.]} [indiv.], hombre, ser {humano}; **(±$)** [+pos.] *(chanin runa)*, persona ...*chay runaqa mana sunquyuq*, esa persona es [un ser] insensible; «fam.», gente ...*sumaq runa kanki*, tú eres buena gente; [soc.] *(llaqtayuq)*, ciudadano; [-cant.] «fig.», cabeza; [der.], persona; [mil.] *(awqalli)*, guerrero, soldado; «fig., fam.», esclavo; [-mil.], paisano; **(±$)** [±pos.], indio; runa ¶; [sex.] «fam.», *(qhari)*, varón; **($)** [±neg.], vasallo ...*runaykichu kani!*, ¡soy tu vasallo!; [neg.] **(±$)** «fig.», gente, individuo; «fig., fam.», chino$_2$ ¶; «desp.», hombre {de la plebe}, villano; «desp.», individuo, tipo; pata ¶; [+neg.] **(±$)**, canalla; [col.] *(runakuna)*, población, pueblo; **(±$)** [±neg.], gente ...*runakuna siqwa kuyuchispa, unuta hap'ikunku*, la gente, moviendo de lugar los mojones, se ha apoderado del agua; [±cant.] *(kumun runa)*, pueblo {llano}; [mil.], ejército; [+col.] *(runa runa)*, humanidad.

Otro fenómeno muy usual es que el semiespín se produzca por debilitamiento o acrecentamiento de una rama sémica (continuidad) y no por una ruptura violenta. En *runa* lo que observamos es un espín en que la rama [+pos.] (más positiva) va degradándose sucesivamente a [±pos.], a más [±neg.], a [neg.] y a [+neg.]. Todo ello sucede en el ámbito de la oposición [indiv.] (individual), pero podría suceder igualmente en el ámbito [col.] (colectivo), como se nos permite observar.

Por último, la existencia del espín menor del tipo **(±$)** puede venir dada por la asimetría en la manifestación de la oposición entre semas (caso de *prisión*). Aunque a distinto nivel, obsérvese que en *portentoso* o *prisión*, la isotopía se produce sin esfuerzo:

(136) **PORTENTOSO** [—frec.] (singular), *yachayniyuq (ancha allin yachayniyuq)*; [±neg.] **(±$)** (extraño), *mana riqsisqa*; [-rl.], *musphachinapaq*.

(137) **PRISIÓN** [±proc.] (acción {de prender}), *hap'ikuy*; [+f.] {con fuerza}, *ñit'iy*; {[-loc.] [-lib.]} (cárcel), *wisq'ana (wisq'ana wasi)*; {perpetua}, *atisanka wasi*; (mazmorra), *sanqa wasi*; «cult.», *sankhay wasi*; {con ataduras} (lugar {de apresamiento}), *watay wasi*; [mat.] «fig.» (cosa {que retiene}), *watay*; [psíq.] {por las pasiones}, *hap'iynin*; [abstr.] **(±$)** «fig.» (unión {estrecha, entre voluntad y afecto}), *munaynin*.

En efecto, tanto lo singular como lo extraño o no real [-rl.] juegan en *portentoso* con el factor de la infrecuencia; por su parte, la falta de espacio produce restricción física o psíquica en *prisión*. En *podrido*, en cambio, se observa que la cuantificación no está directamente asociada a la podredumbre, con lo que el espín se reduce a simple acepción, aunque metonímica (el efecto por la causa):

(138) **PODRIDO (part.)**, *ismusqa (ismusqaña)*; **(adj.)**, *ismu*; «fig.» (malo), *millay*; [±cant.] (rancio), *maq'a*; [part.] {el huevo}, *lluqllu$_2$*; [veg.] {el olluco}, *qipqi*;

{+cant.] [±sól.]} (putrefacto), *liqli (liqhi)*; [++cant.] (agusanado), *chikña (chikñi)*; **(‡$)** (lleno), *sinchi.*[113]

Debe quedar, en fin, nítidamente separado el reconocimiento del espín menor en relación con el espín pleno o mayor. Si los demás factores sémicos dominantes se mantienen invariables –lo que no era el caso de (131)–, una sola variación vectorial, como es el frecuentísimo cambio de vector en la actividad de los agentes, nos mantiene en el terreno de los espines primeros, aquellos que brotan de inmediato a nuestra intelección. Es el caso, por ejemplo, de **coimero** (tomado de *DiPerú*):

(139) **COIMERO, RA**
1. adj. <Referido a la autoridad> Que acepta sobornos a cambios de favores.
2. <Referido al delincuente o supuesto delincuente> Que ofrece sobornos a cambio de no recibir mayor sanción.

Estamos ante el hecho de dar o recibir sobornos, sin que cambie más que la orientación del papel de los actantes, y eso crea un espín mayor. La prueba está en que *comprar/vender* es un par antónimo ya desplegado lexicogenéticamente al igual que *dar/recibir* o *aceptar/ofrecer*, que son los definidores de las dos acepciones de (139). Ambos pares son antónimos, para mayor fuerza argumentativa al respecto de la clasificación. Hay que fijarse en que la dialéctica de oposiciones y diferencias es continua, porque conforme el espín se va haciendo pequeño, de producirse creación léxica, el resultado se parece más a una sinonimia que a una antonimia cuanto más profundo sea.

Volviendo al tema que nos ocupa, los analizados son algunos de los muchos subtipos de espines que pueden darse. De hecho, habrá tantos como expansiones o neutralizaciones permitan los distintos clasemas léxicos. Aún más diferencias, hasta una cantidad indeterminada, se encontrarían en los espines menores **(‡$)**, dado el número ingente de combinaciones de primitivos semánticos que se actualizan en el léxico de las lenguas en su progreso hacia cada una de las posibles acepciones de un lema y en virtud de la enorme diversificación de la capacidad interpretativa humana: grado de fuerza [f.], cantidad material [cant.], frecuencia del hecho [fr.], duración temporal [t.], distancia al lugar [dist.], forma del objeto [curv.], aproximación ontológica [ª], etc., etc. (Calvo Pérez 2006b, 2009b).

Las posibilidades de descubrir espines se acrecientan si observamos que la manera de abordarlos ofrece tanto la perspectiva sintagmática como la paradigmática, sin que una impida la aplicación de la otra o sea metodológicamente pre-

[113] Véase igualmente *uyapakuy* más abajo: (156).

lativa a ella. Después de todo, el significado de una unidad semántica se generaliza a la vista de los textos en que se actualiza su presencia y los contornos que está dispuesta a admitir (sintagma), pero también a la vista de las referencias del mundo a que se atiene y a las que se atienen otras unidades relacionadas con ella (paradigma). Recuérdese la relación onda/partícula.

Los espines vistos paradigmáticamente son aquellos que quiebran en alguna medida la regularidad léxica de que a una palabra u otra unidad léxica le corresponde un único significado separado nítidamente de otros significados, y suelen escudarse bajo el concepto de marca, ya que lo marcado es reductivo frente a lo no marcado, que no necesariamente actualiza todas las posibilidades del lexema *(día/noche)* o gramema (masculino/femenino). Por ejemplo, todos los miembros de un par que superen la norma interna serán no marcados y estarán directamente expuestos a los espines: *grande/pequeño, alto/bajo, ancho/estrecho, largo/corto*, etc.: *El río tiene pocos metros de ancho / *de estrecho, Mide cinco metros de alto / *de bajo…*–, con lo que *ancho* encierra a *estrecho, alto* a *bajo*, y así sucesivamente. En cambio, *cojo* y *manco, sordo* y *mudo, ciego* o *contrahecho*, al ser los miembros marcados de un supuesto par en cuya parte positiva –inexistente– se hallaría la ausencia de defecto, son bastante renuentes a la espinización, como sucedía en las monosemias.[114]

Si se adopta la perspectiva sintagmática, hay que ver las diferentes colocaciones para determinar la orientación vectorial del espín: *Te felicito por tu buena suerte / por tu inoportunidad*, donde *felicitar*, siempre positivo, se carga irónicamente de negatividad en el segundo complemento. En muchos casos la locución está ya dirigida al plano contrario como en *Las verduras, aunque buenas para la salud, gozan de mala imagen* (Juan José Millás, *El País*, 08-12-2006), donde se induce negativamente a un verbo como *gozar*, asumido positivamente en abstracto como muestra la siguiente entrada del *DRAE*:

(140) **GOZAR** (De *gozo*).
1. tr. Tener y poseer algo útil y agradable. *Gozar de sus riquezas.*
2. tr. Tener gusto, complacencia y alegría de algo. U. t. c. prnl.
3. tr. Conocer carnalmente a una mujer.
4. intr. Sentir placer, experimentar suaves y gratas emociones U. t. c. prnl. *Gozarse en la suerte de los demás.*

[114] Admiten, en cambio, espines menores, determinados por el grado de defecto y su aplicación. Por ejemplo, véase la diferencia entre ciego 'que ve poco' y ciego total o incluso persona con la cuenca de los ojos vacía: "**CIEGO** [±cant.] (sin vista), *ñawsa*; [+cant.] «cult.» (invidente), *mana rikuq*; [++cant.] (sin ojos), *mana ñawiyuq*; «fig., fam.» {de comida} (atiborrado), *mikhuysapa*; [psíq.] «fig.» {por la pasión} (ofuscado), *waq'a*; [mat.] {un conducto} (tapado), *chaka*" (Calvo Pérez 2009b).

5. intr. Tener alguna buena condición física o moral. *Gozar de buena salud, vitalidad, estimación, fama.*
~la.
1. fr. Pasarlo bien, disfrutar con alguien o algo.

Es lo mismo que sucede con **cuajar**, que suele ser palabra asociada a algo positivo: (<los frutos en el árbol, etc.>,[115] pero que en el lenguaje periodístico, a veces demasiado rápido y poco pensado, revela –no hay mal que por bien no venga– la naturaleza del espín, como fenómeno previo de la Semántica. Así tenemos:

(141) Perotti y Navas abusaron de Ramos y Marcelo, que cuajó una actuación desastrosa (*El Mundo*, 05-10-2009),

acercándonos a la idea de que lo desastroso también se cuaja, un inicio del **contraespín** (cambio de perspectiva en la direccionalidad del espín) que a nadie debe resultar extraño.

También observamos el mismo recurso en una palabra como *afectado* –o *afectat* en catalán–, que suele tener una carga negativa, como define el *DRAE*:

(142) **AFECTADO, DA** (Del part. de *afectar*).
1. adj. Que adolece de afectación. *Orador, estilo afectado.*
2. adj. Aquejado, molestado,

aunque la molestia pueda derivar en algo positivo, que se evalúa como tal. Tal es el caso de:

(143) Hem canviat els panys dels despatxos 22 i 23. Els afectats podeu passar per Secretaria a partir de demà per tal d'arreplegar la nova clau ('Hemos cambiado las cerraduras de los despachos 22 y 23. Los afectados podéis pasar por Secretaría a partir de mañana a recoger las nuevas llaves'),

correo electrónico grupal, donde se aprecia que el beneficio de un cambio de cerradura choca con la molestia de recoger la llave que la abre, teniendo *afectats*

[115] *DRAE*: "CUAJAR² (Del lat. *coagulāre*). 1. tr. Transformar una sustancia líquida en una masa sólida y pastosa. U. especialmente referido a sustancias que contienen albúmina, como la leche, el huevo, etc. U. t. c. prnl. 2. tr. Recargar de adornos algo. 3. intr. Dicho de la nieve o del agua: Formar superficies sólidas. 4. intr. Dicho del fruto: Granar, nacer y formarse en árboles y plantas. 5. intr. coloq. Dicho de una cosa: Lograrse, tener efecto. *Cuajó la pretensión*. U. t. c. prnl. 6. intr. coloq. Gustar, agradar, cuadrar. *Fulano no me cuaja*. 7. prnl. coloq. Llenarse, poblarse. Se cuajó de gente la plaza".

la posibilidad de la doble interpretación: 'afectados para mal' o 'afectados para bien'. En castellano, como vemos, sucede igual que en catalán.

Frecuentemente, ni siquiera esa precaución basta, por lo que hay recurrir al contexto externo (entorno pragmático) para reconocer el espín: en la frase *música celestial* se puede aludir tanto a la de Juan Sebastián Bach como también a la que refleja el ejemplo siguiente del *ND* (Calvo Pérez 2009b):

(144) **MÚSICA CELESTIAL (fr. sust.)** [neg.] «fig., fam.» (palabras {elegantes, con promesas vanas}), *yanqa rimapayay*; «fam.» (faramalla ¶), *pharamalla kay*.

Es decir que no se puede escindir el plano real del plano virtual de la lengua y lo que es más importante: no se pueden dejar de lado nunca ninguno de los dos, ya que su intersección no es meramente un punto de conexión, sino toda una área de operaciones en que lo sintagmático se enriquece recíprocamente con lo paradigmático. Ampliando el panorama, en ocasiones también se descubren los espines por su funcionamiento en el cotejo entre lenguas diferentes. De hecho, la teoría del espín nació del cotejo de ciertos fenómenos antes en quechua que en español, como dije. Veamos un ejemplo concreto. El sufijo *-ario* en español es de carácter benefactivo (Calvo 2009b: "**OBLIGACIONARIO** ¶ [soc.] (sujeto {a obligaciones sociales}), *kamachinapaq*"), correspondencia que lleva, en efecto, el benefactivo *-paq* en quechua, lengua morfológicamente mucho más nítida que el español. Lo mismo podríamos decir de *-ivo* como Instrumental, *-dor* como Agente o *-nte* como Experimentador. Pero esta paradigmatización del significado no basta, pues se registran constantes cruces: el principio se quiebra con frecuencia (Calvo en prensa a) y a veces suscita enfrentamientos por razones de prescripción normativa (*humanitario* es tenido por [pos.], aunque en *catástrofe humanitaria* es [neg.], con lo que se activa el espín y se recupera su nivel máximo: '[bueno/malo] para la humanidad', lo que genera precisamente conflicto entre los lexicógrafos. En *mandatario* debemos leer 'el que manda' o incluso 'el que manda más', con lo que se pierde su carácter en la formación paradigmática para convertirse en una excepción (lo que sucede también para *nobiliario* 'de la nobleza', que es genitivo y otros casos de sufijo relacional); eso mismo sirve para *noticiario* 'que proporciona noticias', en que se percibe sobre todo el caso objetivo, etc.).[116]

[116] Véase lo que sucedía con los participios pasados (en esta 3.ª parte, apartado 3.2.2.1) y compruébense las múltiples excepciones y, como corolario, los múltiples espines descubiertos: *Es muy sentida, Es honrado* (= 'actúa con honradez'), *antes eran presumidos, Es un redicho, Es muy leída y escribida*; etc. Los casos de espín directo son muchos: *distraído, divertido, animado, entretenido, cansado, aburrido, mirado, entendido*, etc. En esta oposición (pero

(145) **MANDATARIO (‡$)** (patrón), *kamachiq*; [+cant.] (gobernante {en grado superior}), *umalliq*; [cult.] {del aillo}, *kamachiq*.

En estos casos, la excepción que confirma la regla nos sitúa muy probablemente en el campo de los espines menores, o al menos así deseamos sellarlo para evidenciar la excepción paradigmática o para indicar que podría existir *mandatario* con el significado de 'para mandar' aunque se nos presente virtualmente. De hecho, así ocurre, como se aprecia en los ejemplos siguientes aportados después:

(146) El objetivo del programa de educación mandataria para operadores de botes es reducir los accidentes, lesiones y fatalidades, así como mantener las aguas de Oregón seguras y agradables para todos los usuarios.[117]

(147) Algunos han criticado a Smulyan, quien proviene de Indiana, como un intruso, en comparación a los esfuerzos mandatarios locales de algunos de los demás grupos.[118]

Continuando con el razonamiento anterior, *llapan* en quechua es marcado por su extensión para 'todo(s) sin excepción', por lo que podría asumir, como sucede con *llapan allpayuq* (lit.: 'dueño de toda la tierra <cultivable>'), el ser el dueño de una gran parte de ella, como se mostró en (91): "**LLAPAN ALLPAYUQ (‡$)**, latifundista".

En los ejemplos siguientes, la oposición es débil, pero en cambio es instructiva porque nos informa sobre el carácter lexicogenético de las ideas relacionadas. *Licenciarse* significa 'recibir una licencia' y, por tanto, estar habilitado socialmente para el ejercicio de la libertad personal. Pero no es lo mismo *Licenciarse de la mili*, en que se sale del oficio desarrollado, que *Licenciarse con determinado título*, que es la puerta para desempeñarlo. La idea subyacente es la de que la mili es una obligación impuesta, mientras que la de los estudios está en función de la que se puede ostentar más tarde. Eso es un espín menor, basado en el subhaz sémico [±lib.] que mide el grado de voluntariedad:

(148) **LICENCIAR** (dar {permiso, para dejar obligaciones}), *saqichiy*; «fam.», *pirmisu quy*; [+t.] (suspender), *samachiy*; [mil.] (dar {por terminado el servicio mili-

minorizada, ya que se trata de un espín bajo) se apoyó Alarcos Llorach (1978 [1966]) en el homenaje a su padre, también investigador, en aquella célebre discusión sobre la pasiva, en que analizaban los dos subespines de *La edición fue reducida*, el supuestamente pasivo y el neutro (equivalente a un adjetivo).

[117] Tomado de <http://tinyurl.com/62zuyhq> (última consulta: 27-10-2010).

[118] Tomado de <http://tinyurl.com/64wly57> (última consulta: 18-10-2010).

tar}), *hurqupuy*; [com.] **(‡$)** (autorizar), *kachay*; [ens.] (dar {título de licenciado}), *bachilliratu quy* // LICENCIARSE (terminar {el servicio militar}), *hurquy*; **(‡$)** (recibir {título de licenciado}), *bachilliratu chaskiy*.

Cantarín es un diminutivo, por lo que debería reducir, que no ponderar, el significado neutro, pero no es así (ya vimos arriba el papel meramente pragmático de los diminutivos y otros modificadores tanto físicos –de tamaño– como evaluativos –de impresión personal– al menos cuando son adjetivos). Constituye además un segundo subhaz con la acepción [+t.] tiempo, [pos.] positivo o [+fr.] frecuencia como primitos semánticos: *mujer cantarina* ('la que canta sin parar'), *aguas cantarinas* ('las que manan o discurren con sonido agradable'). El espín menor está perfectamente intuido: son aguas cantarinas no tanto porque no dejen de sonar, sino porque suenan agradablemente y con tesón; no es mujer cantarina tanto porque cante especialmente bien, como porque no se cansa de hacerlo.[119]

(149) CANTARÍN **(±dim.) ($)** (que canta {en exceso), *takiykachaq*; **(‡$)** (agradable {al oído}), *sumaq simiyuq*.

En la frase nominal exclamativa siguiente, de uso latinoamericano, tenemos un espín producido por el cambio de valoración expresiva de tal expresión, pero su acepción segunda es una subrama de la rama positiva, también positiva pero aminorada:

(150) **¡QUÉ MANO!** [pos.] ¶ «expr.» (¡qué suerte!), *achaláw!*; [±t.] **(‡$)** (¡qué sorpresa!), *achacháw!*; [neg.] **($)** (¡qué desgracia!), *atakáw!*

En el adjetivo *terminal*, la oposición entre el tiempo que supone el final de un proceso ([-efect.]) y lo que ocurre antes del final de ese proceso, antes de su acabamiento, es más bien débil. En cambio, la materia que hay al final de un objeto está también en su principio, aunque vista espacialmente desde otra posición, que es algo que siempre concebimos así. Pero como el tiempo es "menos" reversible, no podemos tomar el final de lo que ocurre como el principio de sí mismo o de otro acontecimiento, porque si lo fuera, lo sería al otro lado, no a este lado de la frontera en que aún cabría la continuidad material: es la diferencia entre suceso y objeto. He ahí, entonces, el espín menor de la oposición espacio/tiempo, donde <caus.> indica causatividad ('que causa el final') para que algo deje de existir [-efect.]:

---

[119] Obsérvese que la cigarra es cantarina, pese a su sonido más bien desagradable.

(151) **TERMINAL** <caus.> {[-efect.] [t.]} «cult.» (final), *p'uchuka*; [pat.] {la enfermedad}, *wañunayaq*; **(‡$)** {[loc.] [mat.]} (situado {en el extremo último}), *tukukuq (tukukuy)*; **(sust.)** {[loc.] [comun.]} (extremo {de una línea de transporte}), *chayana*; [ind.] {eléctrico} (borne), *tukuna (tukunan)*; {electrónico} (pantalla y teclado {para recibir información}), *chaskina*; {para mandar}, *apachina.*

Mientras que (150) se afianza más a lo sintagmático o contextual por el poco significado de la interjección, (151) esta más aferrado a lo paradigmático, pues las diferencias espacio/tiempo son generalmente regulares.

Los factores sintácticos y de orden de las palabras también influyen en la creación de espines menores. En (152) el espín se realiza como menor al tratarse de una acepción asociada a otra acepción en un mismo subhaz sémico, aquel en que se metaforiza el discurrir del sueño y de la vida como un hilo y en que *p'itiy* 'arrancar, partir; cortarse' implica 'despertar' o bien 'morir', a diferencia de lo que sucede en la cultura occidental donde el sueño es similar a la muerte, no a la vida o la conciencia. La diversificación se produce en el ámbito de la intransitividad, pero no parece ser sino una circunstancia casual en este caso:

(152) ***P'ITIY* ◊ *(t'ipiy)*** <tr.>, arrancar, partir {hilo, soga, etc. } ...*wallpata p'itirapuway*, pártele el cuello a la gallina; cortar, saltarse; [veg.], embrencar; <intr.> [±hum.], despertar {de una vez}, romper {con el sueño} ...*p'iti p'itiyllata tuta puñuni*, he dormido rompiendo con el sueño durante la noche; «fig.», avispar; [+cant.] **(‡$)** *(wañuy p'itiy)* «fam.», agonizar, boquear; [mat.], saltar {los plomos}; **(fr.)**, cortar la hebra de la vida; **(sust.)**, agonía; [gen.], interrupción.

En otros casos, la obligación que impone la codificación tiene más fortaleza, como en *llalliy* 'vencer', que descubre un miniespín motivado por la distinta interpretación en base a la ideología del español (categoría *covert*) en que "perder" se dice con verbo distinto; mientras que en quechua se realiza con cambio de Agente: el que pierde aparece como Objeto Directo inserto *-wa-* 'me' respecto al ganador, lo cual sucede salvo que se recurra al préstamo *perdiy.*[120]

(153) ***LLALLIY (yalliy)*** {[>] [relat.]}, ganar, vencer ...*phawaspa llallirun kuraqninta*, le ganó a correr a su hermano mayor; batir, derrotar; [+cant.], conquistar; [±cant.], aventajar, sacar, superar; dominar, triunfar {sobre alguien}; {[<] [±act.]} **(‡$)** *(pirdiy)*, perder, ser {vencido} ...*llalliru**wa**nku*, he perdido [= me han ganado]; *(dipindiy)*, depender.

[120] Los subespines permiten préstamos hasta cierto punto necesarios en las lenguas.

El orden de las palabras es frecuentemente motivo de espín. Ahí tenemos los conocidos casos, en las lenguas romances, de los adjetivos que cambian de significado por el hecho de anteponerse subjetivamente. No es lo mismo *un buen hombre* que *un hombre bueno* o *un viejo amigo* que *un amigo viejo*: en el primer caso rige el rasgo universal interior o implícito [±int.], frente al interior o intrínseco [+int.] del segundo, lo que constituye un espín menor.[121] La diferencia entre *una falsa puerta* y *una puerta falsa* tiene que ver, en cambio, con el espín mayor, pues el primero niega a puerta la entidad, frente al segundo que la minimiza o esconde; y es que *no* como negación interna es un espín universal, un verbo subyacente que opera constantemente en la diversificación semántica de base, como mostró la Semántica Generativa. Por su parte, *un triste soldado* invita a la incentivación de la entidad como poco importante (<el aludido es soldado raso y nada más>), mientras que *un soldado triste* lo hace a su afianzamiento, señalando una cualidad de ella que es negativa (<el aludido es soldado y, en su ser soldado, el soldado está triste>).[122] Parecida relación de desigualdad se da en otros casos menos estudiados; así en *Lo colocó en la misma pared <y no en otra>* hay repetición de objeto respecto a otras paredes posibles, pero en *Lo colocó en la pared misma <y no en otro lugar>*, hay identidad de lugar con ausencia de presuposiciones sobre eventos anteriores; es decir que tenemos una oposición puntual de [+frec.] *vs.* [-frec.], además de que *pared misma* indica [+int.], mientras que *misma pared* indica [±int.], ya que no apreciamos la exactitud del lugar, sino el objeto mismo como referencia.[123]

121 Se trata de un problema sutil: *un buen amigo - un viejo amigo* [±int.] *vs. un amigo bueno - un amigo viejo* [+int.] han de analizarse mediante el ajuste propio o ajeno de la medida de la edad o la amistad. Así, un amigo viejo es aquel que tiene una edad avanzada, objetivamente medida, la edad que le corresponde intrínsecamente por lo vivido, mientras que un viejo amigo es aquel sujeto con quien nuestra amistad dura, intrínsecamente medida como tal amistad, mucho, pero quien intrínsecamente no es necesario que haya vivido mucho, que sea una persona vieja; sin embargo, lo vivido en el transcurso de la amistad también le pertenece intrínsecamente al individuo, que al menos ha de haber vivido lo suficiente; de ahí que quepa caracterizarlo como [±int.] y que lo formado sea un espín menor: el que marca la diferencia de adscripción entre *amigo*$_a$, 'persona que ama', y *amigo*$_b$, 'sujeto de amistad'.

122 Pero maticemos. Diríamos en segunda instancia <El soldado es triste> o <El soldado está triste>, descendiendo en el nivel de los espines al grado de duración interna de la cualidad (permanente o momentánea respectivamente). Pero la oposición *ser/estar* también puede mantener el espín en un grado superior: *María es triste / está triste*, pero *El día de hoy es triste / *está triste*, en que se refleja un espín de mayor enjundia, con diferencia de causatividad (<produce tristeza>). Igualmente encontramos asimetría entre *Pedro es alto*, donde la cualidad es interna ([int.]), y *Pedro está alto*, puesto que ahora estamos sujetos a dos interpretaciones: <Ha crecido mucho para su edad>, con rasgo interno medio ([±int.]) o <Está muy alto, porque ha subido mucho en el árbol o hacia la cima>, con rasgo evidentemente externo ([ext.]).

123 *Mismo* pospuesto o *mismo*$_q$ tiene valor más intrínseco como dije en otro tiempo: Calvo Pérez (1986: 235). Claro que todo esto depende de ciertas circunstancias intencionales que no

Véase, pues, en conjunto, que la dicotomía sintagma/paradigma sigue operativa en este punto de origen del significado. Así que, volviendo al tema iniciado, no me atrevería de momento a dar una clasificación de espines menores que no se base en las aportaciones, un tanto proteicas, anteriores. Los espines menores podrían deberse, además, a metonimias y metáforas de la realidad o incluso al error conceptual de los hablantes, que no somos usuarios tan ideales como podría creerse. Por ejemplo, en el verbo quechua *yachay*, 'saber', el miniespín es propio de una desviación interpretativa (categoría *overt*) de la lengua andina, en que lo que se sabe se sabe también cuando se estudia, en presente ([pte.]), y cuando se intuye o adivina en futuro ([fut.]), aun cuando haya un verbo propio, con significado de futuro, para ese fin: *watuy*, 'adivinar'. Estamos, si no me equivoco, ante un universal léxico:

(154) ***YACHAY*** {[hum.] ¬ [-mat.]} {[ens.] [ext.]} [pte.], aprender …*qan imatapas yachawaqchu*, ¿tú que vas a aprender?; [proc.], enseñarse …*yachanapunin wasipi ruwanakunata*, hay que enseñarse en las tareas de la casa; […] *(yacharquy)* **(‡$)** {[pdo.] [+res.]}, saber …*makipin qhawayta yachan*, sabe leer las manos; «coloq.», poseer {conocimientos}; {[hum.] ¬ [fís.]}, discernir, distinguir …*manan yachanchismanchu imachá kan chay iskay himilakunapi*, no podemos discernir la diferencia que habrá entre esas dos gemelas; **(‡$)** […] [fut.] *(watupakuy)*, conocer, conjeturar, presuponer …*ña yachaniña wayra paraq hamunantaq*, ya conozco que va a venir el aguacero; {[hum.] ¬ [sens.]}, experimentar.

De lo que no cabe duda es de la importancia de la cognición humana en todos esos procesos, cognición que tiene unas base perceptual y topológica indudable. Una prueba: lo que acaba en punta termina, pero en muchas ocasiones es visto

pueden ser despreciadas. Entre *El mismo rey que ganó la Batalla de Lepanto perdió la Armada Invencible <Felipe II y no otro>* y *El mismo rey <en persona> se presentó al funeral* (= *El rey mismo*) hay diferencias de interpretación: pese a que la posición del adjetivo es idéntica: se da diferente intrinsicidad y frecuencia. Por regla general, cuando el sustantivo acompañado de *mismo* no es /Concreto/ sino /Abstracto/, al no poderse establecer gradaciones ni diferenciaciones en la interioridad locativa (a diferencia de *el mismo lugar* ≈ *el lugar mismo* que se coloca en el otro extremo), se produce una parcial identidad que aludirá o bien a la frecuencia o sucesión de unas cosas con otras, es decir a su Existencia, o bien a la Esencia misma de la cosa frente a otros hechos o entidades diferentes. Se puede ver, por ejemplo, entre *La Selección mantendrá la misma actitud y será muy agresiva contra Uruguay* y *La actitud misma de construir la identidad enfatizando la diferencia es común a todos y un rasgo cultural que los une fuertemente*: en el primer caso se presupone <y no otra> (/Existencia/: *mismo*$_p$) y en el segundo <y no otro hecho> (/Esencia/) en que el lugar se resuelve en identidad de lo mismo *vs.* inexistencia de lo diferente.

como inacabado o desprovisto de límites precisos; así lo vemos en la siguiente frase hecha, explicativa del fenómeno en quechua:

(155) ACABAR EN PUNTA **(fr.)** «fig., fam.» (no llegar {a resultado definitivo}), *mana tukuy* // *MANA TUKUY* {[±t.] [+lib.]} «fam.», desentenderse ...*mana uyariqpas tukunichu*, me desentiendo de oír [= acabo por no oír]; **(fr.)** **(‡$)** [±lib.] «fig.», acabar en punta; **(sust.)**, imperfección, inacabamiento; «fig.», garrote; [∞] **($)**, infinidad.

Ahí se percibe que el auténtico espín se da entre no acabar de hacer algo (dejarlo topológicamente abierto en su calidad de finito) y la infinitud, abierta siempre por definición. El resto, el "no acabamiento" de lo imperfecto, se manifiesta en otro subhaz sémico como algo a lo que no aún se ha dado resultado definitivo, ya por voluntad propia, ya por incapacidad. Cuentan aquí los dos primitivos sémicos, tan frecuentes en la configuración del léxico: [int.] "de desarrollo interior" y [ext.] "de desarrollo exterior",[124] así como el grado de libertad de acción ([lib.]) del Agente.

Obsérvese que la sutilidad de los argumentos nos lleva a prever cada vez menores diferencias y a adelgazar la línea divisoria, de medida relativa, de los distintos espines menores, es decir, de las distintas acepciones de una entrada léxica.

4. Incentivadores de los espines

Los espines surgen espontáneamente por la naturaleza misma del lenguaje, por su antonimia y polisemia internas. También por el propio mundo que interactúa con la lengua (Calvo Pérez 1994a). En cuanto a la percepción de su origen y progresión, hay momentos en que deja de ser continua para pasar a discontinua, lo que sucede con la metáfora, y entonces la posibilidad de que aparezca cognitivamente un espín mayor aumenta mucho. Por ejemplo, en quechua *uya* es 'cara', pero el agachar o levantar la cara implica una actitud humilde o altiva: *uyakuy* 'obedecer', pero *uyapurachiy* 'enfrentarse <entre ellos>'. En una situación lingüísticamente singular, como puede ser la de que el cambio lo promueva cierta distribución morfológica de un mismo sufijo, el espín dependerá en último término de su proyección exterior o de los reanálisis implicados en su puesta en

[124] El caso de *acabar en punta* es semejante al que se da en *anual* [int.] 'que dura un año' en *contrato anual vs.* [ext.] 'que sucede cada año' en *fiesta anual* y no del todo diferente al de la lexicalización asociada al orden de las palabras: *un buen amigo - un viejo amigo* (ver nota 121).

escena (*-paku* quechua puede considerarse la suma del frecuentativo *-pa*, más el reflexivo *-ku*, o ser tenido como una unidad: el emulativo *-paku*, de carácter generalmente negativo):

(156) *UYAPAKUY*, revolverse ...*mana saruchikunchu aknallata, pitapis uyapakunña*, no se deja pisar así como así, se revuelve con quien sea; [-vis.] **(‡$)**, acechar, espiar; intervenir {el teléfono}, pinchar ...*tiliphunupi parlasqayta uyapakushanku*, han intervenido todo lo que habla por teléfono; *(qhawapakuy)*, atisbar; **(sust.)**, escucha.

Es bastante curioso el hecho de que una interpretación u otra del orden de los sufijos operativos, de carácter morfosintáctico, propicie frecuentes espines en quechua e intuimos que en cualquier lengua aglutinante. En este caso en concreto se ha producido un espín menor **(‡$)** a consecuencia del triángulo semántico generado, que es conceptualmente el siguiente:

1. "revolverse" como 'enfrentarse a alguien' se opondría a "obedecer".
2. "obedecer" en quechua se presenta ya como 'hacer {caso}' o *uyarikuy*, ya como 'ceder {con docilidad}' o *uyakuy*. El sufijo *-ku* reflexivo o reductor de la acción permanece, aunque puede utilizarse también el incoativo *-ri*, como debilitador de la acción.
3. *uyapakuy* es pasivo como "obedecer", pero su sufijo frecuentativo *-pa* forma bloque o amalgama con *-ku* para dar el significado de 'acechar, espiar', donde se sospecha que la acción no implica desobediencia ni obediencia, sino solamente situación de quietud o de movimiento carente del espíritu de enfrentamiento de la primera acepción.

El análisis descubre un patrón evidente en el que el espín se manifiesta a través de un proceso temprano de lexicogénesis: la derivación.[125] Asimismo, el causativo quechua *-chi* entra en diátesis con el reflexivo *-ku* para ofrecer palabras complejas en cuanto al significado: *wañuchikuy*, 'suicidarse' (*wañuy*, 'morir', se amplía con un causativo activo a *wañuchiy*, 'matar', pero sigue ampliándose para desembocar en el reflexivo citado). Ahora bien, al no existir en quechua actual el orden **-kuchiy*, la forma superficial anterior *-chikuy* podrá espinizarse diatéticamente sin problemas. Por ejemplo (Calvo 2009b):

---

[125] El primero de los procesos de formación de palabras motivado u originado en otras palabras es la composición, lo que constituye un universal del lenguaje. No obstante, la creación de vocabulario con lexemas propios del tipo *buey/vaca, bueno/malo*, etc. es la básica de los espines totales **($)**.

(157) ***ATIPACHIKUY*** {[+act.] [mil.]} [-lib.], capitular, rendirse ...*rimayninwan atipachikun*, con sus lisuras [palabras malas] se ha rendido; [±mat.] «fig.», desbaratarse ...*rimayninwan atipachikun*, se ha desbaratado al hablar [sin razón]; {[+act.] [mil.]} [lib.] **($)**, forzar ...*ihirsitu atipachikun runakuna lluqsinankupaq*, el ejército forzó [la plaza] para que salieran los habitantes; **(fr.)** [mil.], rendir las armas; [±indiv.] **(‡$)**, llevar la peor parte, llevar las de perder ...*kaqniyuqwan atipachikunki*, te tocarán las de perder con el poderoso; **(±$)**, hacerle sombra ...*atipachikuyta mana munaq*, no gusta <a la gente> que le hagan sombra.

Atipachikuy significa tanto 'rendirse' (< ATIPAY, 'vencer: *atipachikun*, lit. 'el se ha hecho vencer') como 'forzar' (*atipachikun*, lit. 'alguien ha hecho / procurado que se venza a otro'), dando las paráfrasis: <X se rinde / X influye para que Y se rinda>. En la frase hecha **(fr.)** resultante en español, el análisis cambia al hilo de la fuerza: no es exactamente igual que alguien rinda las armas o que lleve la peor parte en la batalla. En este segundo supuesto, puede suceder que alguien sienta la sensación de que otro le hace sombra, es decir que intente que rinda las armas o lleve la peor parte; de ahí que el grado de tentativa oscurece o minimiza el espín, el cual codifica finalmente con un cambio de orientación del agente: <X rinde las armas / X lleva las de perder (lit.: 'se está dejando vencer')>, pero <Y hace sombra a X (lit.: 'está procurando que se le venza')>.[126]

El espín está ahí en todo caso, se perciba abiertamente o no; obsérvese el miniespín **(‡$)**, por reducción de fuerza o inconclusividad. Así que la detección depende, de ordinario, de que se trasluzcan por la presencia de los **incentivadores**, que son muchos y variados. Veamos algunos:

1. El contexto externo o situación y, en general, el conocimiento del medio natural tal y como podemos percibirlo en el siguiente ejemplo:

(158) **PAVÓN, NA** (<*pavo*). adj. fig. Perú. Persona {que se ruboriza mucho}. 2. Tímido.

Se trata de una metáfora animalizadora en que se supone que el pavo es un animal tímido, que se esconde de los humanos. No tiene la animación de la galli-

[126] El hecho de que se proceda a través de la traducción a español no quiere decir que el espín se produzca a instancia de esta segunda lengua, sino que precisamente se descubre a partir de ella: son las dos orientaciones de *atipachikuy*, la primera no voluntaria y la segunda con alto grado de voluntariedad, las que han promovido el espín antes de que el lexicógrafo interviniera. La razón está en que no es lo mismo que un sufijo como *-chi* incida sobre el resto *atipakuy*, que sea un sufijo como *-ku* el que incida sobre el resto *atipachiy*; y las dos cosas son posibles.

na, ni la sumisión de la oveja, ni la valentía del gato o cualquier otra cualidad que decidamos otorgar a los animales domésticos. Además tiene la cresta grande y muy roja, un color que se extiende a otros lugares de la cabeza y la cola; de ahí locuciones como *subirle el pavo a alguien* ('ruborizarse'). También tenemos un comportamiento ingenuo e incauto en el animal, lo que ha dado la *edad del pavo* ('adolescencia'), etc. Así que ya por el instinto del animal, ya por sus características físicas, nuestra cognición se proyecta en el animal para diseñar rasgos como la timidez o el rubor, cuando no la sosería, la falta de viveza.

El espín se produce abiertamente cuando nos encontramos con palabras como:

(159) **PAVONEAR** (< *pavón* 'pavo real' < *pavo*). «cult.» Dicho de una persona: Hacer vana ostentación de su gallardía o de otras prendas. U. m. c. prnl.

La definición académica no deja lugar a dudas sobre la nueva cualidad descubierta en el pavo real; su colorido abierto en abanico, la magna ostentación que hace el animal en el proceso de cortejo a las hembras, es la conducta de la cual se hace remedo de inmediato para formar *(DRAE)*: *pavonado*, 'ostentación o pompa con que alguien se deja ver', *pavonada*, 'recreo, diversión', *pavoneo*, etc. De repente el mundo se nos escinde en dos: palabras como *pavitonto* o *pavisoso* chocan frontalmente con las citadas *pavonearse* o *pavoneo*. Tímido y audaz, huidizo y presente, soso y gallardo se enfrentan espínicamente como las cualidades contradictorias del animal (ya pavo real, ya pavo común) que les sirve de pivote léxico.[127]

Este fenómeno es digno de estudio de la Pragmática General, del uso en contexto, pero rebasa a otros más íntimamente sujetos a ella como la deixis, la modalidad, etc. Por ejemplo, ¿por qué hay espín en "***KUNKACHAKUY*** [±vert.], levantar {la gaita}; <refl.> [±prof.] **($)** «fig.», ahocinarse {el río}" (Calvo Pérez 2009b)? Está claro: porque *kunka* significa 'cuello' y este se presta a levantarse o agacharse, deformándose ([afect.]); o a aparecer y desaparecer, creándose y deshaciéndose ([efect.]). La definición interna debería precisarse únicamente como 'hacer movimiento con el cuello en cualquier dirección' cuando se trate de seres vivos, pero 'producir deformación de cuello, al profundizarse en sitio angosto' en el caso de ríos.

---

[127] Así, son sinónimos de *pavonearse*: *alardear, blasonar, envanecerse, envararse, fanfarronear, fardar, jactarse, ostentar, presumir, ufanarse, vanagloriarse*...; y de *pavón*: *apocado, cobarde, cohibido, cortado, corto, introvertido, humilde, modesto, retraído, turbado, vergonzoso*...

2. Nuestra pertenencia a un entorno social, en el que nos hacemos como hablantes, que conocemos y con el que interactuamos:

(160) *Capablanca era un monstruo* (sabemos que era un jugador de ajedrez cubano de extraordinario talento).
Aníbal Lecter, el protagonista de "El Silencio de los Corderos", era un monstruo (sabemos cuál era la calaña de este asesino).[128]

3. El contexto interno o textual, que posibilita una u otra aproximación. El significado que vehiculan los versos de Calderón es opuesto al que posibilita Cervantes en los ejemplos siguientes:

(161) Nace el bruto, y con la piel
que dibujan manchas bellas,
apenas signo es de estrellas
(gracias al docto pincel),
cuando, atrevida y crüel
la humana necesidad
le enseña a tener crueldad,
monstruo de su laberinto;
¿y yo, con mejor instinto,
tengo menos libertad?
(Calderón de la Barca, *La vida es Sueño*, 1636, vv. 132-141)

Dice Cervantes refiriéndose a Lope de Vega: "tuve otras cosas en que ocuparme, dejé la pluma y las comedias, y entró luego el monstruo de la naturaleza, el gran Lope de Vega, y alzóse con la monarquía cómica" (prólogo a las *Ocho comedias*, 1615, I, fol. 3).[129]

---

[128] Muchas veces, no se trata del cambio del objeto en sí, como en el punto 1, sino de los sujetos actuantes, de modo que el espín se produce por la acción de estos como en "***SAQICHIPUY*** {[+act.] [±lib.]}, liberalizar ...*Ispaña ña rantinakuyta saqichipunña*, España ya ha liberalizado su comercio [eliminando aduanas]; {[±act.] [-lib.]} **($)**, claudicar {por presiones}" (Calvo Pérez 2009b.); en este ejemplo, el Agente o deja de influir sobre algo de modo positivo o de modo negativo, en cuyo caso se debe a no haber podido actuar tan libremente como cuando el efecto era positivo. El contexto social o moral se dirime en este ejemplo: "***ANCHA MUNAQ (ancha munay)***, grandioso; {[neg.] [>]} **($)**, codicioso" (ibíd.), en que el exceso de querer algo lleva a su privación injusta para otros, creando un espín directo.

[129] Lexemas de corte negativo como el analizado suelen ser propicios para la expresión positiva de la evaluación subjetiva. Es también el caso, por ejemplo (cf. apartado 1.1 de la 2.ª parte), de "**BESTIAL** (brutal, irracional), *mana huysiyuq*; «fam.» (animal, vulgar), *khunku*; {[pos.] [++cant.]} **($)** «fig., fam.» (muy grande), *wapu*; (asombroso), *allinpuni*" (Calvo Pérez 2009b).

4. La intención del hablante (que en el ejemplo siguiente se hace explícita con el segundo sustantivo) y es de carácter individual:

(162) *Ya veo lo bien que te sienta esa falda / ese adefesio.*

5. El cambio de referencia externa, que es fuente constante de malentendidos (la interpretación será recta o figurada, natural o hiperbólica, etc. según qué entidad ancle el sintagma nominal definido):

(163) *Mira cómo pedalea Miguel Induráin* <dicho por el esposo a la esposa sobre el hijo que acaba de estrenar la bicicleta> / <dicho por el esposo a la esposa sobre el famoso ciclista, a las cinco de la tarde de un día de julio, al finalizar una etapa de los Alpes>.[130]

6. Los elementos lingüísticos. Son los incentivadores primarios o más profundos. Además son muy variados, ya que se instalan en todos los niveles estructurales del lenguaje.

6.1. Prefijos o pro-prefijos conexos. Hemos de entender aquí no tanto el abarque paradigmático de los morfemas adjuntos, como hemos visto en otros lugares de la exposición, cuanto el hecho de su coaparición en la palabra y la capacidad de evocar el espín contrario; es lo que vimos precisamente en quechua al principio de este capítulo. *Intubar* es, tal y como asegura el *DRAE*:

(164) **INTUBAR**
1. tr. Med. Introducir un tubo en un conducto del organismo, especialmente en la tráquea para permitir la entrada de aire en los pulmones.

[130] La referencia del ejemplo anterior es esporádica, pero en ocasiones puede hacerse sistemática. El ejemplo *Establecida la morfología bajo/sobre esta base* neutraliza las dos preposiciones opuestas porque o bien se contextualiza el orden textual escrito (= *bajo este criterio*) o bien se imagina la base como el sustento, el cimiento del razonamiento morfológico. Entonces vemos que *sobre* indica algo que está más arriba y *bajo* algo que está más abajo, pero que ambos intercambian sus papeles en el orden temporal: *sobre* indica lo que estaba antes y *bajo* lo que está después, al revés que en el espacial. Dicho esto, se entenderán dos cosas: la primera, que existe una genética del espín, que permite indagar cómo se deduce este (en la antonimia explícita); y, la segunda, que descubierto el espín mediante el recurso de la antonimia, la vuelta al interior del lexema para reconocer su operatividad se hace sistemática. Otros ejemplos: *botas de paseo* se entiende como una forma genitivizada que entiende el paseo como origen de la prenda para realizarlo o como una forma beneficiaria que entiende la utilidad de la bota para la actividad deseada; *a seis euros el kilo* permitiría interpretar *a* (término) como *de* (origen) y viceversa en *Lo compró de seis euros el kilo*, puesto que lo compró a seis euros el kilo, con alternancia de la clase de objetos y la acción realizada sobre ellos.

Obsérvese que *intubar* es 'poner tubos' dentro de alguien o algo (caso ilativo) y no 'meter en un tubo', cosa que se deduciría fácilmente conociendo el significado del prefijo *in-* (cuando es inesivo, no negativo) como en *embotellar*, 'meter dentro de una botella', y no, en principio, 'meter una botella dentro'. De modo que el espín primero o total está constituido y queda explícito, de inmediato, a nuestra cognición. Otro ejemplo se produce con el prefijo *(d)es-* como en esta entrada recogida por el *DRAE*:

(165) **ESPOLVOREAR**
1. tr. Quitar el polvo. U. t. c. prnl.
2. tr. Esparcir sobre algo otra cosa hecha polvo.

O bien en el caso siguiente, con un prefijo de mayor contenido semántico, con comportamiento de raíz independiente:

(166) **COMIDO (part.)**, *mikhusqa* // **MALCOMIDO** [‡act.] (mal {alimentado}), *mana allin mikhuq.*

Comido no suele incentivar el reconocimiento de la forma activa, aunque es posible que lo haga *(Comido y bien comido, salió de casa)*,[131] mientras que *malcomido* no suele incentivar la pasiva, aunque es posible que también lo haga *(Deja las chuletas siempre malcomidas)*. De hecho, en el ejemplo quechua, *-sqa* es participio pasado (*-ado/-ido*), mientras que *-q* es participio activo (*-nte, -dor*).[132]

Obsérvese que el uso activo del participio pasivo no es exclusivo de los verbos transitivos o de los intransitivos. De hecho, un verbo inergativo como *hablar* queda sometido igualmente a la fuerza del contexto: no es lo mismo *mal hablado* (<sin dominio de la lengua>) que *malhablado* (<con desvergüenza>).[133] Eso es lo esperable, sin embargo, en su conducta activa, la que se encuentra en otros muchos

Por este procedimiento se podría averiguar también por qué las oraciones causales y las consecutivas se alternan en el orden de las palabras (*Lo he cogido porque lo he visto / Lo vi, así que lo cogí*) y en la elección de sus nexos, pero se espinizan en las formas infinitivas: *Al verlo lo cogí / Lo cogí al verlo*. ¿Y qué significa *Por él lo haré*? ¿Por su causa o para su provecho? Esta alternancia causalidad/finalidad es producto de un espín. Cf. López García (1983b).

[131] Ya los gramáticos clásicos del quechua reflejaban esta circunstancia. Santo Thomas (1560, fol. 44r) dice: "... por dezir 'ya he comido', que es significación activa, lo dizen *micuscam cani*, que es de la voz passiva. Y aun esto mismo acontesce alguna vezes en la lengua española, que dezimos 'hulano, después de bien comido y bevido habla'".

[132] De hecho, *mana allin mikhusqa* se aplicaría prevalentemente al objeto (alimento) "malcomido" y no al sujeto que come.

verbos como *llorar, reír, saltar, toser*... Pero igualmente un verbo inacusativo como *aparecer*, pese a ser pasivo en cuanto a su único actante, también tienen capacidad de formar un espín activo. Compárese, por ejemplo, (167) con (168):

(167) Nos proponemos como objetivos concretos: 1. Realizar un inventario de obras literarias del siglo XIX cuya edición sea ilustrada, tanto de las aparecidas en libro como de las aparecidas en prensa.[134]

(168) Hoy es día 8 de septiembre, festividad de todas las vírgenes aparecidas que no tienen cabida en el calendario. Nos meten en el saco a infinidad de ellas, que yo sepa a mis tocayas "Montemayor" (patrona de Moguer-Huelva), Nuria, Meritxell (Fiesta para los andorranos), Aurora, etc.[135]

Así que tenemos, por un lado, *aparecido* como sinónimo de 'encontrado, hallado' como en (167) o bien en *Dos nuevos cuerpos aumentan a siete los cadáveres aparecidos en la costa alicantina*; y, por otro, *aparecido* como sinónimo de 'presentado, surgido', con las características de 'fantasma, visión, aparición, espíritu, espectro' y como sinónimo en infinitivo de 'manifestarse, mostrarse, presentarse, emerger, exhibirse, personarse, asomar, brotar', a la manera del ejemplo (168) o bien de *Ninguno de los aparecidos en las novelas se queja de su estado y, más bien, parecen gozarlo*. Semejante tipo de ejemplos se encontrarían con otros verbos inacusativos como *constituir, crecer, florecer, llegar, surgir*...

Un último ejemplo que se muestra a nuestra consideración es el que opera en ciertos prefijos negativos, los cuales no parecen modificar al verbo base pese a su negación explícita. Por ejemplo, en algunos lugares dicen *desperniquebrar* (localismo castellano-manchego) por *perniquebrar*, con el mismo significado de 'quebrar una pierna o las dos' o 'tener un traumatismo grave'. O bien:

(169) **DESMENGUAR** (**amenguar**) [líq.] **($)** (reducir) *waywarqachipuy*; [int.] (menguar), *asllayachiy*.

El prefijo *des-* no cambia el signo del radical *menguar*, pese a lo esperado (como en *marcar/desmarcar*, *lucir/deslucir*, etc.).

---

[133] Recuérdese al efecto de lo que se comenta en este punto, lo dicho en el apartado 3.1.2, al respecto de *lactante* y *jugar*. Y más concretamente los ejemplos (55)-(59) y la nota 54 (y en general el apartado 3.2.2.1).

[134] Tomado de <http://roble.pntic.mec.es/frog0032/lineas.htm> (última consulta: 18-10-2010).

[135] Tomado de <http://tinyurl.com/4ubge27> (última consulta: 08-09-2008).

6.2. Sufijos. Su función, como es sabido, es claramente instrumental; de ahí su instancia inmediata como incentivadores para todo tipo de espines. En efecto, los sufijos suelen tener un significado prevalente y otros derivados polisémicamente de él (Calvo Pérez en prensa a). Por ejemplo, el sufijo *-ero* es locativo (*babero*, 'lugar <superficie> para la baba del bebé'; *escobero*, 'lugar <recipiente> para las escobas'), pero también es ocupacional (*granjero*, 'que trabaja en la granja'), relacional (*almadrabero*, 'relativo a la almadraba'), posesivo (*parcelero*, 'que tiene una parcela') o simplemente vegetal (*algarrobero*, 'árbol que produce algarrobas' o 'lugar donde se crían algarrobas')... Si se pone cuidado se verá en qué punto radica la sinonimia interna del sufijo y en qué otro punto se produce la antonimia creadora del espín. Pero ahora, en fase de espines totales, podemos observar que al igual que hay sufijos diminutivos, casi siempre apreciativos (aunque alguno sea despectivo o despreciativo), hay también sufijos aumentativos, casi siempre despectivos (aunque alguno sea apreciativo). Veamos dos casos concretos, el de un diminutivo *(-illa)* y el de dos despectivos *(-(u)ajo* y *-acho)*:

(170) **COMIDILLA (comidillo ¶)**; {[-mat.] [neg.]} «fig., fam.» (tema {de murmuración}), *rimakuna*; {[psíq.] [pos.]} **($)** «fig., fam.» (gusto {por algo}), *munasqa.*

La forma en diminutivo posibilita la evaluación negativa que, de otro modo, no se incentivaría: **Ha sido la comida de todas las reuniones*. En cambio, en **renacuajo** como 'persona de poca estatura' el diminutivo y despectivo *-(u)ajo* pierde su último matiz:

(171) Me encanta ver a los chicos con terno, se ven superpresentables, y yo muero si no uso tacos porque me veo una renacuaja de medio metro *(DiPerú)*.[136]

En el sufijo *-acho* observamos que la vertiente negativa del sufijo se enjuga con el sentido positivo de la raíz que lo soporta:

(172) **VIVARACHO**
1. adj. coloq. Muy vivo de genio; travieso y alegre.

El peyorativo, aquí, se vuelve aumentativo, lo que es hasta cierto punto normal, para ser de inmediato palabra de valoración positiva, lo que no suele cuadrar con el paradigma de los peyorativos: *populacho, corpacho, libracho, tablacho...*

---

136 Ejemplo de Marco Lovón, en <http://blogs.studio92.com/jamonjamon/?p=163&cp=all> (última consulta: 11-09-2009).

6.3. Compuestos. Solo por el simple hecho de que haya dos segmentos juntos y unidos, formando cada uno de ellos parte del contexto del otro, es suficiente para considerarlos incentivadores. Muchos compuestos, como *tragaldabas*, se prestan a una concreción negativa de la que carecen por separado sus componentes: *tragar* + *aldaba*. Pero esta conducta, como es obvio, no es obligada: *lavavajillas* no es negativo ni tampoco ninguno de sus componentes. Es el producto de los dos elementos el que suscita la interpretación espínica: nadie que trague normalmente líquidos, sopa o incluso medicamentos está destinado a ser insultado con el compuesto correspondiente; sí lo está, en cambio, quien trague avemarías, hombres, mallas, santos o virotes: *tragaavemarías*, *tragahombres, tragamalas, tragasantos, tragavirotes*...

(173) Debido a la influencia de su abuela materna, era un niño santurrón y tragahostias; pero a través de sus lecturas, comenzó a transformarse intelectualmente.[137]

6.4. Un fenómeno especialmente proclive al espín: el dual. El dual es de por sí conflictivo y presenta dos caras muy marcadas: una hacia el singular y otra hacia el plural, como una especie de Jano. Por eso, presenta un fenómeno espínico de singular importancia. Suele darse cuando una cosa unitaria en continuidad se forma a partir de dos cosas iguales o muy semejantes conectadas entre sí. Con ello, hay una singularidad que se codifica de modo diverso en las distintas lenguas. En español se dice *pantalones, anteojos* y *tenazas* (mejor que *pantalón, anteojo* y *tenaza*), aunque se trate de una sola prenda, de un solo artilugio o de una sola herramienta. Dos hojas, o dos perneras, o dos líneas de visualización gemelas actúan como una unidad, pero se ven en pluralidad. Y decimos los ojos (en plural), mientras que en quechua decimos *ñawi* ('el órgano visual') en dual. Un ejemplo prototípico lo tenemos en la palabra *pareja*. Pareja es un par de personas, aunque también es el formante singular de una pareja. De ahí que digamos en la definición "<Referido a un miembro de la pareja> Compañero sentimental oficial" *(DiPerú)* o bien "4. f. Cada una de estas personas, animales o cosas considerada en relación con la otra" *(DRAE)* y no solo "3. f. Conjunto de dos personas, animales o cosas que tienen entre sí alguna correlación o semejanza, y especialmente el formado por hombre y mujer" (ibíd.).

7. La Semántica Léxica en dialéctica con la estructura oracional. No se puede prescindir de la íntima relación entre el léxico y la sintaxis, ya que uno y otro

---

[137] Tomado de <http://tinyurl.com/4nu3vst> (última consulta: 25-10-2010).

entran en consonancia, cuando no en beligerancia, a la hora de codificar. Igualmente podemos extender el comentario a locuciones y otras lexías complejas. Por ejemplo en:

(174) **A CARGO DE (fr. prep.)** (al cuidado de), *-wan* ...estoy al cargo de mi hijo, *wawaywan kani*; (con cargo a) (a costa de, a expensas de), *chayrayku*.

La frase preposicional anterior es conocida por su ambigüedad y permite dos lecturas contrarias a tenor de la fuerza semántica o control ejercido por los sintagmas nominales insertados actancialmente en la oración. Compárese: *Juan está al cuidado de Antonia*, que no deshace la ambigüedad dada la falta de valor intensional denotativo del nombre propio, con *El bebé está al cuidado de la enfermera* o *El papá está al cuidado de su hija pequeña*, en que tal ambigüedad se deshace en uno u en otro sentido. Estamos, entonces, ante un espín clásico, del mismo corte que el del par Genitivo Objetivo/Genitivo Subjetivo de los clásicos *(amor dei / metus hostĭum)*, que ya ha sido tratado en otro lugar de este libro (cf. apartado 3.2.2.2.1).

8. La pragmática. La relación entre los usuarios del lenguaje y las estructuras codificadas constituye una doble relación lengua/uso en que se suscitan constantemente activadores de los espines. Una de las formas más usuales tiene que ver de nuevo con la cuantificación.

8.1. La ponderación pragmática de la cuantificación. Como vimos más arriba, cualquier cuantificación se ve como positiva o negativa, como incluyendo o no en un conjunto a la cosa en consonancia con los criterios establecidos en cada momento, siempre subjetivos y variables:

(175) ***ANCHAYKAMA*** [>], consideradamente; [neg.] **($)**, desconsideradamente; **(adj.) (±$)** [→ Ø] «±us.», nimio.

(176) **CONSIDERADAMENTE** [=] (de modo {considerado o respetuoso}), *allinlla*; [>] **(±$)** (en exceso), *anchaykama*.

Los ejemplos son muy instructivos. En quechua, el exceso sobre la norma se presenta como un espín típico; con el cambio de categoría, el adverbio adjetivado tiende a Ø, o lo que es lo mismo, se queda a un nivel sensiblemente menor que la norma [<<]. Conjugado con él, el adverbio español *consideradamente* se debate entre la norma social y su incumplimiento, cuando que se rebasa en este último supuesto el nivel medio de cortesía esperable. Si se rebasa la norma, pero aún no se incumple la cortesía exigida, tenemos el sinónimo *considerablemente*.

8.2. La deixis y otros fenómenos espacio-temporales. Al señalar las dimensiones del espacio y del tiempo se generan elementos productores de los espines. La deixis es, probablemente, la primera de las categorías, en importancia, de la pragmática (Calvo Pérez 1994a; 2001). Todo en ella implica siempre la posición relativa del Emisor y el Receptor en el momento del habla: *encima* y *debajo* son términos relativos, como *llevar* y *traer* o *adelantada* y *retrasada*. El análisis de *qhipay/ñawpay* en quechua (Calvo Pérez 2008) me permitió apreciar al respecto que no es incompatible el avance del tiempo con nuestra propia proyección en él *(Viene la primavera / Vamos hacia le verano)*. Véase ahora otro ejemplo:

(177) **IR** <intr.> {[mov.] [+dist.]} [E. →] «deíct.» (moverse {desde el hablante}), *riy*; {[→ dist.] [E. →]} **(±$)** {el hablante}), *ripuy*; {[+dist.] [→ R.]} **($)** {de lejos, el hablante hacia el oyente} (venir ¶), *hamuy* […].

En español *Ya voy, espérame ahí* podría expresarse también como *Ya vengo, espérame ahí*, dado que en el español de América (en el Perú, por ejemplo) sucede como en el catalán, donde *Ya vinc, pare* 'Yo vengo, papá' es la respuesta de lejos a una llamada del progenitor. En español peninsular solo se produce esta frase cuando el llamado llega, después de su desplazamiento, a las proximidades del que le llamó y en cuya órbita como Receptor, habiendo sido antes Emisor preferente, termina por envolverse mientras habla.[138]

Es grandemente significativo el espín de las partículas *-mu* y *-pu*, cislocativo y translocativo, respectivamente, del quechua (Calvo Pérez 2009c). La primera se refiere al Emisor (está en *hamuy* 'venir; acercarse al emisor' o en *paramushan* 'está lloviendo <la lluvia viene al emisor>') y eventualmente al Receptor, y la segunda al Receptor (está en *rimapuy* 'interceder, hablar en su favor' o en *mikhuchipunki* 'le das de comer [a mi hijo, de parte mía]') o bien a un espacio interdicto para las personas de la comunicación: *ripuy* 'desplazarse {de lugar}; cambiar {de casa}, cambiarse, mudar, mudarse; [gen.], cambiar {de lugar}; aventarse ¶, mandarse ¶; [part.], desalojar; [+dist.], ausentarse, marchar, marcharse'. Comprensiblemente, la primera, *-mu*, implica al menos tres cosas: a), que el Emisor (Hablante) se traslade a otro sitio, cambiando de órbita; b), que algo o alguien se traslade desde la órbita del Emisor; y c), que el Emisor se traslade al espacio del Receptor, que asume como suyo. La segunda, *-pu*, implica también varias cosas:

---

[138] Por su parte, las formas indescriptivas de la deixis son un abono especial para el espín. Por ejemplo, en quechua *akna*, 'así' se interpreta de dos maneras en *akna aknalla* ", ni fu ni fa; a voleo, al buen tuntún" y también "«fig.» *(qati qatilla)*, consecutivamente, sucesivamente …*akna aknalla, huqwan huqwan tupachini llank'anayta*, sucesivamente, unas cosas tras otras, así [las] enlazo mi trabajo" (Calvo Pérez 2009b).

a), que algo vaya al Receptor; b), que algo simplemente se aleje de la órbita del Emisor, sin por ello acercarse necesariamente a la del Receptor (lo que sucede en español con *ahí*); y c), que se cree un espacio ajeno al espacio comunicativo. De este modo, los dos sufijos deícticos del quechua, antónimos entre sí, han generado variados espines. Los ejemplos agrupados en (178) y (179) así lo demuestran:

(178) ***APAMUY*** *...ququr purututawan apa**mu**wanki*, tráeme las palomitas junto con los porotos // ***PAQARIMUY*** *...Manaraq paqari**mu**qtin, sunquy phutiyuwashan yanaymanta*, al no aparecer mi amante, me está entrando nerviosismo en el corazón // ***PURIMUY****... purirakamusaq*, me voy a ir a estirar las piernas // ***P'AQCHAMUY*** [gan.] *(purichiy)*, encaminar {el ganado}

(179) ***APAPUY*** *(aparquy)* [ext.], llevar, llevarse *...t'antata apa**pu**n*, se ha llevado el pan // *chayan**puy*** [-E.], regresar {al lugar}, retornar, volver // ***QHAWARIPUY***, encomendar *...qhawari**pu**wanki wawayta*, te lo encomiendo [= me lo vigilas] a mi hijo // ***RIPUY*** *...awarisqamantapacha, manchakuspa ri**pu**n*, después del avistamiento <del ovni>, se ha marchado asustado.

En (178) presento dos ejemplos, de diátesis diferente, en que algo sale de la órbita del Emisor, pero es propiciado por él (*aparecer, traer algo* <ante el hablante>), y otros dos, uno intransitivo y otro transitivo, en que el Emisor se traslada de órbita *(irse, encaminar algo)*.

En (179) aporto cuatro ejemplos: dos que se corresponden con el regresivo, el hecho de que algo vuelva o se lleve al lugar de procedencia, que no es necesariamente el lugar del Receptor *(llevar, llevarse; regresar, retornar)*,[139] uno de un verbo transitivo, en que algo es dejado por el Emisor en la órbita de aquel *(encomendar)*, y otro de un verbo intransitivo en que algo sale definitivamente de ella *(marcharse)*.

---

[139] Véase la diferencia entre *apapuy*, 'llevarse; hurtar', y *apapamuy*, 'abastecer, suministrar'. Y más ampliamente en *qumuy* y *qupuy*: "*QUMUY*, equipar *...kaqninkunataqa mamanmi qumun*, su madre lo ha equipado con todo lo necesario [al casarse]"; "*QUPUY* [pdo.], devolver, entregar {lo dado}; «cult.», satisfacer; tornar; rendir; [com.], abonar {dinero}, pagar {la deuda} *...sapa killalla qupuwanayki*, tienes que pagarme una mensualidad sola; «cult.», reportar; [+cant.], saldar {una cuenta}; «-us.», pitar; [adm.], servir {al estado}; cotizar, tributar; «cult.», pechar; aforar$_2$; [-cant.], reintegrar; [soc.], repartir {un gravamen}; ($), bonificar; ajustar, liquidar, recompensar, retribuir; acomodar, proveer; «cult.», indemnizar *...qullqitan qupuwanku allpaymanta*, me han indemnizado de mi terreno; [soc.], pensionar; [-mat.], entregar {el alma}, rendir *...Taytanchisman almanta qupun*, rindió el alma a Dios" (Calvo 2009b).

8.3. La variabilidad natural de los registros y los sentidos involucrados, por la que la relación entre hombres y mujeres que hablan se vuelve en ocasiones injusta o paradójica. Una palabra como *tipa* (< TIPO) es por lo general negativa, pero el *DRAE* considera lo siguiente: "**TIPA**[2]. 1. f. mujer (|| persona del sexo femenino). U. t. en sent. despect. o ponder.". Lo mismo sucede con la acepción de proveniencia, la 9.ª de *tipo*: "m. Individuo, hombre. U. t. en sent. despect. *Aquel tipo ni me miró*. U. t. en sent. ponder. *Andrés es un gran tipo*". Lo único que cabe objetar es que la frase *una gran tipa* aún no se ha generalizado lo suficiente, aunque no podría decirse, en justicia, que no se den ejemplos con ella: "Pues a mí me parece una gran tipa y una gran cantante".[140] Pero eso, juiciosamente, afectaría más bien a la frecuencia del hecho que a la imposibilidad del espín.

9. El efecto psicolingüístico. Ni qué decir tiene que resulta obvio que la mente humana y la manera de comportarse los habitantes generan voluntariamente espines. *Morirse* en español –y en cualquier lengua– implica 'dejar la vida', pero también tener una profunda aspiración por algo que aflora compulsivamente, de modo que, al igual que la muerte, es algo que está fuera del control del sujeto. En quechua se tiene idéntico espín mediante el sufijo desiderativo *-naya*:

(180) ***WAÑUNAYAY*** **(fr.)** [fís.] «fam.», estar hecho un emplasto ...*qhawariy, qhariyqa wañunayan chhulliwan. —Qanchus kawaq chayqa, manachá chayta niwaqchu*, mira, tu marido está hecho un emplasto con la gripe. —Pues si tú la tuvieras, no hablarías así; [+cant.] *(wañuna patapi kay)*, estar con el alma en la boca; estar con el alma entre dientes; [psíq.], venirse abajo; {[pos.] [±mat.]} **($)**, perder el sentido ...*wañunayashan misk'i mikhunanmanta*, pierde el sentido por comer dulce.

Según esto, psicológicamente es lo mismo morirse por aquello que uno anhela, que morirse porque ha llegado el fin de la vida: a tal extremo puede llegar el deseo. Y ello se da en las dos lenguas; en castellano, a través de *estar de muerte, perder el sentido por algo*, etc.

10. La manifestación del lenguaje repetido. Las frases hechas, locuciones y refranes, adscritos a anacronismos de la lengua, generan espines por el solo hecho de tener más de "una vida" lingüística y estar sometidos a avatares distintos. Las frases hechas, el lenguaje repetido, pueden ostentar variantes en que cambia de sentido la intencionalidad de los hablantes y, por tanto, su significado subyacente. Lo percibimos si comparamos *correr el velo* con *correr un (tupido) velo* (ejemplo 106 de más arriba, que repito):

---

[140] Tomado de <http://www.20minutos.es/noticia/428870/l/> (última consulta: 14-11-2008).

(106) **CORRER EL VELO (fr.)** «fig.» (descubrir, manifestar {lo oculto}), *rikhurichiy* // **CORRER UN TUPIDO VELO (fr.) ($)** «fig.» (callar, omitir {por conveniencia}), *upallay).*

La presencia del artículo determinado nos lleva a la identificación del velo en cuestión y, derivadamente, a su retirada y, como consecuencia de ello, al descubrimiento o exhibición de la cosa. También puede llevar a lo contrario, por ser forma no marcada: a correr el velo de algo para ocultarlo a los demás o mantenerlo en secreto. Por otra aparte, en "un tupido velo" la presencia del artículo indeterminado nos lleva no al reconocimiento del velo, sino a su mera presentación como entidad, y, por tanto, a la antonimia interna: ahora se oculta un contenido o se omite el comentario correspondiente para evitar una mayor clarificación; el adjetivo *tupido* de la segunda frase es solo un recurso de acrecentamiento del significado, un incentivador, como se tiene dicho, para que la lectura contraria sea previa.[141] No obstante, también aquí podríamos tener la lectura positiva, la de correr el velo para mostrar algo, aunque, como es lógico, esto es estadísticamente mucho menos frecuente, físicamente más forzado, y psicológicamente más inesperado:

(181) Watson recibe la visita de una misteriosa desconocida que oculta su rostro tras un tupido velo y que quiere hablar con Holmes. —Dígale que soy la mujer de la colección de fieras de Rouder. Dígale eso y cítele el nombre de Abbas Parva—. Cuando la desconocida se levanta el velo ante Sherlock Holmes queda claro el alcance de la tragedia: un bello rostro destrozado por el salvaje ataque de una fiera.[142]

---

141 Son bastantes las frases hechas que encierran este componente irónico fosilizado. Así en Ruiz Gurillo (2006) tenemos ejemplos como: *mosquita muerta, cubrirse de gloria, inventar la pólvora, gajes del oficio, para variar, a buenas horas mangas verdes, estaría bueno, vas dado*. En ellas, el espín se ha girado y cuesta trabajo la revalorización positiva, que, sin embargo, en el contexto apropiado, puede descubrirse todavía: *Napoleón se cubrió de gloria en la batalla como siempre, Los chinos inventaron tempranamente la pólvora*. En otros ejemplos de la autora como *ojo clínico* (frente a *¡buen ojo para echar lluecas!* que añado yo), la evaluación es siempre positiva hasta que el contexto se encarga de reorientar el espín; respecto a *a la vejez, viruelas* no hay ni siquiera ironía: del mismo modo que es muy improbable que a alguien le cojan las viruelas a la vejez, es muy improbable también que uno pueda correr el maratón a las primeras de cambio o ir a clases de danza, siendo octogenario, con lo que la frase es un refrán o discurso repetido metaforizado, útil para multitud de contextos, pero que no encierra ironía, sino un subespín: las viruelas son enfermedad mala, pero dan en la juventud, mientras que otros achaques son igualmente malos y se ceban con la vejez. Esto muestra que es preciso deslindar los espines antes de hablar de ironía.

142 Tomado de <http://es.wikipedia.org/wiki/La_inquilina_del_velo> (última consulta: 20-10-2010).

Podría pensarse que no existe espín al existir antonimia, pero aquel hay que centrarlo en el eje de la generación tardía de esta. Los antónimos son los artículos *el* y *un* en el contexto dado, los cuales, como artículos definido e indefinido (en otros casos reconocedor y presentador) tienen también sus inevitables espines previos,[143] de modo que es el conjunto *correr* + ART. + *velo* el que soporta el verdadero espín. El papel del artículo es el de "configurador de sentido" como señalaron en su momento Amado Alonso y Pedro Henríquez Ureña, y ese sentido varía.

11. Los cambios culturales. Como la cultura humana varía no solo entre los distintos pueblos y sus lenguas, sino de un modo interno, ciertas modas se imponen y propician el descubrimiento de nuevos espines. Estamos ante una proyección dinámica del apartado 2 de más arriba. Los cambios que advienen a las expresiones lingüísticas pueden ser tanto intraculturales como extraculturales. Esto se aprecia bien en *peladilla* y *sapo* respectivamente:

(182) **PELADILLA** [alim.] (almendra {confitada, bañada en azúcar}), *misk'icha*; [-alim.] «fam.» (canto {rodado, regular de tamaño}), *rumi (hatun rumi), q'asakuq (qaqamanta q'asakuq)*; ¶ [anim.] (anchoa {alevín}), *anchubita*; {[hum.]

143 El artículo *el* reconoce e identifica, por lo que ante el velo extendido solo cabe actuar para retirarlo (o extenderlo si está recogido, dado que *correr el velo* también podría significar lo contrario: "tapar, ocultar lo manifiesto"). No obstante, cuando este mismo artículo es genérico, diluye la referencia y solo sirve como mínimo elemento actualizador de sustantivos virtuales, con lo que se poda o reduce para la segunda acepción; he ahí el espín: *EL velo cubría la ventana / EL perro es más sociable que el gato*. El artículo *un* es indefinido o no identificador como en *El ruido lo habría emitido el motor de UN coche*, pero cuando actúa de presentador lo hace como espín del anterior: *Mira, mamá, UN coche como el nuestro*. Como nos enseñó tempranamente Marcos Marín en su gramática de 1972: "Tanto la forma *el* como la forma *un* pueden ser determinados e indeterminados; los términos definido/indefinido se los debemos a la gramática lógica francesa y su aplicación a los dos tipos de artículo es un error". Con esta enunciación quedaron superados los problemas descriptivos de esta categoría durante el siglo XIX y principios del XX, muchos según confirma el minucioso análisis de Calero Vaquera (1986: 78-87). Citemos al margen la gran aportación de la psicomecánica de Guillaume, introducida tarde en España, para quien el artículo, en su temprana y sorprendente *opera prima* (1919), se manifestaba como apertura con cierre hasta un umbral *(un)* y nueva apertura a partir de ese umbral *(el)* en que se leían dos soluciones diferentes para cada uno de los artículos sometidos a interpretación textual: la específica (de apertura o cierre, cerca del umbral) y la genérica (de apertura prematura o cierre tardío, lejos del umbral): *EL león ruge / EL anciano iba con un garrote* y *UN niño se asomó a la ventana / UN caballero español nunca miente*.

Digamos, al margen, que el espín del artículo podría haber sido perfectamente desarrollado en el apartado 3.2.2.2.1, junto al resto de las palabras sinsemánticas, o bien en el subapartado 8 de inmediatamente más arriba, bajo el rótulo de la deixis, junto al cual cabe como espín teórico en el desarrollo de la referencia (Calvo Pérez 1994a: apartado 2.3.1.2).

[pos.]} «fig., fam.» (persona {que no tiene desperdicio}), *k'achacha*; [neg.] **(±$)** (delincuente), *supay*.

(183) **SAPO** [anim.] (anfibio {mayor que la rana}), *hanp'atu (uququ, kustrullu)*; (escuerzo), *llaqtayuq hanp'atu*; [gen.] «fam., inf.» (bicho), *kuru*; {[hum.] [fís.]} «fig.» (persona {torpe}), *p'anra*; ¶ **(±$)**, (bicho, listo), *sapu*.

Una peladilla es un tipo de almendra bañada en azúcar que, garrapiñada o no, es de excelente sabor; ese aspecto positivo se percibe también en relación con la persona que se alaba, con la que sirve para todo. No obstante, para otros, en el mismo ámbito cultural y en base a un nuevo contexto, *peladilla* es algo también sin desperdicio, pero en este caso sin desperdicio negativo: el delincuente de turno; ahí nace el espín semimenor.[144]

Un sapo es un animal torpe para la cultura occidental y, en concreto, la peninsular. No sucede así en el ámbito peruano, en que el uso metafórico de *sapo* implica habilidad y listeza; de ahí el espín semimenor sobre la metaforización animal proyectada sobre el clasema humano.

12. Los problemas de diacronía. Y si todos los cambios propuestos anteriormente invitan a rebuscar espines con criterio clarificador, las propias huellas de las palabras los contienen por naturaleza. Podríamos preguntarnos por la evolución del significado de palabras como *pechador*, *fortuna* o *condestable*. Estas han producido un significado supuestamente antónimo de otro, generado primeramente pero desaparecido con el tiempo. Ello podría suponer un obstáculo insalvable a la hora de sostener el origen o pervivencia de los espines, pero se trata probablemente de un espejismo: al menos hasta que la teoría avance lo suficiente para sustentar otra cosa, podemos aferrarnos a la idea básica de que toda palabra nace como un espín, del mismo modo que ese imán que se fragmenta, pero que al fragmentarse vuelve a crear una y otra vez dos polos: positivo y negativo. No obstante, la lexicogénesis es altamente fractal; quiero decir con ello que cada división acarrea nuevos espacios que se someten nuevamente a una división que contienen nuevamente el todo y así, teóricamente, hasta el infinito. La palabra

[144] En este caso, *peladilla* es un diminutivo que engendra un tipo de significado 'anchoa {alevín}' sobre el que no hemos ofrecido una alternativa espínica. El espín, sin embargo, tiene como fondo un dulce pequeño, pero exquisito y es semimenor, como hemos visto. En otras ocasiones, en cambio, el espín de aumentativos y diminutivos es pleno como en el ejemplo (20), que repetimos: "**POCOTÓN ¶ (pocotote ¶) ($)** (bastante, mucho), *waliqta*" (Calvo 2009b), puesto que está sobre el aumentativo de *poco*, que debería ser *menos* (más + poco). Cf. apartado 3.2.2.2.1a).

nace con enraizamiento bipolar (salvo en monosemias), se especializa de inmediato en una dirección y procura esclerotizar la otra, haciendo surgir si cabe una nueva palabra con vocación bipolar y así sucesivamente. Antes de ello, la palabra se comporta como un espín global: lo hemos visto en este libro en multitud de ejemplos; también hemos visto ganancia opositiva: *por culpa de* funciona negativamente como causa, pero en *Por culpa de mi tío yo me aficioné al tenis* (frase del tenista Rafael Nadal) la oposición espínica vuelve a funcionar otra vez sin necesidad de nuevos requisitos, salvo el del contexto clarificante.[145] Lo contrario cabría decir en otros casos: *en virtud de* ha adquirido carga negativa en contextos negativos como en *En virtud de que el gobierno norteamericano viola sus derechos como reclusos*.[146] Ello no impide que existan formas aparentemente neutras, o que no hayan suscitado espines efectivos, como *a consecuencia de*, *como resultado de*. En realidad, lo que no se ve a simple vista es que el espín es tan natural en ellas que no se reconoce como tal: *a consecuencia del miedo / a consecuencia del éxito, de resultado de la derrota / como resultado de la victoria*, etc.

Veamos ahora algunos casos consumados de cambio diacrónico, el cual creemos viable por el mero hecho de que la palabra en su origen contiene las potencialidades debidas. Los ejemplos diacrónicos meliorativos *(fortuna, condestable)* o peyorativos (*esclavo* < ESLAVUS 'eslavo' o *imbécil* < IMBECILLIS 'débil'), en el caso incierto de que todavía convivieran con las acepciones encontradas hoy, constituirían un espín. Si no, su resultado. De hecho, el *DRAE* registra como poco usado *imbécil* como sinónimo de 'flaco, débil', a diferencia del sentido connotativo emergente de 'alelado, escaso de razón'. Pero para nada hay restos de ello en *condestable* (con el significado primigenio derivado del lat. *COMES STABŬLI* 'conde de la caballeriza'). Un caso similar es el que recogemos en la siguiente entrada de *DiPerú*, con la salvedad de que la presencia del espín es absolutamente coincidente en le tiempo:

(184) **GARIFO / JARIFO**. adj. Rozagante, vistoso, bien compuesto o adornado // **GARIFO**. adj. Sin dinero. 2. Hambriento. 3. m. Carencia {de dinero o de víveres}.

Mientras que en España *garifo* remite a *jarifo* (<ár. hisp. ŠARÍF < ár. clás. ŠARĪF, 'noble') como forma en doblete para designar al noble y, por tanto, al que viste con elegancia y supuestamente también al que tiene medios para hacerlo,

---

145 Lo mismo sucede con *tachado* en este ejemplo: "El asombro ha sido doble, porque el que puede ser tachado como uno de los grandes cronistas de la convulsa historia de Barcelona, lo hizo con una novela que presentó como *La muerte de Acteón* pero ambientada en Madrid pocos meses antes de la Guerra Civil" (<http://tinyurl.com/yf8tp8h> (última consulta: 16-10-2010).

146 Tomado de <http://tinyurl.com/67scwvg> (última consulta: 29-06-2009).

en América, mucho más usual y abundante, lo hace solo al pobre, al que está mano sobre mano sin medios y sin trabajo. Lo vemos en el siguiente ejemplo:

(185) De tarde se adueñaban del parque [de Lima] los desocupados o simplemente los ociosos sin dinero, es decir, los "garifos", por lo que aquel lugar era conocido también por el nombre de parque de los garifos.[147]

La cuestión es si nos hallamos ante el noble venido a menos, el que no trabaja ni produce y que, al final, se descapitaliza y empobrece, como el célebre hidalgo del Lazarillo. Y parece que sí: la prueba está en el significado que la palabra tienen entre los guachos argentinos, donde *garifo* es 'altanero, apuesto, galano',[148] o en autores de otros lugares de América en que el significado se decanta por 'vivo, listo'.[149] Esa contraposición puede dar también los ejemplos contrapuestos que acabamos de ver.

La geografía lingüística del español juega "malas pasadas" a los hablantes. Son muchos los falsos amigos que se descubren en los distintos dialectos del español, de manera intralingüística. Así entre España y América hay muchos de ellos, espínicos o subespínicos, como por ejemplo los vistos previamente en el apartado 3.2.2.3. También los hay entre los distintos países americanos, como es obvio. Así tenemos el caso de *pendejo*, tal y como lo refleja el *DRAE*:

(186) **PENDEJO** (Del **pectinicŭlus* < *pecten, -ĭnis* 'pubis').
1. m. Pelo que nace en el pubis y en las ingles.
2. m. coloq. Hombre cobarde y pusilánime.
3. m. coloq. Hombre tonto, estúpido.
4. m. coloq. pendón (|| persona de vida irregular y desordenada).
5. m. *And.* muérdago.
6. m. *And.* Especie de calabaza.
7. m. vulg. *Arg.* y *Ur.* Chico, adolescente.
8. m. despect. coloq. *Cuba.* Persona cobarde.
9. com. coloq. *Perú.* Persona astuta y taimada".

El *pendejo* en Perú es 'listo y vivo'; en otros países del entorno es 'tonto, estúpido'. Para toda América Latina, *pendejo* significa 'bobo', lo que los peruanos dirían *cojudo*. Una vez escuché en México a peruanos orgullosísimos de ser unos tremendos pendejos, para perplejidad y mofa de sus amigos mexicanos. Y

[147] Tomado de <http://tinyurl.com/6bljg5u> (última consulta: 15-01-2008).
[148] Cf. <http://www.diccionariogaucho.com.ar/> (última consulta: 15-01-2008).
[149] Cf. <http://tecnica92.tripod.com/cursos/diccionario> (última consulta: 15-01-2008).

esto no es casualidad. En efecto, en el *Diccionario* de Álvarez Vita (2009) se registra, aunque con alguna reminiscencia en contra (en *pendejear* y *pendejito*):

(187) **Pendeivis**. (Del apellido *Pendeivis*). Forma jocosa de pendejo.
Pendejada. Perú. 1. Viveza, astucia, malicia.
Pendejear. Perú. 1. Hacer el tonto a una persona. Cojudear.
Pendejerete. Perú. 1. Adj. Despectivo de pendejo. Pendejo insignificante, carente de importancia.
Pendejito. Perú. 1. M. despect. Pendejo.
Pendejo, ja. Perú. 1. Com. Coloq. Persona astuta y taimada.[150]

Parecida interpretación se dan también en el ejemplo siguiente, en que media no solo distancia geográfica, sino especialmente distancia temporal.

(188) **pechador, ra** (< *pechar* 'pagar impuestos' < lat. *pactum* 'pacto'). Estafador.

El pechador en América es el sablista y no precisamente el que paga impuestos mediante un pacto con el Estado como confirma la etimología. Solo podemos asegurar que las acepciones no conviven, pero que la lectura de un texto de siglos pasados nos puede obligar a recuperar el espín. Así tenemos actualmente:

(189) Fue la dulce metedura donde yo perdí el honor; que "chiflao" por su belleza le quité el pan a la vieja, me hice ruin y pechador...,[151]

frente a lo que tuvimos en otro momento, con palabras como *pechar*, etc. Véase el ejemplo tomado del *CORDE* académico:

(190) [...] porque ya de mucho tiempo atrás estaban diputados muchos pueblos allí cerca que no pechaban ni contribuían en otra cosa más de hacer las casas, repararlas y tenerlas siempre en pie a costa suya propria, poniendo su trabajo.[152]

---

[150] Podríamos completar la información del modo siguiente: tanto en Perú como en Bolivia esta palabra significa 'persona viva, astuta, bribona, que actúa con malicia, de vida licenciosa'. En Colombia y el Ecuador, designa a la 'persona tonta, estúpida'; en América Central, Cuba, República Dominicana y Venezuela, es 'cobarde y pusilánime'; y en la Argentina y el Uruguay, 'chico, adolescente' (siguiendo a Álvarez). Esto nos previene de la enorme polisemia (subespín menor o mínimo) a que se ven sometidas las palabras del español por su dispersión geográfica.

[151] Tomado de <http://tinyurl.com/68ddeom> (última consulta: 29-06-2009).

[152] Francisco Cervantes de Salazar, *Crónica de la Nueva España* (1560); publ. por Manuel Magallón (Madrid: Atlas, 1971).

También tenemos una lectura evolutiva diferente en el caso de *cambiazo*, que si bien ya tiene como cualquier otra palabra su potencialidad bífida en cuanto nace, en este caso el desarrollo negativo se aprecia explícitamente en seguida. Sí, *cambiazo,* voz conocida en Perú, Bolivia y Colombia, fue tomando diversos matices de significado con el transcurrir del tiempo. Recordemos que en un primer momento se relacionó con el mero significado aumentativo:

(191) Con estas ideas se entremezcló la consideración del cambiazo súbito que le marcaba su destino, y al decir Destino daba este nombre indebidamente al soberano gobierno de Dios, que dispone a veces, según su alta voluntad, todo lo contrario de lo que propone nuestra pequeñez ignorante y ciega,

nos decía Galdós en 1876,[153] para explicar el gran cambio que se avecinaba a un personaje de su obra. El referente, en relación con el Emisor, se da en sentido positivo; es decir que el cambio, el gran cambio, se produce porque se propicia algo bueno para quien lo recibe. Sin embargo, con los años, variaron las percepciones y se adoptó una connotación negativa, pero tomando en cuenta la base léxica, tal como ocurre actualmente en Bolivia, Perú, Colombia, donde se dice, por ejemplo, *Denuncian cambiazo.*

Pero no es preciso saltar tanto de un territorio a otro para observar cambios significativos en el seno de subdialectos, como es el caso de *arregostarse.* Por un lado, significa 'arrepentirse' –*Se moja cada vez que bebe pero no se arregosta*–; y, por otro, 'aficionarse, engolosinarse, enviciarse, acostumbrarse, habituarse, encariñarse, prendarse' –*Comió un yogur agrio y lo malo es si se arregosta*–. No es lo mismo *arrepentirse* (Castilla La Mancha, La Peraleja, Alcarria, recogido por Julio Calvo)[154] que *acostumbrarse* "(Del lat. *regustāre*, gustar). 1. prnl. Engolosinarse, aficionarse a algo" (según el *DRAE*), porque el que se arrepiente es fácil que no vuelva a obrar del modo que antes obró.

En el caso de *fortuna* la cosa se complica. Si revisamos el *DRAE*, tenemos: "1. Encadenamiento de los sucesos, considerado como fortuito. 2. f. Circunstancia casual de personas y cosas". También: "3. f. Suerte favorable. 4. f. éxito (|| buena aceptación). 5. f. Hacienda, capital, caudal", e igualmente: "6. f. desus. borrasca (|| tempestad del mar). 7. f. desus. borrasca (|| temporal en tierra). 8. f. ant. Desgracia, adversidad, infortunio". Las acepciones 1.ª y 2.ª son neutras

---

153 Benito Pérez Galdós, *De Oñate a la Granja*. Alicante: Universidad de Alicante, 2003, p. 228.

154 Casualmente encuentro el mismo uso y significado en un pueblo próximo al de recogida de la palabra anterior, en Castillejo del Romeral, enviado por Raquel Puerta a <http://tinyurl.com/6fzuxb4>.

(semiespín) y se pueden interpretar tanto como positivas como negativas; la 3.ª y 4.ª son netamente positivas, así como la 5.ª, consecuencia resultante de ellas (de la 4.ª principalmente); y desusados ya aparecen los sentidos negativos (acepciones físicas de la 6.ª y 7.ª), que culminan con el espín neto de la 8.ª. Lexicogenéticamente, las palabras *desgracia* y *adversidad* han asumido el espín, el cual se deshace obviamente con el antónimo *in-fortunio*. No obstante, la palabra *fortuna*, en la sucesión fortuita o casual de los aconteceres es –sigue siendo– un espín:

(192) En la postrera intervención el balón se le quedó muy bien, mi compañero fue a tapar y le pasó por debajo, yo metí la mano y la fortuna quiso que atajase el lanzamiento.[155]

(193) Como dramaturgo ¿se siente próximo a la fortuna que tuvo Cervantes o cree que ahora es mucho peor?[156]

(194) Así, los pupilos del "Ingeniero" siempre fueron superiores a sus vecinos y solo la fortuna impidió que no lograran un marcador más expresivo (los dueños de casa tuvieron tres palos en contra).[157]

En efecto, en el ejemplo (192) fortuna puede ser sustituido por "buena fortuna" y en el ejemplo (193) por "mala fortuna". Mientras, en el ejemplo (194) puede sustituirse meramente por "el azar, la suerte, las circunstancias", etc.

La diacronía se puede equiparar a la sincronía en esa doble faceta del signo lingüístico en que se percibe la lengua como es gracias a las huellas de lo que fue y de las potencialidades que suscita. El espín nace puro, primigenio, ambivalente (lo hemos visto en *garifo*). Con el tiempo se enrarece y simplifica, se sintetiza, pero la parte enrarecida vuelve a servir de baluarte para un nuevo crecimiento léxico que pueda dar cuenta de la complejidad del mundo que se describe y analiza diferencialmente. Lo vemos de modo muy nítido, para terminar este asunto, en una palabra aparentemente neutra como es *gente*. En español del Perú tenemos tres acepciones de la palabra *gente*, neutra, positiva y negativa, como se ve en estos tres ejemplos:

(195) Búsqueda de personas desaparecidas a nivel mundial, forma rápida de encontrar gente, de buscar familiares desaparecidos.[158]

---

[155] Tomado de <http://tinyurl.com/65jrkov> (última consulta: 10-11-2008).

[156] Tomado de <http://tinyurl.com/6ape6bs> (última consulta: 23-06-2005).

[157] Tomado de <http://tinyurl.com/5sbphnn> (última consulta: 24-06-2009).

[158] Tomado de <http://www.elbuscapersonas.com.pe/BuscandoGente.htm> (última consulta: 28-06-2009) (*gente* = 'personas').

(196) **GENTE** (< lat. *gens, gentis*). Persona {distinguida}" (*DiPerú*), como se ve en: "Diríamos con la frente en alto que somos gente, pues la gente nace y no se hace. No somos ladrones ni menos mitómanos".[159]

(197) *El Comercio* debería impedir que tanta gente idiota comente en este foro provocando odio entre naciones (*El Comercio.pe*, 19-06-2009).

13. Y al límite, los pseudoespines... Pero no se vaya a creer que cualquier fenómeno es un espín, puesto que para tener la seguridad de su existencia hemos de mantenernos en el cambio efectivo, en el mismo teatro de operaciones y con unos límites mínimos. En muchos casos, los hablantes vemos las cosas de maneras diferentes, incluso antogónicas, según la orientación del contexto. Por ejemplo, *piltrafa* parece verse de dos modos distintos en los ejemplos siguientes:

(198) Decidí separarme, porque la relación me estaba enfermando: estaba hecha una piltrafa y con mucha [*sic*, por muy] baja autoestima.[160]

(199) Le creen al panzón con su optimismo más grande que su panza [...], mientras las mineras, petroleras y monopolios se llevan nuestra riqueza y dejan migajas y piltrafas para nuestro pueblo.[161]

Piltrafa se convierte en aparente espín, pasando de referirse a "residuos" sin ninguna importancia de algo que era importante antes (una persona normal que deriva a una piltrafa humana) a "ganancia" ínfima (un añadido, aunque insignificante, a lo que se tenía antes) en una simetría especular interesante. Pero evitada la proyección de la resta y de la suma, lo que tenemos es como dice el *DRAE*: "Restos de comida o desechos de otras cosas" bien como diferencia mínima X entre A y B, bien como sumando mínimo X que se une a B para dar A.

Hay además un caso paradigmático de **pseudoespín**: es el que se produce cuando se habla de metalenguajes, como niveles superiores desde los que se explican otros niveles lingüísticos. En estos casos no nos es dado atravesar la frontera de la generación léxica espontánea. Por ejemplo, que *blanco* sea un adjetivo y *adjetivo* un sustantivo no nos autoriza a decir que adjetivo es adjetivo y además es sustantivo espínicamente hablando. Otra cosa es que comparemos casos de doble posición de los adjetivos como en *un sabio francés - un francés sabio*, con cambio de categoría, siempre en orden S + A, y lo que ello implique por sí, o este otro caso en se pueden dar a la vez dos lecturas (S y A) a *religiosos*:

---

159 Tomado de <http://tinyurl.com/639nxxr> (última consulta: 26-06-2009).
160 Tomado de <http://tinyurl.com/y8sdtf9> (última consulta: 16-08-2009).
161 Tomado de <http://tinyurl.com/6d6xzqv> (última consulta: 04-03-2010).

Además de las cartas, gran cantidad de documentos (vidas edificantes, informes) en los monasterios se escribieron a solicitud de religiosos hombres o mujeres, en que el espín puede funcionar con regularidad... De hecho se produce fácilmente, porque de haber un cambio de significado derivado de la posición, el espín se manifiesta con toda la evidencia: *un triste soldado ≠ un soldado triste, un nuevo coche ≠ un coche nuevo, un único libro ≠ un libro único*, etc., como hemos dicho en otro lugar (cf. apartado 3.3.1).

Si bien la teoría lingüística suele sostenerse en la dialéctica entre el lenguaje y el metalenguaje, y la teoría semántica y las relaciones léxicas entre sí caben igualmente en ese formato, la Semántica Léxica propiamente dicha constituye de por sí un verdadero campo topológico, con abiertos internos, con espines generadores del resto del léxico, como explica la Pragmática Topológico-Natural (Calvo Pérez 20004a).

5. Conclusiones

Una vez más, instancias científicas exteriores al lenguaje, tomadas de la Física, han servido para objetivar un fenómeno lingüístico, en concreto, léxico, que tiene todas las garantías para ser un universal de la Semántica. La reflexividad del lenguaje necesita constantemente el recurso a formalismos exteriores: la lógica, el álgebra booleana, la topología, la teoría de las catástrofes, los fractales y, en el presente caso, la Mecánica Cuántica para "refrescarse". El concepto de espín y su aparición física sirven de adecuada metáfora para explicar el mecanismo extrínseco de la ironía y de los significados "encontrados",[162] o la vieja antífrasis, en el seno de una palabra, de los que la polisemia es solo uno de ellos: el del grado más reducido de espines.

Un espín es el resultado de un giro dextrógiro hacia arriba o hacia abajo de una partícula subatómica, cuya ubicación es siempre simultánea, lo que implica que la partícula se comporta más bien como una onda. Ello da lugar a una situación virtual que se resuelve luego de manera arbitraria; del mismo modo, la palabra presenta una serie de valores léxicos paradigmáticos de los que solo uno o alguno de ellos se hace real, inhibiendo a los otros. Por ello, importa mucho sopesar las diferencias entre categorías encubiertas y abiertas *(covert and overt categories)*, para evitar circunstancialidad, así como el concepto de marca que posibilita al mismo tiempo la continuidad y la ruptura de los fenómenos lingüísticos.

[162] 'Enfrentados', que no 'hallados'. Perdón por este nuevo espín.

La misma posibilidad de categorización de una palabra en quechua –bastante menos en español– hace que esta sea criptotípica, hasta que entra en juego en la estructura sintáctica donde se hace en mayor o menor grado fenotípica. Se debe presentar entonces la palabra léxica –y sintáctica– como una entidad multiforme, cuya complejidad se resuelve poco a poco en los ámbitos de su actuación: según los hablantes y su intención, el contexto, el texto, la frase concreta, etc. La potencialidad de polisemia de una palabra no tiene límites, aunque luego haya palabras que han desarrollado más que otras esa supuesta variedad de acepciones. Lo que importa es tener clara la generación de esa complejidad, que no es otra que la del espín; es decir, esa situación en que la palabra se desdobla teóricamente en significados positivos y negativos antagónicos. Lo mismo que un campo semántico tiene un eje, un campo semántico cero, que se desdobla en dos palabras encontradas *(blanco/negro, alto/bajo, suave/áspero)* para ir creciendo luego a su alrededor con nuevas oposiciones locales (*gris*, *rojo/verde*, *azul/amarillo*…), así sucede en contrarréplica en el interior de la palabra, que se desdobla en espines, para hacerlo más tarde, si es preciso, en semiespines y en miniespines, hasta perderse como la asíntota de la curva en la línea de expansión del significado, que tiende a la diferencia mínima: microespín.[163] No obstante, ontogenéticamente el espín es anterior a la antonimia, aunque en la cultura occidental, de corte judaico, tan maniquea y, por tanto, tan afín a la antonimia, es más difícil de reconocer que en las culturas indígenas americanas, en que lo bueno y lo malo conviven inextricablemente en los dioses y en los hombres, y donde parece reconocerse muy a propósito sinonimia, otra de las categorías semánticas que nace con el espín, en dialéctica con la antonimia básica de la percepción humana.

Todo este "tinglado" ha podido "armarse"[164] gracias al cotejo minucioso, ilimitado, del léxico de dos lenguas: el español y el quechua, mientras se confec-

---

[163] El extremo se halla en las constelaciones o acumulaciones léxicas (cf. apartado 2.3) de tipo: "**PROSTITUTA**: (salida), *aricha*; (chola), *chula*; (pelleja), *ch'allqi*; (mojada, suripanta, zorra), *ch'aran qara*; (culo {fácil}), *kachi siki*; (buscona, chivatera ¶), *kalli k'anchay*; (fulana, furcia; pasada), *mankha*; (mujer lujuriosa), *ñuki warmi*; (puta {elegida}), *palla*; (buscona), *pata warmi*; (golfa), *paytu*; (cualquiera, mujer {fácil}), *phasil siki*; (seca), *qacha (qacha warmi)*; (meretriz), *q'ita (k'ita)*; (mugrienta), *qhanra*; (cortesana, hetaira), *salla*; «+vulg.» (chusquisa ¶), *siqsi siki*; (pelandusca), *tuqlla warmi*; (ninfómana), *wanarpu*; (pululante), *wakwaña*" (Calvo Pérez 2009b), en que se ha intentado correlacionar el campo semántico del español con el del quechua, advirtiendo de que en estas equivalencias entre las dos lenguas se ha buscado solo la correspondencia subjetiva o impresionista del autor de la obra, ya que no es posible trazar paralelismos estrictos cuando se trata de constelaciones léxicas como la citada, igual de enmarañadas en las dos lenguas.

[164] Perdón por los dos espines consecutivos, que han de interpretarse positiva y no negativamente en este contexto: *tinglado* y *armarse*.

cionaba un diccionario pragmático exhaustivo (léase: tendente a la exhaustividad, un anhelo que es imposible de cumplir, por otra parte), cuyo corpus, de centenares de ejemplos seleccionados, ha permitido hacer un primer análisis, creo que significativo, del fenómeno espínico.

Aspectos de clasificación y armonización de los espines y subespines han sido propuestos de manera germinal, esperando que indagaciones posteriores permitan aproximarse con más garantías a la estructura léxica de las dos lenguas puestas en paralelo y, por extensión, a las demás lenguas del mundo. Sirva esta aproximación para conjeturar sobre el hecho, para mí indiscutible, de que las palabras no solo ganan en diversidad según se hacen frecuentes, sino que todas ellas son el alto grado diversas, manifestando la mayoría de las veces, muy pocas de sus muchas potencialidades. Deben exceptuarse –lo señalo una vez más– las palabras monosémicas y artificiales de la ciencia, esos elementos asistemáticos en el sintagma, pero ordenadamente virtuales por su potencia paradigmática, los términos de nomenclatura que son solo afluencias polarizadas al margen verdadero funcionamiento léxico de las lenguas. Lo mismo cabría decir de otros elementos no estructurales del léxico, los que ya señaló Coseriu (1977: 107-118).

COMENTARIO FINAL

Esta investigación no es una investigación "acabada".[1] Ni siquiera he pretendido considerarla como tal: es tan solo una aproximación, de las muchas posibles, al amplio proyecto general de mis investigaciones sobre el español y sobre las lenguas en el área andina, y, entre ellas, el proyecto *Lexi-Calvo* que ha permitido la elaboración del *ND* (Calvo Pérez 2009b) que tanta movilización experimental ha puesto en práctica para llegar a la verdadera fundación de la Semántica, los espines.

Además, este proyecto sobre los espines, a partir del diccionario antedicho como objeto de investigación junto con otros trabajos adyacentes, sienta las bases para especular sobre otros muchos fenómenos lexicólogicos y lexicográficos afines, algunos no bien unificados todavía, para los que el autor de este trabajo necesitará refuerzos en sus investigaciones, para alcanzar mejor meta. Porque confío en el *tupay* positivo más que en el negativo, tanto en sus aspectos físicos:

(200a) ***TUPAY*** {[anim.] ¬ [mat.]} {[+f.] [-dist.]} [ext.] «coloq.» *(waqray)*, topar {el toro}; «cult.», embestir; {[hum.] ¬ [±anim.]} {[+f.] [neg.]} «fig., fam.», darse {de bruces}, tropezar, tropezarse {con alguien o algo}; chocar, topar, toparse {con algo} ...*tupanchis*, hemos chocado [entre nosotros]; {[hum.] ¬ [hum.]} {[-f.]} [±t.]} [pos.] **($)** *(tinkuy)*, encontrarse, verse {con alguien} ...*maypi tupasunchis?*, ¿dónde nos encontramos?; [-t.], dar {con alguien} ...*piwanpis tupanki chayqa, k'apachinki*, si das con alguien, le harás acoplarse; [col.] «fam.» *(huñuy)*, coincidir, concurrir ...*ñuqa paywan tupayku ayrupuyirtupi*, ella y yo hemos coincidido en el aeropuerto.

como no materiales:

(200b) *[tupay]* [...] {[-mat.] [neg.]}, topar, tropezarse ¶; [soc.] *(mana tupay)*, discordar, encontrarse ...*ñachá tupayukusunchis kawsapi huq kawsapi*, ya nos encontraremos [por nuestro enfrentamiento] en esta vida o en la otra; [psíq.] **($)**, entenderse ...*allintan tupashan, chaymi kuska tiyanku*, porque se entien-

---

[1] Perdón por el [pen]último espín: nunca se toma el bebedor la última copa. Lo acabado es terminado en cuanto a su perfeccionamiento, pero también en cuanto a su destrucción y pérdida. Véase, si no, la entrada del diccionario de Calvo Pérez (2009b) sobre *tukukuy*, analizada someramente en el ejemplo (65) de la tercera parte.

den viven juntos; [abstr.] *(allin tupay)*, coincidir, concordar, convenir; concretar; «coloq.», responder; encontrarse; ser {compatible} *...chay iskayninku tupanku*, esas dos cosas son compatibles.

Es decir que –para que nos entendamos– la sinonimia, por ser posterior a la antonimia que genera la batalla, es el bálsamo destinado a curar nuestras heridas.

APÉNDICES

I. Apéndice quechua

1. *Pichana* es 'lo que ha de ser barrido' y también 'lo que barre', con significado contradictorio *ab ovo*. El Instrumental quechua *-na* se comporta como un Instrumental (activo) y como un Locativo (pasivo). Como pasivo, es un indicador de modal de futuro, equivalente al español *-ble*. Como Locativo, es equivalente al sufijo español *-dor* (Calvo Pérez 2007a).
2. En González Holguín (1608: 342-343), las acepciones de *tinkuy*, 'encontrarse, topar o darse una cosa con otra' y 'reñir o pelear, trabar la pelea, porfiar', parecen ser simples acepciones esperadas de una palabra, pero en el fondo revierten a algo más profundo: al encuentro entre dos cosas que se complementan y también al de ser contrarias y competir. Es lo mismo que la suma y la resta, que *CON* o *CONTRA* en el ámbito previo del rasgo [compañía].
3. *Usuy* en quechua es 'sobreabundar' y 'desperdiciar': lo que sobreabunda en ocasiones se desperdicia, de modo que hay una diferencia de causa entre un verbo y otro, como la hay entre *morir* y *matar* o entre $volar_p$ y $volar_q$ ('hacer volar'). Solo que en el primer caso se ha producido lexicogénesis y en el segundo, al igual que en *usuy*, no. Espín: [+causa] *vs.* [-causa].
4. *Paqariy* es 'amanecer' y también 'trasnochar'. Es cierto que a quien trasnocha mucho, le amanece, con lo que el espín se traduce en un efecto sucesorio en el tiempo con el par: [-t.] *vs.* [+t.]. En Calvo Pérez (2009b) se pueden encontrar ciento y cientos de espines, marcados siempre con el signo **($)**. Con el sufijo deíctico *-mu* tenemos, por ejemplo: *tutaraya-mu-y*, 'madrugar <alargando las sombras>; quedarse <hasta la noche>'; o vamos hacia las sombra de la noche o vienen las sombras a nosotros. Es la doble direccionalidad del tiempo que se observa en casos como *Vamos hacia el verano* o *El verano ya llega*.
5. La deíxis de *-mu* (cislocativo) y *-pu* (translocativo) es abundantísima en quechua (Calvo Pérez en prensa d). Como en español *ir* y *venir*, los sufijos deícticos quechuas significan tanto si hay desplazamiento del Emisor como si es el Emisor quien se traslada al ámbito del Receptor, o bien si algo se aleja desde la perspectiva de uno u otro.
6. *Queuicuni* [actual: *q'iwikuy*] significa 'doblarse; torcerse' y, por tanto, 'obedecer, ser maleable', aunque hay un espín diacrónico, ya que la entrada quechua del *Anónimo* de 1586 dice literalmente: "Queuirini, queuiricuni, amotinarse, ser traydor, torcerse algun miembro, o conuertirse a Dios", con el

espín completo. La lectura parte de que aquello que se dobla puede tomar la nueva postura o forma en la dirección apetecida o en la despreferida.

7. *Ricuric* [actual: *rikhuriq*] significa 'visible', palabra que, aunque en participio de presente en *-q*, tiene significado espínico o invertido: no 'que ve', sino que 'puede verse' (lit.: 'que aparece'). Es un comportamiento similar al de los muchos verbos deponentes del latín. En quechua el sufijo incoativo *-ri* indica acción repetida y, en parte, frustrada, lo que hace que el significado se revierta.
8. En quechua, *ch'iyay* y *ch'iyanay* son (casi) iguales en el significado. Cf. Calvo Pérez (2009b): "***CH'IYAY*** [anim.], sacar, quitar {las liendres} // ***CH'IYA***, chía ¶, liendre; [veg.] «±ant.» *(muhu)*, semilla {diminuta} // ***CH'IYA ÑAQCH'A*** *(ñaqch'a)*, lendrera / ***CH'IYA RUNTU*** «fig.», carrocha // ***CH'IYARAQI***. V. *ch'araqi* // ***CH'IYANAY***, deslendrar ...*ch'iyanana irqita*, hay que deslendrar a la niña". No obstante, el sufijo *-(n)na* que aparece en el ejemplo es el culto, hoy obsoleto, sufijo desposesivo, del cual quedan huellas aún en ejemplos como (ibíd.): "**DESHOJAR** {[veg.] [gen.]} (quitar {las hojas}), *raphinay*" (donde *raphi* = 'hoja') o "***SACH'ANAY***, limpiar {de árboles}" (donde *sach'a* = 'árbol frondoso, arbusto').
9. Un problema en el lenguaje religioso de los siglos XVI y XVII era el que presentaba el espín de palabras claves como *kamay*, 'ordenar; crear', etc. Así en el *Anónimo* de 1586 y, especialmente en la *Doctrina Cristiana y Catecismo* de la misma época, se tienen ejemplos como el siguiente: "Caman cancaycupac, que seamos dignos [...]. Este nombre cama, tiene varios significados, quando es substantiuo significa, merito demerito, dignidad pecado &c. Quando es adiectiuo, digno merecedor, ydoneo, apto, capaz como ingenio, o lugar. Quando es verbo significa criar de nada o señalar a alguno para officio o dignidad, inde camac criador que es equivalente a rurac [...]" (1584-1585: fols. 75v-76r). Sucedía también con *supay*, 'sombra; alma, espíritu de los muertos; duende, fantasma', que era tanto 'ángel bueno' como 'ángel malo': un espín bíblico todavía no bien explicado.
10. "***ALLQUCHAKUY*** (*Cus*.). v. fig. Faltar el respeto (a alguien). || **2.** v. fig. menospreciar a alguien. ? **allqutsaakuy** (*Ánc.)*. || **3.** v. fig. Deshonrarse uno mismo con sus malos actos". En este ejemplo se ve cómo el mismo verbo tienen significados encontrados en Cusco y Áncash. La relación entre el causativo *-cha* y el reflexivo *-ku* da, según se interprete asociado a la raíz uno u otro sufijo, uno u otro resultado: 'el que hace que se sienta perro alguien' o 'el que se siente haberse hecho perro' (*allqu* = 'perro').
11. "***ÑUÑUQ ALLQU***. s. perra (madre) que aún da de mamar a los cachorros. || ***ÑUÑUQ UÑA ALLQU***. s. cachorro que aún mama", es natural. Véase la interpretación espínica de *lactante* (= '*ñuñuq*') aplicable por igual a las dos lenguas.
12. En el *ND* (Calvo Pérez 2009b) tenemos: "***MANA HINAQA*** *{+ -man}*, so pena de ...*mana hinaqa karcilman*, so pena de cárcel", que tiene un indicativo

negativo claro (*mana* = 'no' y *pena* = 'castigo'): "hay pena a cambio de algo", en una significativa condicional negativa. Pero la condicional positiva, ***ICHAQA***, alberga tanto el valor positivo (con *salvedad* < SALVAR) como el neutro *(condición)* e igualmente el negativo *(pena)*: "**(conj. cond.)**, con la salvedad de que ...*qurpachawanku, ichaqa mikhunata manan quwayta atinkuchu*, me alojaron, con la salvedad de que no me podían dar la comida; so pena de que ...*manan hamunmanchu, ichaqa qan pusamuqtiyki*, no vendrá, so pena de que vayas a por ella; entonces, por fin; a condición de que, con la condición de que ...*risun ichaqa qullqita manuwanki*, iremos con la condición de que nos prestes dinero". La entrada, en *so pena de* queda así: "**so**$_3$: **SO PENA DE ¶ (fr. prep.)** (bajo), *mana hinaqa {+ -man}* / **SO PENA DE QUE (conj. cond.)** (a no ser que), *ichaqa*; <pragm.>, ***cond. (fut.)***" (ibíd.).

13. Otro espín, que todavía ningún autor ha dilucidado, es del uso variable de sufijo aspectual quechua. Como *-rqu* indica tensión, violencia o algo hecho instantáneamente, puede aplicarse tanto a una aparición repentina: *aparquni* 'llevo al exterior, saco de una vez' (< APAY 'llevar') como a una desaparición repentina: *millp'urquni* 'me lo trago de una vez; lo engullo' (< MILLP'UY 'tragar'), impresionando sensorialmente más lo primero, lo que le da el sentido direccional general de "dentro a fuera" que manifiesta habitualmente como elativo.

II. Apéndice español

1. "No era de extrañar que me diagnosticaran, dos semanas después, un principio de úlcera de estómago. Todo había contribuido en su justa medida: mucho trabajo, mucho café y poco sueño" (M.ª Ángeles Chavarría, *La Tutora*. Madrid: Sepha, p. 57). Debería decir "mucho sueño", puesto que quiere darnos a entender 'dormir poco'. *DRAE*: "(Del lat. *somnus*). 1. m. Acto de dormir. 2. m. Acto de representarse en la fantasía de alguien, mientras duerme, sucesos o imágenes. 3. m. Estos mismos sucesos o imágenes que se representan. 4. m. Gana de dormir. *Tengo sueño. Me estoy cayendo de sueño*". Estos lapsus revelan que en ocasiones se apropia de la conciencia un estrato más primitivo de la generación léxica.
2. **Venusterio** (< VENUSTA < VENUS; + suf. loc. -ERIO), según el *DRAE*, es "m. Cuarto de la cárcel en el que los presidiarios y presidiarias reciben visitas íntimas".[1] En el Perú, "**adonisterio** es la versión femenina de *venusterio*,

[1] Es la definición de la 22.ª ed. aún vigente. La que se encuentra en línea ("En las cárceles, habitación especial en que las personas presas tienen relaciones sexuales con la pareja visitante") es sensiblemente mejor en c0uanto a que sustituye "presidiarios y presidiarias" por

que es el sitio donde los reclusos varones practican el ñaca-ñaca".[2] En efecto, *adonisterio* ha sido creado artificialmente con el cotejo espínico de la mitología griega entre Venus y Adonis, como "Cuarto de la cárcel en el que las presidiarias reciben visitas íntimas" *(DiPerú)*. Por ejemplo: "Hay internas que llevan meses haciendo su trámite para el adonisterio; ese es su derecho, les corresponde, pero al final muchas de ellas se desaniman por tanto trámite para tener intimidad y se consiguen un 'chito' dentro del penal".[3] Estamos ante un caso de creación léxica de base: un espín es siempre bicéfalo, como el propio Jano, pero puede servir de gatillo para generar una nueva palabra, contenida semánticamente en él.

3. "Lamento la espera" (por "lamento el retraso"). Es lo que dice una persona cínica, aunque no pretenda serlo en el momento, en la película de Abbas Kiarostami *Copie conforme* (2010; versión española, como *Copia Certificada*). El personaje, el escritor británico James Miller, lamenta de hecho el retraso, el haberse hecho esperar. De ahí que debamos interpretar de fondo *espera* tanto en la equivalencia 'tiempo de demora a causa de alguien o algo' como en 'tiempo de demora producido por alguien'. Hemos pasado de la demora pasiva a la demora activa o causada.
4. "Él, que es muy viajado, descubrirá de qué se trata" (dicho por el presentador Jordi Hurtado en el concurso de la cadena 2 de la televisión pública española, *Saber y Ganar*, emitido el día 2 de noviembre de 2010). Esto vuelve a hacernos afianzar en el hecho de la sistematización en los participios de las dos caras del espín, la pasiva vista como propia (rasgo abierto) y la activa como impropia (rasgo encubierto).
5. Con motivo de la visita del Papa a Barcelona en noviembre de 2010, comentaba el periódico *El País* ("El 'milagro' de la Sagrada Familia", 05-11-2010): "Este chorro de dinero (desde 2002 la cifra siempre ha superado los 13 millones de euros anuales hasta rozar ahora los 20) ha sido el principal causante del acelerón de las obras que ha vivido el templo en esta década". El causante es positivo o negativo, indistintamente, pero tiene casi siempre por estadística un ligero perfume de negatividad. Los espines se decantan casi siempre a un lado, al margen de su neutralidad

"personas presas", pero es peor en cuanto que parece igualar "pareja" a "persona" (un espín dual que científicamente no cabe).

[2] Tomado de Javier (seud.), "Una 'cana' al aire: sexo en Santa Mónica" (comentario), *Choledad privada (blog)*, Lima, 17 de abril de 2008, <http://tinyurl.com/6cnrhfx> (última consulta: 12-03-2010).

[3] Tomado de "Wapa", suplemento de *La República*, Lima, 1 de noviembre de 2008, <http://tinyurl.com/6dqc46y> (última consulta: 23-02-2011).

teórica. Ello se debe a que no tiene la misma fuerza el sema oculto que el expuesto.

6. *Bellaco* y *bello* son palabras cuya etimología es desconocida, pero que pueden encerrar un espín en su interior. Una palabra positiva como *bello*, en razón del objeto a que se aplique, se carga de valores negativos mediante el sufijo despectivo. Y lo hace justamente cuando se rebasa la norma del equilibrio perceptivo: cuando alguien excede la proporción en sentido positivo o negativo: 'pícaro y malo', 'pícaro y sagaz', que es lo que reclama *bellaco*.
7. Según Calvo Pérez, *rajarse* forma un bonito espín entre el castellano peruano y el español peninsular. Mientras en España, según el *DRAE*, tenemos: "**RAJAR** [...] 10. prnl. coloq. Volverse atrás, acobardarse o desistir de algo a última hora", en el Perú tenemos lo contrario: algo así como "hacerse rajas, partirse si es preciso con el fin de alcanzar una meta". Otro espacio, otro entorno, otra intención... provoca que aflore el espín que toda palabra lleva dentro.
8. En ocasiones el espín es muy sutil. Así las dos acepciones del *DRAE* sobre *astracán* –"(De *Astrajan*, ciudad rusa del Caspio). 1. m. Piel de cordero nonato o recién nacido, muy fina y con el pelo rizado. 2. m. Tejido de lana o de pelo de cabra, de mucho cuerpo y que forma rizos en la superficie exterior"– no difieren en cuanto a que el pelo sea rizado, en que hay coincidencia, sino a que una alude a la piel y la otra al tejido de lana, natural, que crece en la piel. La cuestión es de grado: o el pelo es tan fino que se trasluce la piel, o el pelo es tan denso que la tapa. Ahí está el subespín.
9. Hablando de pieles de cordero, obsérvese la siguiente entrada del *DRAE* para la locución sustantiva *piel de cordero*: "1. f. Apariencia inofensiva y bondadosa que encubre propósitos, normalmente negativos, que no se corresponden con ella". Pero la piel de cordero remite a zamarro (2.ª acep.), donde tenemos además: "3. m. coloq. Hombre tosco, lerdo, rústico, pesado. 4. m. coloq. Hombre astuto, pillo". Según lo que predomine de la apariencia, tenemos o la piel tosca que engendra el primer significado, "tosco, lerdo, rústico, pesado", y, por tanto, incapaz de ocultar nada, o bien la piel fina, que da apariencia de "fino y delicado" (Calvo Pérez). Claro que la finura o delicadeza pueden encubrir, en el fondo, otras intenciones más ocultas. Luego ni siquiera el "apacible cordero" se libra de doble interpretación, aunque aquí se da de un modo subordinado, en que una de las ramas presenta un Ø léxico, que se proyecta irónicamente en un opuesto semántico.
10. *Mandarse* significa 'atreverse, lanzarse, pasar a la acción' en el Perú. "Es un pata bien mandado..." (en el sentido de 'atrevido, osado, con iniciativa') o bien "¡Mándate, compadre, ya, tú mismo eres..." ("¡Actúa! ¡Házlo! ¡Aviéntate!") nos hacen pensar que estamos ante algunas aplicaciones con características propias que aún no hemos visto consignadas en español peninsular.

Mandar a otro y hacerle obedecer, por tanto, es restarle iniciativa; mandarse a sí mismo, hacerse obedecer uno mismo por sus propios mandatos, implica libertad y en ese sentido, cuanto más reflexiva es la palabra, más activa resulta respecto al Objeto, que no respecto al Sujeto de la acción: (X se hace algo). El Sujeto que manda no realiza, sino que causa la realización de algo y es más ajeno o lejano: (X causa que Y haga algo). El *entraglement* se produce en el interior de una misma palabra, en que median dos personajes o actantes y donde no son precisas dos palabras para que haya entrelazamiento.

11. El barrio de una ciudad es según el *DRAE* (s.v. *barrio*): "1. m. Cada una de las partes en que se dividen los pueblos grandes o sus distritos. 2. m. arrabal (|| afueras de una población)". En el primer caso el barrio es un espacio nítido, con buenos límites geográficos urbanos; en el segundo es algo difuso, en formación, adonde no llegan todos los servicios de la ciudad ni las calles están bien delineadas... A esto último alude la etimología árabe de la palabra: "Del ár. hisp. **bárri*, exterior, y este del ár. clás. *barr?*, salvaje", que consigna el *DRAE*, de modo que *barrio* se opone de algún modo a *arrabal*, pero es también 'arrabal'.
12. Leemos en *El País* (lunes 29 de noviembre de 2010), en la entrevista a Andreas Schleicher, responsable del Informe PISA de la OCDE que leer es una cosa para los que leen libros y otra para los que consultan hipertextos (microespín). Y añade: "Tienes que manejar la ambigüedad, evaluar. Y eso es lo que queríamos medir, las estrategias de los chavales cuando manejan un hipertexto con varios niveles de los que solo ves una pequeña parte". Y prosigue la entrevista anterior: "—¿Y lo han conseguido? —Absolutamente. De hecho, hemos visto que hay jóvenes que son perfectos lectores de libros, pero cuando manejan un hipertexto se pierden al tercer clic. Es imprescindible saber leer, pero eso no te garantiza saber leer en el mundo digital". Y es verdad. Pero eso mismo sucede al interior del texto clásico: yo he entendido al leer *absolutamente* "absolutamente no" (macroespín). Al buen entendedor ...
13. **Conchasumadre**, en el *DiPerú*, es: "4. «hipervulg.» <Tanto para lo bueno como para lo malo> Persona muy astuta". Un conchasumadre, allí donde *concha* es 'vagina', equivale a un hijo de puta, pero como en cualquier insulto puede tomar la deriva ensalzadora (cf. nota 92). Veamos dos ejemplos que recoge Javier Arnao para el diccionario citado: "Oye, Damián, no te hagas el pendejazo y págame los falsos que te vendí. Son 150 la bolsa. Y no te hagas el pendejo conmigo, conchatumadre".[4] O bien esta frase recogida

[4] Tomado de Larry Cap Inga (seud.), "Damián y el Toyo. Siémbranos tu víctima. Bromas, llamadas", *Foros web gratis* (comentario), 28 de julio de 2006, <http://tinyurl.com/37oyd3x>.

en la lengua oral: "¡Bien, qué buen gol te hiciste, conchatumadre! Por fin ganamos".[5] Igualmente se observa tal comportamiento variable en **jijuna**, 'hijo de una' (< HIJO [DE] UNA [PUTA]), que se usa muchas veces como apelativo, pero otras puede adquirir carácter ponderativo, como consecuencia del espín: con giro al significado positivo, a causa de la sorpresa..., o con simple cambio de sentido. Por eso, no extraña el siguiente comentario: "Para expresar aprobación, algo está de la jijuneta; para insultar, rebaja o diluye el hipervulgarismo de *jijuna* para llevarlo a un cariñoso vulgarismo". Esto sucede o puede suceder con todos los insultos, que con cambio de la vectorización o sin él pueden variar ligeramente su registro de hipervulgar a simplemente vulgar.

14. Sea la locución verbal del *DRAE*: "encontrar, o hallar, alguien la [horma] de su zapato. 1. locs. verbs. coloqs. Encontrar lo que le acomoda o lo que desea. 2. locs. verbs. coloqs. Tropezar con alguien o con algo que se le resista o que se oponga a sus mañas o artificios". La horma de nuestro propio zapato puede ser buena o mala; por eso, la locución derivada hereda directamente las dos lecturas. No obstante, siempre hay una deriva mayor a una de ellas. En *DiPerú* leemos: "<Referido a dos personas> Tener la misma actitud malévola". Ejemplos: "Si se hubiese tratado de una mujer pobre o humilde, estoy seguro que no se hubiese levantado tanto polvo. Esta muchacha se encontró con la horma de su zapato y la prensa no debería difundir tanto su vida; qué ejemplo le dan a nuestra juventud con esta noticia, una chica de apenas 21 años que entró a un casino después de las 02:00 h.".[6]
15. Compárese: "Si lo hacían, tu nombre estaría entre el de los finados y no por bala. La libraste con las justas"[7] con "Mientras en el Perú el promedio de horas de suministro de agua es 17 en Piura con las justas se llega a 11 horas"[8] y con "En el colegio San Miguel de Piura, lo reprobaron un semestre en Educación Física aunque al final pasó con las justas".[9] La locución adverbial **con las justas** puede significar tanto "Apenas, sí por muy poco <la libraste>" como "A las justas, por poco no <no llega a las 11 horas>" o bien "Con lo imprescindible, sin sobrarle nada <de nota>". El lector comprobará que en cada caso se ronda el límite positivo o negativo o simplemente se coincide con él (+, –, Ø). Cf. nota 78.

---

[5] Competencia personal, Javier Arnao, registro personal, Lima, 18 de agosto de 2009.
[6] Tomado de <http://tinyurl.com/2uauaav>, registrado el 4 de junio de 2010.
[7] Martín Roldán Ruiz, *Este amor no es para cobardes*. Lima: Norma, 2009, p. 17.
[8] Tomado de <http://tinyurl.com/394va3v>, registrado el 12 de diciembre de 2010.
[9] Tomado de <http://tinyurl.com/685blju>, registrado el 7 de octubre de 2010.

16. ¿Han observado los lectores que **y** es 'o' y viceversa? Se puede ver en cualquier tratado de lógica de conjuntos al tratar la intersección o la unión. Expresado poco técnicamente: *Podrán venir los sordos o los mudos o los ciegos*, puedo querer decir que *Podrán venir los sordos y los mudos y los ciegos*, puesto que no excluyo a unos de otros. Es lo mismo que en *Come o bebe lo que quieras*. Pero si alguien dice *Iré hoy o mañana* implica normalmente que "si voy hoy, mañana no iré" o que "si no voy hoy, iré mañana", mejor que "Iré hoy y mañana". Y en *O ganarás o perderás ese partido*, no se pueden dar a la vez las dos soluciones. Y es que cada cosa que decimos está sujeta, normalmente, a varias lecturas espínicas.
17. Una frase como *¡Cualquiera reconoce esta calle!* es espínica como consecuencia de la doble interpretación extrema de *cualquiera* como = NADIE o = TODOS. Por el significado básico, *cualquiera* (= 1 en la realidad) está cerca de "todos", porque puede ser cada uno de los componentes del todo, pero también está cerca del "cero", al no identificarse con ninguno de esos componentes de modo explícito y natural. Véase el *DRAE*: "**CUALQUIERA** pron. indef. Una persona indeterminada, alguno, sea el que fuere". Cf. apartado 3.2.2.2.1a).
18. *Hasta* tiene comportamiento como *desde*, según se registra en un par de lugares de este libro (cf. 1.ª parte, apartado 2.3, y 3.ª parte, apartado 3.2.2.2.1), pero *hasta* tiene un comportamiento añadido igualmente sorprendente. Cuando se dice *Hasta Juan vino a la fiesta*, *Le dio hasta un anillo de oro para su novia* o *Le ha traído un bolso de Nueva de York hasta a su vecina*, estamos utilizando *hasta* no como una preposición, que llevaría régimen oblicuo *(Hasta mí llegó)*, sino como un operador lógico de inclusión en un conjunto, al límite de todos sus componentes. Siendo así, *hasta* apunta al límite interno en el despliegue de las enumeraciones y no a su límite externo o frontero: *Llegó hasta la orilla del río*, en que la orilla está en la frontera misma, como un punto topológico de adherencia (conjunto cerrado), cuando en el caso de *Hasta Juan vino* se trata justamente de un punto de acumulación interna (conjunto abierto). Lo mismo sucede con *entre*, que no puede significar lo mismo en *Entre Juan y Luis lo hicieron*, siendo operador lógico, que *Entre Juan y Luis se sentó*, que es preposición. Si alguien está ubicado en un lugar entre A y B como extremos, ocupa un punto interno al conjunto, con doble punto extremo, más bien inmediato, de referencia conjuntística; en cambio, si se dice que algo es hecho entre dos o más personas, esas personas constituyen los elementos de un conjunto cerrado, en que son ellas mismas los extremos, los límites naturales del conjunto a diferencia de lo que sucedía en el anterior supuesto: ahora A y B (Juan y Luis) son elementos inclu-

yentes de sí mismos, no de un tercero. Los espines, una vez más, operan desde el fundamento mismo del lenguaje y de nuestra percepción del mundo a través de él.

BIBLIOGRAFÍA

AJDUKIEWICZ, Kazimierz (1978 [1931]): "On the meaning of expressions", en: Ajdukiewicz, Kazimierz: *The Scientific World-Perspective and Other Essays, 1931-1963*. Ed. de Jerzy Giedymin. Dordrecht (Boston): Reidel Publishing Co., 1-34.

ALARCOS LLORACH, Emilio (1978 [1966]): "Pasividad y atribución en español", en: *Estudios de gramática funcional del español*. Madrid, Gredos, 124-132.

ALONSO, Amado (1967): "Noción, emoción, acción y fantasía en los diminutivos", en: Alonso, Amado: *Estudios lingüísticos. Temas españoles*. Madrid, Gredos, 195-229.

— /HENRÍQUEZ UREÑA, Pedro (1938-1939): *Gramática castellana*. Buenos Aires: Losada.

ÁLVAREZ VITA, Juan (2009): *Diccionario de peruanismos: el habla castellana del Perú*. Lima: Universidad Alas Peruanas/Academia Peruana de la Lengua.

APRESJAN, Jurij D. (1978 [1962]): "Análisis distribucional de los significados y campos léxicos estructurados", en: Todorov, Tzvetan (ed.): *Investigaciones semánticas*. Buenos Aires: Nueva Visión, 49-80.

ARRIETA DE MEZA, Beatriz/MEZA CEPEDA, Rafael Daniel/BATISTA OJEDA, Judith (2008): "La semántica inversa en el habla informal de maracaibo. Un estudio sociolingüístico". En *Boletín de Linguística* 20, 29 (Caracas), 35-64. Tomado de <http://tinyurl.com/5sfb4x5>.

BÁEZ SAN JOSÉ, Valerio (2002): *Desde el hablar a la lengua: prolegómenos a una teoría de la sintaxis y la semántica textual y oracional*. Málaga: Ágora.

BALDINGER, Kurt (1970): *Teoría semántica. Hacia una semántica moderna, I*. Madrid: Alcalá.

BALLY, Charles (1932): *Linguistique générale et linguistique française*. Berne: A. Francke.

— (1940): "L'arbitraire du signe. Valeur et signification", en: *Le Français Moderne*, 8, 193-206.

BEISER, Arthur (1977): *Conceptos de física moderna*. México, D.F.: McGraw-Hill.

BENVENISTE, Émile (1966/1971 [1946]): "Structure des relations de personne dans le verbe", en: *Problèmes de linguistique générale*. Paris: Gallimard, 227-236; y en: *Problemas de lingüística general*. México, D.F.: Siglo XXI, 161-171 [publicación original en: *Bulletin de la Société Linguistique* XLIII, fasc. I, 126, 1-12].

— (1966/1971 [1956]): "La nature des pronoms", en: Benveniste, Émile: *Problèmes de linguistique générale*. Paris: Gallimard, 1966, 251-257; y en: *Problemas de lingüística general*. México, D.F., Siglo XXI, 1971, 172-178 en: Halle, Morris *et al.* (eds.): *For Roman Jakobson*. The Hague: Mouton, pp. 34-37.

BIERWISCH, Manfred (1965): "Eine Hierarchie syntaktisch-semantischer Merkmale", en: *Studia Grammatica* 5, 29-86.

BLACK, Max (1977): "More about Metaphor", en: *Dialectica* 31, 3-4, 431-457.

BLOOMFIELD, Leonard (1933): *Language*. New York: Henry Holt.

BRÉAL, Michel (1921 [1897]): *Essai de sémantique. Science des significations*. Paris: Hachette.

BÜHLER, Karl (1950 [1934]): *Teoría del lenguaje*. Trad. de Julián Marías. Madrid: Revista de Occidente.

BUSTOS TOVAR, Eugenio (1967): "Anotaciones sobre el campo asociativo de la palabra", en: *Problemas y principios del estructuralismo lingüístico*. Madrid: CSIC: 149-170.

CALERO VAQUERA, M.ª Luisa (1986): *Historia de la gramática española (1847-1920). De Bello a Lenz*. Madrid: Gredos.

CALVO PÉREZ, Julio (1985, fechado por error en 1983): "Topología y semántica: fundamentos para una pragmática léxica", *Cuadernos de Filología* I, 3, 159-211.

— (1986): *Adjetivos puros: estructura léxica y topología*. València: Universitat de València.

— (1987): "Sobre la doble asimetría del signo y su caracterización lingüística", en: *Contextos* 10, 7-27.

— (1988): "Sobre el dinamismo en gramática liminar", en: *Homenaje a Belloch Zimmermann*, anexo de *Quaderns de Filologia. Estudis Literaris*. València: Universitat de València, 47-57.

— (1991): "Persona y conjugación objetiva en quechua cuzqueño", *Lingüística* 3, 7-29 (publicado a finales de 1996).

— (1993): *Pragmática y gramática del quechua cuzqueño*. Cuzco: Centro de Estudios Regionales Andinos "Bartolomé de las Casas".

— (1994a): *Introducción a la pragmática del español*. Madrid: Cátedra.

— (1994b): "El cuantificador universal en quechua II". en: Noriega, Julio E./Febres, Eleodoro J./Engelbert, Jo Anne (eds.): *Encuentros con el otro: textos e intertextos*. New Jersey: Montclair State University, 85-100.

— (1996): "Para un nuevo paradigma del verbo español", *Verba* 23, 37-65.

— (1997): "¡¡Interjecciones!!", en: Serra Alegre, Enrique *et al.* (eds.): *Panorama de la investigació lingüística a l'Estat Espanyol : Actes del I Congrés de Lingüística General*. València: Universitat de València, vol. 3, 85-98.

— (1998): "Creación léxica y ortografía del quechua cuzqueño", en: *Encuentro Internacional de Peruanistas: estado de los estudios histórico-sociales sobre el Perú a fines del siglo XX*. Lima: Universidad de Lima, vol. 2, 169-185.

— (1999): "Para una morfopragmática del español", en: *Pragmalingüística* 5-6, 25-58.

— (2001): "La deixis: entre la lengua y el contexto", en: Fernández, Susana Silvia/Hollænder Jensen, Mikkel (eds.): *Lingüística cognitiva y lingüística perceptiva: algunas aplicaciones al español*. Aarhus Universitet/Spank-Romansk Institut, 54-69

— (2003): "Refuerzo morfológico, significado y transitividad", en: *Estudios de Lingüística* 17, 141-159.

— (2004): "Las perífrasis verbales en la gramática quechua de Diego González Holguín", en: Zwartjes, Otto/Hovdhaugen, Even (eds.): *Missionary Linguistics – Lingüística Misionera: Selected Papers from the First International Conference on Missionary Linguistics, Oslo, 13-16 March, 2003*. Amsterdam/Philadelphia, John Benjamins Publ. Comp. (*Studies in the History of the Language Sciences* SIHOLS 106.), 93-111.

— (2005): "Los sentidos del lenguaje", en: López García, Ángel/Gallardo-Paúls, Beatriz (eds.): *Conocimiento y lenguaje*. València: Universitat de València, cap. 6, 217-258.

— (2006a): "Para una fraseología contrastiva español-quechua: la ironía y su manifestación en unidades fosilizadas", en: García-Medall, Joaquín (ed.): *Fraseología e ironía: descripción y contraste*. Lugo: Axac (Colección Logophiles), 31-48.

— (2006b): "Palabras abstractas en la configuración cognitiva del léxico", en *VII Congrès de Lingüística General: Actes, del 18 al 21 d'abril de 2006*. Barcelona: Universitat de Barcelona, CD-Rom.

— (2007a): "Espines léxicos en español y quechua", en: Luque Durán, Juan de Dios/ Pàmies Beltrán, Antonio (eds.): *Interculturalidad y lenguaje. 2. Identidad cultural y pluralidad lingüística*. Granada: Granada Lingvistica, 37-50.

— (2007b): "Marcas comerciales y proyección lexicográfica en el español del Perú", en: *Boletín de la Academia Peruana de la Lengua* 43, 25-49.

— (2008): "Espacio y tiempo en el léxico quechua: el caso de *qhipay / ñawpay*", en: Messineo, Cristina/Malvestiti, Marisa/Bein, Roberto (comps.): *Estudios en Lingüística y Antropología. Homenaje a Ana Gerzenstein*. Buenos Aires: Facultad de Filosofía y Letras, 69-80

— (2009a): "Para una Teoría de la Unificación Semántica (TUS)", en: Veyrat Rigat, Monserrat/Serra Alegre, Enrique (eds.): *La lingüística como reto epistemológico y como acción social. Estudios dedicados al profesor Ángel López García con ocasión de su sexagésimo aniversario*. Madrid: Arco/Libros, vol. I, pp. 595-605.

— (2009b): *Nuevo diccionario español-quechua, quechua-español*. Lima: Universidad de "San Martín de Porres", 5 vols.

— (2009c): "Deixis verbal en quechua: *-mu-* y *-pu* a la luz de la lexicología", en *Revista Española de Lingüística* 39, 2, 63-92.

— (en prensa a): "Morfología del español y diccionario etimológico: los sufijos". Ponencia presentada al *V Congreso Internacional de Lexicología y Lexicografía "Carlos Robles Rázuri"*. Piura (Perú), 18-20 de agosto de 2010.

— (en prensa b): "Conceptos y presupuestos de la lexicografía bilingüe: el caso del castellano y el quechua". Ponencia presentada al *IV Congreso Internacional de Lexicología y Lexicografía "Juan Arona"*. Lima, 16-18 de septiembre de 2009.

— (en prensa c): "Operadores: El sufijo *-lla* en quechua", en: Adelaar, Willem F. H./Valenzuela, Pilar/Zariquiey, Roberto (eds): *Homenaje a Rodolfo Cerrón-Palomino*.

CARDANUS, Hieronymus (o Girolamo o Hieronimo CARDANO) (1545): *Ars Magna*. Nürnberg: Petreius.

CARNAP, Rudolf (1955): "Meaning and Synonymy in Natural Languages", en: *Philosophical Studies* 6, 33-47.

CASAS GÓMEZ, Miguel (1990): "Aspectos lingüísticos acerca de una pareja léxica verbal", en: Wotjak, Gerd/Veiga, Alexandre (coords.): *La descripción del verbo español*. Santiago de Compostela. Universidade de Santiago de Compostela, 97-105.

— (1999): *Las relaciones léxicas*. Tübingen: Max Niemeyer (Beihefte zur Zeitschrift für romanische Philologie, 299).

— (2004): *Semántica general*, disponible en: *E-Excellence. Biblioteca Virtual*, <http://www.liceus.com>, 34 p.

CERDÀ, Ramón (2004): "*Encara alguns comentaris sobre la noció de sinonímia* (a propòsit d'un article de G. Salvador)", en: *Revista Española de Lingüística* 34, 2, 397-420.

CHAFFIN, Roger/HERMANN, Douglas/WINSTON, Morton E. (1987): "A Taxonomy of Part-Whole Relations", en: *Cognitive Science* 11: 417-444.

CHARAUDEAU, Patrick (1972-3): "Procédure d'analyse lexico-sémantique sur un corpus donné: 'œil'", en: *Cahiers de Lexicologie* 20/1, 13-52; y 23/2, 3-34.

CIFUENTES HONRUBIA, José Luis (2006): *Relaciones semánticas*, disponible en: *E-Excellence. Biblioteca Virtual*, <http://www.liceus.com>, 25 p.

CORMACK, Annabel/KEMPSON, Ruth M. (1981): "Ambiguity and quantification", en: *Linguistics and Philosophy* 4, 2, 259-309.

COSERIU, Eugenio (1977 [1964]): "Para una semántica diacrónica estructural", en: Coseriu, Eugenio: *Principios de semántica estructural*. Madrid: Gredos, 11-86 [versión original en francés: "Pour une sémantique diachronique structurale", en: *Travaux de Linguistique et de Littérature* II, 1, 139-186].

— (1977 [1975]): "Hacia una tipología de los campos léxicos", en: Coseriu, Eugenio (1977): *Principios de semántica estructural*, Madrid: Gredos, 210-242 [versión original en francés: "Vers une typologie des champs lexicaux", en: *Cahiers de Lexicologie* XXVII, 2, 30-51].

— (1977): *Principios de semántica estructural*. Madrid: Gredos.

— (1978): *Gramática, semántica, universales*. Madrid: Gredos.

COVARRUBIAS, Sebastian de (2006 [1611]): *Tesoro de la lengua castellana o española*. Ed. integral e ilustrada de Ignacio Arrellano y Rafael Zafra. Pamplona/Madrid: Universidad de Navarra/Iberoamericana/Vervuert (Biblioteca Áurea Hispánica, 21).

CROFT, Williams/CRUSE, D. Alan (2008 [2004]): *Lingüística cognitiva*. Madrid: Akal (en línea: <http://tinyurl.com/6ahgzyx>) [versión original en inglés: *Cognitive Linguistics*. Cambridge: Cambridge University Press].

CRUSE, D. Alan (1996): *Lexical Semantics*. Cambridge: Cambridge University Press.

CUENCA, M.ª Josep/HILFERTY, Joseph C. (1999): *Introducción a la lingüística cognitiva*. Barcelona: Ariel.

DANEŠ, František (1970): "Semantic considerations in Grammar", en: *Actes du Xe Congrès International des Linguistes, Bucarest, 28 août-2 septembre 1967*. Bucarest: Éditions de l'Académie de la République Socialiste de Roumanie, 407-413.

DÍEZ ORZAS, Pedro Luis (1999): "La relación de meronimia en los sustantivos del léxico español: contribución a la semántica computacional", en: *Estudios de Lingüística Española*, 2 (en línea: <http:/elies.rediris.es/elies2>).

DIPERÚ: Proyecto de la Academia Peruana de la Lengua (para un primer Diccionario de Peruanismos). Dirigido por Julio Calvo Pérez. Web: < http://diperu.org/>

DUCHAČEK, Otto (1965): "Sur quelques problèmes de l'antonymie", en: *Cahiers de Lexicologie* 6, 1, 55-66.

DUCROT, Oswald (1997): *Dire et ne pas dire. Principes de sémantique linguistique*. Paris: Hermann.

ESPINAL FARRÉ, M.ª Teresa (2004): *Diccionari de sinònims de frases fetes*. Barcelona/ València, Universitat Autònoma de Barcelona/ Publicacions de l'Abadia de Montserrat/Publicacions de la Universitat de València.

FERNÁNDEZ LANZA, Santiago (2001): *Una contribución al procesamiento automático de la sinonimia utilizando*. Tesis de Doctorado. Santiago de Compostela: Universidade de Santiago de Compostela, <http://tinyurl.com/6yjtmgr>.

FERNÁNDEZ RAMÍREZ, Salvador (1962): "A propósito de los diminutivos españoles", en: *Strenae. Estudios de filología e historia dedicados al profesor Manuel García Blanco*. Salamanca: Universidad de Salamanca, 185-192.

FILLMORE, Charles J. (1968): "The case for case", en: Bach, Emmon/Harms, Robert T. (eds.): *Universals in Linguistic Theory*. New York/London: Holt, Rinehart & Winston, 1-90.

FODOR, Jerry (1970): "Three reasons for not deriving 'kill' from 'cause to die'", en: *Linguistic. Inquiry* 1, 429-438.

FOSGAARD, Lene (2001): "Algunas perífrasis de fase en español" (inédito).

GARCÍA BARDÓN, Salvador (2006): "Meronimia y holonimia", en línea: <http://tinyurl.com/5ughf98> (16-03-2008).

GARCÍA-MEDALL, Joaquín (1994): *La prefijación verbal: un estudio de morfología integrada del español*. Valladolid: ed. del autor.

— (2002): *Aspectos de morfología derivativa del español*. Lugo: Tris-Tram.

GARCÍA PLATERO, Juan Manuel (2006): *Polisemia y monosemia en el léxico. Homonimia, sinonimia y antonimia*, disponible en: *E-Excellence. Biblioteca Virtual*, <http://www.liceus.com>, 16 p.

GEORGI, Howard/GLASHOW, Sheldon L. (1974): "Unity of All Elementary-Particle Forces", en: *Physical Review Letters* 32, 438-441.

GILLESPIE, Daniel T. (2003): *Introducción a la mecánica cuántica*. Barcelona: Reverté.

GIVÓN, Talmy (1986): "Prototypes: between Plato and Wittgenstein", en: Craig, Colette G. (ed.): *Noun Classes and Categorization*. Amsterdam: John Benjamins, 77-103.

GLASHOW, Sheldon L./FRAMPTON, Paul H./YILDIZ, Asim (eds.) (1980): *First Workshop on Grand Unification: New England Center, University of New Hampshire, April 10-12, 1980*. Brookline (Mass.): Math Sci Press.

GLUCKSBERG, Sam/MCGLONE, Matthew S. (1999). "When love is not a journey: what metaphors mean", en: *Journal of Pragmatics* 31, 1541-1558.

GONZÁLEZ HOLGUÍN, Diego (1607): *Gramática y arte nueva de la lengva general de todo el Peru, llamada lengua Qquichua, o lengua del Inca*. Lima: Francisco del Canto.

— (1608): *Vocabvlario de la lengva general de todo el Peru, llamada lengua Qquichua, o del Inca*. Lima: Francisco del Canto.

GUTIÉRREZ ORDÓÑEZ, Salvador (1981): *Lingüística y semántica (aproximación funcional)*. Oviedo: Universidad de Oviedo.

— (1989): *Introducción a la semántica funcional*. Madrid: Síntesis.

— (2002): *De pragmática y semántica*. Madrid: Arco/Libros.

GUILLAUME, Gustave (1975 [1919]): *Le problème de l'article et sa solution dans la langue française*. Prefacio de Robert Valin. Paris/Québec: A.-G. Nizet/Presses de l'Université Laval [edición original: Paris: Hachette].

HAENSCH, Günther (1997): *Los diccionarios del español en el umbral del siglo XXI*. Salamanca: Universidad de Salamanca.

HEGER, Klaus (1974): *Teoría semántica. Hacia una semántica moderna, II*. Madrid: Alcalá.

HERNÁNDEZ SACRISTÁN, Carlos (2006a): "La unidad palabra y sus significado: una perspectiva logopédica sobre la capacidad léxica", en: Garayzábal Heinze, Elena (ed.): *Lingüística clínica y logopedia*. Madrid: Antonio Machado Libros, 197-277.

— (2006b): *Inhibición y lenguaje. A propósito de la afasia y la experiencia del decir*. Madrid: Biblioteca Nueva.

HERRERO, Rosario (2006): *La metáfora: revisión histórica y descripción lingüística*. Frankfurt am Main/Peter Lang.

HOCKETT, Charles F. (1958): *A Course in Modern Linguistics*. New York: Macmillan Company.

—/ALTMANN, Stuart A. (1968): "A note on design features", en: Sebeok, Thomas A. (ed.): *Animal Communication. Techniques of Study and Results of Research*. Bloomington/London: Indiana University Press, 61-72.

IRIS, Madelyn/LITOWITZ, Bonnie/EVENS, Martha W. (1988): "Problems of Part-Whole Relations", en: Evens, Martha W. (ed.): *Relational Models of the Lexicon: Representing Knowledge in Semantics Networks*. Cambridge: Cambridge University Press, 261-288.

JAKOBSON, Roman (1975 [1932]): "Contribución a la teoría general de los casos", en *Ensayos de lingüística general*. Trad. de Josep M. Pujol y Jem Cabanes. Barcelona: Seix Barral (Biblioteca Breve, Ciencias Humanas, 381), 235-302.

JAMES, William (1983 [1884]): *Essays in Psychology*. Cambridge: Cambridge University Press.

JESPERSEN, Otto (1964 [1922]): *Language, Its Nature, Development, and Origin*. London: Allen & Unwin.

KATZ, Jerrold J. (1964): "Analyticity and contradiction in natural language", en: Fodor, Jeddy A./Katz, Jerrold J. (eds.): *The Structure of Language: Readings in the Philosophy of Language*. Englewood Cliffs (New Jersey): Prentice-Hall, 519-544.

— /FODOR, Jerry A. (1963): "The structure of a Semantic Theory", en: *Language* 39, 170-210.

KLEIBER, Georges (1990): *La sémantique du prototype: catégories et sens lexical*. Paris: Presses Universitaires de France (Linguistique nouvelle).

LAKOFF, George (1971): "On generative semantics", en: Steinberg Danny D./Jakobovits, Leon A. (eds.): *Semantics: An Interdisciplinary Reader in Philosophy, Linguistics and Psychology*. Cambridge: Cambridge University Press, 232-296.

— (1976): "Toward generative semantics", en: McCawley, James D. (ed.): *Syntax and Semantics. 7, Notes from the Linguistic Underground*. New York: Academic Press, 43-61.

— /JOHNSON, Mark (1980): *Metaphors We Live In*. Chicago: University of Chicago Press.

LARA, Luis F. (2008): "Metáfora y polisemia", en: *Boletín de la Academia Peruana de la Lengua* 45, 9-30.

LÁZARO CARRETER, Fernando (1949): *Las ideas lingüísticas en España durante el siglo XVIII*. Madrid: CSIC.

LIBOFF, Richard L. (2002): *Introductory Quantum Mechanics*. Reading (Mass.): Addison-Wesley.

LÓPEZ GARCÍA, Ángel (1980): *Para una gramática liminar*. Madrid: Cátedra.

— (1983a): "La cuestión morfológica", *Cuadernos de Filología* I, 3, 67-138.

— (1983b): "Las conjunciones y la oración compuesta", en: *Estudios de lingüística española*. Barcelona: Anagrama, 43-65.

— (1997): "La noción de distancia en traducción", en: Escavy, Ricardo *et al.* (eds.): *Homenaje al profesor A. Roldán Pérez, 1*. Murcia: Universidad de Murcia, 287-299.

LÓPEZ VIEYRA, Juan Carlos (1997): *Introducción a la mecánica cuántica*, en: <http://www.nucleares.unam.mx/~vieyra/cuant1.html> (06-10-2010).

LUQUE DURÁN, Juan de Dios (2001): *Aspectos universales y particulares del léxico de las lenguas del mundo*. Granada: Granada Lingvistica.

LYONS, John (1980 [1977]): *Semántica*. Barcelona: Teide.

MARCOS MARÍN, Francisco (1972): *Aproximación a la gramática española*. Madrid: Cincel.

MARTÍN FERNÁNDEZ, M.ª Isabel (1990): "En torno a la polisemia y la homonimia", en: *Anuario de Estudios Filológicos* 13, 193-206.

MATORÉ, Gustave (1953): *La méthode en lexicologie: domaine français*. Paris: Didier.

MAXWELL, James C. (1873): *Treatise on Electricity and Magnetism*. Oxford: Clarendon Press.

MCCAWLEY, James D. (1976): *Grammar and meaning*. New York: Academic Press.

MEDEROS, Humberto (1994): "A propósito de la definición lexicográfica", en: Hernández, Humberto (coord.): *Aspectos de lexicografía contemporánea*. Barcelona: Biblograf, 95-106.

MEDINA, Raimundo/MATERA, Masiel (2005): "El sujeto lógico dativo con los verbos de la clase *gustar*", en: *Letras* 47, 70, 45-77.

MEL'ČUK, Igor A. *et al.* (eds.) (1992): *Dictionnaire explicatif et combinatoire du français contemporain. Recherches lexico-sémantiques III*. Montréal: Presses de l'Université de Montréal.

MILLÁN OROZCO, Antonio (1972): "Algunas consideraciones sobre la antonimia", en: *Anuario de Letras* 10, 167-173.

MORENO CABRERA, Juan Carlos (1994): *Curso universitario de lingüística general. II, Semántica, pragmática, morfología y fonología*. Madrid: Síntesis.

MUÑOZ NÚÑEZ, M.ª Dolores (1999): *La polisemia léxica*. Cádiz: Universidad de Cádiz.

NEWTON, Isaac (1982 [1687]): *Principios matemáticos de la Filosofía natural [Philosophiae Naturalis Principia Mathematica]*. Estudio preliminar y traducción de Antonio Escohotado. Madrid: Editora Nacional.

OGDEN, Charles K./RICHARDS, Ivor A. (1923): *The Meaning of Meaning. A Study of the Influence of Language upon Thought and of the Science of Symbolism*. London: Kegan, Paul, Trench, Trubner.

OTAOLA OLANO, Concepción (2004): *Lexicología y semántica léxica: teoría y aplicación a la lengua española*. Madrid: Ediciones Académicas.

Penadés Martínez, Inmaculada (2000): *La hiponimia en las unidades fraseológicas*. Cádiz: Servicio de Publicaciones de la Universidad de Cádiz.

Penrose, Roger (1991 [1989]): *La nueva mente del emperador*. Madrid: Mondadori.

— (1996 [1994]): *Las sombras de la mente*. Barcelona: Crítica.

Peña, Luis de la (2006): *Introducción a la mecánica cuántica*. México: Fondo de Cultura Económica.

Porzig, Walter (1934): "Wesenhafte Bedeutungsbeziehungen", en: *Beiträge zur Geschichte der deutschen Sprache und Literatur* 58, 70-97.

Pottier, Bernard (1963): *Recherches sur l'analyse sémantique en linguistique et en traduction mécanique*. Nancy: Faculté de Lettres et Sciences Humaines de l'Université de Nancy.

— (1968): "Hacia una semántica moderna", en: *Lingüística moderna y filología hispánica*. Madrid: Gredos, 97-133.

— (1969): *Grammaire de l'espagnol*. Paris: Presses Universitaires de France.

Pottier Navarro, Huguette (1991): *La polisemia léxica en español. Teoría y resolución*. Madrid: Gredos.

Regueiro Rodríguez, M.ª Luisa (2002): "Lexicografía sinonímica española y sinonimia", en: *II Congresso Brasileiro* de *Hispanistas*. São Paulo; en: <http://tinyurl.com/67njh8k> (04-09-2010).

Rey-Debove, Josette (1971): *Étude linguistique et sémiotique des dictionnaires français contemporains*. The Hague: Mouton.

Rizzolatti, Giacomo/Craighero, Laila (2004): 'The mirror-neuron system', en: *Annual Review of Neuroscience* 27, 169-192.

Rodríguez-Piñero Alcalá, Ana Isabel (2003): *Caracterización lingüística de la parasinonimia: sus analogías y diferencias con otras relaciones léxicas*. Ann Arbor, MI, ProQuest Information and Learning Company.

— (2007): *La relación léxica de la parasinonimia*. Cádiz: Universidad de Cádiz.

Romaine, Suzanne (1984): "On the problem of syntactic variation and pragmatic meaning in sociolinguistic theory", en: *Folia Linguistica* XVIII, 409-437.

Romera, Ángel (2006): *Manual de retórica y recursos estilísticos*, en: <http://retorica.librodenotas.com/> (29-01-2010).

Ross, John Robert (1970): "On declarative sentences", en: Jacobs, Roderick A./Rosenbaum, Peter S. (eds.): *Readings in English Transformational Grammar*. Waltham (Mass.): Ginn, 222-272.

Ruiz Gurillo, Leonor (2006): "Fraseología para la ironía en español", en: Miguel, Elena de/Palacios, Azucena/Serradilla, Ana (eds.): *Estructuras léxicas y estructura del léxico*. Frankfurt am Main: Peter Lang, 129-148.

Salam, Abdus (1994): "Weak and electromagnetic interactions". *Selected Papers of Abdus Salam (with Commentary)*. Singapore: World Scientific, 244-254.

Sánchez Martínez, Cristina (2000): *La etimología latina: concepto y métodos*. Tesis Doctoral. Murcia: Universidad de Murcia.

Salvador, Gregorio (1985): "Sí hay sinónimos", en: *Semántica y lexicología del español. Estudios y lecciones*. Madrid: Paraninfo, 51-66.

Santo Thomas, fray Domingo de ([1560] 1951): *Grammatica o arte de la lengua general de los indios de los reynos del Peru nueuamente compuesta por el Maestro Fray Domingo de S. Thomas*. Valladolid: Francisco Fernández de Córdova; edición facsimilar de Raúl Porrás Barrenechea. Lima: Imprenta de Santa María.

Schrödinger, Erwin (1935): "Die gegenwärtige Situation in der Quantenmechanik", en: *Naturwissenschaften*, 23, 807-812, 823-828 y 844-849.

Tchekhoff, Claude (1978): *Aux fondements de la syntaxe: l'ergatif*. Paris: Presses Universitaires de France.

Thom, René (1977): *Stabilité structurelle et morphogénèse*. Paris: InterÉditions.

Torres Sánchez, M.ª Ángeles (1999): *Aproximación pragmática a la ironía verbal*. Cádiz: Universidad de Cádiz.

Trier, Jost (1932): "Sprachliche Felder", en: *Zeitschrift für Deutsche Bildung* 8, 417-427.

Trujillo, Ramón (1976): *Elementos de semántica lingüística*. Madrid: Cátedra.

— (1988): *Introducción a la semántica española*. Madrid: Arco/Libros.

Ueda, Hirito (2002): "Léxico de la blasfemia: análisis por patronización", en: *Homenaje al prof. Günther Haensch*, <ecture.ecc.u-tokyo.ac.jp/~cueda/kenkyu/chiri/haensch 2002c.pdf>.

Ullmann, Stephen (1965): *Semántica: introducción a la ciencia del significado*. Trad. del inglés por Juan Martín Ruiz-Werner. Madrid: Aguilar.

Verschueren, Jef (1980): *On Speech Acts Verbs*. Amsterdam: John Benjamins.

Vivanco Cervero, Verónica (2003): *Homonimia y polisemia: teoría semántica y aplicación lexicográfica*. Córdoba (Argentina): Ediciones del Sur.

Weinberg, Steven (1967): "A model of leptons", en: *Physical Review Letters* 19, 21, 1264-1266.

— (1977): "The search for unity: notes for a history of quantum field theory", en: *Daedalus* 106, 2, 17-35.

Werner, Reinhold (1982): "Homonimia y polisemia en el diccionario", en: Haensch, Günther/Wolf, Lothar/Ettingen, Stefan/Werner, Reinhold: *La lexicografía. De la lingüística teórica a la lexicografía práctica*. Madrid: Gredos, 297-328.

Wierzbicka, Anna (1996): *Semantics, Primes and Universals*. Oxford: Oxford University Press.

Wittgenstein, Ludwig (1953): *Philosophische Untersuchungen / Philosophical investigations*. Trad. al inglés de G. Elizabeth M. Anscombe. Oxford: Basil Blakwell.

Whorf, Benjamin L. (1956 [1945]): "Grammatical Categories", en: Carroll, John B. (ed.): *Language, Thought, and Reality: Selected Writings of Benjamin Lee Whorf*. Cambridge: MIT Press, 87-101 [publicación original en: *Language* 21, 1-11].

Zgusta, Ladislav (1971): *Manual of Lexicography*. The Hague: Mouton.

Enlaces de Internet (última consulta: mayo-junio de 2005)

<http://es.wikipedia.org/wiki/Elemento_sim%C3%A9trico> (última consulta: 31-05-2005).

<http://orbita.starmedia.com/cienciayficcion/cuantica. html> (última consulta: 31-05-2005).

<http://www.acienciasgalilei.com> (última consulta: 01-05-2005).

<http://www.dma.eui.upm.es/CompCuant/Articulos/IIIJorMDyA_CodCuant.pdf> (última consulta: 03-06-2005).

<http://www.elies.rediris.es/elies2/cap2.htm-3k> (última consulta: 31-05-2005).

<http://www.orbita.starmedia.com/cienciayficcion/cuantica.html> (última consulta: 31-05-2005).

<http://www.relisoft.com/Science/Physics/MicroAnt3.html> (última consulta: 31-05-2005).

<http://www.virtual.unal.edu.co/cursos/ ingenieria> (última consulta: 31-05-2005).